电子商务类专业
创新型人才培养系列教材

慕课版

WPS Office 商务数据分析与应用

徐书魁 马小洪 杨晓黎 / 主编　陈嘉垚 李乐 焦文渊 / 副主编

人民邮电出版社
北京

图书在版编目（CIP）数据

WPS Office商务数据分析与应用 : 慕课版 / 徐书魁，马小洪，杨晓黎主编. -- 北京 : 人民邮电出版社，2022.8
电子商务类专业创新型人才培养系列教材
ISBN 978-7-115-59121-0

Ⅰ. ①W… Ⅱ. ①徐… ②马… ③杨… Ⅲ. ①表处理软件－应用－商务－数据处理－高等学校－教材 Ⅳ. ①F7-39

中国版本图书馆CIP数据核字(2022)第059456号

内 容 提 要

在电子商务领域，商务数据往往蕴藏着巨大的商机和价值。卖家通过对商务数据进行专业且深入的分析，可以挖掘其内在价值，为自身带来更大的收益。本书以 WPS Office 在电子商务领域商务数据分析中的实际应用为主线，主要从电商卖家、商品、客户、进销存管理、竞争对手与行业状况等方面对商务数据分析进行深入讲解。

本书分为 10 个项目，主要内容包括商务数据分析与应用基础、使用 WPS 表格管理店铺信息、商品销售情况管理、客户购买情况分析与评估、商品销售情况统计与分析、商品采购成本分析与控制、商品库存数据管理与分析、畅销商品统计与分析、竞争对手与行业状况分析及销售市场预测分析。

本书不仅可以作为高等职业院校电子商务、网络营销与直播电商等专业相关课程的教材，也可以作为电子商务企业管理者、数据分析师、网店店主等电子商务从业人员的参考书。

◆ 主　　编　徐书魁　马小洪　杨晓黎
副 主 编　陈嘉垚　李　乐　焦文渊
责任编辑　白　雨
责任印制　王　郁　彭志环

◆ 人民邮电出版社出版发行　北京市丰台区成寿寺路 11 号
邮编　100164　电子邮件　315@ptpress.com.cn
网址　https://www.ptpress.com.cn
固安县铭成印刷有限公司印刷

◆ 开本：787×1092　1/16
印张：13　　2022 年 8 月第 1 版
字数：331 千字　　2025 年 6 月河北第 4 次印刷

定价：49.80 元

读者服务热线：(010)81055256　印装质量热线：(010)81055316
反盗版热线：(010)81055315

前　言

党的二十大报告指出："加快发展数字经济，促进数字经济和实体经济深度融合，打造具有国际竞争力的数字产业集群。"表明未来经济中网络经济、数字经济、电子商务新业态的重要地位和作用。

随着电子商务的高速发展，在网上购物的消费者越来越多，各个电子商务平台的商务数据也越来越多，而这些商务数据已经成为颇具价值的重要资源。电子商务企业或个人经营者通过对商务数据进行收集、分析与整合，挖掘其中的商业价值，不仅可以促进个性化和精确化营销的开展，还有利于发现新的商机、创造新的价值。因此，在电子商务领域，商务数据往往蕴藏着巨大的商机和价值。

在电子商务运营中，商品管理、营销管理、客户管理等环节都要使用商务数据分析的结果，卖家通过商务数据分析来发现内部管理的不足、营销手段的不足、客户体验的不足等。利用商务数据可以挖掘客户的内在需求，改善客户体验，提高商品的投入回报率，制订差异化的营销策略，判断行业现状和竞争格局，预测发展趋势等。可以这样说，商务数据分析事关电子商务企业或个人经营者的生存和长期发展，因此它在电子商务领域颇受关注，是该领域研究的热点。

WPS Office 是由北京金山办公软件股份有限公司开发的一款办公套装软件，可以创建和编辑办公常用的文档、表格、演示文稿等。WPS 表格是 WPS Office 的重要组件，WPS 表格的操作方式符合人们的工作场景和使用习惯。它不仅提供了多项令人眼前一亮的功能，还适用于当前"大数据"和"云"特点下的数据处理工作。

在电子商务数据分析领域，使用 WPS 表格可以轻松地完成各种商务数据分析任务，如店铺运营情况分析、客户购买情况分析、商品销售情况分析、商品采购成本分析、商品库存数据分析、畅销商品分析、竞争对手与行业状况分析、销售市场预测分析等。

本书以 WPS Office 为操作平台，系统地介绍了商务数据分析与应用。同时，本书全面贯彻党的二十大精神，将二十大精神与实际工作结合起来立足岗位需求，以社会主义核心价值观为引领，传承中华优秀传统文化，注重立德树人，培养读者自信自强、守正创新、踔厉奋发、勇毅前行的精神，强化读者的社会责任意识和奉献意识，从而全面提高人才自主培养质量，着力造就拔尖创新人才。本书主要具有以下特色。

- **专家执笔、讲解专业**。本书由具有商务数据分析研究与实战经验的业界专家执笔，讲解专业、深入浅出，具有非常高的指导性与实用性。
- **案例主导、任务驱动**。本书立足于电子商务企业或个人经营者的实际需求，采用“项目+任务”的形式，通过大量的案例操作和分析，让读者真正掌握商务数据分析的方法与技巧。

- **图解教学、重在实操**。本书采用图解教学的方式，一步一图，以图析文，让读者在学习过程中更直观、更清晰地掌握操作步骤与方法，进而取得良好的学习效果。
- **配套慕课、资源丰富**。本书由人邮学院平台为读者提供慕课视频，扫描下方二维码进入人邮学院平台免费观看慕课视频。本书课程结构严谨，读者可以根据自身情况自主安排学习进度；同时，本书还提供 PPT、课程标准、教案、教学大纲、素材文件、效果文件等教学资源，读者可登录人邮教育社区（www.ryjiaoyu.com）免费下载资源。

人邮学院

本书由徐书魁、马小洪、杨晓黎担任主编，陈嘉垚、李乐、焦文渊担任副主编。由于编者水平有限，书中难免存在不足之处，恳请广大读者批评指正。

编　者

2023 年 6 月

目　　录

项目一

商务数据分析与应用基础

商业是与数据分析关系最紧密的行业之一，也是数据分析广泛应用的行业之一。电商运营者对数据进行有效的整理和分析，能够为决策提供参考依据，创造更多的价值。

项目重点

- 掌握商务数据的定义、分类与来源。
- 掌握商务数据分析的各种指标。
- 掌握商务数据分析的流程与方法。

项目目标

- 了解商务数据的重要作用与主要应用。
- 了解商务数据的分类与多种来源。
- 了解商务数据分析的各种指标。
- 学会商务数据分析的流程、原则与方法。

素养目标

- 提升对数据分析行业的认可度，树立爱岗敬业的观念。
- 养成尊重数据、务实严谨的态度。
- 在收集、分析数据资料，讨论疑难问题的过程中，培养团队协作的意识。

任务一　初识商务数据

任务概述

电子商务平台一般都会将消费者的交易信息，包括购买时间、购买商品、购买数量、支付金额等保存在自己的数据库中，卖家基于平台的数据库可以对交易行为进行分析，知道如何组织商品以实现更高的转化率，改善投放广告的效果，调整或改进店铺的运营，实现店铺盈利能力的提升。

任务重点与实施

一、商务数据的定义

商务数据主要是指记载商业、经济等活动领域的数据符号。在电子商务领域，商务数据可以分为两大类：前端行为数据和后端商业数据。前端行为数据是指浏览量、点击量及站内搜索等反映消费者行为的数据，后端商业数据包括交易量、投入回报率及全生命周期管理等。

二、商务数据的重要作用

随着电子商务的高速发展，选择网上购物的消费者越来越多，各个电子商务平台的商务数据也越来越多，而这些商务数据已经成为有重要价值的资源。电子商务企业或个人经营者通过对商务数据进行收集、分析与整合，挖掘出其中的商业价值，不仅可以促进个性化和精确化营销的开展，还有利于发现新的商机、创造新的价值，带来大市场、高利润和大发展。因此，对于电子商务企业或个人经营者来说，商务数据往往蕴藏着巨大的商机和价值。

三、商务数据的主要应用

在电子商务领域，商务数据的主要应用集中在以下 4 个方面，如图 1-1 所示。

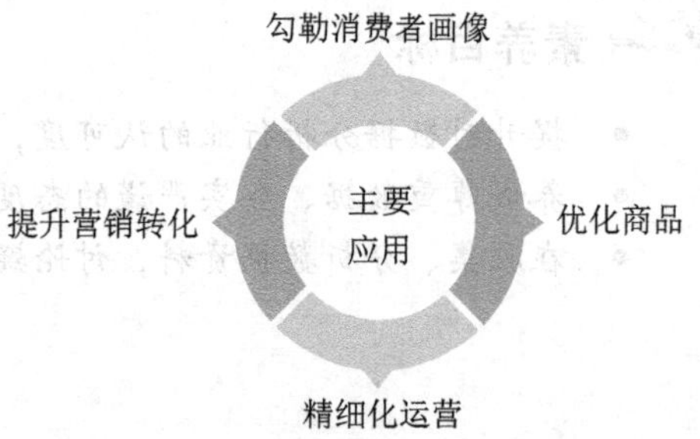

图 1-1　商务数据的主要应用

- **勾勒消费者画像**｜勾勒消费者画像，建立消费者行为和商务数据之间的关系，还原消费者全貌。
- **提升营销转化**｜分析拉新流量和付费转化，甄别广告投放渠道。
- **精细化运营**｜分层次筛选特定消费者群体，精准运营，提升留存率。
- **优化商品**｜通过数据指引核心流程，优化商品，提高店铺的转化率和销售额。

下面分别从“人”“货”“场” 3 个维度对商务数据在电子商务领域中的应用进行简要介绍。

1. 以“人”为维度的消费者分析

消费者分析是指基于消费者在电子商务平台上的各项浏览行为数据来分析消费者的喜

好，进而为消费者提供喜爱的商品和服务，最终实现成交转化。例如，电商运营者通过对消费者的新增/活跃情况、时段分布、渠道、地域分布及启动/激活情况等进行分析，研究消费者的访问焦点，挖掘消费者的潜在需求。

2. 以“货”为维度的商品分析

通过商品分析，电商运营者可以在了解商品的浏览量、点击量、订单量、购买人数等数据的基础上，推断出商品的展示效果是否良好，商品功能的展现是否充分，消费者的关注度及购买力如何等，为进一步研究商品生命周期、调整商品推广策略提供有力的数据支撑，如图 1-2 所示。

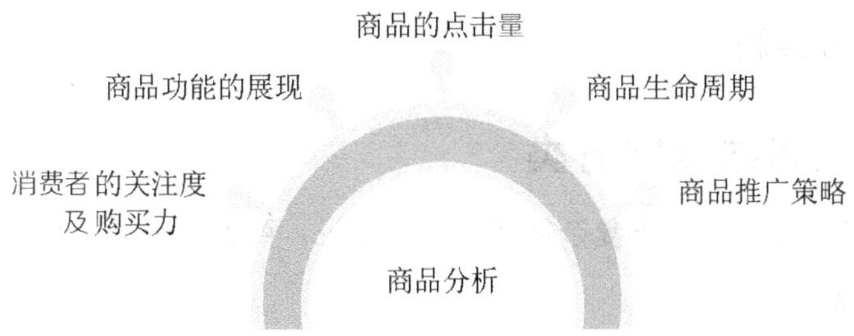

图 1-2　以“货”为维度的商品分析

3. 以“场”为维度的场景运营分析

场景营销是一种基于消费者的上网行为始终处于输入场景、搜索场景和浏览场景这三大场景之一的营销理念。而电子商务场景运营分析则是针对这三大场景，以充分尊重消费者网购体验为先，围绕消费者输入信息、搜索信息、获得信息的行为路径和网购场景进行优化，从而让消费者对商品产生购买黏性。

场景运营分析主要涵盖以下 5 个方面。

（1）页面项目

页面项目分析是指对每一个页面的数据进行详细的统计与分析，让电商运营者了解页面的流量、用户数、点击热点等指标，进而对页面的流量、质量进行分析，以便对页面的布局做出进一步的调整。

（2）内部检索

内部检索分析用于统计消费者搜索得最多的内容和搜索的频率，以及对搜索结果的点击情况，可以为电商运营者调整商品品类、优化搜索结果页结构及相应的搜索词提供数据支撑。

（3）专题页面

通过对专题页面的浏览量、点击量、二次跳转、转化率、转化量等数据进行统计和分析，电商运营者可以分析消费者对哪些活动和对哪些商品感兴趣，进而根据这些数据对专题页面进行调整与优化。

（4）站内广告

通过对站内广告的点击量、转化量等数据进行分析，电商运营者可以了解站内重点活动的消费者参与度，了解消费者对站内广告是否感兴趣，进而为优化站内广告位、广告创意等提供数据支撑。

（5）页面流量

页面流量展现了页面的点击率、退出率等数据。通过对这些数据进行分析，电商运营者可以了解流量集中的页面、退出率高的页面及相关页面的质量，从而发现重点页面或异常页面。

任务二 商务数据的分类与来源

任务概述

在电子商务领域，商务数据分析非常重要，因为营销管理、客户管理等环节都要使用商务数据分析的结果。电商运营者能够通过商务数据分析发现内部管理的不足、营销手段的不足、客户体验的不足等，并利用商务数据来挖掘客户的内在需求。本任务将介绍商务数据的分类与来源。

任务重点与实施

一、商务数据的分类

商务数据比传统零售业数据复杂得多，总体来说，商务数据可以分为以下几类。

1. 营销数据

营销数据包括营销费用、覆盖用户数、到达用户数、打开或点击用户数等，还包括由这些数据衍生出的人均费用、营销到达率、打开率等。

2. 流量数据

流量数据包括浏览量（Page View，PV）、访客数（Unique Visitor，UV）、登录时间、在线时长等基础数据，与流量相关的其他数据，如平均在线时间等基本都是由这几个数据衍生出来的。

3. 会员数据

会员数据包括会员的姓名、出生日期、性别、地址、手机号码、电子邮箱、微博账号、微信账号等基础数据，以及登录记录、交易记录等行为数据。

4. 交易及服务数据

交易及服务数据包括交易金额、交易数量、交易人数、交易商品、交易场所、交易时间、供应链服务等。这部分数据的线上线下差别不大，但在数据量上，线上交易的数据量更大。电商运营者如果不是自建交易平台，而是使用第三方交易平台，就需要定期将第三方交易平台的交易及服务数据下载后自建数据库，因为平台一般都不支持下载3个月以前的交易及服务数据。

5. 行业数据

了解行业数据有利于电商运营者掌握整个行业与竞争对手的发展变化。例如，淘宝的数据魔方产品提供行业的关键字搜索、店铺排名、销售、会员等数据查询服务，一些专业的第三方交易平台也会通过“爬虫”等工具获取一些行业数据。

二、商务数据的来源

商务数据的来源非常广泛，常规的会员数据、流量数据、交易及服务数据，第三方交易平台一般都会提供，如淘宝的数据魔方和量子恒道、京东的数据开放平台等。除此之外，一些第三方数据网站也提供数据源及数据分析服务，下面介绍主要的第三方数据网站。

1. 百度统计

百度统计提供与流量相关的网站统计、推广统计、移动统计等服务，分析内容包括趋势分析、来源分析、页面分析、访客分析、定制分析和优化分析，其主页如图 1-3 所示。

图 1-3　百度统计

2. 友盟+

友盟+基于技术与算法，结合实时更新的全域数据资源，覆盖 191 个行业分类、输出 300 多个应用或行业的分析指标，通过 AI 赋能的一站式互联网数据产品与服务体系，帮助企业实现深度用户洞察、实时业务决策和持续业务增长。

友盟+包括统计分析、开发者工具、营销增长、企业数据银行、云基础设施等多种类型的产品，如图 1-4 所示。

图 1-4　友盟+

3. 神策数据

神策数据是专业的大数据分析平台服务提供商，致力于帮助企业构建数据根基，实现数据驱动全场景的业务分析与决策。围绕商务数据分析和管理需求，神策数据推出了神策分析、神策用户画像、神策智能运营、神策智能推荐、神策客景等产品，如图 1-5 所示。

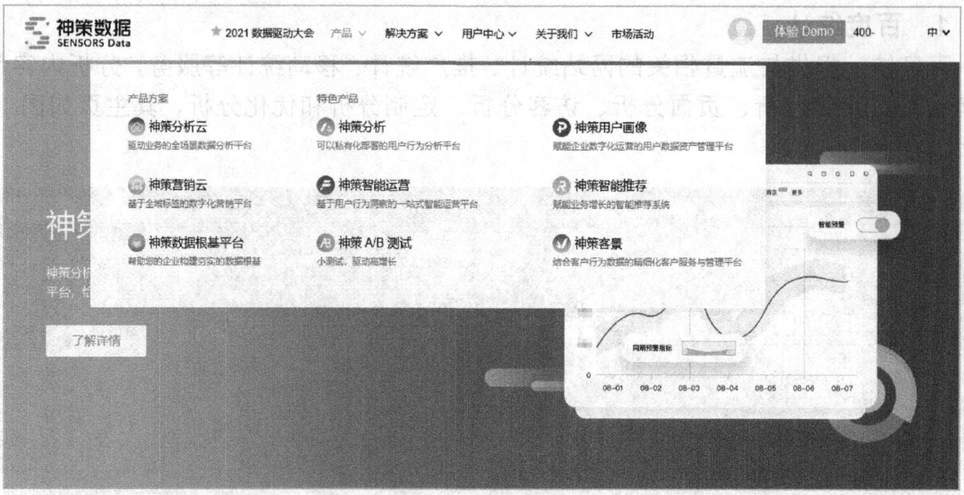

图 1-5　神策数据

4. GrowingIO

GrowingIO 是基于用户行为的数据分析产品，提供数据采集和数据分析服务。通过 GrowingIO，企业无须在网站或 App 中埋点，即可获取并分析全面、实时的用户行为数据，以优化产品体验，实现精细化运营，用数据驱动用户和营收的增长，如图 1-6 所示。

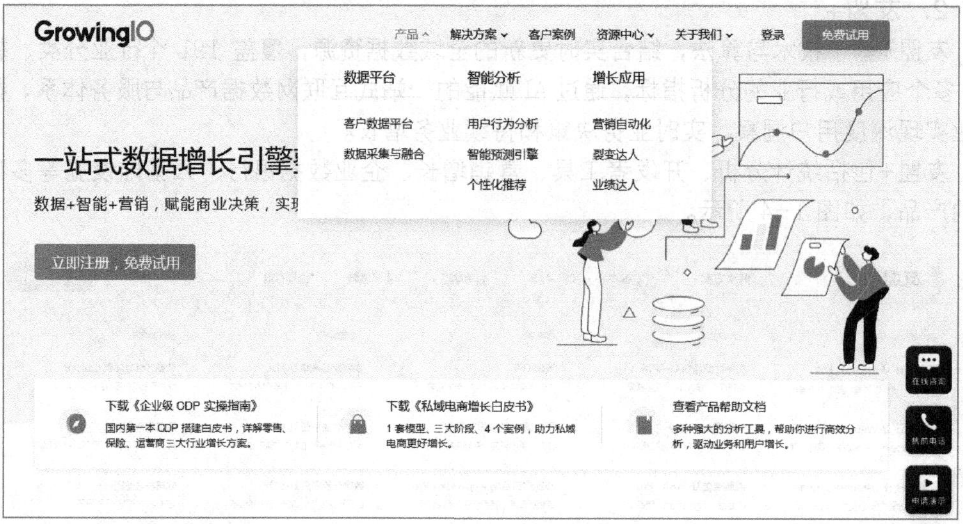

图 1-6　GrowingIO

当然，第三方数据网站、工具还有很多，数据分析人员可以根据自己的需求和喜好选择最适合自己的网站、工具。

任务三　商务数据分析指标

任务概述

电子商务信息系统最核心的能力是大数据能力，包括大数据处理、大数据分析和大数据挖掘能力。无论是电商平台（如淘宝网），还是在电商平台上销售商品的卖家，都需要掌握大数据能力。成熟的电商平台需要通过大数据能力来驱动电子商务的精细化运营，以提升运营效果及销售业绩。

构建系统的商务数据分析指标体系是电子商务精细化运营的重要前提，不同类别的指标对应着电子商务运营的不同环节；通过对不同类别的指标进行分析，卖家可以深入了解店铺的各方面情况。

任务重点与实施

一、流量指标

流量分析是商务数据分析的核心。用户在互联网上的每一个动作都可以被记录下来，从而给流量分析提供了便利。常用的流量指标如下。

1. 浏览量

浏览量又称访问量，指访客访问页面的总数，访客每访问一个页面就算一个访问量，同一个页面刷新一次也算一个访问量。

2. 访客数

访客数指独立访客数量，一台计算机为一个独立访客。一般以“天”为单位统计 24 小时内的访客总数，一天之内重复访问的只算一次。淘宝网对访客数的定义略有不同，它以卖家所选时间段（可能是一小时、一天、一周等）为统计标准，对同一访客的多次访问进行去重处理。

访客数又分为新访客数和回访客数。

- **新访客数** | 指首次访问页面的访客数，而不是最新访问页面的访客数。将新访客数除以访客数就是新访客占比。
- **回访客数** | 指再次访问页面的访客数。将回访客数除以访客数就是回访客占比。

3. 当前在线人数

当前在线人数指 15 分钟内在线的访客数。

4. 平均在线时间

平均在线时间指平均每个访客在网站内停留的时间，这个值越大越好。在线时间为访客打开网站最后一个页面的时间点减去打开第一个页面的时间点。由于只访问一个页面的访客停留时间无法获取，所以这种情况不统计在内。

5. 平均访问量

平均访问量又称平均访问深度，指访客每次浏览的页面数量的平均值，即平均每个访客访问了多少个页面。

6. 日均流量

日均流量有时用日均访客数来表示，有时用日均浏览量来表示，用于反映平均每天的流量大小。

7. 跳失率

跳失率又称跳出率。跳失率可由只浏览了一个页面就离开的访问次数除以该页面的全部访问次数计算得到，可细分为首页跳失率、关键页面跳失率、具体商品页面跳失率等。

这些指标用来反映页面内容的受欢迎程度。跳失率越高，表明页面内容越需要进行调整。

二、转化指标

店铺有了流量之后，店铺运营者就希望用户按照自己设计好的流程进行操作，如希望用户注册、收藏、下单、付款、参与营销活动等，用户进行这些操作就意味着转化。常用的转化指标如下。

1. 转化率

转化率=（进行了相关操作的访问量÷总访问量）×100%。它是电商营运的核心指标，也是用来判断营销效果的重要指标。

2. 注册转化率

注册转化率=（注册用户数÷新访客总数）×100%。这是一个过程指标，当店铺运营者的目标是积累会员总数时，这个指标就很重要。

3. 客服转化率

客服转化率=（咨询客服人员的用户数÷总访客数）×100%。这也是一个过程指标，类似于线下的试穿率。

4. 收藏转化率

收藏转化率=（将商品添加收藏或对商品进行关注的用户数÷该商品的总访客数）×100%。每逢大型促销活动开展前，用户都会收藏或关注大量商品，以便在大型促销活动开展时下单购买。

5. 添加转化率

添加转化率=（将商品添加到购物车的用户数÷该商品的总访客数）×100%。这个指标主要针对具体商品。

6. 成交转化率

成交转化率=（成交数÷总访客数）×100%。这个指标和传统零售行业的成交率是一个概念，它和注册转化率、收藏转化率不同，是一个结果指标。

对于货到付款的电商卖家而言，买家付款后才算完成成交过程，不过一般从送货到付款有滞后期，所以可以将买家的下单视为成交。为了更精细化地分析，成交转化率还可以细分为全网转化率、类目转化率、品牌转化率、单品转化率、渠道转化率和事件转化率等。此处主要介绍渠道转化率和事件转化率。

（1）渠道转化率

渠道转化率=（从某渠道来的成交用户数÷从该渠道来的总用户数）×100%。这个指标常用来判断渠道质量，主要包括 PC 端转化率和移动端转化率。

（2）事件转化率

事件转化率=（因某事件带来的成交用户数÷因该事件带来的总用户数）×100%。有些事件可以跟踪到细节，如营销中的关键字投放、其他网站的广告投放等。但是，有些事件是没有办法统计到细节的，如一些公共事件带来的转化率提升，这种情况可以用成交转化率代替事件转化率。主动或被动触发的事件都可以用事件转化率来进行数据分析，研究这个指标对于制订营销计划、提升销售额有着很强的积极意义。

三、营运指标

线上和线下的营运指标差异不大，下面只进行简单分类，不做过多的讲解。

- **成交指标**｜成交金额、成交数量和成交用户数。
- **订单指标**｜订单金额、订单数量、订单用户数、有效订单数量和无效订单数量。
- **退货指标**｜退货金额、退货数量、退货用户数、金额退货率、数量退货率和订单退货率。
- **效率指标**｜客单价、件单价、连带率和动销率。
- **采购指标**｜采购金额和采购数量。
- **库存指标**｜库存金额、库存数量、库存天数、库存周转率和售罄率。
- **供应链指标**｜送货金额、送货数量、订单满足率、订单响应时长和平均送货时间。

四、会员指标

在传统零售行业，一般只有达到一定购买金额的用户才有资格成为会员；而在电商行业只要注册过的用户都是会员。因此，线下的会员一定是客户，线上的会员有可能只是潜在的客户。

大部分传统零售企业的会员管理制度中都有失效的规定，即如果会员不能在一定期限内（一般是一年）达到最低的购物消费标准，就会自动失去会员资格，也就不能继续享受会员权益了。而电商企业的会员管理制度中没有失效的规定，只是对不同消费金额的客户设定了不同的等级。

京东和唯品会对高级别的会员设定了会员等级一年有效的规定，一年后平台会根据会员的成长值重新确定会员等级；目前淘宝网还是会根据累计消费金额自动升级会员级别，而不是根据一年内的成长值。

商务数据分析中常用的会员指标如下。

1. 注册会员数

注册会员数指在网站上注册过的会员总数，很多电商平台公布的会员总数就是注册会员数。只看这个指标没有太大的意义，因为注册会员中有许多人从来没有消费过，也有人曾经消费过但现在已经流失，所以出现了有效会员数，即一年内有过消费行为的会员的数量。

2. 活跃会员数

活跃会员数指一定时期内有消费或登录行为的会员的总数，时间周期可以设定为 30 天、60 天、90 天等。这个时间周期的设定和商品的购买频率有关，如快速消费品的时间周期比较短，不过时间周期在确定后就不能轻易改变。

3. 活跃会员比率

活跃会员比率指活跃会员数占注册会员数的比率。当注册会员数较多时，即便活跃会员比率较低，也意味着有较多的活跃会员数。

4. 会员复购率

会员复购率指在某时期内产生两次及两次以上购买行为的会员占有购买行为的会员的比率。例如，某商品在 2018 年共有 1 000 名会员购买，其中 200 名会员产生了二次购买行为，则会员复购率为 20%。会员复购率还有另一种计算方法：如果 200 名复购会员中有 50

名会员有第三次购买行为（假定没有 3 次以上购买行为的会员），这种情况下的会员复购率为 25%，即多次购买不去重。

5. 平均购买次数

平均购买次数指在某时期内每名会员平均购买的次数。平均购买次数=订单总数÷购买会员总数。平均购买次数的最小值为 1，会员复购率高的平台，平均购买次数也必定多。

6. 会员回购率

会员回购率指上一期的活跃会员在下一期内有购买行为的比率，会员回购率和会员流失率是相对的概念。例如，某电商企业在 2018 年 9 月底有活跃会员 3 000 名，其中 1 800 名会员在第四季度有购买行为，且 1 000 名会员有二次购买行为，则会员回购率为 60%，当期会员流失率为 40%，会员复购率约为 56%。

7. 会员留存率

会员留存率指在某个特定时间周期内有登录或消费行为的会员占注册会员数的比率，即有多少会员留存下来。其统计依据可以是消费或者登录数据——电商企业一般用消费数据，游戏企业和社交网络企业等用登录数据，时间周期可以是日、周、月度、季度、半年等。会员留存率分为新会员留存率和活跃会员留存率。

五、关键指标

商务数据分析指标有很多，其定义也很复杂，那么诸多指标中哪些是商务数据分析的关键指标呢？对于这个问题，其实并没有标准答案，因为电商企业的性质不同、所处阶段不同、行业不同，电商运营者的关注点也不相同，可以概括如下。

1. 阶段不同，需求不同

对于一个新的电商企业来说，积累数据、找准营运方向比卖多少商品、赚多少利润更重要。这个阶段电商运营者可以重点关注流量指标，包括访客数、访客来源、注册会员数、浏览量、平均访问量、商品的浏览量排行、商品的跳失率、顾客评价指数和转化率等。

对于已经营运一段时间的电商企业而言，通过数据分析提高商品销量是首要任务。这个阶段的重点指标是流量和营运指标，包括访客数、浏览量、新增会员数、客单价、动销率、库存天数和销售额等。

对于已经形成一定规模的电商企业而言，利用数据分析结果来提升整体营运水平非常关键。这个阶段的重点指标是访客数、浏览量、转化率、会员复购率、会员流失率、会员留存率、客单价、利润率、ROI、新客成本、库存天数、订单满足率和销售额等。会员复购率和会员留存率务必一起分析，因为会员复购率再高，如果会员留存率大幅下降，也是很危险的。

2. 时间不同，侧重不同

商务数据分析指标可分为追踪指标、分析指标和营运指标，营运指标就是绩效考核指标。一个团队的销售额首先是追踪出来的，其次是分析出来的，最后才是通过绩效考核出来的。追踪一般按“日”进行，分析指标一般以“周”或“月”为周期，绩效考核指标常常是以“月”为主、以“年”为辅。

- **每日追踪指标**｜包括访客数、浏览量、平均访问量、跳失率、转化率、件单价、连带率、重点商品的库存天数、订单执行率。这里虽然没有列出销售额指标，但它只是被分解了，因为“销售额=访客数×转化率×件单价×连带率”。

- **周分析指标**｜大部分指标都可以按周进行分析，并侧重于重点商品和重点流量的分析，包括但不限于日均访客数、日均浏览量、平均访问量、会员复购率和重点商品的库存天数等。
- **月绩效考核指标**｜绩效考核指标在精而不在多，需要根据业务分工来进行差异化分析。店铺营运人员关键绩效指标（Key Performance Indicator，KPI）包括访客数、转化率、平均访问量、件单价和连带率，店铺推广人员 KPI 包括新访客数、新增成交客户数、新客成本、跳失率和 ROI，店铺活动策划人员 KPI 包括推广活动的点击率、转化率、活动商品销售比重和 ROI，店铺数据分析人员 KPI 包括报表准确率、报表及时率、需求满足率、报告数量和被投诉率等。

3. 职位不同，视角不同

执行人员侧重过程指标，管理人员侧重结果指标。例如，执行人员会关注流量的来源指标、流量的质量指标，而管理人员关注的只是流量指标；执行人员必须关注转化率、客单价等过程指标，而管理人员只需关注销售额这个结果指标。因此，数据分析人员要学会针对不同的受众提供不同的数据。

任务四　商务数据分析

任务概述

在电子商务领域中，商务数据分析是指通过分析手段、方法和技巧对准备好的数据进行探索与分析，从中发现因果关系、内部联系和业务规律，为电商运营者提供决策参考的过程。电商运营者要想驾驭数据、开展数据分析，就要了解商务数据分析的意义，掌握商务数据分析的流程、原则、方法与常用工具。

任务重点与实施

一、商务数据分析的意义

1. 判断行业现状和竞争格局，预测发展趋势

行业规模和市场需求决定了电商运营者的进入策略和推广策略，掌握行业信息对电商运营者而言意义重大。电商运营者参与市场竞争，不仅要确定谁是自己的客户，还要弄清谁是自己的竞争对手。电商运营者通过商务数据分析，能够掌握行业的现状、发展趋势和竞争情况，监视主要竞争对手活动，判断行业现状和竞争格局，预测行业发展趋势和竞争对手未来的战略，从而规划设计发展策略以确保自己的行业地位。

2. 改善客户关系，提升客户满意度，实现客户忠诚

“客户至上”已经成为许多电商运营者的服务宗旨，其深层目的在于改善客户关系、提升客户满意度、实现客户忠诚。电商运营者通过商务数据分析能够了解客户个人特征、购买行为和消费偏好，进而分析客户价值，开展有针对性的客户关怀活动，提高老客户的忠诚度，增加新客户的数量，实现客户关系的改善和提升。

3. 改善客户体验，提高商品的投入回报率

通过分析客户特征、商品需求等数据，电商运营者可以改善现有的服务或推出新的商品。当新研发的商品或新包装的商品投入市场时，电商运营者可以根据已经建立的数据模型进行测试和模拟，发掘客户新的需求，改善客户体验，提高商品的投入回报率。例如，电商运营者可以对社交网络、论坛上产生的大量数据进行深入挖掘，在某些情况下通过模拟来判断哪种情况下商品的投入回报率最高。

4. 精细化运营，运用差异化的营销策略

在数字化时代，电商运营者需要进行精细化运营才能更好地从管理、营销方面提升客户的服务体验，同时运用差异化的营销策略让运营更加精细化。电子商务活动是一个由供应链组成的系统，其中涉及从采购到销售的各个环节，商务数据分析能帮助电商运营者进行客户群体细分，让他们针对特定的细分群体采用差异化的营销策略或根据现有营销目标筛选目标群体，从而提高投入产出比，实现营销推广优化。

二、商务数据分析的流程

商务数据分析是基于商业目的进行收集、整理、加工和数据分析，提炼有价值的信息的过程，其流程主要包括明确分析目的与框架、数据收集、数据处理、数据分析、数据展现和撰写报告等。

1. 明确分析目的与框架

电商运营者拿到一个数据分析项目，首先要明确数据对象是谁、目的是什么、要解决什么问题，然后基于商业的理解整理分析框架和分析思路。常见的分析目的包括减少新客户的流失、优化活动效果、提高客户响应率等。不同的项目对数据的要求不同，使用的分析手段也不一样。

2. 数据收集

数据收集是按照确定的数据分析目的与框架内容，收集与整合相关数据的过程，它是商务数据分析的基础。数据收集渠道包括内部渠道和外部渠道，内部渠道包括内部数据库、内部人员、客户调查及专家与客户访谈，外部渠道包括网络、书籍报刊、统计部门、行业协会、展会、专业调研机构等。常见的数据收集方法包括观察和提问、用户访谈、问卷调查、集体讨论、工具软件等。

3. 数据处理

数据处理是指对收集到的数据进行加工与整理，以便开展数据分析，这是进行数据分析前必不可少的阶段。这个阶段在商务数据分析的整个过程中最耗时间，所耗时间在一定程度上取决于数据库的搭建质量和数据的质量。数据处理主要包括数据清洗、数据转化等，其主要对象包括残缺数据、错误数据和重复数据等。

4. 数据分析

数据分析是指通过分析手段、方法和技巧对处理好的数据进行探索与分析，从中发现因果关系、内部联系和业务规律，为电商运营者提供决策参考。到了这个阶段，电商运营者要想驾驭数据、开展数据分析，就会涉及数据分析方法和工具的使用。

首先，电商运营者要熟悉常规数据分析方法，了解诸如方差、回归、因子、聚类、分类、时间序列等数据分析方法的原理、使用范围、优缺点等；其次，要熟悉数据分析工具，

如 WPS 表格、SPSS、R、Python 等，以便进行专业的统计分析、数据建模等。

5. 数据展现

一般情况下，数据分析的结果都是通过图表的方式来展现的。数据展现可视化工具能够让数据分析师更直观地表述想要表达的信息、观点和建议等。常用的图表包括饼图、折线图、柱形图、条形图、散点图、雷达图、金字塔图、矩阵图、漏斗图和帕累托图等。

6. 撰写报告

数据分析报告是对整个商务数据分析成果的呈现。数据分析报告能够把商务数据分析的目的、过程、结果及方案等完整地呈现出来，为相关人员提供参考。一份优秀的数据分析报告，首先要有一个合理的分析框架，并且图文并茂、层次明晰，能够让阅读者一目了然。结构清晰、主次分明可以使阅读者正确地理解报告的内容，图文并茂可以令数据的展示更加生动活泼，提高视觉冲击力，有助于阅读者更形象、更直观地看清问题和结论，从而深入思考。

另外，数据分析报告要有明确的结论、建议和解决方案，不仅要找出问题，还要给出解决方案，并且后者是更重要的，否则就称不上是合格的数据分析报告，同时也失去了数据分析的意义。商务数据分析的初衷就是为了解决问题，所以不能舍本逐末。

三、商务数据分析的原则

在分析商务数据时，电商运营者需要坚持以下原则。

1. 科学性

在数据的收集、处理和分析过程中，一丝差错都会使分析结果出现偏差，所以电商运营者必须以科学、严谨的态度来认真对待，务必保证数据的科学性。

2. 系统性

商务数据分析不是单个数据的记录、整理或分析活动，而是一个经过周密策划、精心组织、科学实施，并由一系列工作环节、步骤和成果组成的过程。

3. 针对性

由于统计数据的对象存在差异，并且数据统计分析方法有所不同，所以电商运营者在进行商务数据分析时要根据实际情况有针对性地展开工作。只有根据分析目标选择合适的方法与工具，才能保证分析的准确性与有效性。

4. 实用性

商务数据分析是为决策服务的，在保证其科学性、系统性及针对性的同时，也不能忽略其现实意义。在进行商务数据分析时，电商运营者要考虑指标的可解释性、报告的可读性、结论的指导意义与实用价值等。

5. 趋势性

电商行业所处的环境在不断发展与变化，电商运营者在进行商务数据分析时要用发展的眼光看待问题，充分考虑社会宏观环境、市场变化与先行指标，眼光不能局限于现状与滞后指标。

四、商务数据分析的方法

基于电商平台的运营，此处介绍 9 种常见的商务数据分析方法。

1. 流量分析

流量分析主要应用于广告投放及对外推广，此处通过以下 3 个维度来进行说明。

（1）访问来源、下载渠道及搜索词

网站的访问来源、App 的下载渠道及各搜索引擎的搜索词，都可以很方便地通过数据分析平台进行统计和分析。数据分析平台利用归因模型判断流量来源，电商运营者只需通过自建平台或者第三方数据平台即可追踪流量的变化。

（2）自主投放追踪

通过对外部渠道投放的文章、H5（HTML 5）等进行追踪，电商运营者可以分析不同获客渠道流量的数量和质量，进而优化获客渠道。常见的办法有跟踪模块（Urchin Tracking Module，UTM）代码追踪，分析新用户的广告来源、广告内容、广告媒介、广告项目、广告名称和广告关键字等。

（3）实时流量分析

电商运营者通过建立一张数据指标的线状图或柱形图，可以对新增、活跃会员数、会员留存率等指标进行监测，实时了解商品的访问情况，以此来研究用户的行为规律。另外，电商运营者还可以通过监测每日增长，发现并分析店铺运营中存在的异常情况，以便及时进行优化、调整。

2. 用户分群

用户分群主要应用于用户细分及精细化运营。电商运营者需要对不同类别的用户进行精细化运营，而维度和行为组合是目前常见的用户分群方法。

（1）根据用户维度划分

一般情况下，用户分群可以将用户划分为 4 个维度，分别是人口属性、设备属性、流量属性和行为属性。

人口属性包括性别、年龄、职业、爱好、城市、地区及国家等；设备属性包括平台、设备品牌、设备型号、屏幕大小、浏览器类型及屏幕方向等；流量属性包括访问来源、广告来源、广告内容、搜索词及页面来源等；行为属性包括用户活跃度、用户是否注册、是否下单等。具体维度的选择要与分析的需求紧密结合。不同区域、不同来源、不同平台甚至不同设备型号的用户对商品的使用和感知都可能存在巨大的差异。

（2）根据用户行为组合划分

精细化运营常常需要对某个有特定行为的用户群组进行分析和比对，通过观察不同用户群组的行为差异，有针对性地优化商品、提升用户体验。例如，上海某电商网站举行了一次 iPhone 手机配件的促销活动，将上海市有过至少两次购物记录的 iPhone 用户作为目标用户进行营销，这就比漫无目的地群发邮件和推送更加精准。

3. 多维分解

网站报告一般反映的都是网站数据的综合情况，包括网站的总访问量、总停留时间、总销售量等，但并不能体现用户在不同页面、不同内容、不同渠道的停留时间及访问量。也就是说，电商运营者无法通过这些汇总数据对不同属性的流量做出正确的判断。

为了看清问题的本质，电商运营者需要从业务角度出发，将指标进行多维分解。例如，某网站的跳失率是 0.47，平均访问量是 4.39，平均在线时间是 0.55 分钟，如果想提升用户参与度，显然这样的数据让人无从下手，但对这些指标进行分解后就会有很多思路。

4. 路径细查

路径细查主要用于用户和商品的研究。用户行为数据也是数据的一种，电商运营者通过观察用户的行为轨迹，可以探索其与商品的交互过程，进而从中发现问题。在用户分群的基础上，一般抽取 3～5 个用户来进行细查即可发现分群用户的大部分行为规律。

5. 漏斗转化

漏斗转化用于衡量转化效率，所有的互联网商品、数据分析都离不开漏斗转化。电商运营者通过漏斗转化可以按照先后顺序还原某一用户的行为路径，分析每一个转化节点的转化数据，有效地定位高损耗节点。无论是注册转化、激活转化还是购买转化，都需要重点关注哪一步流失的用户最多，流失的用户都有哪些行为。

6. 留存分析

在电商行业中，通过拉新引来的用户经过一段时间就会流失一部分，而留存用户是指留下来的、经常回访网站或 App 的用户。留存分析可以用来探索用户、商品与回访之间的关联程度。

7. A/B 测试

A/B 测试是指为了达到某个目标而对多个方案并行测试，每个方案仅有一个变量，最后以某种规则选择最优的方案。进行 A/B 测试需要有足够的时间、较大的数据量和数据密度，所以对于很多创业型企业或流量不大的商品来说，可以采用直接上线的方式用全量流量来测试新的方案，然后通过对比前后指标的变化来判断哪种方案最优。

8. 优化建模

一个商业目标与多种行为、画像等信息有关联时，通常会使用数据挖掘的手段进行建模，并对核心事件的相关性进行分析，挖掘出商品改进的关键点。例如，对促进用户购买的相关性进行分析，可以找到促进留存的顿悟时刻等。

9. 热图

用户体验是一个非常抽象的概念，通过热图的形式可以将其形象化。热图又称热力图，它用高亮颜色来表示用户的访问偏好，对用户的体验数据进行可视化展示。例如，通过热图分析电商交易平台用户的购买偏好，电商运营者可以及时地更新商品信息；通过热图分析，电商运营者还可以非常直观地了解用户在商品上的点击偏好，及时优化店铺设计，从而提高转化率等。

以上数据分析方法并无优劣之分，在不同的场景下应采用不同的方法。此外，学会使用优秀的数据分析工具可以事半功倍，更好地利用数据实现店铺销售额的提升。

五、商务数据分析的常用工具

WPS 表格是 WPS Office 办公套装软件的重要组成部分，能够进行多种数据的处理、统计、分析等操作，是常用的数据分析工具，其功能强大，几乎可以完成所有的统计分析工作。WPS 表格能进行的数据处理包括对数据进行排序、筛选、去除重复项、分列、异常值处理等。数据可视化是指利用 WPS 表格提供的图表将数据进行可视化展示，包括柱形图、条形图、饼图、折线图、散点图、气泡图、面积图和雷达图等。

除此之外，还有 Excel、Easy Charts、SQL、Python、GrowingIO、BI 等工具，每种工具都各有优缺点，工具的选择应视情况、侧重点来确定。当然，一款得力的分析工具能够大大简化商务数据分析的繁杂工作，提高商务数据分析的效率与质量。

项目小结

通过本项目的学习，读者应重点掌握以下知识。

1．商务数据的重要作用及主要应用，从“人”“货”“场”3个维度了解商务数据在电子商务领域中的应用。

2．商务数据的分类，包括营销数据、流量数据、会员数据、交易及服务数据、行业数据等；商务数据的来源，如淘宝的数据魔方和量子恒道、京东的数据开放平台及第三方数据网站等。

3．商务数据分析的各项指标，如流量指标、转化指标、营运指标、会员指标及关键指标等。

4．商务数据分析的意义、流程、原则、方法及常用工具等。

项目习题

1．简述在电子商务领域中商务数据主要应用在哪些方面。

2．简述在不同发展阶段的电商运营者需要关注的关键指标有哪些。

3．简述商务数据分析的意义和流程。

4．简述常见的商务数据分析方法。

项目二 使用 WPS 表格管理店铺信息

店铺信息包括供货商信息、客户信息和商品信息等。卖家对这些信息进行有效的收集和管理，有助于做出正确的决策，使店铺更好地运营与发展。本项目将介绍如何使用 WPS 表格管理店铺信息。

项目重点

- 掌握管理供货商信息的方法。
- 掌握管理客户信息的方法。
- 掌握管理商品信息的方法。
- 掌握打印与输出店铺资料的方法。

项目目标

- 学会管理供货商信息。
- 学会管理客户信息。
- 学会管理商品信息。
- 学会打印与输出店铺资料。

素养目标

- 挖掘数据的商业价值，促进个性化和精确化营销的开展。
- 强调数据的真实性、可靠性，不编造数据，增强诚信意识。
- 减少人为误差，分析误差来源，树立严谨、有责任心的工作作风。

任务一　管理供货商信息

任务概述

供货商是店铺经营的商品的来源，是决定店铺成败的关键因素。电商进货渠道通常分为线上、线下两种。线上是直接在供货商平台上下单，实现网上批发进货；线下是从商品批发市场、实体店或生产厂家进货，从中选择适合自己店铺的优质商品进行网上销售。

通过对供货商信息的有效管理和深入分析，卖家可以从中找到理想的供货商进行合作，也可以积累优质的供货商。本任务将介绍如何管理供货商信息。

任务重点与实施

一、手动输入供货商信息

将供货商信息输入 WPS 表格中有两种方式，一是直接在单元格中输入，二是通过编辑栏输入，具体操作方法如下。

步骤 01 打开“素材文件\项目二\供货商信息表.et”，选择 A2 单元格后直接输入信息，如图 2-1 所示。

步骤 02 选择 A3 单元格，在编辑栏中输入公司名称并按【Enter】键确认，如图 2-2 所示。

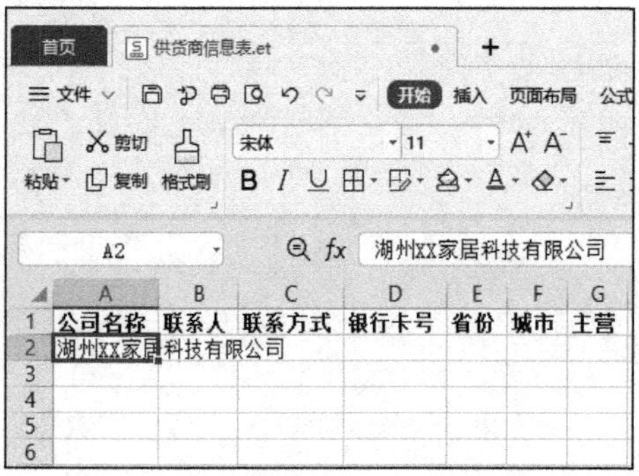

图 2-1　直接在单元格中输入信息

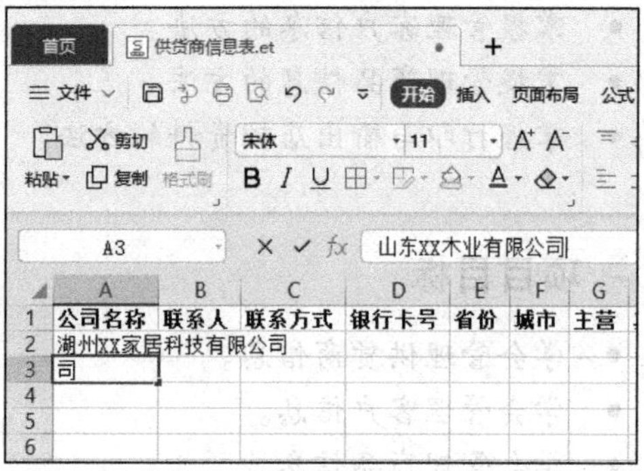

图 2-2　通过编辑栏输入

步骤 03 将鼠标指针放在 A 列标签右侧边界处的分割线上，当鼠标指针变成黑色双向箭头时双击鼠标左键，如图 2-3 所示。

步骤 04 双击后即可自动调整列宽，如图 2-4 所示。

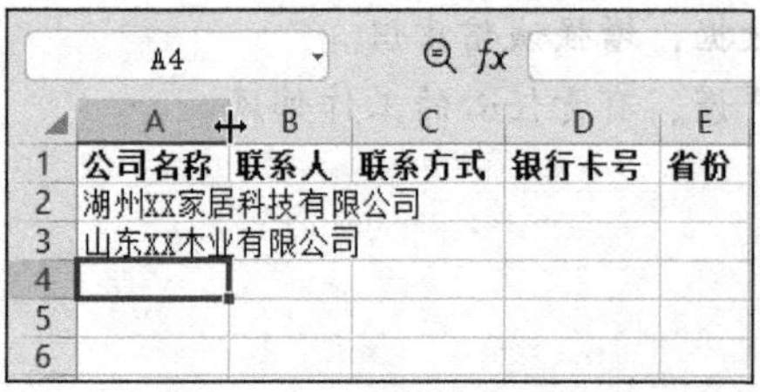

图 2-3　在分割线上双击鼠标左键

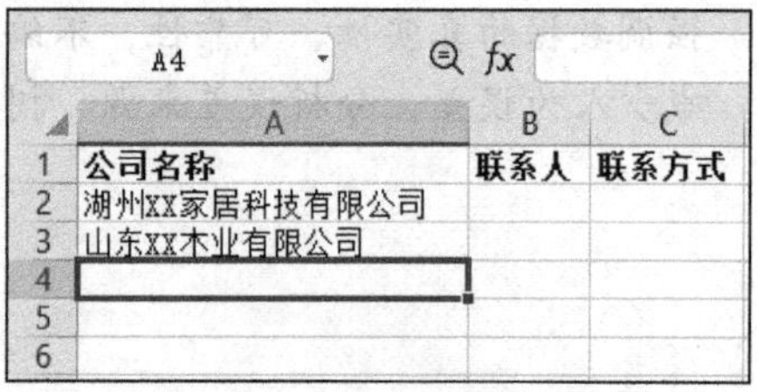

图 2-4　自动调整列宽

二、设置银行账号信息

在 WPS 表格中，当单元格中数字的位数超过 11 位时，程序会自动将数字调整为用科学记数法显示，在输入供货商银行账号时，这会导致账号显示不正确。下面将介绍如何设置银行账号信息，具体操作方法如下。

步骤 01 选择 D2:D17 单元格区域，单击“数字”组中的“数字格式”下拉按钮，选择“文本”选项，如图 2-5 所示。

步骤 02 在所选单元格中输入银行卡号信息，程序会把数字自动转换为文本格式，显示完整的银行卡号。此外，要将数字转换为文本格式，还可以直接在数字前添加英文单引号“'”，如图 2-6 所示。

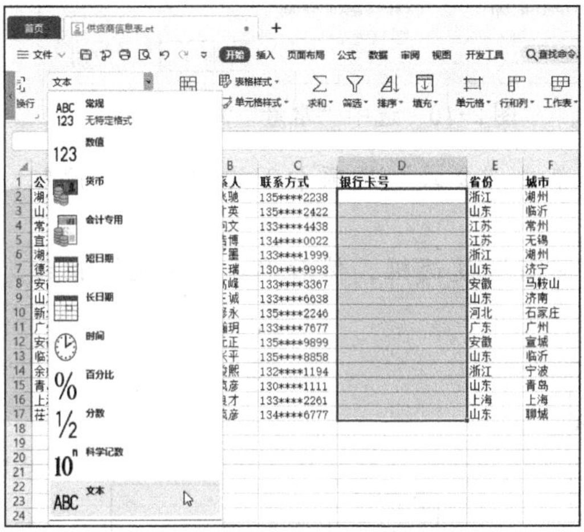

图 2-5　设置“文本”数字格式

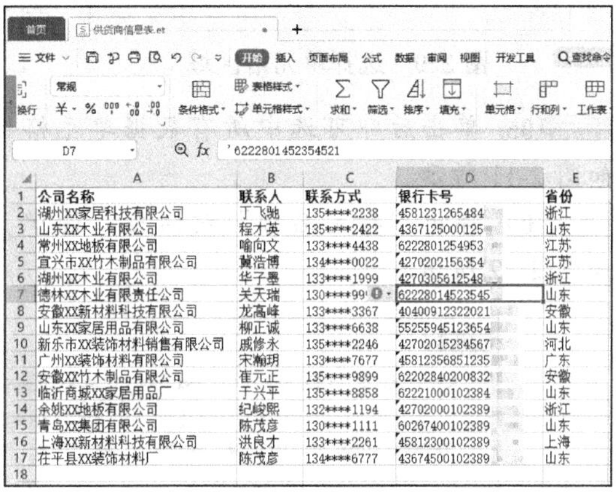

图 2-6　在数字前添加英文单引号

三、限定商品名称

一般情况下，每家供货商供应的商品只有一类或几类，对商品名称进行类别的设定，不仅可以提高数据录入的效率，还可以减少录入的错误率。下面将介绍如何限定商品名称，并为名称制作二级菜单，具体操作方法如下。

步骤 01 在工作表中选中 B 列，如图 2-7 所示。

步骤 02 按两次【Ctrl++】组合键插入两列，然后分别在 B1 和 C1 单元格中输入字段名称，如图 2-8 所示。

图 2-7　选中 B 列

图 2-8　输入字段名称

步骤 03 新建“商品名称”工作表，编辑商品名称数据，其中第 1 行内容为商品的“大类”名称，在各“大类”名称下方为相应的商品“系列”名称。选择 A1:D7 单元格区域，如图 2-9 所示。

步骤 04 按【Ctrl+G】组合键打开“定位”对话框，选中“常量”复选框，然后单击“定位”按钮，如图 2-10 所示。

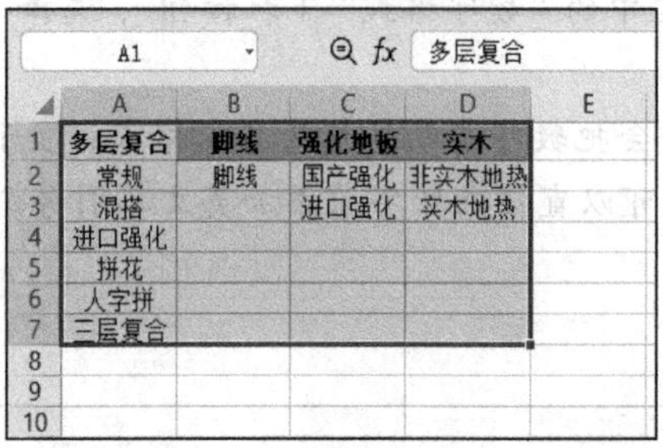

图 2-9 选择单元格区域

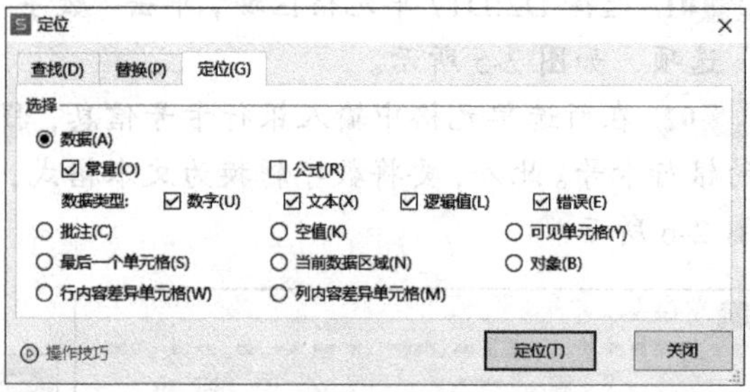

图 2-10 选中“常量”复选框

步骤 05 单击后即可选中所有数据单元格，单击“公式”选项卡下的“指定”按钮，如图 2-11 所示。

步骤 06 弹出“指定名称”对话框，选中“首行”复选框，然后单击“确定”按钮，如图 2-12 所示。

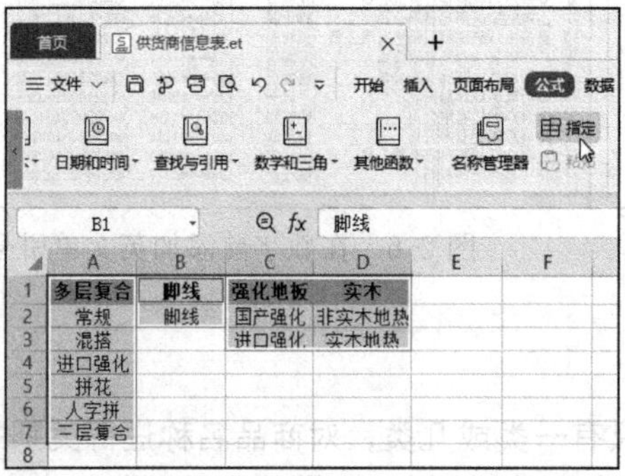

图 2-11 单击“指定”按钮

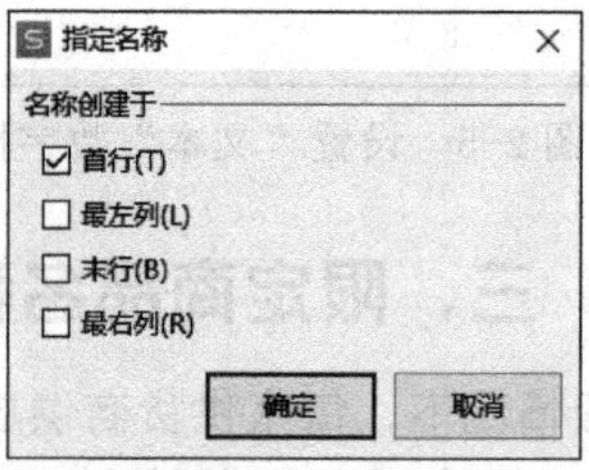

图 2-12 选中“首行”复选框

步骤 07 选择 A1:D1 单元格区域，在名称框中输入“dalei”并按【Enter】键确认，为该单元格区域创建名称，如图 2-13 所示。

步骤 08 创建名称后，单击名称框右侧的下拉按钮，即可查看创建的名称列表，如图 2-14 所示。

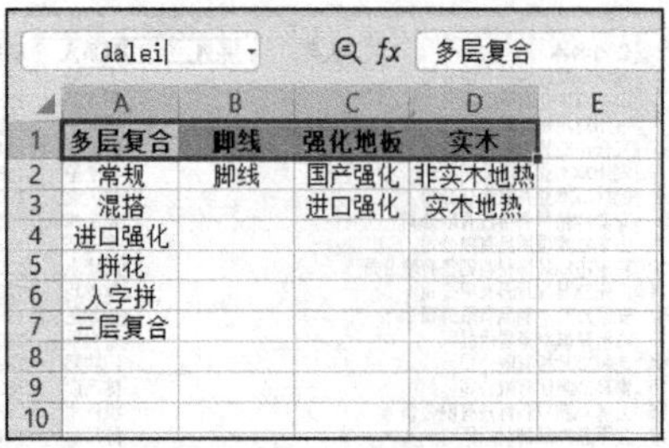

图 2-13 创建名称

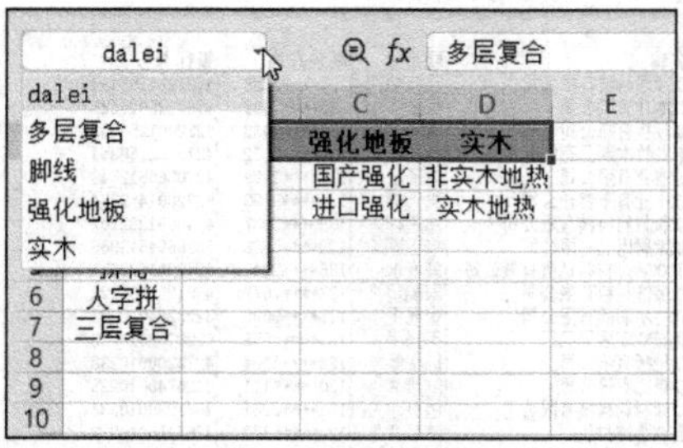

图 2-14 查看名称列表

步骤 09 切换到“供货商信息表”工作表，选择“大类”字段下的单元格区域，单击“数据”选项卡下的“有效性”按钮，如图 2-15 所示。

步骤 10 弹出“数据有效性”对话框，在“允许”下拉列表框中选择“序列”选项，在“来源”文本框中输入“=dalei”，然后单击“确定”按钮，如图 2-16 所示。

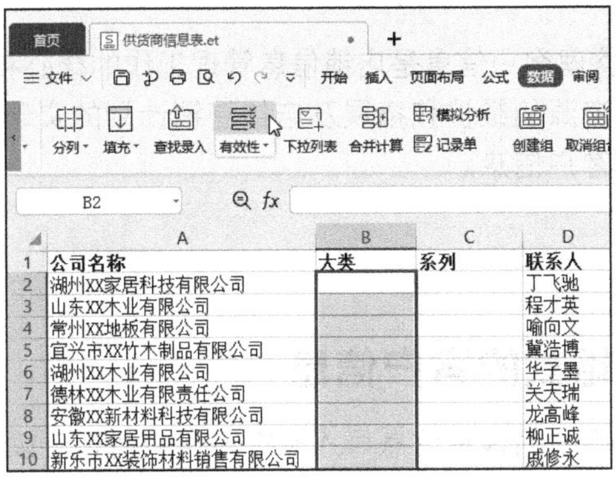

图 2-15 单击“有效性”按钮

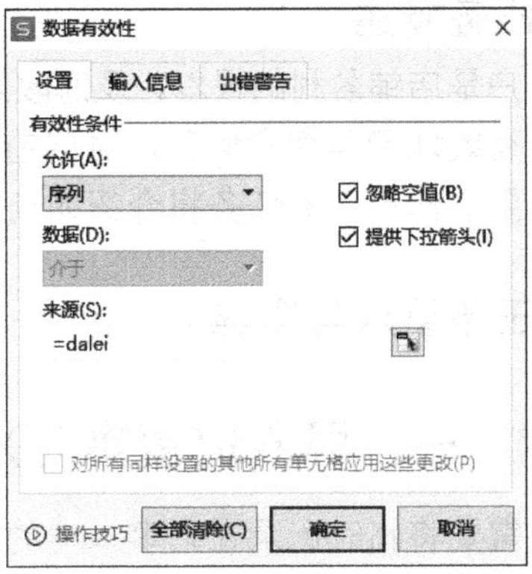

图 2-16 设置数据有效性条件

步骤 11 选择 B2 单元格，可以看到单元格右侧出现下拉按钮▾；单击该下拉按钮，从中选择所需的大类名称，程序会自动将其输入单元格中，如图 2-17 所示。

步骤 12 选择“系列”字段下的单元格区域，打开“数据有效性”对话框，在“允许”下拉列表框中选择“序列”选项，在“来源”文本框中输入“=INDIRECT(B2)”，然后单击“确定”按钮，如图 2-18 所示。INDIRECT 函数用于返回由文本字符串指定的引用。

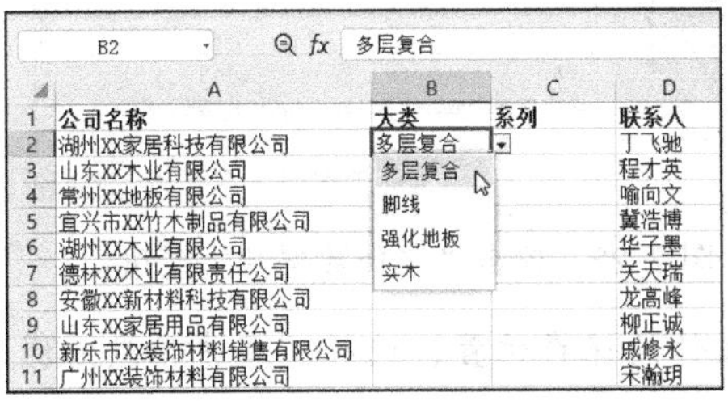

图 2-17 选择大类

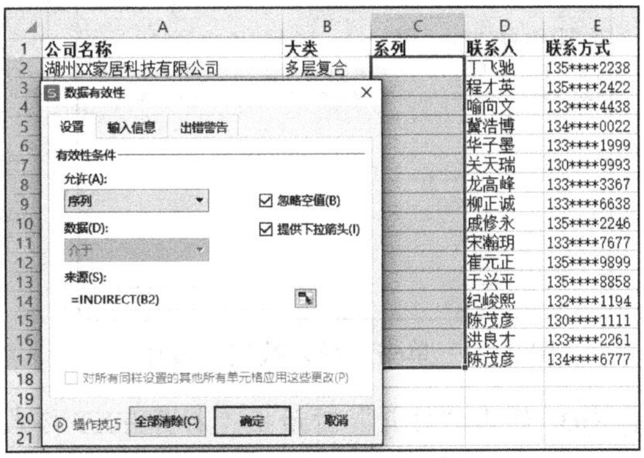

图 2-18 设置数据有效性条件

步骤 13 选择 C2 单元格，单击单元格右侧的下拉按钮▾，在弹出的列表中可以选择 B2 单元格大类中包含的系列名称，如图 2-19 所示。

步骤 14 采用同样的方法编辑其他单元格，如图 2-20 所示。

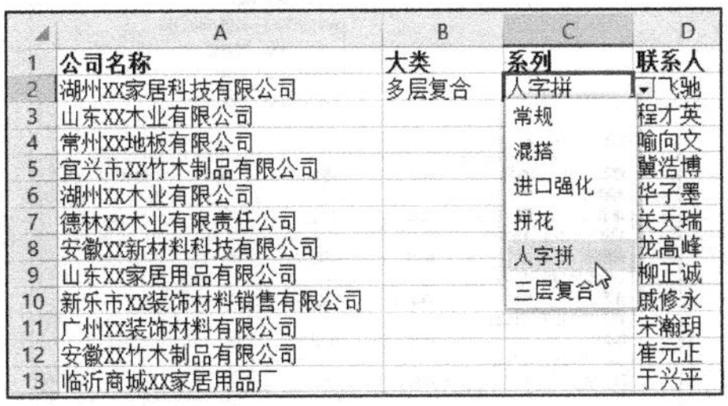

图 2-19 选择系列名称

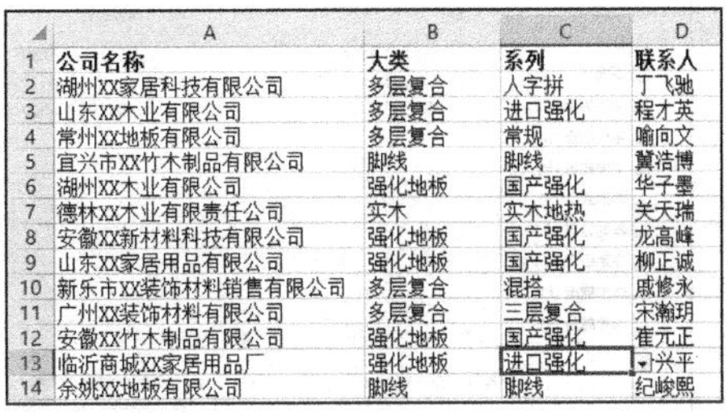

图 2-20 编辑其他单元格

任务二 管理客户信息

任务概述

客户是店铺盈利的根本，及时收集和整理客户信息是店铺信息管理工作的核心和基础。科学、有效地管理客户信息，对店铺客户资源的维护和拓展及店铺营销计划的实现都起着至关重要的作用。本任务将介绍如何管理客户信息。

任务重点与实施

一、导入记事本 TXT 格式的客户信息

当需要将临时记录在记事本中的 TXT 格式的客户信息导入 WPS 表格中时，无须重新输入，利用 WPS 表格中的“导入数据”功能即可导入，具体操作方法如下。

步骤 01 打开“素材文件\项目二\客户信息表.et”，单击“数据”选项卡下的“导入数据”按钮，如图 2-21 所示。

步骤 02 弹出“第一步：选择数据源”对话框，单击“选择数据源”按钮，如图 2-22 所示。

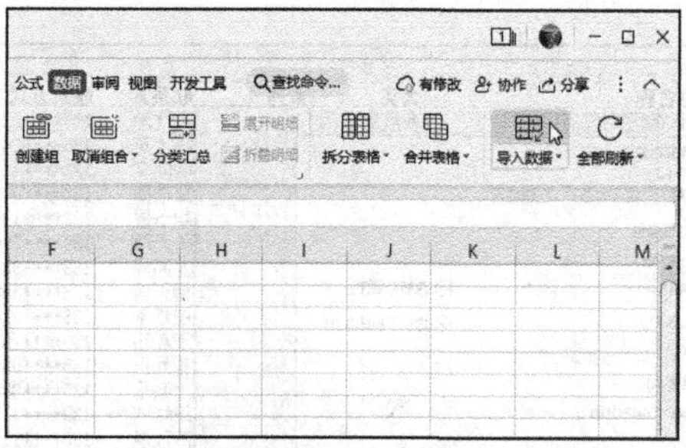

图 2-21 单击“导入数据”按钮

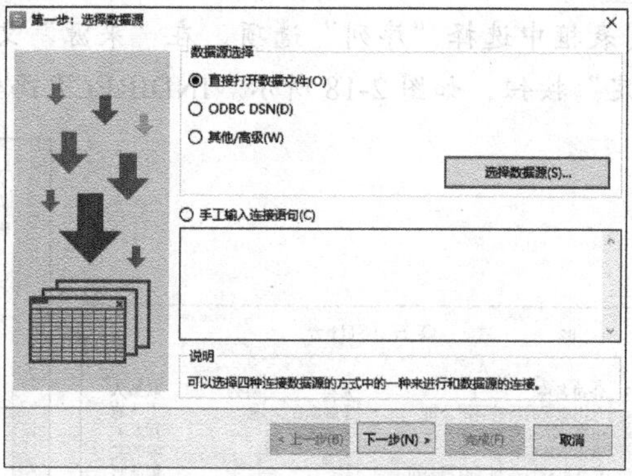

图 2-22 单击“选择数据源”按钮

步骤 03 弹出“打开”对话框，打开 TXT 格式文件的保存位置，选择“客户信息.txt”文件，单击“打开”按钮，如图 2-23 所示。

步骤 04 在弹出的“文件转换”对话框中单击“下一步”按钮，如图 2-24 所示。

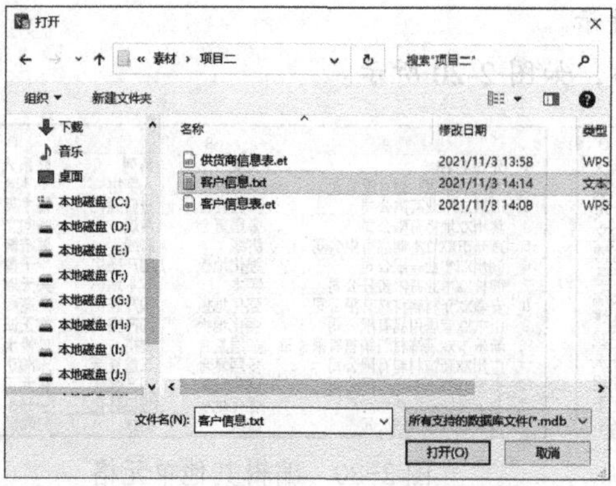

图 2-23 选择 TXT 格式文件

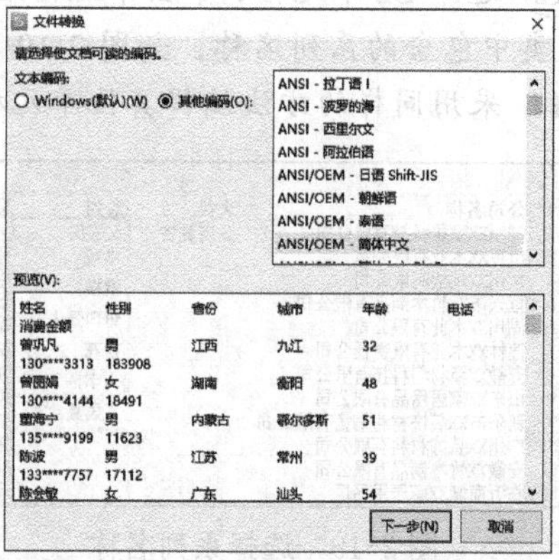

图 2-24 “文件转换”对话框

步骤 05 弹出“文本导入向导-3 步骤之 1”对话框，在“原始数据类型”选项区选中“分隔符号”单选按钮，并将“导入起始行”设置为 1，然后单击“下一步”按钮，如图 2-25 所示。

步骤 06 弹出“文本导入向导-3 步骤之 2”对话框，在“分隔符号”选项区选中“Tab 键”复选框，然后单击“下一步”按钮，如图 2-26 所示。

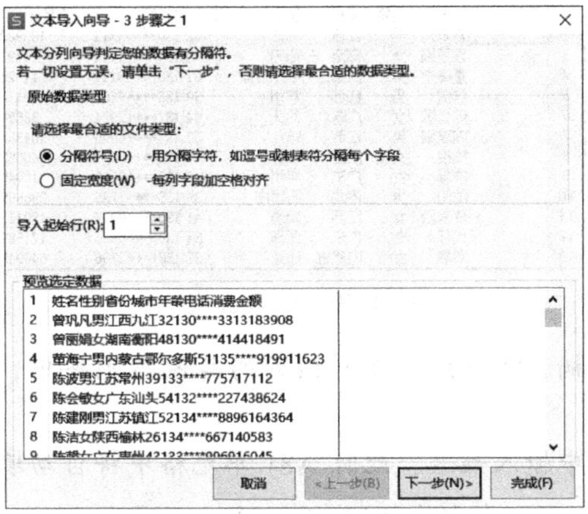

图 2-25 选择合适的文件类型

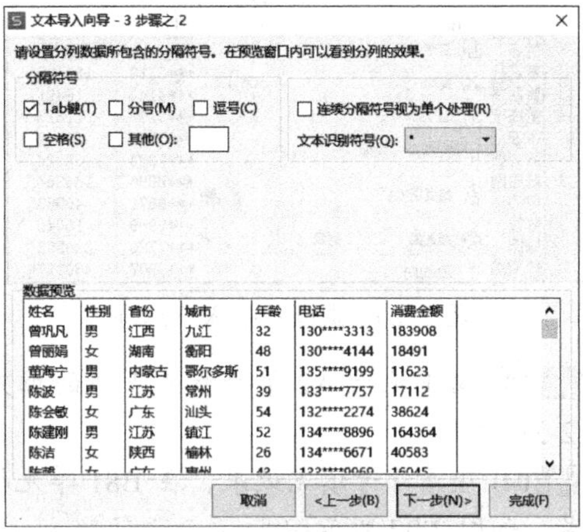

图 2-26 选择分隔符号

步骤 07 弹出“文本导入向导 - 3 步骤之 3”对话框，在“列数据类型”选项区选中“常规”单选按钮，然后选择所需的数据类型，在“目标区域”文本框中设置数据放置位置，单击“完成”按钮，如图 2-27 所示。

步骤 08 成功导入记事本 TXT 格式文件数据，如图 2-28 所示。

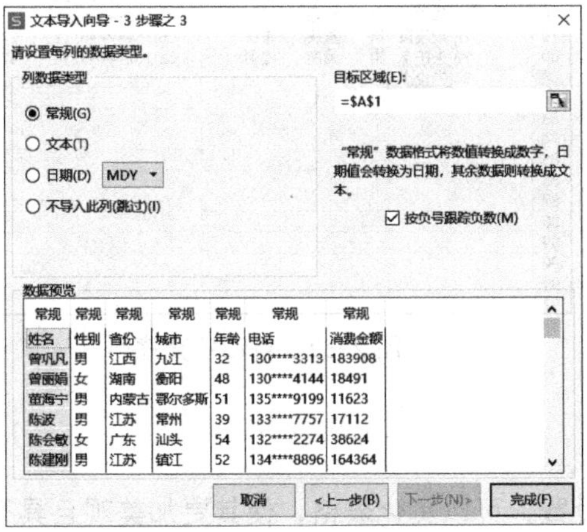

图 2-27 设置列数据类型

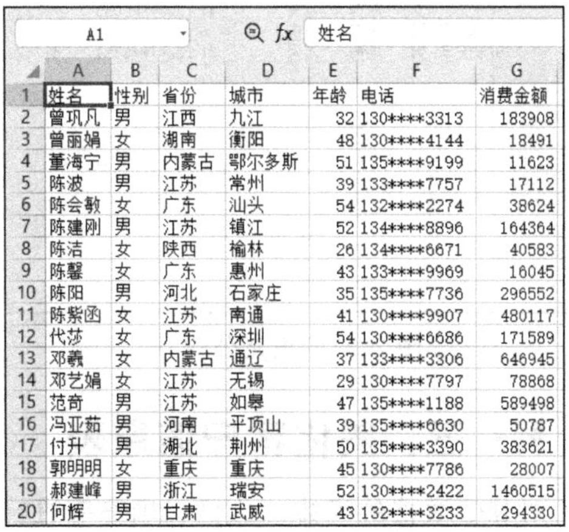

	A	B	C	D	E	F	G
1	姓名	性别	省份	城市	年龄	电话	消费金额
2	曾巩凡	男	江西	九江	32	130****3313	183908
3	曾丽娟	女	湖南	衡阳	48	130****4144	18491
4	董海宁	男	内蒙古	鄂尔多斯	51	135****9199	11623
5	陈波	男	江苏	常州	39	133****7757	17112
6	陈会敏	女	广东	汕头	54	132****2274	38624
7	陈建刚	男	江苏	镇江	52	134****8896	164364
8	陈洁	女	陕西	榆林	26	134****6671	40583
9	陈馨	女	广东	惠州	43	133****9969	16045
10	陈阳	男	河北	石家庄	35	135****7736	296552
11	陈紫函	女	江苏	南通	41	130****9907	480117
12	代莎	女	广东	深圳	54	130****6686	171589
13	邓羲	女	内蒙古	通辽	37	133****3306	646945
14	邓艺娟	女	江苏	无锡	29	130****7797	78868
15	范奇	男	江苏	如皋	47	135****1188	589498
16	冯亚茹	男	河南	平顶山	39	135****6630	50787
17	付升	男	湖北	荆州	50	135****3390	383621
18	郭明明	女	重庆	重庆	45	130****7786	28007
19	郝建峰	男	浙江	瑞安	52	130****2422	1460515
20	何辉	男	甘肃	武威	43	132****3233	294330

图 2-28 成功导入数据

二、设置自动添加客户序号

为了方便管理客户信息，我们可以为每条信息添加序号。在添加序号时，无须手动输入，可以借助公式自动填充序号。下面将介绍如何设置自动添加客户序号，具体操作方法如下。

步骤 01 选中 A 列，用鼠标右键单击所选列，选择“插入”选项，在左侧插入列，如图 2-29 所示。

步骤 02 在 A1 单元格中输入字段名称“序号”，选择 A2 单元格，在编辑栏中输入公式“=IF(B2="","",ROW()-1)”，并按【Enter】键确认，即可得出当前序号，如图 2-30 所示。

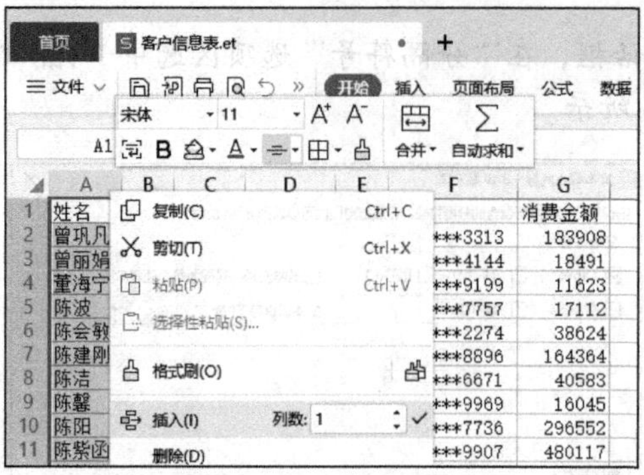

图 2-29　选择“插入”选项

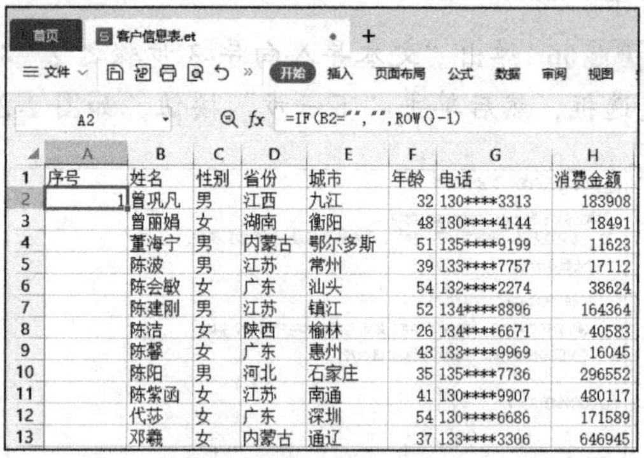

图 2-30　输入公式

步骤 03 向下拖动 A2 单元格右下角的填充柄，将公式填充到该列的其他单元格中，如图 2-31 所示。

步骤 04 查看序号填充效果，在 B81 单元格中输入姓名，此时 A81 单元格中将自动填充序号，如图 2-32 所示。

图 2-31　填充公式

图 2-32　自动填充序号

三、美化客户信息表

对 WPS 表格的字体、边框、填充等进行设置，可以美化表格，使其更加美观且具有层次感，具体操作方法如下。

步骤 01 选择 A2 单元格，然后按【Ctrl+Shift+↓】组合键，选择“序号”列的数据单元格区域，如图 2-33 所示。

步骤 02 按【Ctrl+1】组合键，打开“单元格格式”对话框，在左侧选择“自定义”选项，在右侧“类型”文本框中输入 "KH-"0000"，然后单击“确定”按钮，如图 2-34 所示。

步骤 03 选择“消费金额”列的数据单元格区域，如图 2-35 所示。

步骤 04 打开“单元格格式”对话框，在左侧选择“会计专用”选项，设置“小数位数”为 0，选择货币符号，然后单击“确定”按钮，如图 2-36 所示。

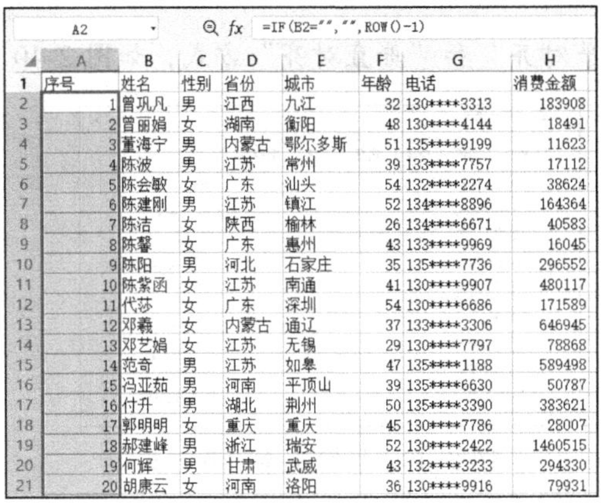

图 2-33　选择“序号”列的数据单元格区域

图 2-34　自定义数字格式

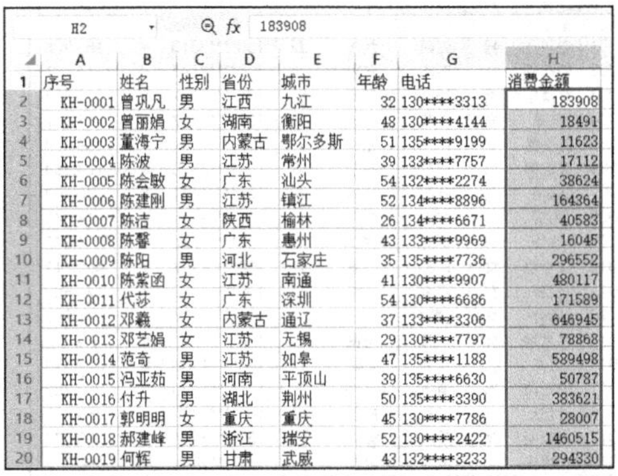

图 2-35　选择“消费金额”列的数据单元格区域

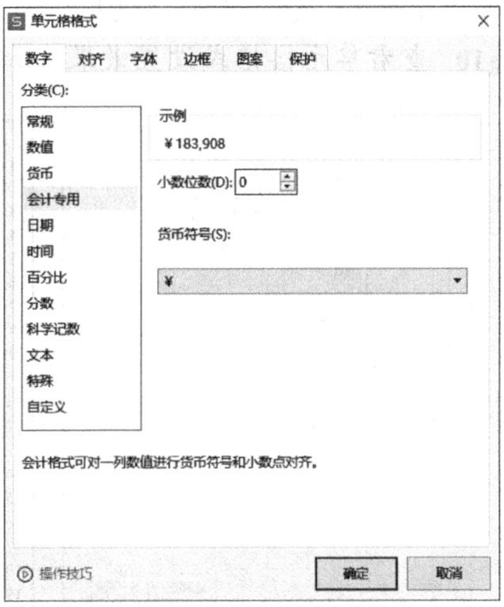

图 2-36　设置“会计专用”格式

步骤 05 选择 A1:H1 单元格区域，单击“样式”组中的“单元格样式”下拉按钮，在弹出的列表中选择所需的样式，即可应用该样式，如图 2-37 所示。在“单元格样式”列表中用鼠标右键单击样式，选择“修改”选项，设置单元格格式，这样应用该样式的单元格将自动更新单元格格式。

步骤 06 选择除第 1 行外的其他数据单元格区域，如图 2-38 所示。

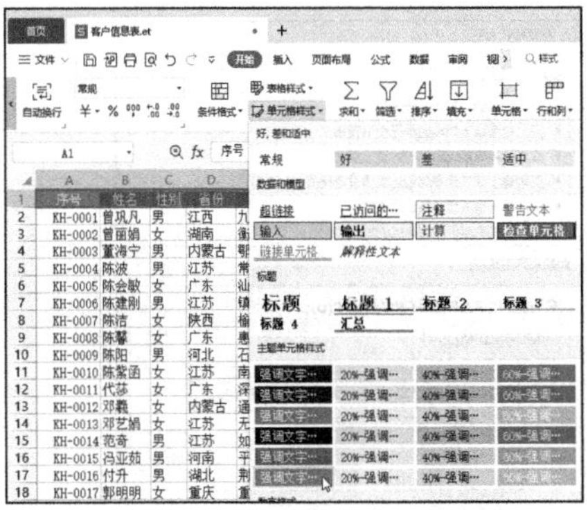

图 2-37　选择单元格样式

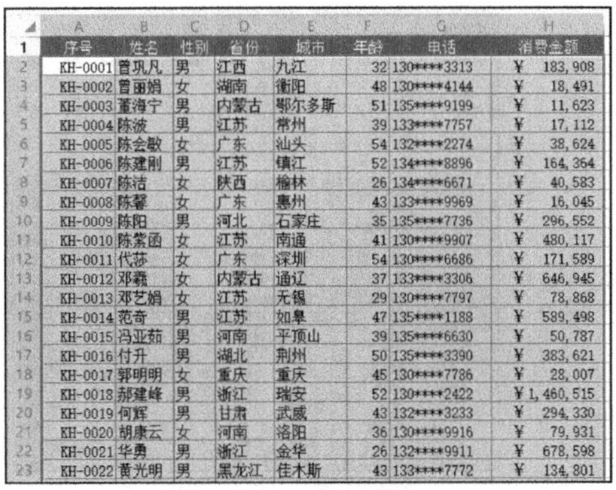

图 2-38　选择单元格区域

步骤 07 按【Ctrl+1】组合键，打开“单元格格式”对话框，选择“字体”选项卡，设置字体格式，如图 2-39 所示。

步骤 08 选择“对齐”选项卡，设置“水平对齐”和“垂直对齐”方式，如图 2-40 所示。

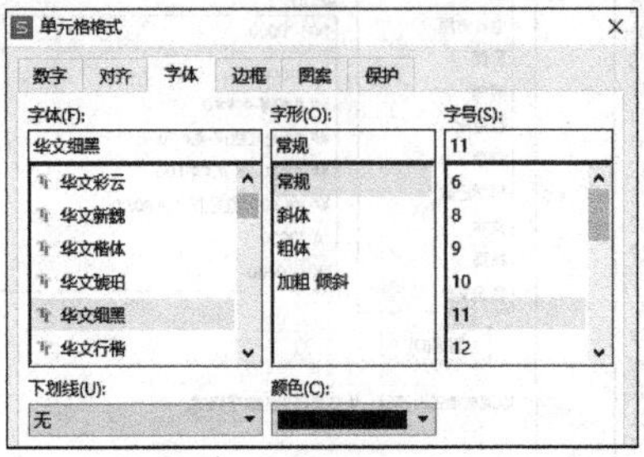

图 2-39　设置字体格式

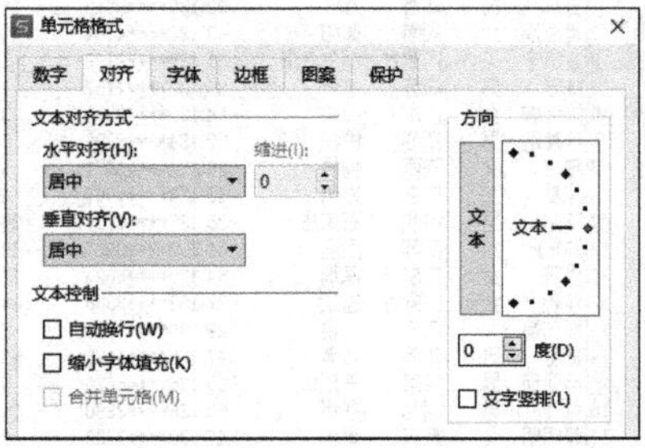

图 2-40　设置文本对齐方式

步骤 09 选择“边框”选项卡，选择线条样式，设置线条颜色，并在“预置”选项区中依次单击“外边框”和“内部”选项，然后单击“确定”按钮，如图 2-41 所示。

步骤 10 查看单元格格式设置效果，如图 2-42 所示。

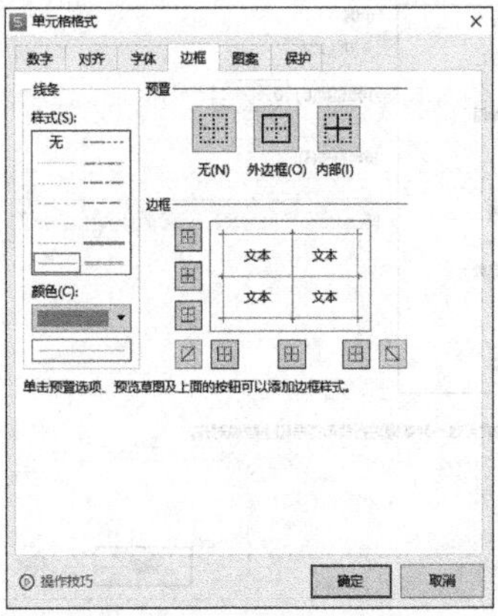

图 2-41　设置边框格式

	A	B	C	D	E	F	G	H
1	序号	姓名	性别	省份	城市	年龄	电话	消费金额
2	KH-0001	曾巩凡	男	江西	九江	32	130****3313	¥ 183,908
3	KH-0002	曾丽娟	女	湖南	衡阳	48	130****4144	¥ 18,491
4	KH-0003	董海宁	男	内蒙古	鄂尔多斯	51	135****9199	¥ 11,623
5	KH-0004	陈波	男	江苏	常州	39	133****7757	¥ 17,112
6	KH-0005	陈会敏	女	广东	汕头	54	132****2274	¥ 38,624
7	KH-0006	陈建刚	男	江苏	镇江	52	134****8896	¥ 164,364
8	KH-0007	陈洁	女	陕西	榆林	26	134****6671	¥ 40,583
9	KH-0008	陈馨	女	广东	惠州	43	133****9969	¥ 16,045
10	KH-0009	陈阳	男	河北	石家庄	35	135****7736	¥ 296,552
11	KH-0010	陈紫函	女	江苏	南通	41	130****9907	¥ 480,117
12	KH-0011	代莎	女	广东	深圳	54	130****6686	¥ 171,589
13	KH-0012	邓羲	女	内蒙古	通辽	37	133****3306	¥ 646,945
14	KH-0013	邓艺娟	女	江苏	无锡	29	130****7797	¥ 78,868
15	KH-0014	范奇	男	江苏	如皋	47	135****1188	¥ 589,498
16	KH-0015	冯亚茹	男	河南	平顶山	39	135****6630	¥ 50,787
17	KH-0016	付升	男	湖北	荆州	50	135****3390	¥ 383,621
18	KH-0017	郭明明	女	重庆	重庆	45	130****7786	¥ 28,007
19	KH-0018	郝建峰	男	浙江	瑞安	52	130****2422	¥ 1,460,515

图 2-42　查看单元格格式设置效果

步骤 11 选择除第 1 行外的其他数据单元格区域，单击“开始”选项卡下的“条件格式”下拉按钮，选择“新建规则”选项，如图 2-43 所示。

步骤 12 弹出“新建格式规则”对话框，在“选择规则类型”列表框中选择“使用公式确定要设置格式的单元格”选项，在“只为满足以下条件的单元格设置格式”文本框中输入公式“=MOD(ROW(),2)=1”，然后单击“格式”按钮，如图 2-44 所示。

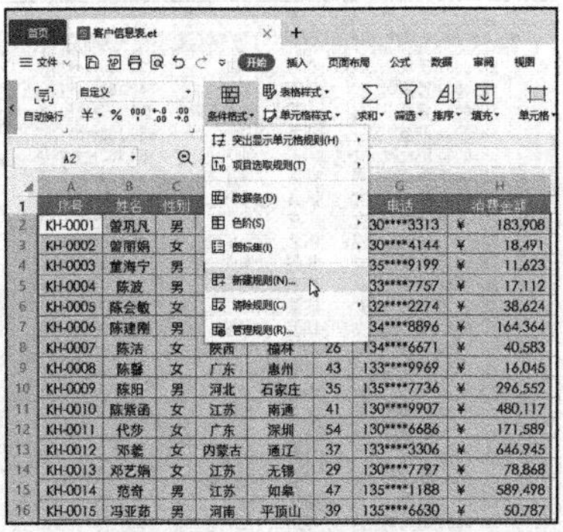

图 2-43　选择“新建规则”选项

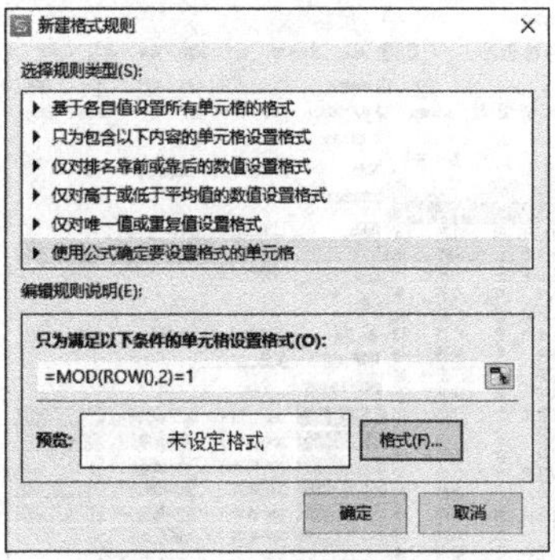

图 2-44　输入公式

步骤 13 弹出“单元格格式”对话框，选择“图案”选项卡，在“颜色”选项区中选择填充颜色，然后单击“确定”按钮，如图 2-45 所示。

步骤 14 此时每隔一行自动为单元格填充背景颜色，效果如图 2-46 所示。

图 2-45 选择填充颜色

	A	B	C	D	E	F	G	H
1	序号	姓名	性别	省份	城市	年龄	电话	消费金额
2	KH-0001	曾巩凡	男	江西	九江	32	130****3313	¥ 183,908
3	KH-0002	曾丽娟	女	湖南	衡阳	48	130****4144	¥ 18,491
4	KH-0003	董海宁	男	内蒙古	鄂尔多斯	51	135****9199	¥ 11,623
5	KH-0004	陈波	男	江苏	常州	39	133****7757	¥ 17,112
6	KH-0005	陈会敏	女	广东	汕头	54	132****2274	¥ 38,624
7	KH-0006	陈建刚	男	江苏	镇江	52	134****8896	¥ 164,364
8	KH-0007	陈洁	女	陕西	榆林	26	134****6671	¥ 40,583
9	KH-0008	陈馨	女	广东	惠州	43	133****9969	¥ 16,045
10	KH-0009	陈阳	男	河北	石家庄	35	135****7736	¥ 296,552
11	KH-0010	陈紫函	女	江苏	南通	41	130****9907	¥ 480,117
12	KH-0011	代莎	女	广东	深圳	54	130****6686	¥ 171,589
13	KH-0012	邓羲	女	内蒙古	通辽	37	133****3306	¥ 646,945
14	KH-0013	邓艺娟	女	江苏	无锡	29	130****7797	¥ 78,868
15	KH-0014	范奇	男	江苏	如皋	47	135****1188	¥ 589,498
16	KH-0015	冯亚茹	男	河南	平顶山	39	135****6630	¥ 50,787
17	KH-0016	付升	男	湖北	荆州	50	135****3390	¥ 383,621
18	KH-0017	郭明明	女	重庆	重庆	45	130****7786	¥ 28,007
19	KH-0018	郝建峰	男	浙江	瑞安	52	130****2422	¥ 1,460,515
20	KH-0019	何辉	男	甘肃	武威	43	132****3233	¥ 294,330
21	KH-0020	胡康云	女	河南	洛阳	36	130****9916	¥ 79,931
22	KH-0021	华勇	男	浙江	金华	26	132****9911	¥ 678,598

图 2-46 查看单元格效果

四、冻结标题行

当 WPS 表格中的数据行较多时，我们需要拖动滚动条才能查看靠后的数据，但此时标题行被隐藏，不便于了解数据的含义。为此，我们可以冻结标题行，使其一直显示。下面将介绍如何冻结标题行，具体操作方法如下。

步骤 01 选择 A2 单元格，选择“视图”选项卡，单击“冻结窗格”下拉按钮，选择“冻结至第 1 行”选项，如图 2-47 所示。

步骤 02 滚动鼠标滚轮或拖动右侧的滚动条时，可以看到标题行始终显示在数据上方。若要取消冻结标题行，可以单击“冻结窗格”下拉按钮，选择“取消冻结窗格”选项，如图 2-48 所示。

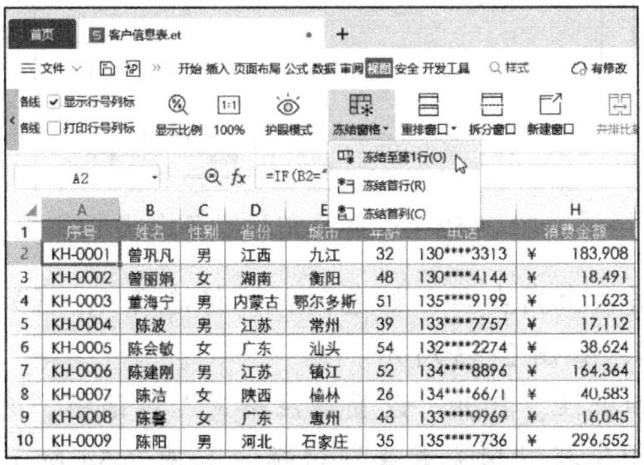

图 2-47 设置冻结窗格

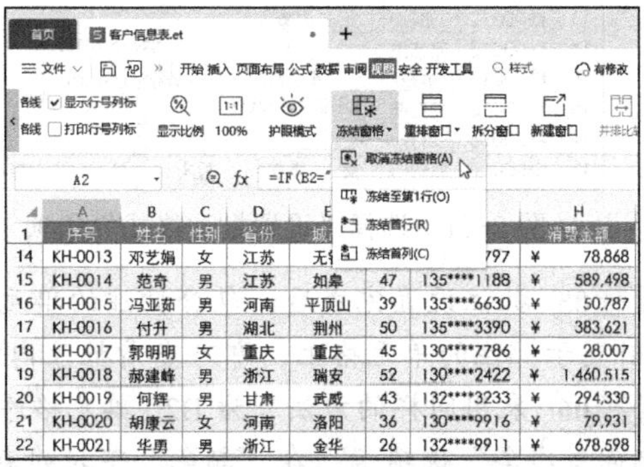

图 2-48 取消冻结窗格

五、添加批注

添加批注是一种十分有用的提醒方式，批注附加在单元格中，用于注释该单元格的内容，如一些复杂的公式或者为其他用户提供的反馈信息，以方便互相交流。下面将介绍如何在客户信息表中添加批注，具体操作方法如下。

步骤 01 选择 B15 单元格并用鼠标右键单击，选择“插入批注”选择，如图 2-49 所示。

步骤 02 在打开的批注框内编辑批注内容并设置字体格式，如图 2-50 所示。

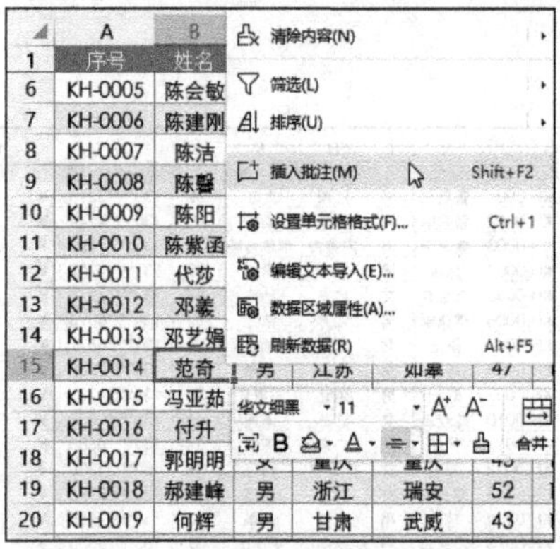

图 2-49 选择“插入批注”选项

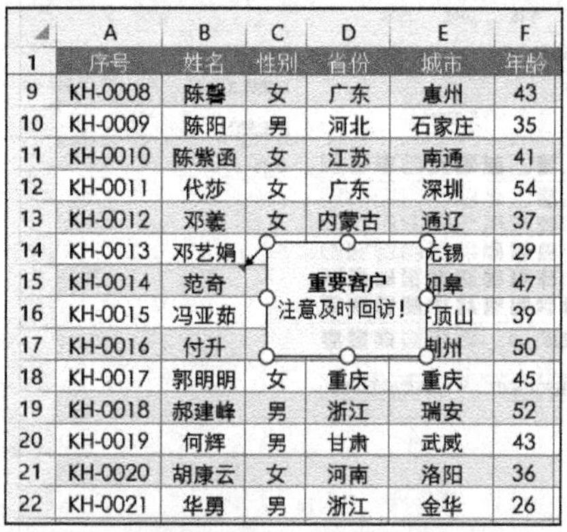

图 2-50 编辑批注内容并设置字体格式

步骤 03 选中批注框并用鼠标右键单击，选择“设置批注格式”选项，如图 2-51 所示。

步骤 04 弹出“设置批注格式”对话框，在“字体”选项卡下设置字体颜色为白色，在“颜色与线条”选项卡下设置填充颜色、透明度、线条等格式，然后单击“确定”按钮，如图 2-52 所示。

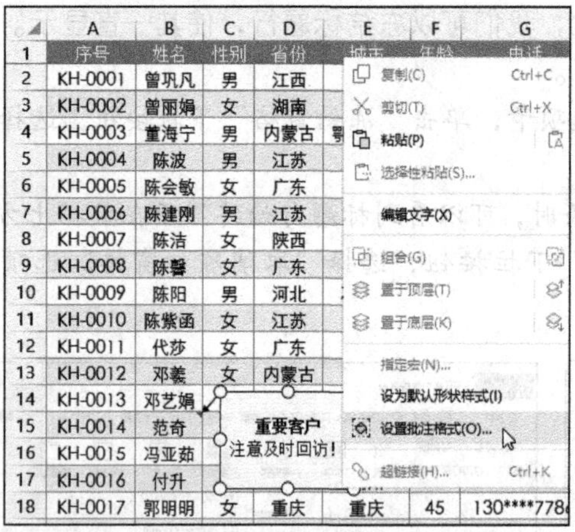

图 2-51 选择“设置批注格式”选项

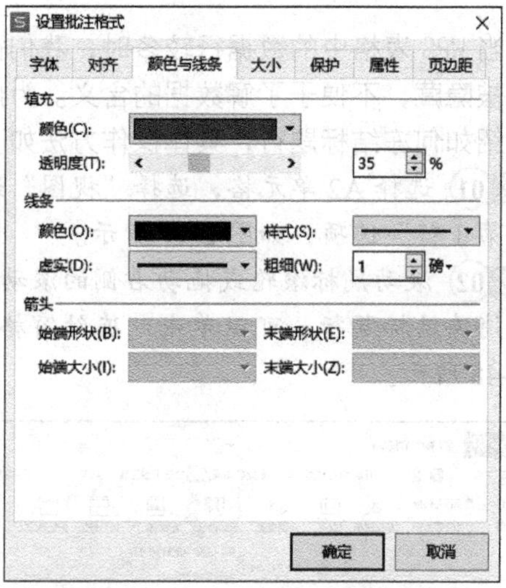

图 2-52 设置填充与线条格式

步骤 05 批注设置完成后，包含批注的单元格右上角会显示红色的批注标志符◥，将鼠标指针置于批注的单元格上，即可查看批注内容，如图 2-53 所示。

步骤 06 采用同样的方法，为 B20 单元格添加批注。打开“设置批注格式”对话框，选择“颜色与线条”选项卡，在“颜色”下拉列表中选择“填充效果”选项，如图 2-54 所示。

步骤 07 弹出“填充效果”对话框，选择“图片”选项卡，单击“选择图片”按钮，选择计算机中的图片；在此选择一张客户的二维码图片，然后单击“确定”按钮，如图 2-55 所示。

步骤 08 将鼠标指针置于批注单元格上，即可查看批注的图片，如图 2-56 所示。

	A	B	C	D	E	F
1	序号	姓名	性别	省份	城市	年龄
4	KH-0003	董海宁	男	内蒙古	鄂尔多斯	51
5	KH-0004	陈波	男	江苏	常州	39
6	KH-0005	陈会敏	女	广东	汕头	54
7	KH-0006	陈建刚	男	江苏	镇江	52
8	KH-0007	陈洁	女	陕西	榆林	26
9	KH-0008	陈馨	女	广东	惠州	43
10	KH-0009	陈阳	男	河北	石家庄	35
11	KH-0010	陈紫函	女	江苏	南通	41
12	KH-0011	代莎	女	广东	深圳	54
13	KH-0012	邓姜	女	内蒙古	通辽	37
14	KH-0013	邓艺娟				29
15	KH-0014	范奇				47
16	KH-0015	冯亚茹	男			39
17	KH-0016	付升				50
18	KH-0017	郭明明	女	重庆	重庆	45
19	KH-0018	郝建峰	男	浙江	瑞安	52
20	KH-0019	何辉	男	甘肃	武威	43
21	KH-0020	胡康云	女	河南	洛阳	36

图 2-53　查看批注内容

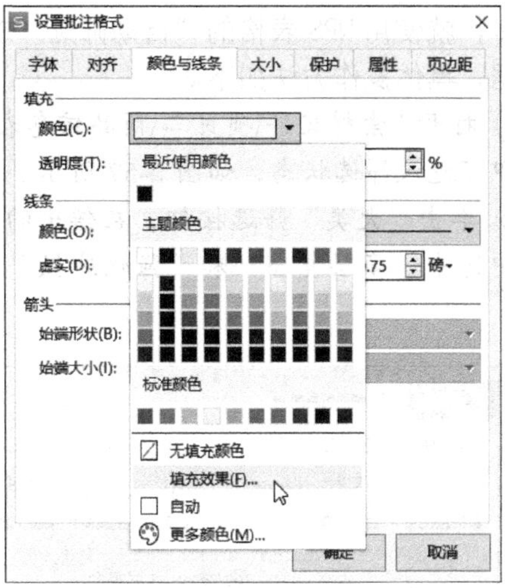

图 2-54　选择“填充效果”选项

图 2-55　设置图片填充

	A	B	C	D	E	F
1	序号	姓名	性别	省份	城市	年龄
10	KH-0009	陈阳	男	河北	石家庄	35
11	KH-0010	陈紫函	女	江苏	南通	41
12	KH-0011	代莎	女	广东	深圳	54
13	KH-0012	邓姜	女	内蒙古	通辽	37
14	KH-0013	邓艺娟	女	江苏	无锡	29
15	KH-0014	范奇	男	江苏	如皋	47
16	KH-0015	冯亚茹	男	河南	平顶山	39
17	KH-0016	付升	男	湖北	荆州	50
18	KH-0017	郭明明	女	重庆	重庆	45
19	KH-0018	郝建峰				52
20	KH-0019	何辉				43
21	KH-0020	胡康云				36
22	KH-0021	华勇				26
23	KH-0022	黄光明				43
24	KH-0023	李娟	女	浙江	义乌	40
25	KH-0024	李明明	男	福建	福州	55
26	KH-0025	李强	男	山东	济南	35
27	KH-0026	李晓霞	女	河南	周口	49
28	KH-0027	刘广通	男	山东	青岛	50
29	KH-0028	刘杰	男	黑龙江	哈尔滨	44
30	KH-0029	刘龙刚	男	福建	福清	41
31	KH-0030	刘倩	女	陕西	汉中	32

图 2-56　查看批注的图片

任务三　管理商品信息

任务概述

在商务数据分析中，电商运营者需要用到详细的商品信息表，其中包括商品类型、销售时间、销售收入等重要信息。本任务将介绍如何管理商品信息，包括筛选商品信息、高级筛选、按照属性分类汇总商品等。

任务重点与实施

一、筛选商品信息

电商运营者通过筛选商品信息，可以快速获得符合条件的数据。如果商品信息表中的数据较多，就使用 WPS 表格的“自动筛选”功能快速查找符合条件的数据，隐藏不符合条件的数据，具体操作方法如下。

步骤 01 打开“素材文件\项目二\商品信息表.et”，选择“数据”选项卡，单击“自动筛选”按钮，即可进入筛选状态，如图 2-57 所示。

步骤 02 单击“大类”筛选按钮，在弹出的面板中对“大类”名称进行筛选，在“名称”列表框中选中“多层复合”和“强化地板”复选框，然后单击“确定”按钮，如图 2-58 所示。

图 2-57 单击“自动筛选”按钮

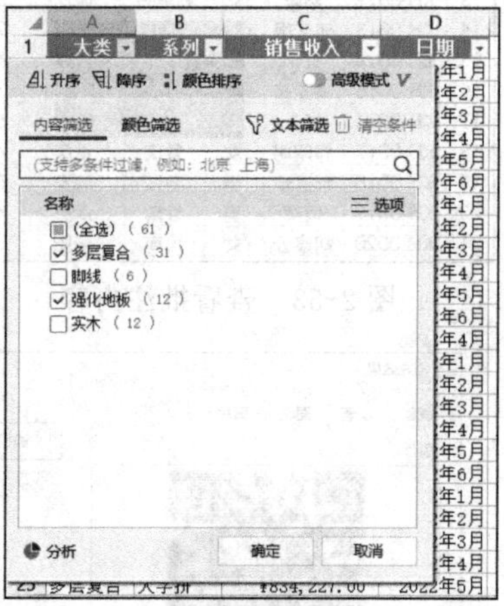

图 2-58 筛选大类

步骤 03 单击“系列”筛选按钮，在弹出的面板中对“系列”名称进行筛选，然后单击“确定”按钮，如图 2-59 所示。

步骤 04 在工作表中查看“大类”和“系列”筛选结果，如图 2-60 所示。

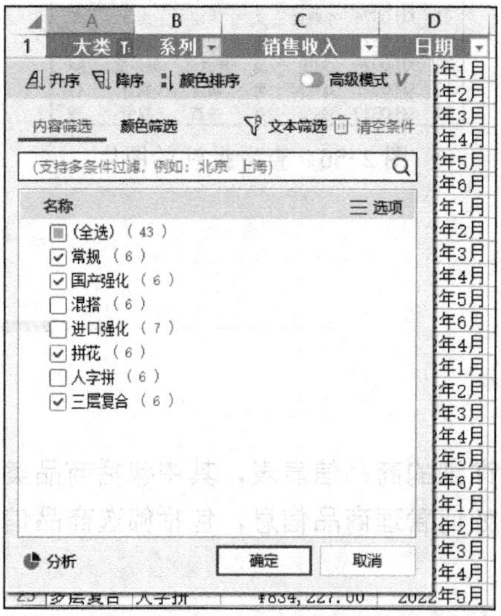

图 2-59 筛选系列

图 2-60 查看筛选结果

步骤 05 单击“日期”筛选按钮，在弹出的面板中对“日期”名称进行筛选，然后单击“确定”按钮，如图 2-61 所示。

步骤 06 单击“销售收入”筛选按钮，在弹出的面板中单击“降序”按钮，然后单击“确定”按钮，如图 2-62 所示。

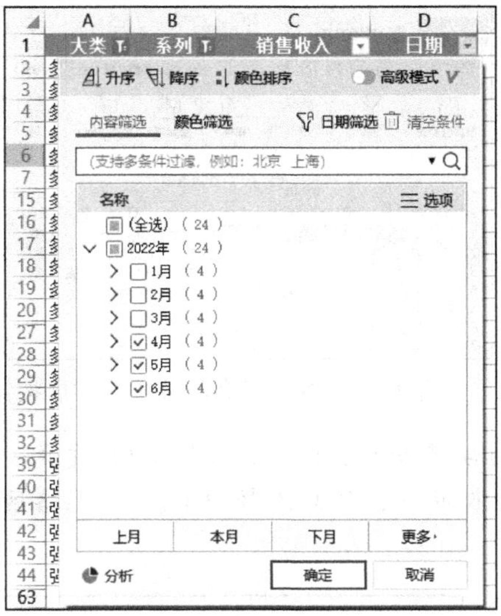

图 2-61　筛选日期

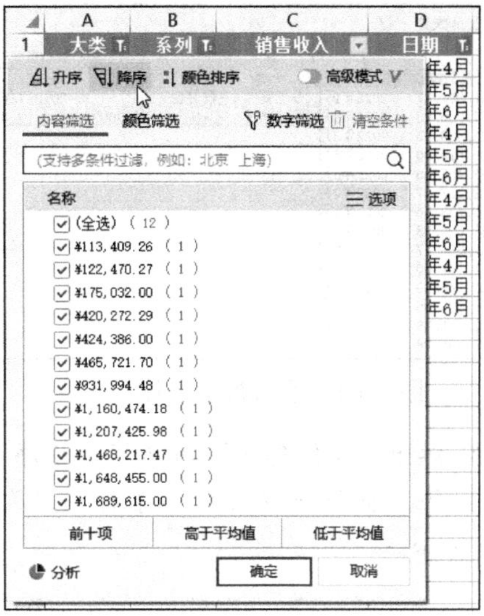

图 2-62　单击“降序”按钮

步骤 07 此时即可在工作表中查看筛选结果，如图 2-63 所示。若要清除筛选，可以再次单击“自动筛选”按钮。

图 2-63　查看筛选结果

二、高级筛选

当 WPS 表格的“自动筛选”功能无法满足需求时，就要用到高级筛选。在自动筛选中，不同字段之间的筛选只能是在满足一个字段的条件下，再进行另一个字段的筛选，多个字段之间的筛选必须是“交集”；使用高级筛选时，可以为不同字段设置多种筛选条件。例如，下面在商品信息表中找出从 2022 年 4 月开始的“三层复合”地板商品的数据及大类为“强化地板”且销售收入“＞1 000 000”的数据，具体操作方法如下。

步骤 01 在 F1:I3 单元格区域输入筛选条件，如图 2-64 所示。在设置筛选条件时需注意，同一行的条件为“且”的关系，不同行的条件为“或”的关系。

步骤 02 在数据表中选中任意单元格，在“数据”选项卡下单击“高级”组右下角的“高级筛选”扩展按钮⌟，如图 2-65 所示。

图 2-64　输入筛选条件

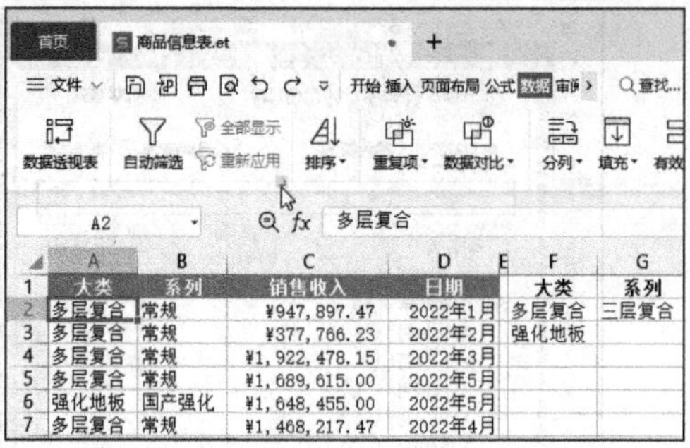

图 2-65　单击“高级筛选”扩展按钮

步骤 03 弹出“高级筛选”对话框，程序将自动选择列表区域，如图 2-66 所示。

步骤 04 将鼠标指针定位到“条件区域”文本框中，然后选择 F1:I3 单元格区域，如图 2-67 所示。

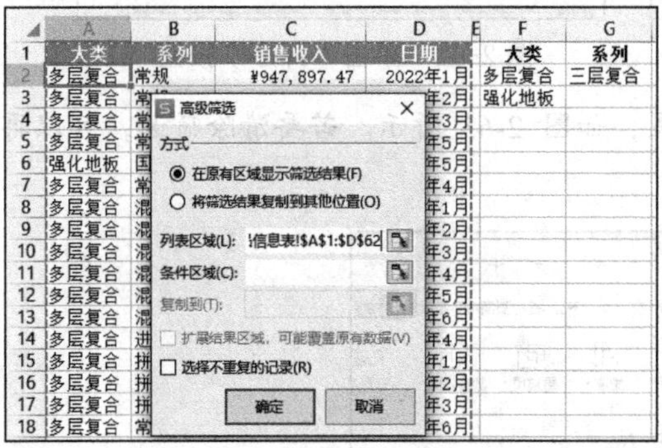

图 2-66　自动选择列表区域

图 2-67　选择条件区域

步骤 05 选中“将筛选结果复制到其他位置”单选按钮，然后将鼠标指针定位到“复制到”文本框中，在表格中选择 F5 单元格，单击“确定”按钮，如图 2-68 所示。

步骤 06 此时即可将符合条件的数据筛选出来，高级筛选结果如图 2-69 所示。

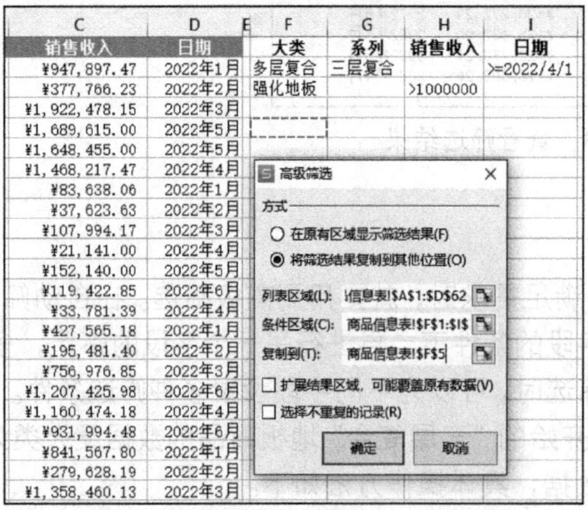

图 2-68　选择“复制到”位置

图 2-69　查看高级筛选结果

三、按照商品属性分类汇总商品

分类汇总可以对工作表中指定的字段进行分类，然后统计同一类数据。在整理商品信息时，我们可以利用分类汇总将同样的商品进行统计归类，以便进行管理和分析。下面将详细介绍如何按照商品属性分类汇总商品，具体操作方法如下。

步骤 01 在进行分类汇总前，需要对将要汇总的数据进行排序。在表格中选中任意单元格，单击“数据”选项卡下的“排序”下拉按钮，选择“自定义排序”选项，如图 2-70 所示。

步骤 02 弹出“排序”对话框，设置“主要关键字”为“日期”，“次序”为“升序”，然后单击“添加条件”按钮，如图 2-71 所示。

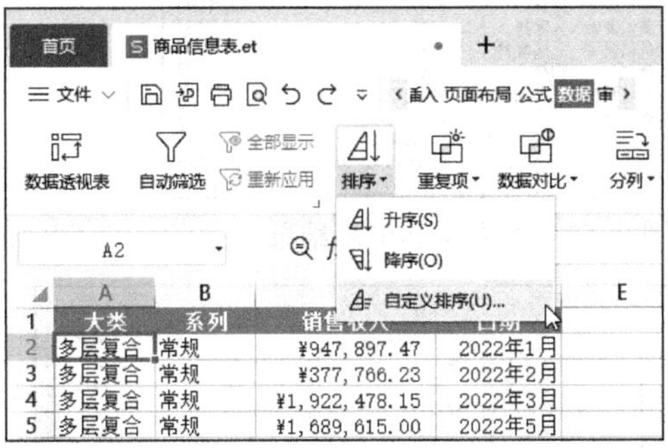

图 2-70　选择“自定义排序”选项

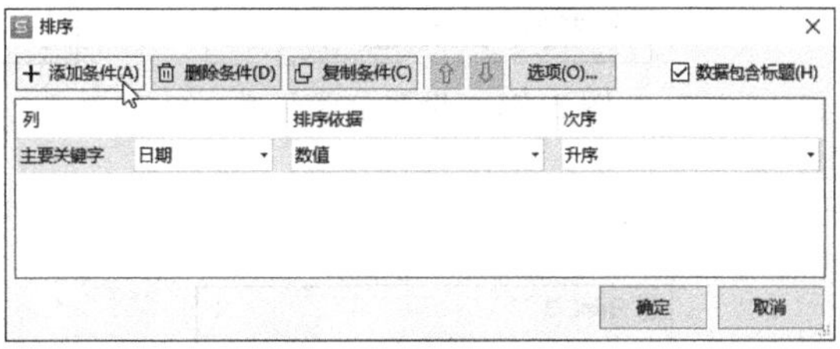

图 2-71　设置主要关键字

步骤 03 依次设置“大类”和“系列”次要关键字排序条件，然后单击“确定”按钮，如图 2-72 所示。

步骤 04 查看数据排序结果，此时即可在对“日期”排序的基础上再分别对“大类”和“系列”进行排序。单击“数据”选项卡下的“分类汇总”按钮，如图 2-73 所示。

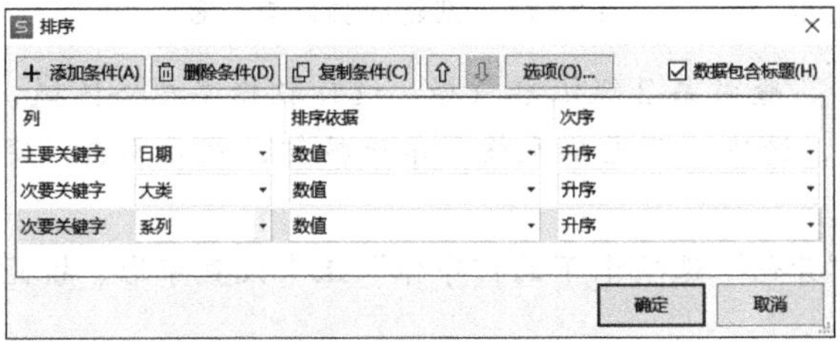

图 2-72　设置次要关键字

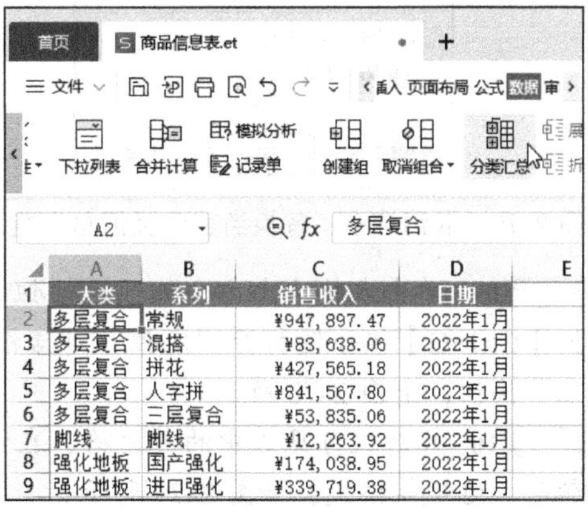

图 2-73　单击“分类汇总”按钮

步骤 05 弹出“分类汇总”对话框，在“分类字段”下拉列表框中选择“日期”选项，在“汇总方式”下拉列表框中选择“求和”选项，在“选定汇总项”列表框中选中“销售收入”复选框，然后单击“确定”按钮，如图 2-74 所示。

步骤 06 此时即可按“日期”对“销售收入”进行求和汇总，结果如图 2-75 所示。

步骤 07 再次单击“分类汇总”按钮，弹出“分类汇总”对话框，在“分类字段”下拉列表框中选择“大类”选项，取消选中“替换当前分类汇总”复选框，然后单击“确定”按钮，如图 2-76 所示。

步骤 08 此时即可创建嵌套分类汇总，在原来求和汇总的基础上按“大类”对“销售收入”进行求和汇总，如图 2-77 所示。

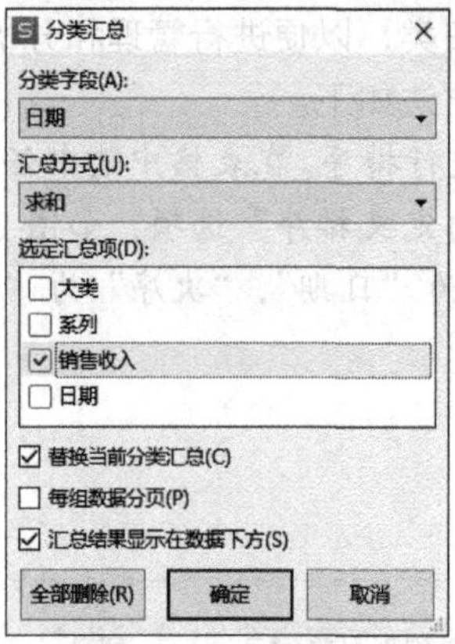

图 2-74　设置分类汇总

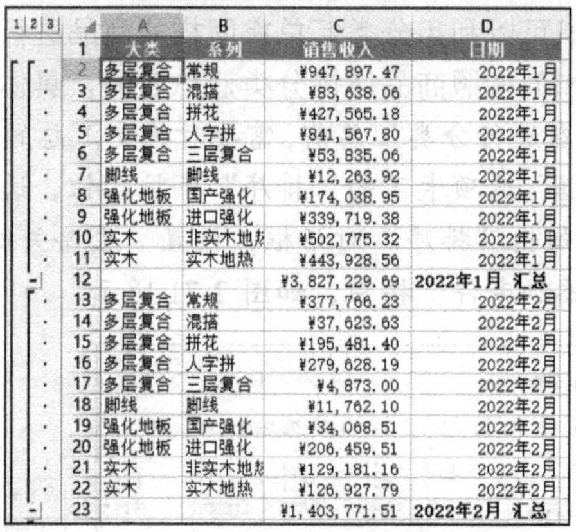

图 2-75　查看求和汇总结果

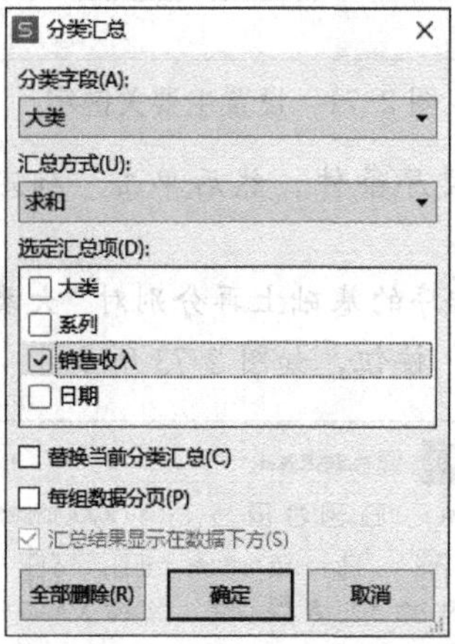

图 2-76　取消选中“替换当前分类汇总”复选框

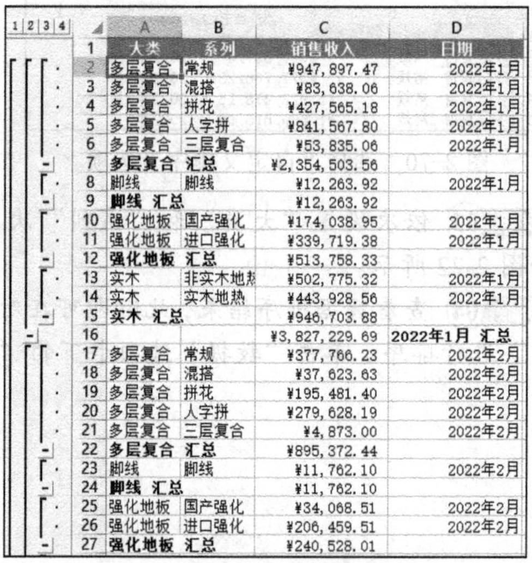

图 2-77　创建嵌套分类汇总

步骤 09 单击表格左上方分级显示按钮2，查看第 2 级汇总数据。选择数据单元格区域，按【Ctrl+G】组合键打开“定位”对话框，选中“可见单元格”单选按钮，然后单击“定位”按钮，如图 2-78 所示。

步骤 10 此时仅可见选中的单元格，在“开始”选项卡下的“字体”组中设置字形、填充颜色、边框等格式，如图 2-79 所示。

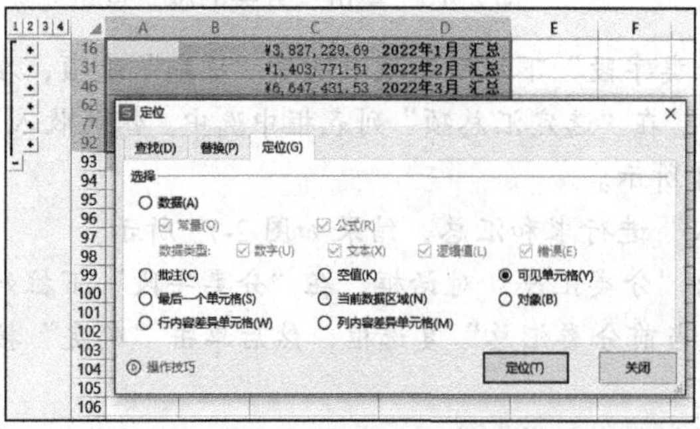

图 2-78　设置定位可见单元格

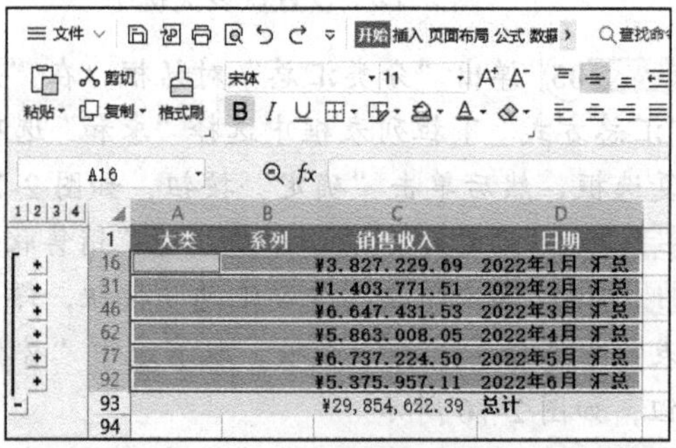

图 2-79　设置字体格式

步骤 11 单击表格左上方分级显示按钮3，查看第 3 级汇总数据，如图 2-80 所示。

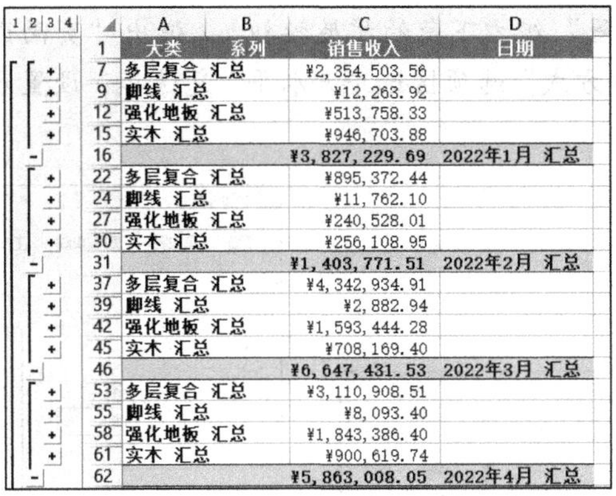

行号	A 大类	B 系列	C 销售收入	D 日期
1	大类	系列	销售收入	日期
7	多层复合 汇总		¥2,354,503.56	
9	脚线 汇总		¥12,263.92	
12	强化地板 汇总		¥513,758.33	
15	实木 汇总		¥946,703.88	
16			¥3,827,229.69	2022年1月 汇总
22	多层复合 汇总		¥895,372.44	
24	脚线 汇总		¥11,762.10	
27	强化地板 汇总		¥240,528.01	
30	实木 汇总		¥256,108.95	
31			¥1,403,771.51	2022年2月 汇总
37	多层复合 汇总		¥4,342,934.91	
39	脚线 汇总		¥2,882.94	
42	强化地板 汇总		¥1,593,444.28	
45	实木 汇总		¥708,169.40	
46			¥6,647,431.53	2022年3月 汇总
53	多层复合 汇总		¥3,110,908.51	
55	脚线 汇总		¥8,093.40	
58	强化地板 汇总		¥1,843,386.40	
61	实木 汇总		¥900,619.74	
62			¥5,863,008.05	2022年4月 汇总

图 2-80　查看第 3 级汇总数据

任务四　打印与输出店铺资料

任务概述

对重要的店铺数据资料进行打印与输出，既方便查阅，又可以当作资料备份，有利于保证店铺资料的安全。本任务将介绍如何打印与输出店铺资料。

任务重点与实施

一、打印页面设置

在打印店铺资料时，对于列数较多或宽度较大的表格，我们可以通过修改纸张大小、纸张方向、缩放比例等使其显示在一张纸上，具体操作方法如下。

步骤 01 打开前面制作完成的客户信息表，选择“页面布局”选项卡，单击“纸张方向”下拉按钮，选择“纵向”选项，如图 2-81 所示。

步骤 02 单击“纸张大小”下拉按钮，选择 A4 选项，如图 2-82 所示。

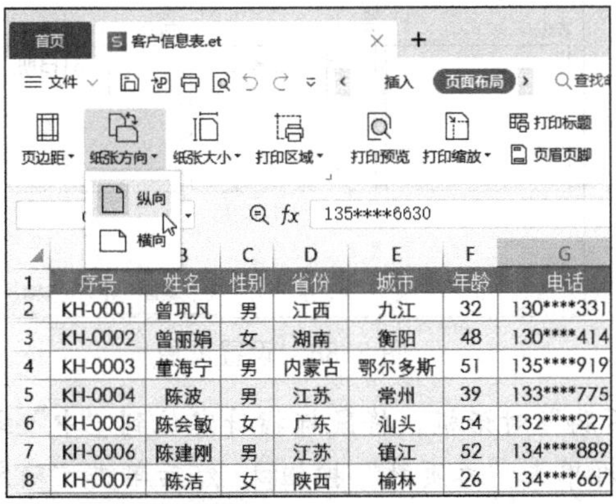

图 2-81　选择纸张方向

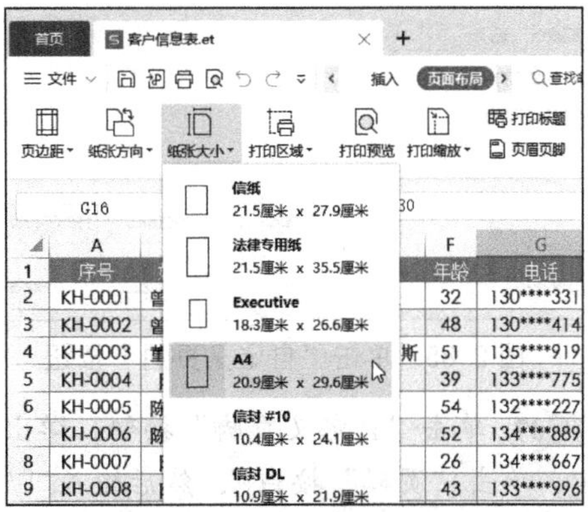

图 2-82　选择纸张大小

步骤 03 单击“打印缩放”下拉按钮，在弹出的列表中设置“缩放比例”为 120%，如图 2-83 所示。

步骤 04 单击“页面设置”组右下角的扩展按钮，弹出“页面设置”对话框，选择“页边距”选项卡，在“居中方式”选项区选中“水平”复选框，设置水平居中对齐，如图 2-84 所示。

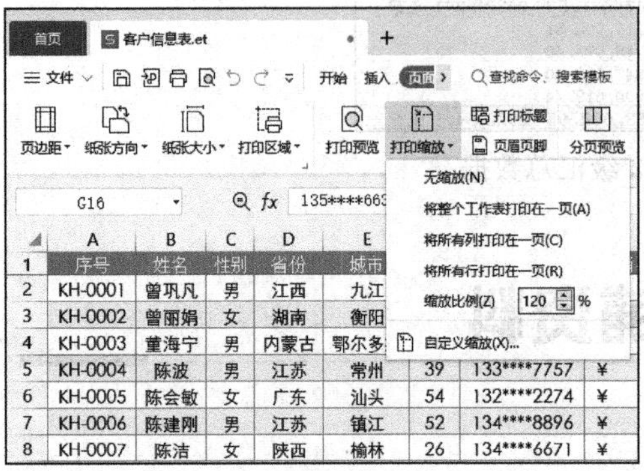

图 2-83 设置缩放比例

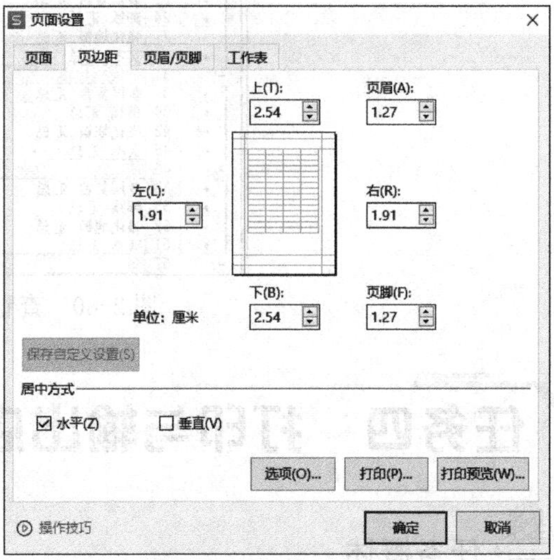

图 2-84 设置对齐方式

步骤 05 选择“页眉/页脚”选项卡，单击“自定义页眉”按钮，如图 2-85 所示。

步骤 06 弹出“页眉”对话框，将鼠标指针定位到“中”文本框并输入文本“客户信息表”，再将鼠标指针定位到“右”文本框中，单击“日期”按钮，插入当前日期，然后单击“确定”按钮，如图 2-86 所示。

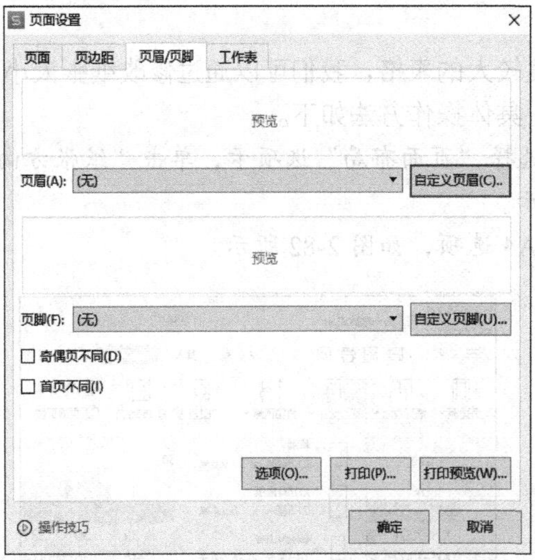

图 2-85 单击“自定义页眉”按钮

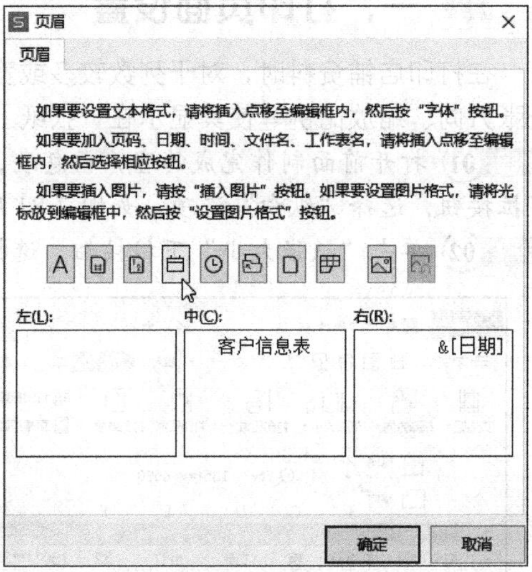

图 2-86 设置页眉

步骤 07 单击“自定义页脚”按钮，弹出“页脚”对话框，将鼠标指针定位到“中”文本框中，单击“页码”按钮，然后输入“/”，再单击“总页数”按钮，然后单击“确定”按钮，如图 2-87 所示。

步骤 08 选择“工作表”选项卡，设置“顶端标题行”为工作表的第 1 行，然后单击“确定”按钮，如图 2-88 所示。

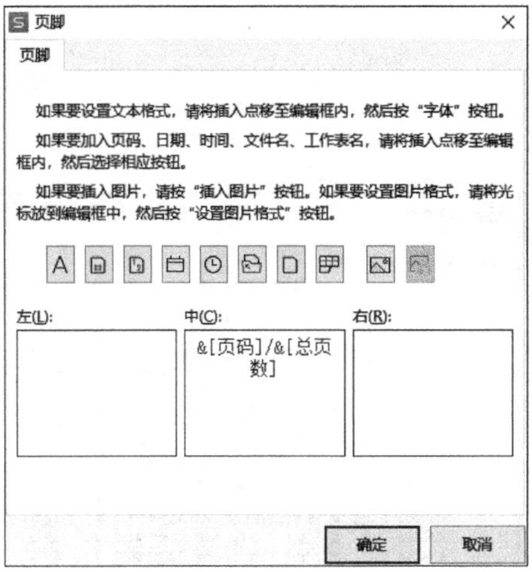

图 2-87　设置页脚

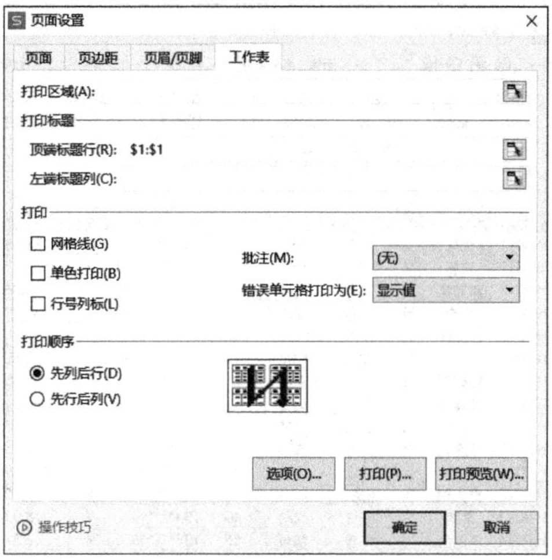

图 2-88　设置顶端标题行

步骤 09 单击“工作表”选项卡下的“打印预览”按钮，进入打印预览界面，在预览区查看打印效果，然后在上方选择打印机并设置打印份数，单击“直接打印”按钮即可打印工作表，如图 2-89 所示。

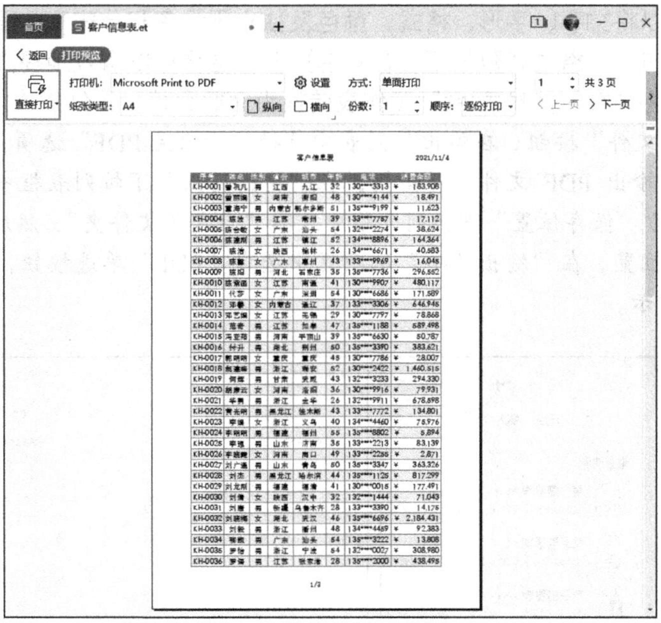

图 2-89　打印工作表

二、设置打印区域

打印数据时，我们可能只需打印部分数据，此时可以通过设置打印区域来打印自己需要的数据，具体操作方法如下。

步骤 01 在工作表中选择 A15:H27 单元格区域，选择“页面布局”选项卡，单击“打印区域”下拉按钮，选择“设置打印区域”选项，如图 2-90 所示。

步骤 02 单击“打印预览”按钮可查看打印效果，单击“直接打印”按钮，即可打印该区域中的数据，如图 2-91 所示。

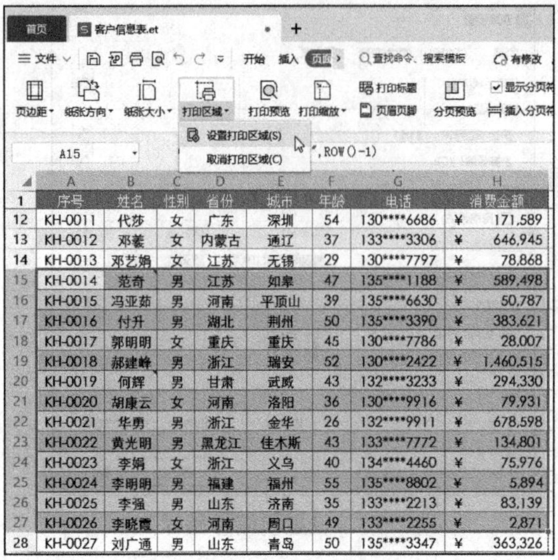

图 2-90　设置打印区域

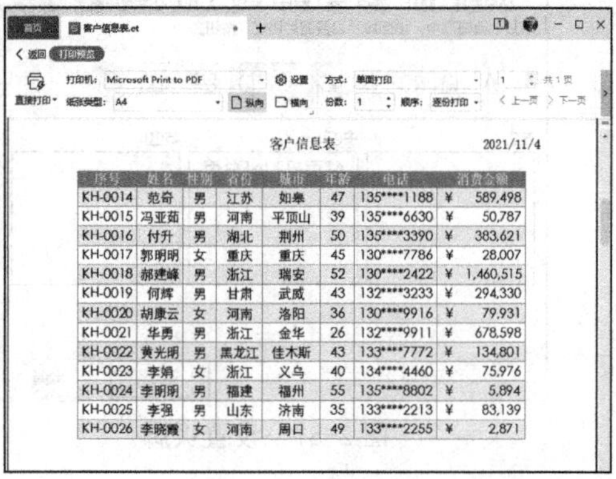

图 2-91　打印区域数据

三、导出 PDF 文档

PDF 文档可以将文字、字形、格式、颜色及独立于设备和分辨率的图形图像等封装在一个文件中，且布局、格式和数据不会被轻易更改，这样可以有效地提高信息的安全性。下面将介绍如何将“客户信息表.et”工作表转换为 PDF 文档，具体操作方法如下。

步骤 01 单击“文件”按钮，在弹出的列表中选择“输出为 PDF”选项，如图 2-92 所示。

步骤 02 弹出“输出 PDF 文件”对话框，在“输出范围”下拉列表框中选择“当前工作表”选项，在下方“保存位置”下拉列表框中选择“自定义文件夹”，然后单击“浏览”按钮⋯，选择保存位置。在“输出选项”选项区中选中“PDF”单选按钮，单击“设置”按钮，如图 2-93 所示。

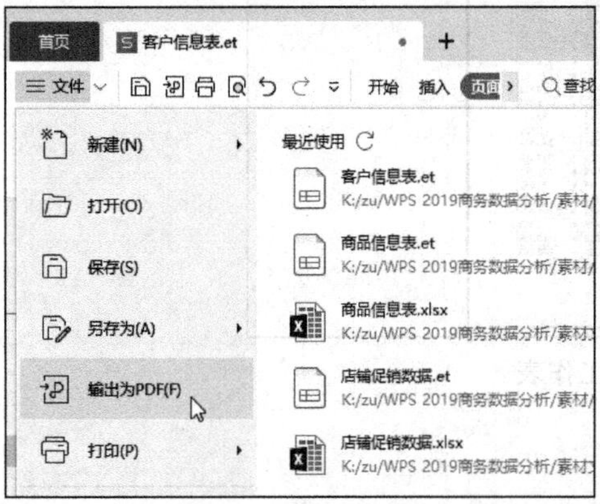

图 2-92　选择“输出为 PDF”选项

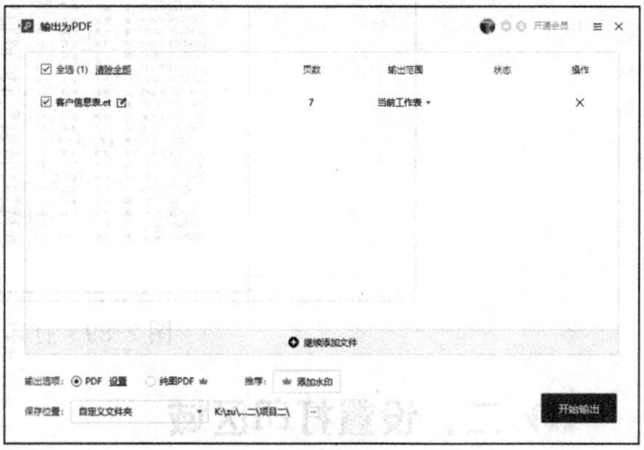

图 2-93　设置输出选项

步骤 03 弹出“设置”对话框，进行输出内容以及相关权限设置，然后单击“确定”按钮，如图 2-94 所示。

步骤 04 在“输出 PDF 文件”对话框中单击“开始输出”按钮，即可将工作表导出为 PDF 文档。导出完成后会自动打开 PDF 文档，将鼠标指针置于批注所在的单元格，仍可查看批注内容，如图 2-95 所示。

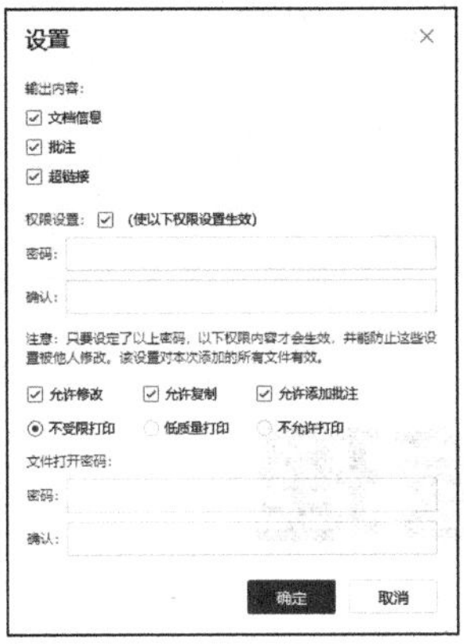

图 2-94　查看 PDF 文档

图 2-95　查看 PDF 文档

项目小结

通过本项目的学习，读者应重点掌握以下知识。

1．在管理供货商信息时，可以在 WPS 表格中手动输入供货商信息。在输入银行账号时应设置正确的数字格式，使其显示完整。在输入商品名称时，可以利用数据有效性功能限定商品名称，提高输入效率并减少输入错误。

2．利用 WPS 表格的“导入数据”功能可以快捷导入客户信息，使用公式可以自动添加客户序号。对单元格字体、对齐方式、边框、填充等进行设置，可以美化工作表。冻结表格标题行，能够方便地查看众多的客户信息。使用批注可以为重要客户添加注释。

3．利用“自动筛选”功能可以快速筛选出符合条件的商品信息。利用“高级筛选”功能可以将商品信息按自定义条件显示出来。利用“分类汇总”功能可以按商品属性汇总金额或数量，在进行分类汇总前应对数据进行排序。

4．在打印工作表时应进行适当的页面设置，包括纸张方向、纸张大小、缩放比例、打印区域等，还可以根据需要将工作表导出为 PDF 文档。

项目习题

制作一个“客户订单明细表”，要求包含“订单编号”“客户姓名”“商品名称”“单价”“数量”“销售额”“订单日期”“交货日期”等内容，自定义数字格式，并对表格进行美化，如图 2-96 所示。

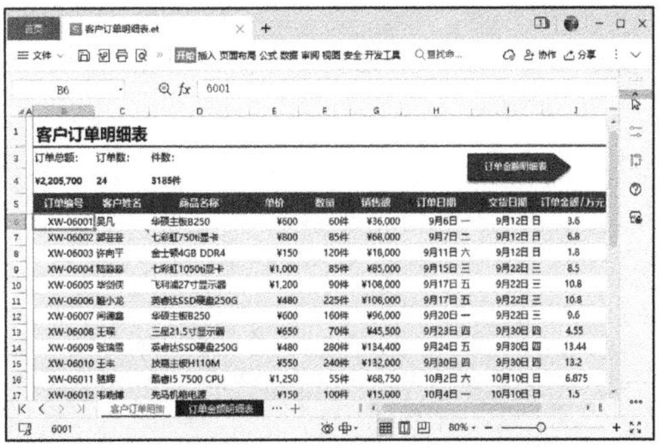

图 2-96　客户订单明细表

关键提示：

（1）编辑表格数据，并美化表格。

（2）设置冻结标题行。

（3）对“商品名称”列进行数据有效性设置。

（4）对销售额和交货日期数据自定义数字格式。

（5）为重要客户添加批注，并设置批注格式。

项目三

商品销售情况管理

卖家可以从店铺运营情况、月度销售情况等角度分析商品的销售情况，并根据分析结果及时调整运营策略，以提升店铺的经济效益。本项目将介绍如何使用 WPS 表格进行商品销售情况管理。

项目重点

- 掌握分析店铺运营情况的方法。
- 掌握分析月度销售情况的方法。

项目目标

- 能够分析店铺运营情况。
- 能够分析月度销售情况。

素养目标

- 紧跟时代发展，树立高质量发展的理念。
- 弘扬工匠精神，增强主人翁意识和责任意识。

任务一　店铺运营情况分析

任务概述

通过分析店铺访客人数、成交转化率和商品评价等方面的数据，卖家可以判定店铺的经营方式是否合理，并根据分析出来的结果及时调整运营策略，以谋求更多的利润。本任务将介绍如何使用 WPS 表格来分析店铺的运营情况。

任务重点与实施

一、访客人数分析

卖家需要定期对店铺的访客人数进行深入分析。下面对店铺促销期间的访客人数进行分析，具体操作方法如下。

步骤 01 打开“素材文件\项目三\店铺促销数据.et”，选择 H2 单元格，在编辑栏中输入公式“=AVERAGE(C2:C11)”并按【Enter】键确认，得出“日平均访客”数据，如图 3-1 所示。

步骤 02 在编辑栏的公式中选择“C2:C11”引用，按【F4】键将其转换为绝对引用，然后使用填充柄将 H2 单元格中的公式填充到该列的其他单元格中，如图 3-2 所示。

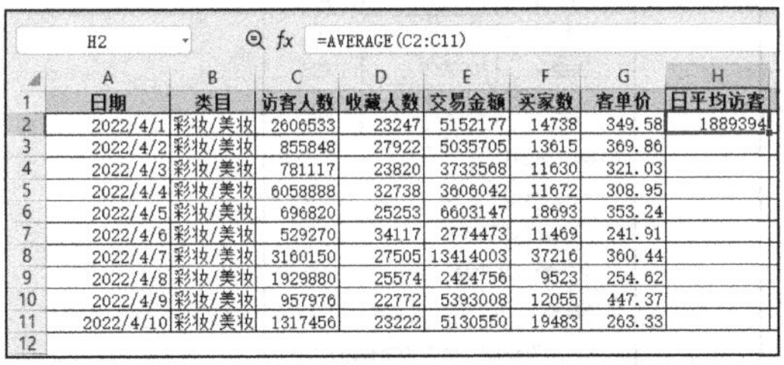

日期	类目	访客人数	收藏人数	交易金额	买家数	客单价	日平均访客
2022/4/1	彩妆/美妆	2606533	23247	5152177	14738	349.58	1889394
2022/4/2	彩妆/美妆	855848	27922	5035705	13615	369.86	
2022/4/3	彩妆/美妆	781117	23820	3733568	11630	321.03	
2022/4/4	彩妆/美妆	6058888	32738	3606042	11672	308.95	
2022/4/5	彩妆/美妆	696820	25253	6603147	18693	353.24	
2022/4/6	彩妆/美妆	529270	34117	2774473	11469	241.91	
2022/4/7	彩妆/美妆	3160150	27505	13414003	37216	360.44	
2022/4/8	彩妆/美妆	1929880	25574	2424756	9523	254.62	
2022/4/9	彩妆/美妆	957976	22772	5393008	12055	447.37	
2022/4/10	彩妆/美妆	1317456	23222	5130550	19483	263.33	

图 3-1　计算日平均访客数据

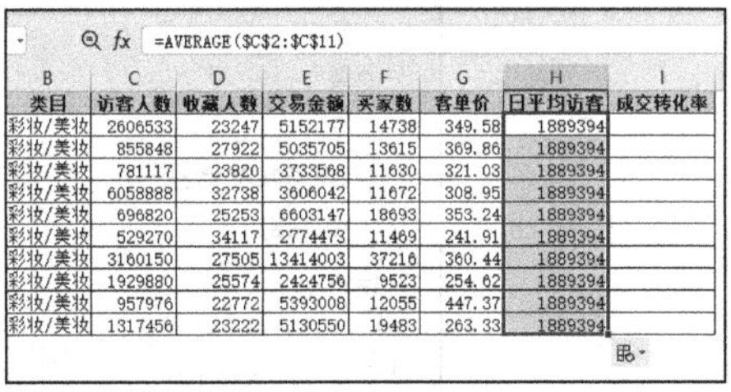

类目	访客人数	收藏人数	交易金额	买家数	客单价	日平均访客	成交转化率
彩妆/美妆	2606533	23247	5152177	14738	349.58	1889394	
彩妆/美妆	855848	27922	5035705	13615	369.86	1889394	
彩妆/美妆	781117	23820	3733568	11630	321.03	1889394	
彩妆/美妆	6058888	32738	3606042	11672	308.95	1889394	
彩妆/美妆	696820	25253	6603147	18693	353.24	1889394	
彩妆/美妆	529270	34117	2774473	11469	241.91	1889394	
彩妆/美妆	3160150	27505	13414003	37216	360.44	1889394	
彩妆/美妆	1929880	25574	2424756	9523	254.62	1889394	
彩妆/美妆	957976	22772	5393008	12055	447.37	1889394	
彩妆/美妆	1317456	23222	5130550	19483	263.33	1889394	

图 3-2　填充公式

步骤 03 按住【Ctrl】键的同时依次选择 A1:A11 单元格区域、C1:C11 单元格区域、H1:H11 单元格区域，然后选择“插入”选项卡，单击“插入折线图”下拉按钮，选择“带数据标记的折线图”选项，如图 3-3 所示。

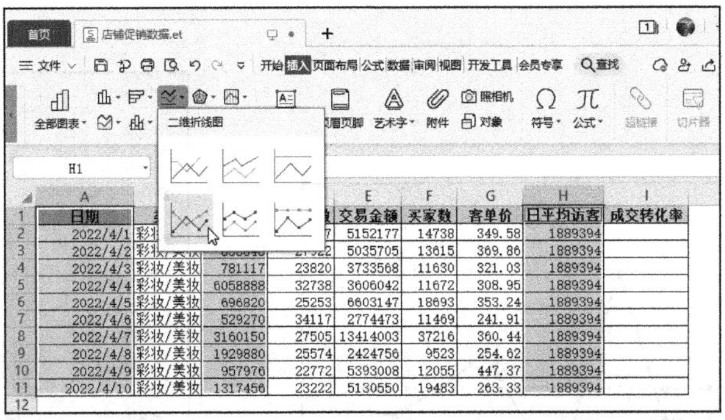

图 3-3　选择“带数据标记的折线图”选项

步骤 04 插入折线图，输入图表标题。双击图表，弹出“属性”窗格，在图表中选中横坐标轴，在“属性”窗格中选择“坐标轴”选项卡，如图 3-4 所示。

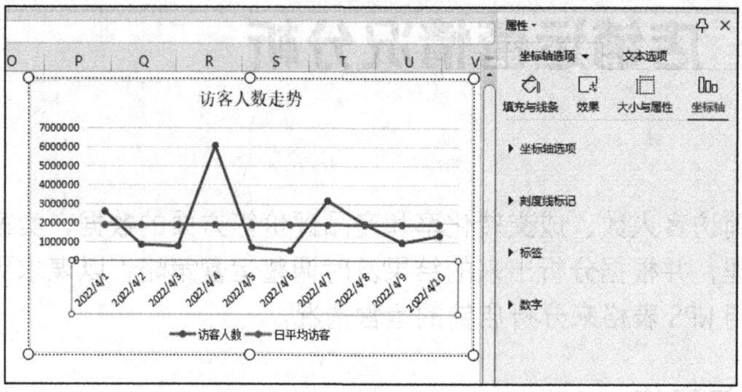

图 3-4　选择“坐标轴”选项卡

步骤 05 展开“数字”组，在“类别”下拉列表框中选择“日期”选项，在“类型”下拉列表框中选择所需的日期类型，如图 3-5 所示。

步骤 06 在图表中选中纵坐标轴，在“属性”窗格选择“坐标轴”选项卡，展开“坐标轴选项”组，在“显示单位”下拉列表框中选择“百万”选项，如图 3-6 所示。

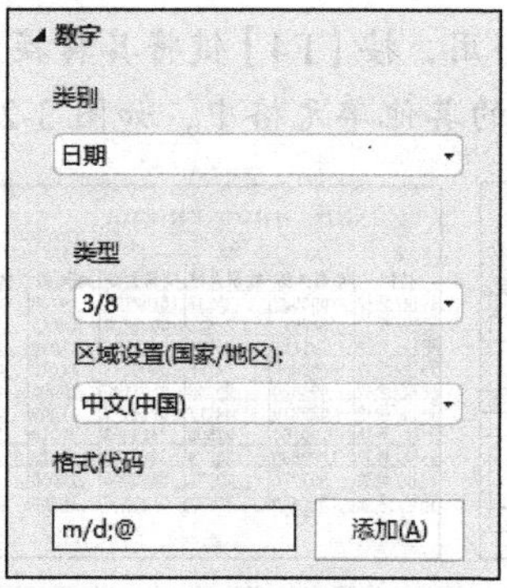

图 3-5　设置数字格式

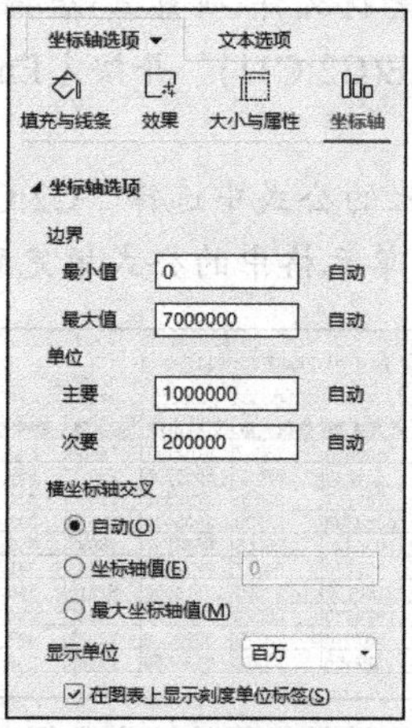

图 3-6　设置显示单位

步骤 07 此时即可查看设置横坐标轴和纵坐标轴后的图表效果，如图 3-7 所示。

步骤 08 在图表中选中“日平均访客”系列，在“属性”窗格中选择“填充与线条”选项卡，在上方单击“线条”按钮，在“线条”下拉列表框中选择线条样式，然后设置线条宽度，如图 3-8 所示。

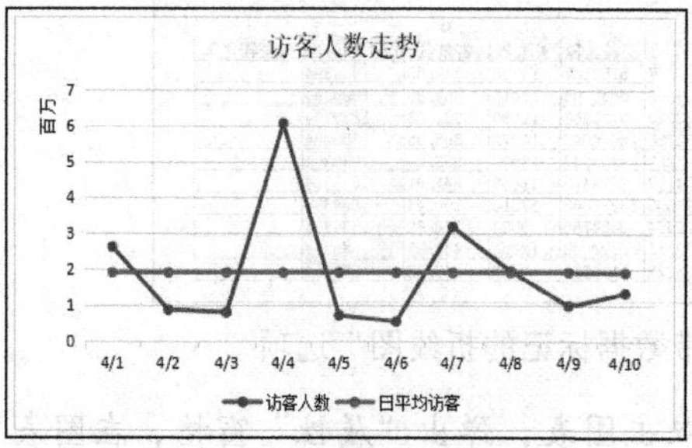

图 3-7　查看图表效果

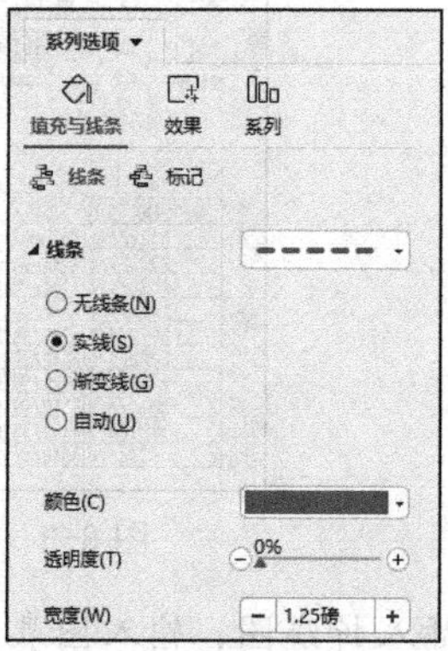

图 3-8　设置线条格式

步骤 09 在上方单击“标记”按钮，在“数据标记选项”组中选中“无”单选按钮，如图 3-9 所示。

步骤 10 在图表中选中“访客人数”系列，在“属性”窗格中设置数据标记填充颜色，如图 3-10 所示。

步骤 11 选择“系列”选项卡，展开“系列选项”组，选中“平滑线”复选框，如图 3-11 所示。

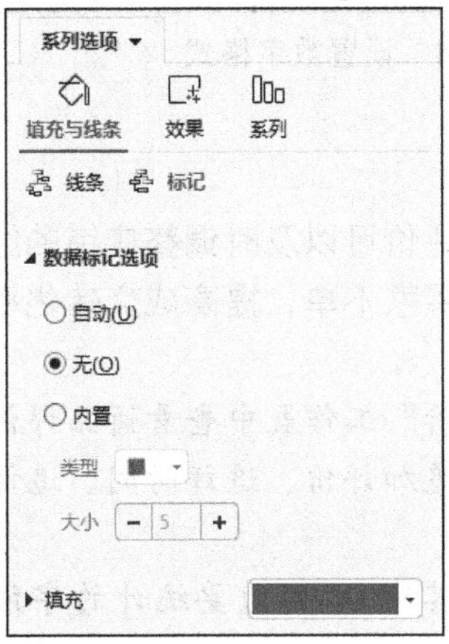

图 3-9　设置无数据标记

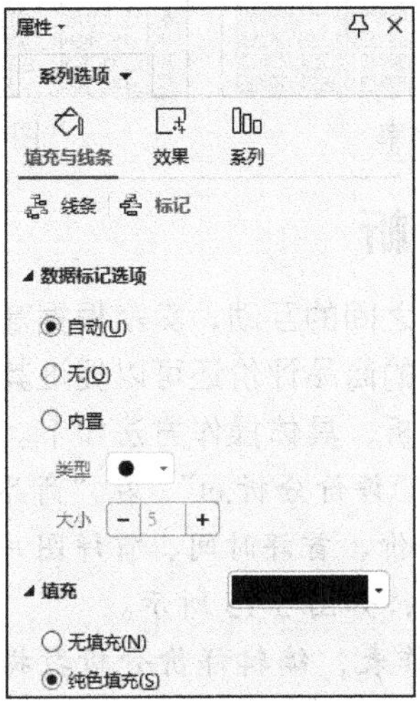

图 3-10　设置数据标记填充颜色

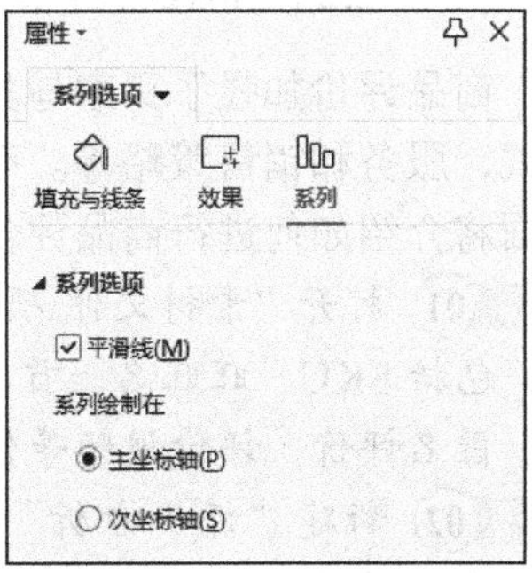

图 3-11　设置平滑线

步骤 12 根据需要设置图表标题、图例等元素的格式，图表效果如图 3-12 所示。此时卖家可以根据图表对店铺促销期间访客人数的走势进行分析，可以看出近期的访问人数偏低，卖家需要及时调整运营策略。

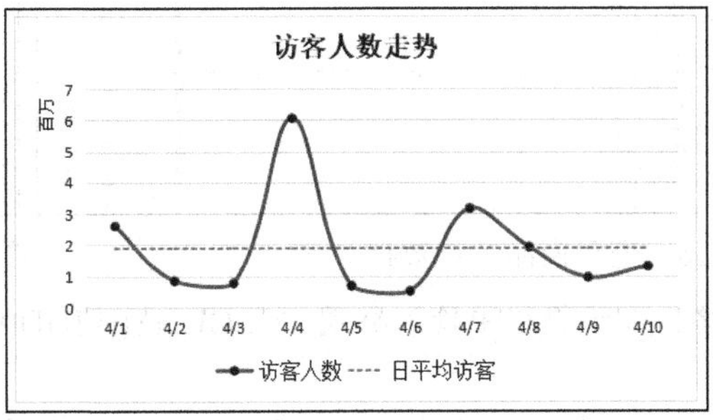

图 3-12　查看图表效果

二、成交转化率计算

成交转化率是指到达店铺并产生购买行为的人数与所有到达店铺的人数的比率。其计算方法为：成交转化率=（成交数÷总访客数）×100%。下面将介绍如何计算店铺成交转化率，具体操作方法如下。

步骤 01 选择 I2 单元格，在编辑栏中输入公式“=F2/C2”，然后使用填充柄将 I2 单元格中的公式填充到该列其他单元格中，如图 3-13 所示。

步骤 02 选择 I2:I11 单元格区域，选择“开始”选项卡，单击“数字”组中的“百分比样式”按钮%，将数据转换为百分比格式，然后单击 3 次“增加小数位数”按钮，设置 3 位小数位数，如图 3-14 所示。

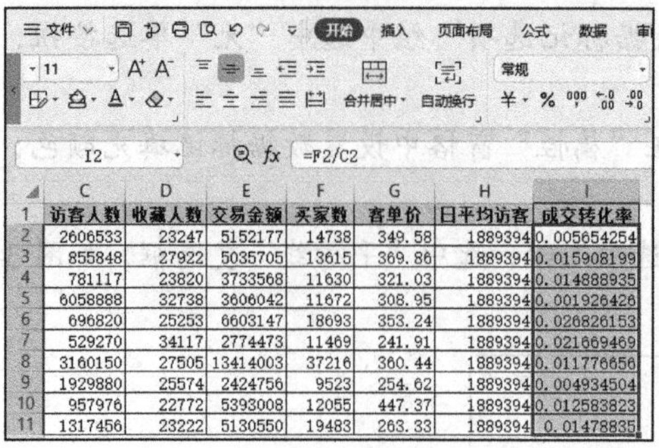

图 3-13　计算成交转化率

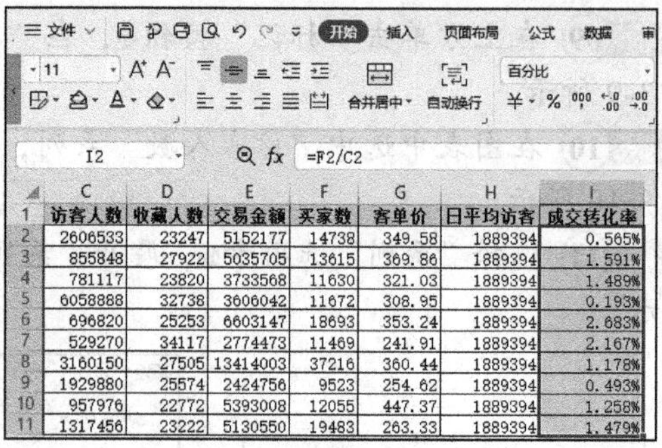

图 3-14　设置数字格式

三、商品评价分析

商品评价加强了买家与卖家之间的互动，卖家根据商品评价可以及时调整店铺的经营方式、服务和销售策略等。有效的商品评价还可以促进其他买家下单，提高成交转化率。下面将介绍如何进行商品评价分析，具体操作方法如下。

步骤 01 打开“素材文件\项目三\评价分析.et”，在“商品评价”工作表中查看商品评价数据，包括 SKU、旺旺名、首次评价、首评时间、首评图片、追加评价、追评时间、追评图片、匿名评价、评价视频等信息，如图 3-15 所示。

步骤 02 新建“评价分析”工作表，编辑评价分析数据，其中 A 列为要统计的字段，如图 3-16 所示。

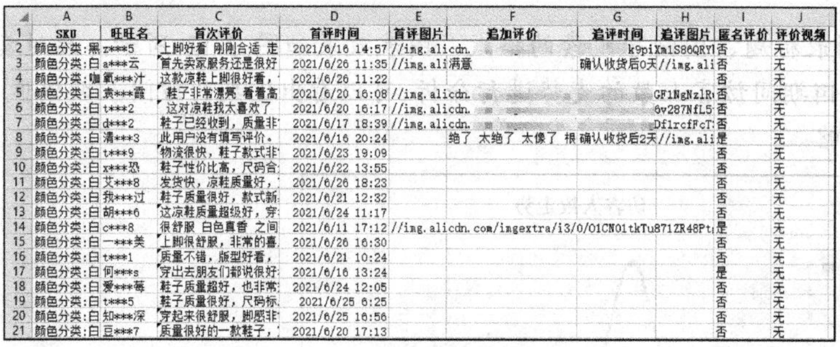

图 3-15　查看商品评价数据

图 3-16　编辑评价分析数据

步骤 03 选择 B2 单元格，在编辑栏中输入公式“=COUNT((FIND(C2:F2,商品评价!C:C)))”，如图 3-17 所示。

步骤 04 按【Ctrl+Shift+Enter】组合键确认，生成数组公式，得出统计个数，然后使用填充柄向下填充公式至 B5 单元格，统计其他关键词的个数，如图 3-18 所示。

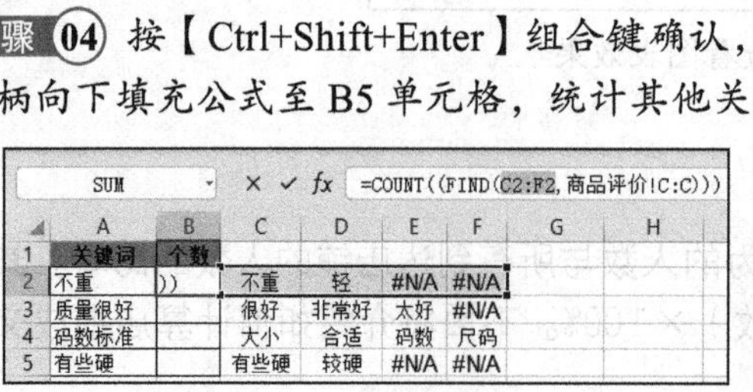

图 3-17　输入公式

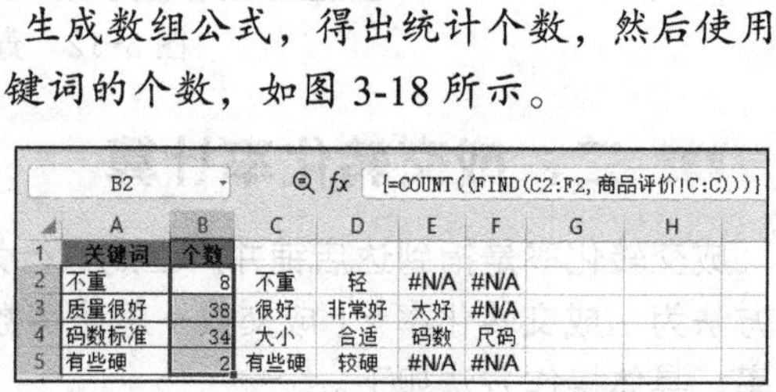

图 3-18　填充公式

步骤 05 选择 B7 单元格，在编辑栏中输入公式“=COUNTIF(商品评价!C:C,"评价方未及时做出评价*")”，并按【Enter】键确认，统计“默认好评”个数，如图 3-19 所示。

步骤 06 选择 B8 单元格，在编辑栏中输入公式“=COUNTIF(商品评价!C:C,"此用户没有填写评价。")”，并按【Enter】键确认，统计“未评价”个数，如图 3-20 所示。

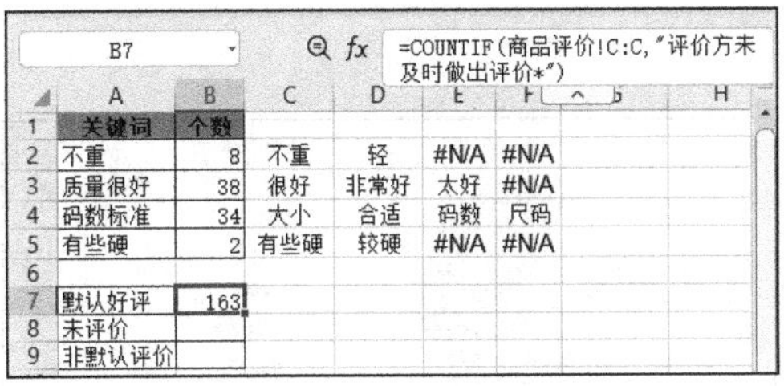

图 3-19　统计“默认好评”个数

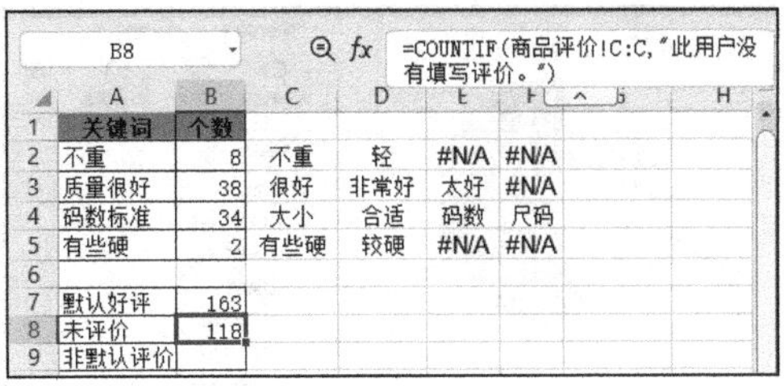

图 3-20　统计“未评价”个数

步骤 07 选择 B9 单元格，在编辑栏中输入公式“=COUNTA(商品评价!B2:B419)-B7-B8”，并按【Enter】键确认，得出“非默认评价”个数，如图 3-21 所示。COUNTA 函数用于统计非空单元格的个数。

步骤 08 采用同样的方法，统计“没有追评”“有追评”“首评有图片”“追评有图片”等其他数据，如图 3-22 所示。

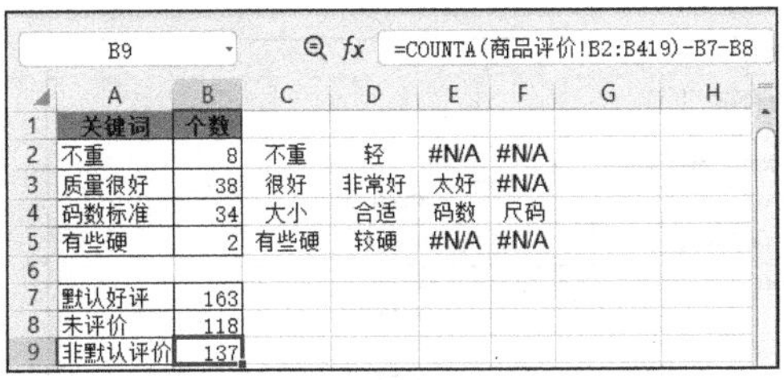

图 3-21　统计“非默认评价”个数

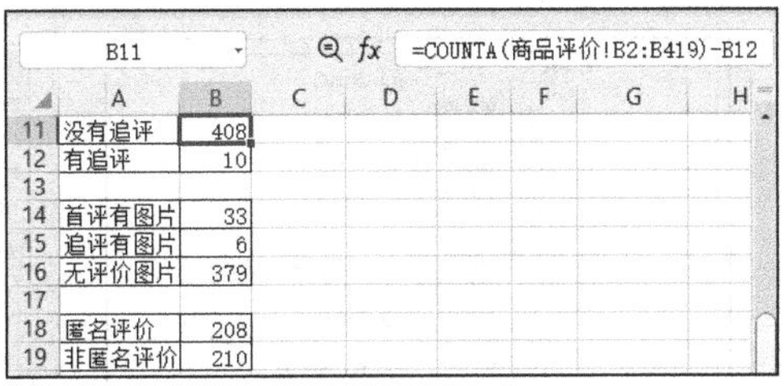

图 3-22　统计其他数据

步骤 09 选择 A2:B5 单元格区域，选择“插入”选项卡，单击“插入饼图或圆环图”下拉按钮，选择“饼图”选项，如图 3-23 所示。

步骤 10 删除图表标题和图例，单击“图表元素”按钮，选择“数据标签”|“最佳匹配”选项，如图 3-24 所示。

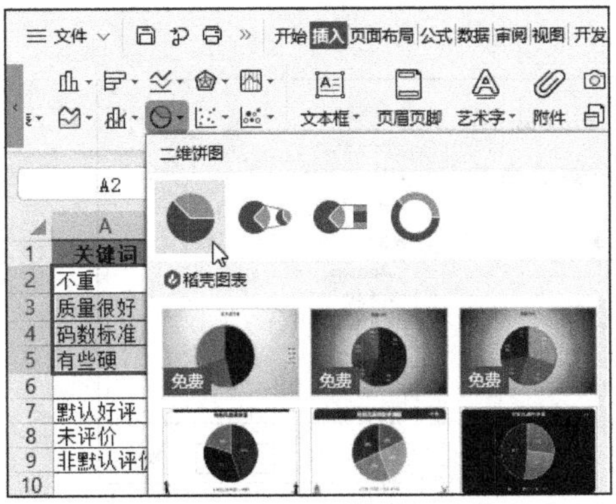

图 3-23　选择“饼图”选项

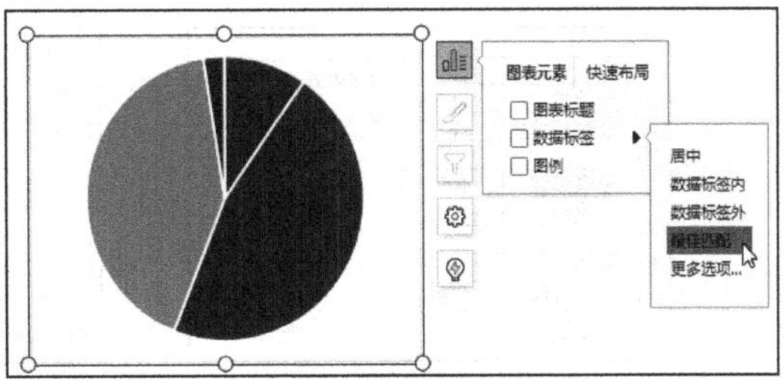

图 3-24　添加数据标签

步骤 11 双击图表，打开“属性”窗格，在图表中选中数据标签，在“属性”窗格中选择“标签”选项卡，展开“标签选项”组，在“标签包括”选项区中选中“类别名称”“百分比”“显示引导线”复选框，在“分隔符”下拉列表框中选择“(分行符)”选项，如图 3-25 所示。

步骤 12 展开“数字”组，在“类别”下拉列表框中选择“百分比”选项，设置“小数位数”为 2，如图 3-26 所示。

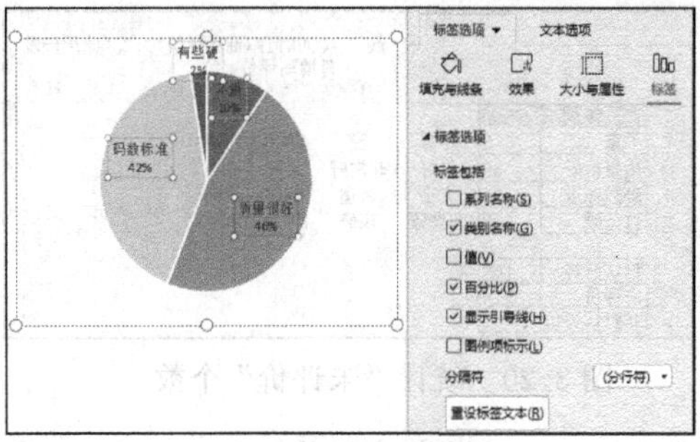

图 3-25 设置标签选项

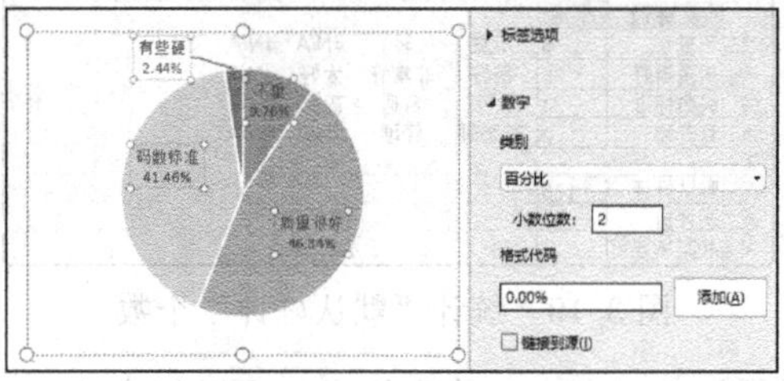

图 3-26 设置数字格式

步骤 13 按住【Ctrl】键的同时拖动图表进行复制，用鼠标右键单击复制的图表，选择“选择数据”选项，如图 3-27 所示。

步骤 14 弹出“编辑数据源”对话框，将鼠标指针定位在“图表数据区域”文本框中，如图 3-28 所示。

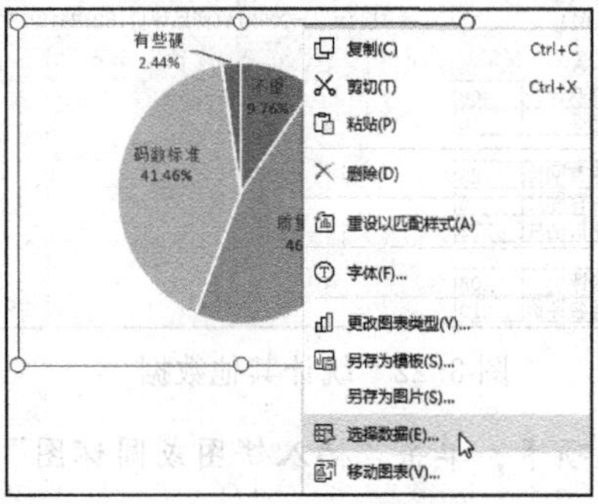

图 3-27 选择“选择数据”选项

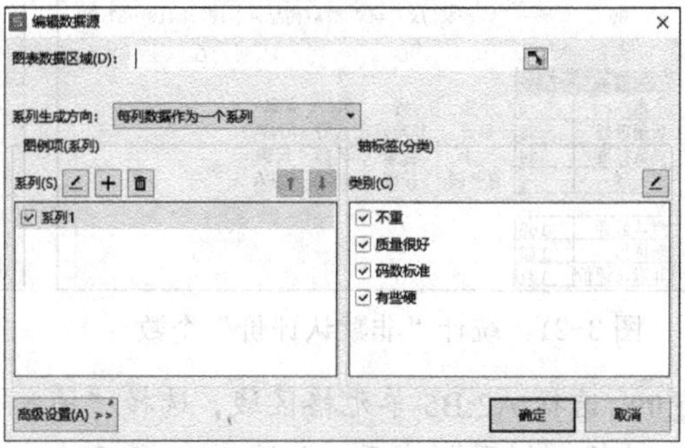

图 3-28 弹出“编辑数据源”对话框

步骤 15 在工作表中选择 A7:B9 单元格区域作为图表数据源，如图 3-29 所示。

步骤 16 返回“编辑数据源”对话框，单击“确定”按钮，即可制作第 2 个图表，如图 3-30 所示。

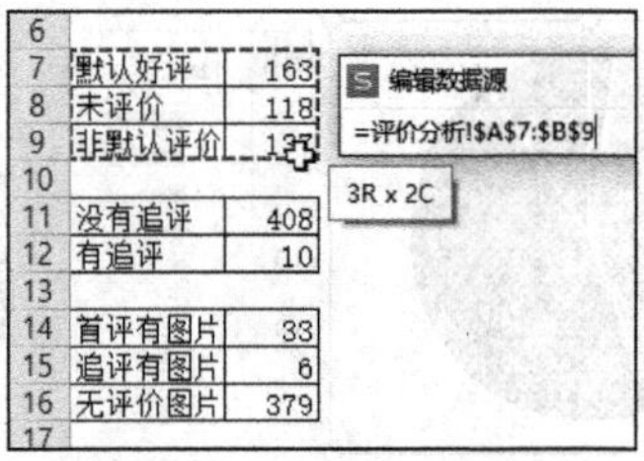

图 3-29 选择图表数据源

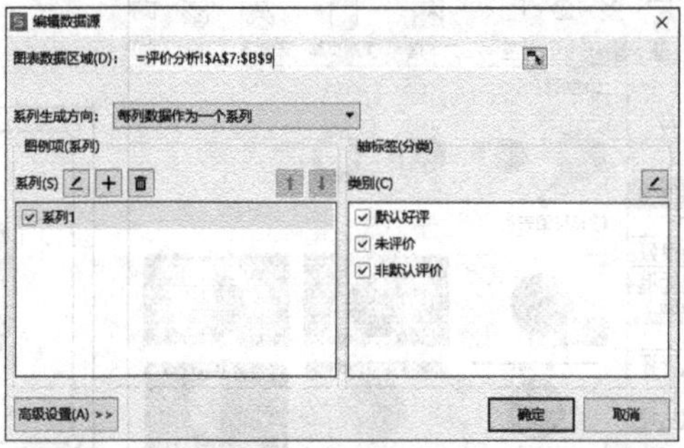

图 3-30 返回“编辑数据源”对话框

步骤 17 采用同样的方法，为其他评价数据创建饼图并设置图表格式，效果如图 3-31 所示。通过商品评价图表，卖家可以看出商品的评价大多数是好评，说明服务得到认可，但在“追加评价”方面仍需提高。

图 3-31 创建其他评价数据的饼图

课堂解疑

COUNTIF 函数的语法

语法：COUNTIF(range,criteria)。

- range：需要统计的单元格区域。
- criteria：需要定义的条件，其形式可以为数字、表达式、单元格引用或文本。

任务二 月度销售情况分析

任务概述

在商品销售管理中，卖家经常需要在一定的时间段内对销售数据进行分析，查看不同商品的销售情况，从而调整商品结构、提升销售额。本任务将介绍如何使用 WPS 表格来分析店铺的月度销售情况。

任务重点与实施

一、制作销售数据表

销售数据表包括日期、大类、系列、销售单价、销售收入、单位成本、销售成本、销售毛利、省份、城市、客户、规格、计量单位、销售数量等信息。卖家在制作时需要对“销售收入”“销售成本”“销售毛利”字段进行计算并设置数字格式，具体操作方法如下。

步骤 01 打开“素材文件\项目三\销售数据.et”，查看表格数据，如图 3-32 所示。

	A	B	C	D	E	F	G	H	I	J	K	L	M	N
1	日期	大类	系列	销售单价	销售收入	单位成本	销售成本	销售毛利	省份	城市	客户	规格	计量单位	销售数量
2	2022年1月	多层复合	人字拼	379.89		282.30			北京	北京	马帅	1023*123*15/2	平方米	1.8874
3	2022年1月	多层复合	人字拼	319.94		195.35			北京	北京	马帅	600*90*15/0.6	平方米	2.538
4	2022年1月	多层复合	人字拼	319.94		195.86			北京	北京	马帅	600*90*15/0.6	平方米	2.538
5	2022年1月	多层复合	人字拼	145.01		103.89			湖北	随州	许小川	450*90*15/2	平方米	28.026
6	2022年1月	多层复合	人字拼	145.01		103.75			湖北	随州	许小川	450*90*15/2	平方米	28.026
7	2022年1月	多层复合	人字拼	145.01		103.89			湖北	随州	许小川	450*90*15/2	平方米	28.026
8	2022年1月	多层复合	人字拼	145.01		103.75			湖北	随州	许小川	450*90*15/2	平方米	28.026
9	2022年1月	多层复合	人字拼	145.01		103.89			湖北	随州	许小川	450*90*15/2	平方米	28.026
10	2022年1月	多层复合	人字拼	145.01		103.89			湖北	随州	许小川	450*90*15/2	平方米	28.026
11	2022年1月	多层复合	人字拼	145.01		103.75			湖北	随州	许小川	450*90*15/2	平方米	28.026
12	2022年1月	多层复合	人字拼	145.01		103.89			湖北	随州	许小川	450*90*15/2	平方米	28.026
13	2022年1月	多层复合	人字拼	145.01		103.75			湖北	随州	许小川	450*90*15/2	平方米	28.026
14	2022年1月	多层复合	常规	245.00		158.25			广东	汕头	陈会敏	1210*125*15/2	平方米	29.3425
15	2022年1月	强化地板	国产强化	57.99		35.28			广东	汕头	陈会敏	1218*200*12.3	平方米	36.54

图 3-32 查看表格数据

步骤 02 在 E2 单元格中输入公式“=D2*N2”并按【Enter】键确认，得出销售收入。双击 E2 单元格右下角的填充柄，将公式填充到该列其他单元格中，如图 3-33 所示。

步骤 03 在 G2 单元格中输入公式“=F2*N2”并按【Enter】键确认，得出销售成本。双击 G2 单元格右下角的填充柄，将公式填充到该列其他单元格中，如图 3-34 所示。

E2 fx =D2*N2

	D	E	F	G	H
1	销售单价	销售收入	单位成本	销售成本	销售毛利
2	379.89	717.00	282.30		
3	319.94	812.01	195.35		
4	319.94	812.01	195.86		
5	145.01	4,064.05	103.89		
6	145.01	4,064.05	103.75		
7	145.01	4,064.05	103.89		
8	145.01	4,064.05	103.75		
9	145.01	4,064.05	103.89		
10	145.01	4,064.05	103.89		

图 3-33 计算销售收入

G2 fx =F2*N2

	D	E	F	G	H
1	销售单价	销售收入	单位成本	销售成本	销售毛利
2	379.89	717.00	282.30	532.81	
3	319.94	812.01	195.35	495.80	
4	319.94	812.01	195.86	497.09	
5	145.01	4,064.05	103.89	2,911.62	
6	145.01	4,064.05	103.75	2,907.70	
7	145.01	4,064.05	103.89	2,911.62	
8	145.01	4,064.05	103.75	2,907.70	
9	145.01	4,064.05	103.89	2,911.62	
10	145.01	4,064.05	103.89	2,911.62	

图 3-34 计算销售成本

步骤 04 在 H2 单元格中输入公式“=E2-G2”并按【Enter】键确认，得出销售毛利。双击 H2 单元格右下角的填充柄，将公式填充到该列其他单元格中，如图 3-35 所示。

步骤 05 选中数据为金额的列，按【Ctrl+1】组合键打开“单元格格式”对话框，在左侧选择“会计专用”选项，设置“小数位数”为 2，“货币符号”为“无”，然后单击“确定”按钮，如图 3-36 所示。

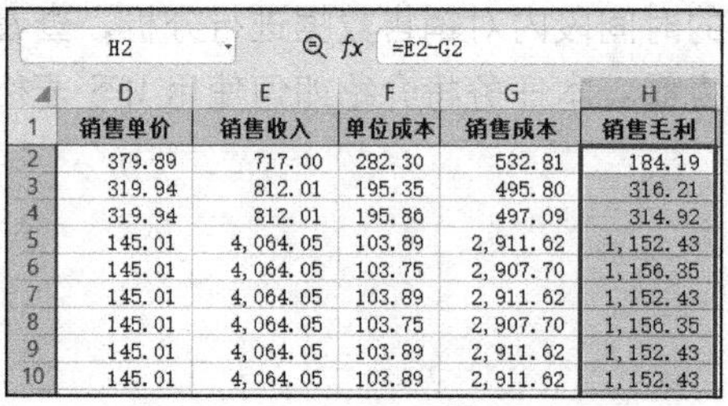

图 3-35 计算销售毛利

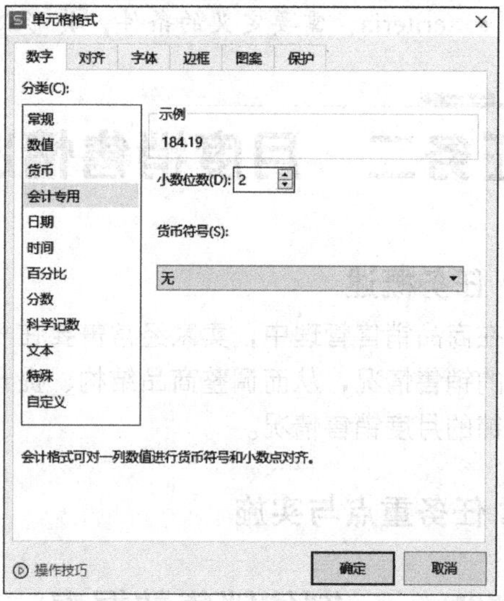

图 3-36 设置“会计专用”数字格式

二、创建数据透视表

卖家使用数据透视表对销售情况进行分析，可以更快速地处理表格数据，使表格数据透明化。卖家还可根据需求对数据透视表进行调整，从而得到最直接的数据，具体操作方法如下。

步骤 01 选择任意数据单元格，选择“插入”选项卡，单击“表格”按钮，如图 3-37 所示。

步骤 02 弹出“创建表”对话框，单击“确定”按钮，如图 3-38 所示。

图 3-37 单击“表格”按钮

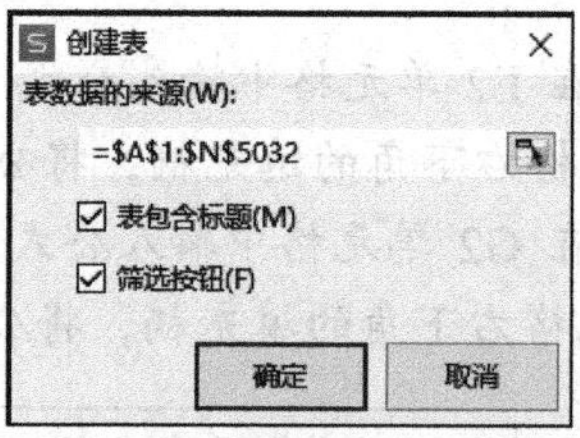

图 3-38 “创建表”对话框

步骤 03 此时即可创建表格，利用表格的自动扩展功能可以创建动态数据透视表。在“表格工具”选项卡下设置表名称为“数据源表”，如图 3-39 所示。

步骤 04 单击“插入”选项卡下的“数据透视表”按钮，弹出“创建数据透视表”对话框，保持默认设置，单击“确定”按钮，如图 3-40 所示。

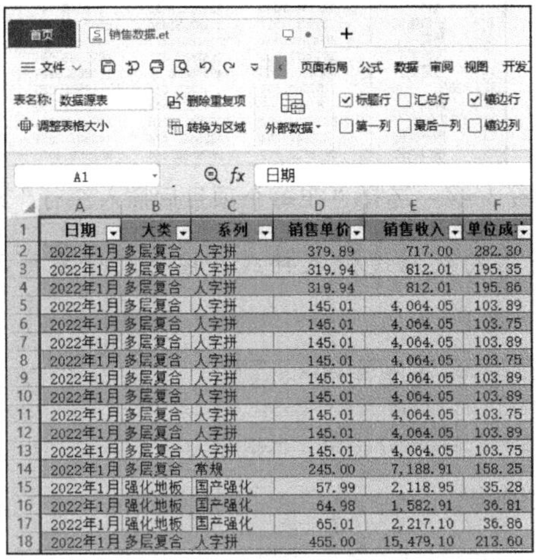

图 3-39　设置表名称

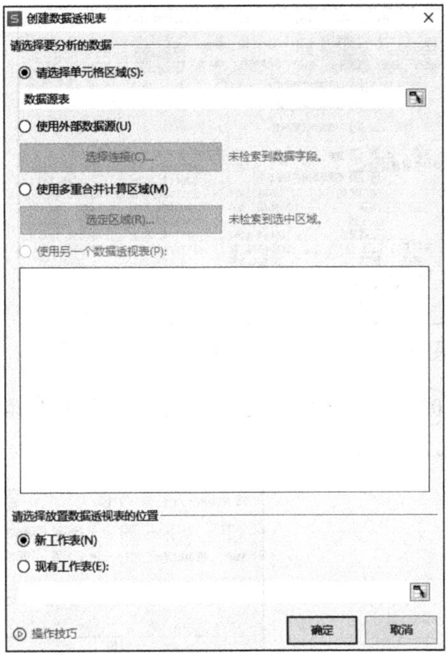

图 3-40　“创建数据透视表”对话框

步骤 05 此时即可以“数据源表”为数据源创建一张空白的数据透视表。在“数据透视表”窗格中将“大类”和“系列”字段依次拖至“行”区域，如图 3-41 所示。

步骤 06 将“销售收入”“销售成本”“销售毛利”字段依次拖至“值”区域，如图 3-42 所示。

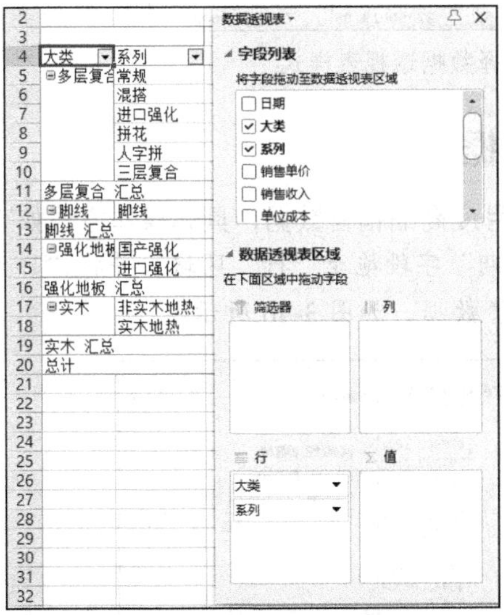

图 3-41　添加“行”字段

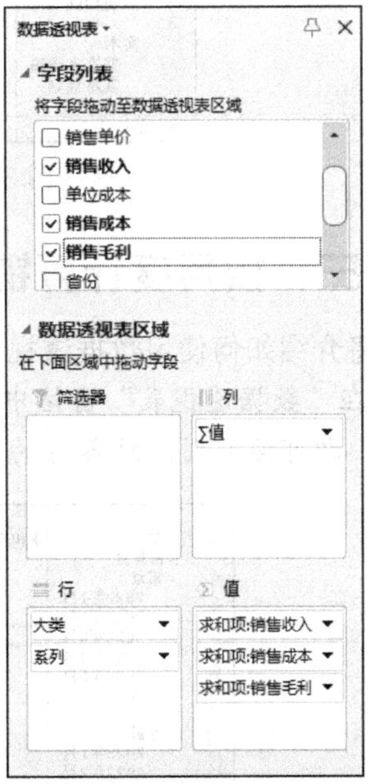

图 3-42　添加“值”字段

步骤 07 选择“设计”选项卡，单击“报表布局”下拉按钮，选择“以压缩形式显示”选项，如图 3-43 所示。

步骤 08 单击“空行”下拉按钮，选择“在每个项目后插入空行”选项，如图 3-44 所示。

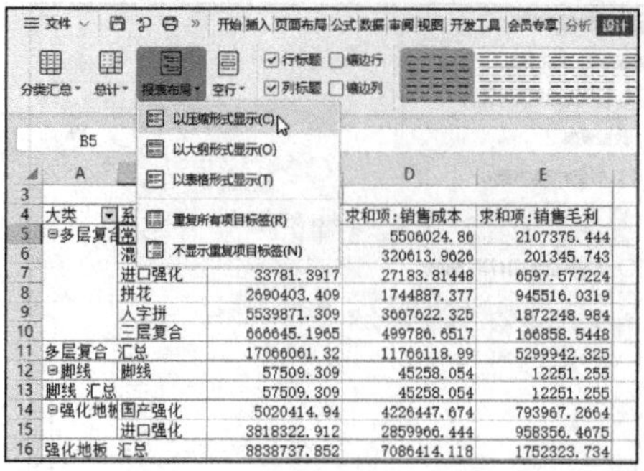

图 3-43　选择“以压缩形式显示”选项

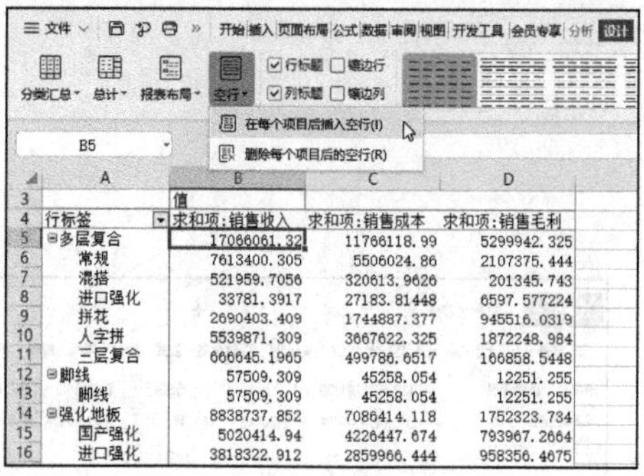

图 3-44　选择“在每个项目后插入空行”选项

步骤 09 在“数据透视表样式”列表中选择所需的数据透视表样式，按类别查看商品的销售情况，如图 3-45 所示。

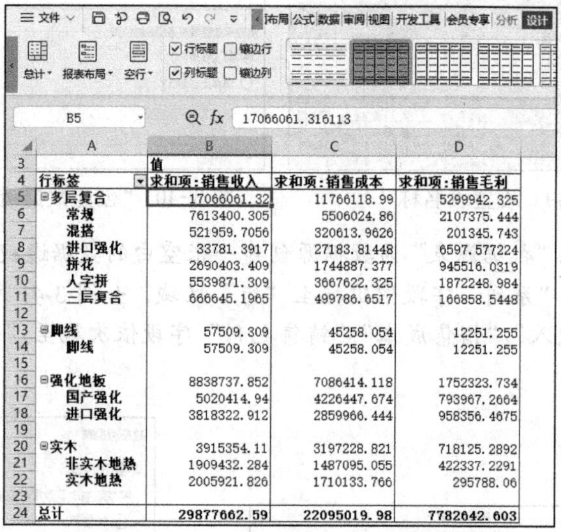

图 3-45　选择数据透视表样式

三、按月度计算销售数据

下面将介绍如何使用数据透视表计算月度商品销售数据，具体操作方法如下。

步骤 01 在“数据透视表”窗格中将“日期”字段拖至“行”区域，并将“日期”字段置于最下方，即可按系列汇总各月的商品销售数据，如图 3-46 所示。

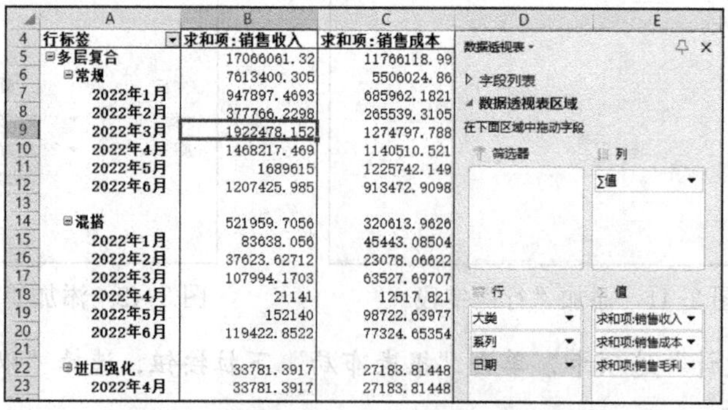

图 3-46　按系列汇总各月的商品销售数据

步骤 02 将“日期”字段拖至“系列”字段上方，即可按日期汇总各系列商品的销售数据，如图 3-47 所示。

图 3-47　按日期汇总各系列商品的销售数据

步骤 03 将“日期”字段拖至“筛选器”区域，如图 3-48 所示。

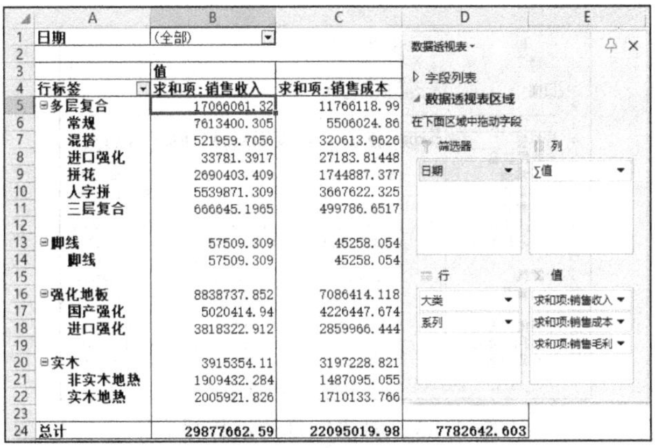

图 3-48　添加“筛选器”字段

步骤 04 在数据透视表中单击 B1 单元格中的下拉按钮，选中“选择多项”复选框，然后选中要筛选的日期，在此选中后 3 个月，单击“确定”按钮，如图 3-49 所示。

步骤 05 此时即可显示后 3 个月的销售数据，如图 3-50 所示。

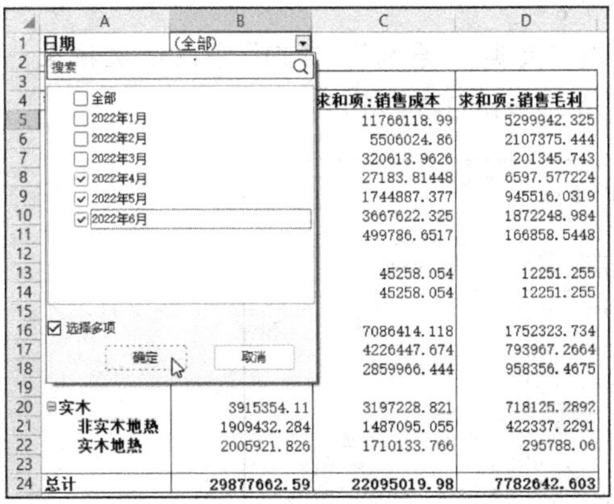

图 3-49　筛选日期

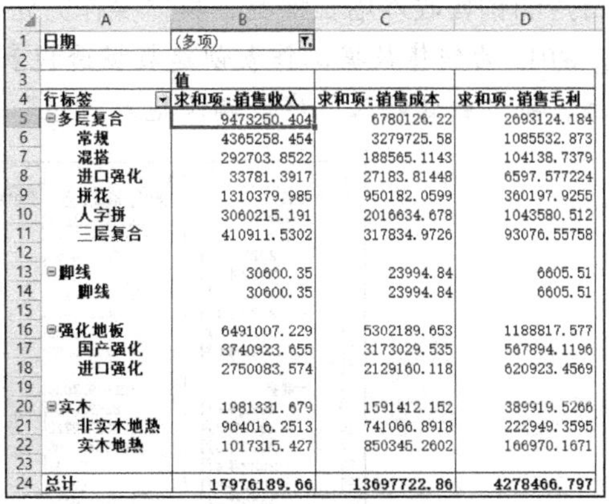

图 3-50　查看筛选结果

步骤 06 选择“分析”选项卡，单击“选项”下拉按钮，选择“显示报表筛选页”选项，如图 3-51 所示。

步骤 07 弹出“显示报表筛选页”对话框，选择“日期”字段，然后单击“确定”按钮，如图 3-52 所示。

图 3-51 选择“显示报表筛选页”选项

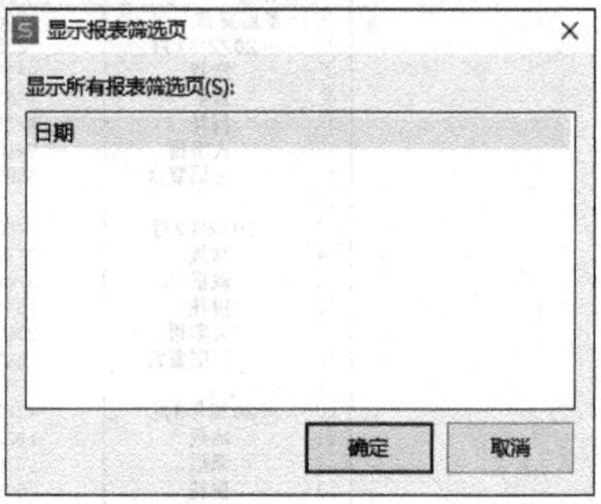

图 3-52 选择“日期”字段

步骤 08 此时即可为每个月分别创建一张销售报表，在窗口下方可以通过选择不同月份的工作表标签来对相应月份的销售报表进行查看，如图 3-53 所示。

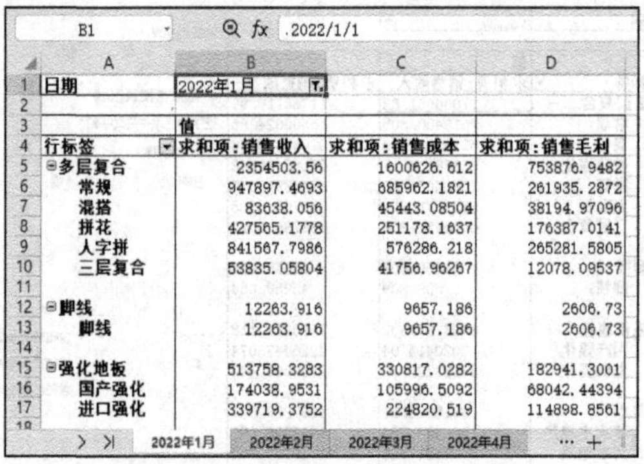

图 3-53 创建每月的销售报表

四、以环比方式显示销售数据

在统计术语中，环比指本期统计数据与上一期统计数据进行比较得到的百分比数值。卖家通过环比可以得知数据的变化情况，即正数为增长，负数为下降。下面以环比方式统计每月的销售收入增长情况，具体操作方法如下。

步骤 01 为销售数据工作表创建数据透视表，将“大类”“系列”“日期”字段依次拖至“行”区域，将“销售收入”字段两次拖入“值”区域，如图 3-54 所示。

图 3-54 添加数据透视表字段

步骤 02 在数据透视表上方单击“行标签”下拉按钮，在“选择字段”下拉列表框中选择“大类”字段，在名称列表框中选中“强化地板”和“实木”复选框，然后单击“确定”按钮，如图 3-55 所示。

步骤 03 此时即可查看数据筛选结果。在数据透视表的值字段中双击“求和项：销售收入 2”字段名称，如图 3-56 所示。

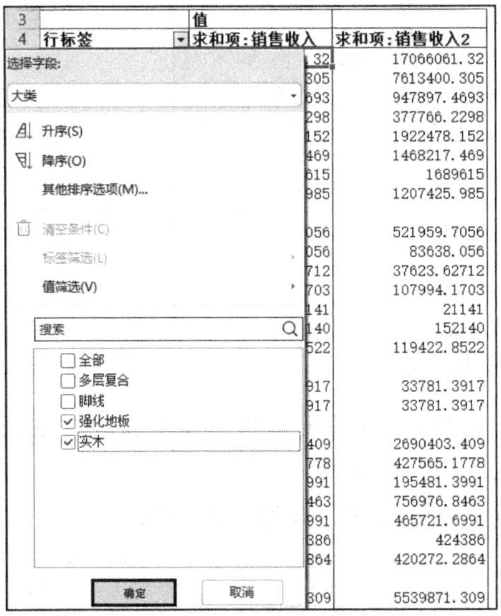

图 3-55　选择“大类”字段

图 3-56　双击“求和项：销售收入 2”字段名称

步骤 04 弹出“值字段设置”对话框，选择“值显示方式”选项卡，在“值显示方式”下拉列表框中选择“差异百分比”选项，在“基本字段”列表框中选择“日期”选项，在“基本项”列表框中选择“(上一个)”选项，然后单击“确定”按钮，如图 3-57 所示。

步骤 05 此时即可以环比的方式显示商品每月的销售收入数据，选择 C4 单元格，在编辑栏中输入字段名称“环比增长率”，如图 3-58 所示。

图 3-57　设置值显示方式

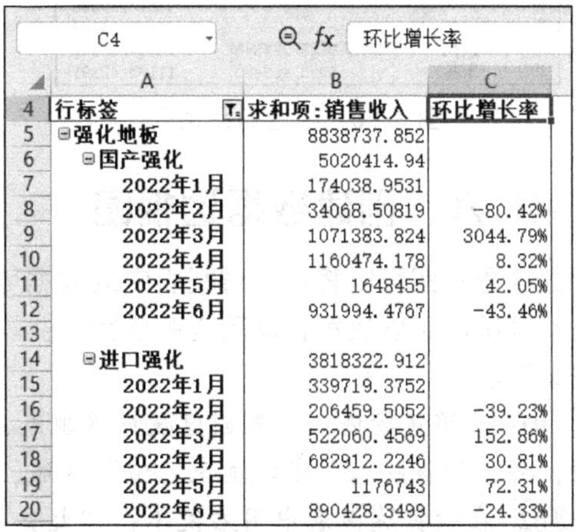

图 3-58　输入字段名称

五、按销售地区计算销售数据

下面使用数据透视表按销售地区计算上半年各地的销售数据，具体操作方法如下。

步骤 01 为销售数据工作表创建数据透视表，将“省份”和“城市”字段依次拖至“行”区域，将“销售成本”和“销售收入”字段依次拖至“值”区域，将“系列”字段拖至“筛选器”区域，如图 3-59 所示。

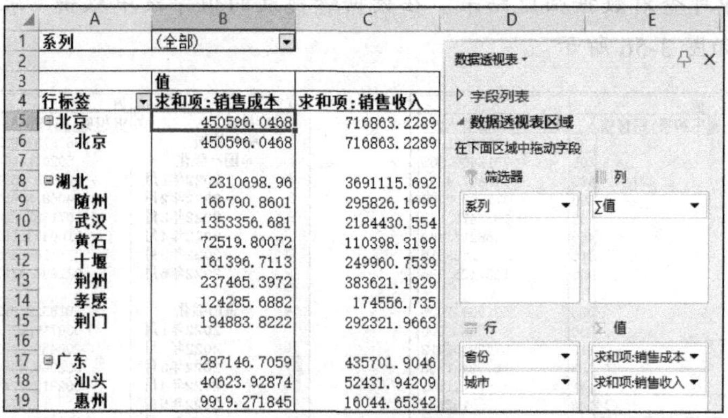

图 3-59　添加数据透视表字段

步骤 02 在数据透视表中单击 B1 单元格中的下拉按钮，选择要筛选的商品系列，在此选择“实木地热”选项，单击“仅筛选此项”按钮，如图 3-60 所示。

步骤 03 此时即可在数据透视表中筛选出该商品的销售数据，如图 3-61 所示。

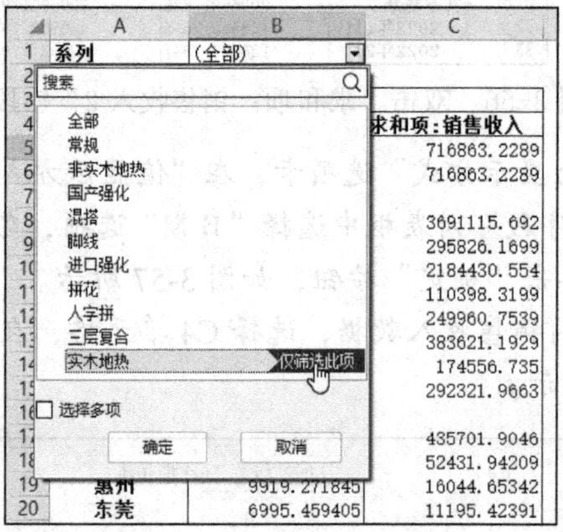

图 3-60　筛选商品系列

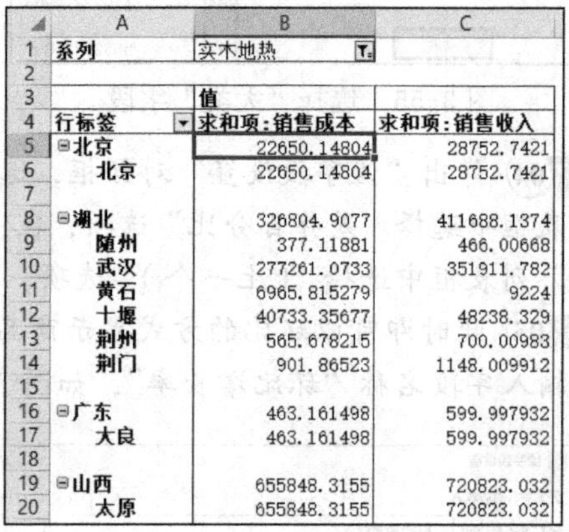

图 3-61　查看“实木地热”系列销售数据

六、创建数据透视图

数据透视图可以将数据透视表中的数据可视化，更便于卖家查看、比较和预测趋势，帮助卖家做出正确决策，从而提高店铺效益。下面将介绍如何创建数据透视图，具体操作方法如下。

步骤 01 为销售数据工作表创建数据透视表，将“日期”“大类”“系列”字段依次拖至“行”区域，将“销售收入”字段拖至“值”区域，如图 3-62 所示。

步骤 02 在数据透视表中用右键单击“大类”字段中的任意单元格，选择“展开/折叠”|“折叠整个字段”选项，如图 3-63 所示。

步骤 03 选择“分析”选项卡，单击“数据透视图”按钮，如图 3-64 所示。

步骤 04 弹出“插入图表”对话框，选择“簇状柱形图”选项，然后单击“插入”按钮，如图 3-65 所示。

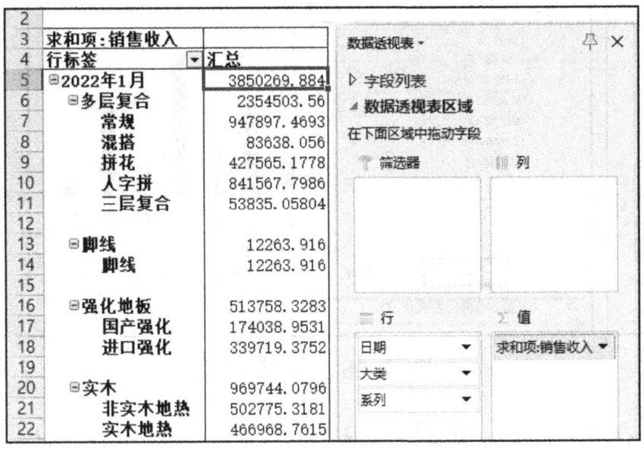

图 3-62　创建数据透视表

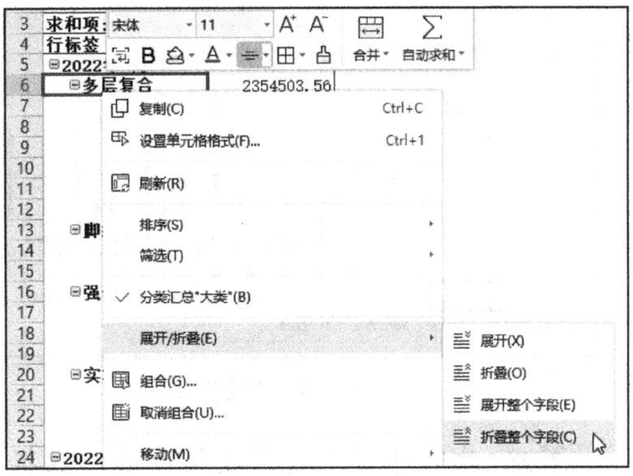

图 3-63　折叠“大类”字段

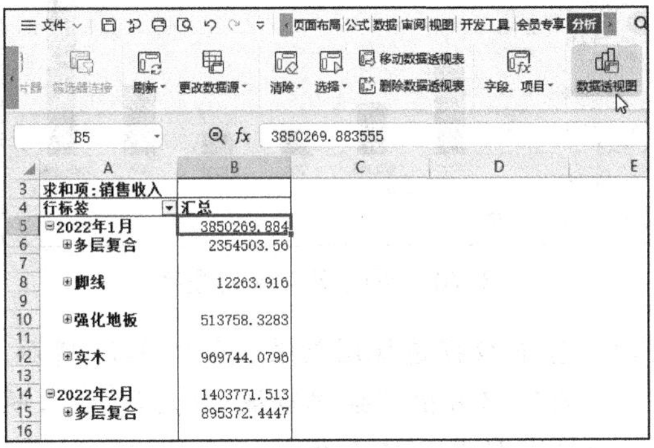

图 3-64　单击“数据透视图”按钮

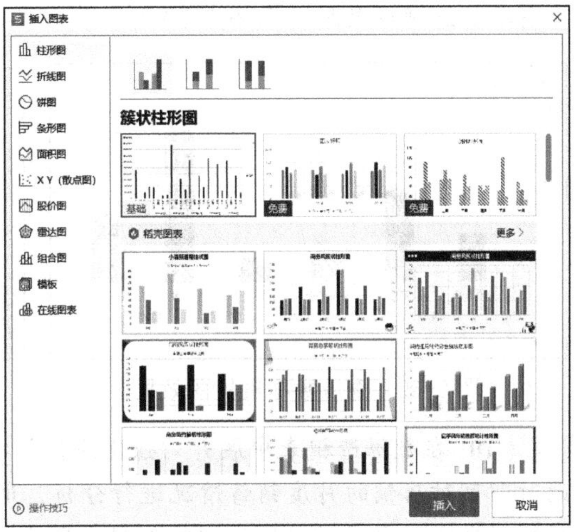

图 3-65　插入图表

步骤 05 此时即可创建数据透视图，如图 3-66 所示。

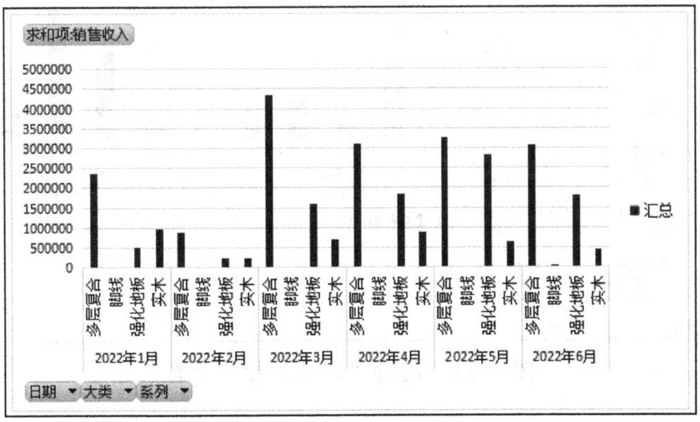

图 3-66　创建数据透视图

步骤 06 在数据透视图中单击“大类”字段按钮，在弹出的列表中对大类进行筛选，然后单击“确定”按钮，如图 3-67 所示。

步骤 07 在数据透视图中单击“日期”字段按钮，在弹出的列表中对日期进行筛选，然后单击“确定”按钮，如图 3-68 所示。

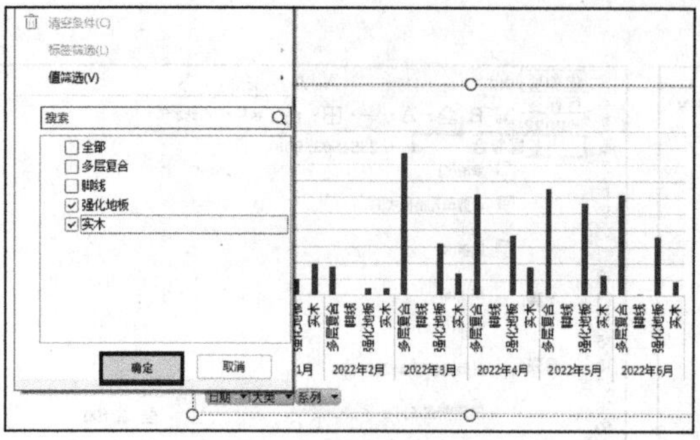

图 3-67　筛选大类

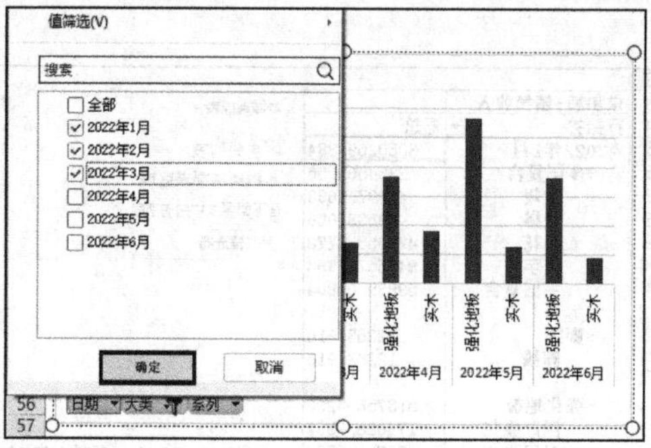

图 3-68　筛选日期

步骤 08 此时即可查看经过筛选后的数据透视图效果，如图 3-69 所示。

步骤 09 在数据透视表中将“实木”字段拖至“强化地板”字段上方，更改其排列顺序，查看数据透视图效果，如图 3-70 所示。

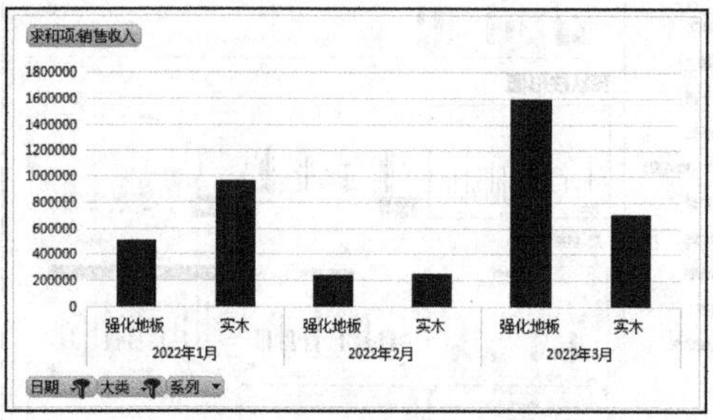

图 3-69　查看数据透视图效果

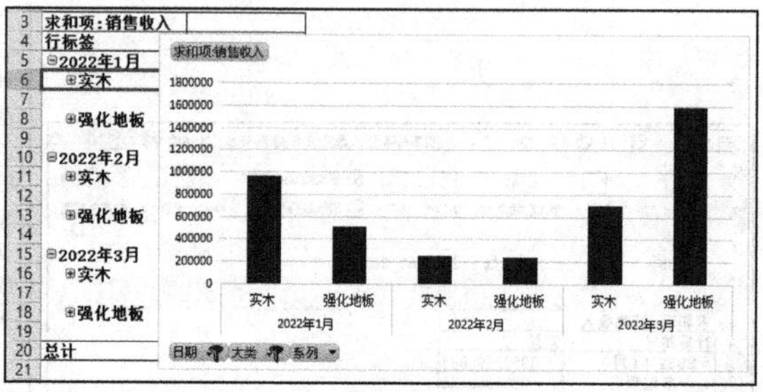

图 3-70　更改字段排列顺序

步骤 10 在数据透视表中展开“强化地板”字段，查看数据透视图效果，如图 3-71 所示。此时即可对店铺的月度销售情况进行分析，通过图表可以看出“强化地板”的销售收入明显得到提高，卖家可以据此调整店铺商品结构，使商品销量持续上升。

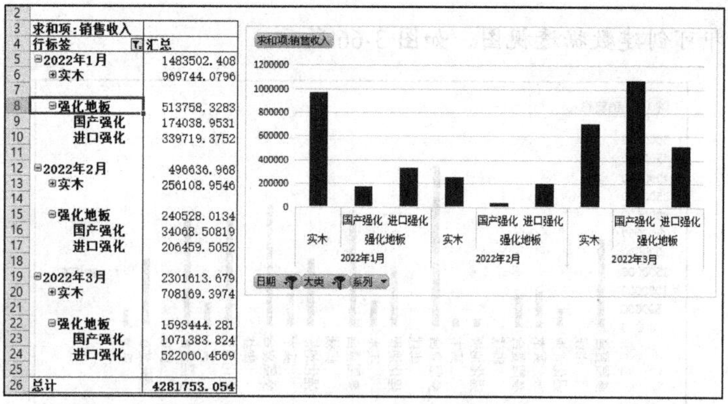

图 3-71　展开“强化地板”字段

项目小结

通过本项目的学习，读者应重点掌握以下知识。

1．通过创建访客人数和日平均访客的折线图，对店铺每天的访客人数进行分析。根据访客数和总成交数计算店铺成交转化率。利用公式对商品评价进行计数，并创建饼图进行商品评价分析。

2. 在 WPS 表格中制作月度销售数据表，设置金额数据的数字格式，然后为该表创建数据透视表，并按日期、商品名称或地区对销售金额进行汇总。利用数据透视表创建数据透视图，使数据可视化，对商品的销售金额占比进行分析。

项目习题

打开“素材文件\项目三\本周鞋子销量.et”，如图 3-72 所示。为该工作表中创建数据透视表和数据透视图，对相同型号不同颜色的商品的销量进行分析。

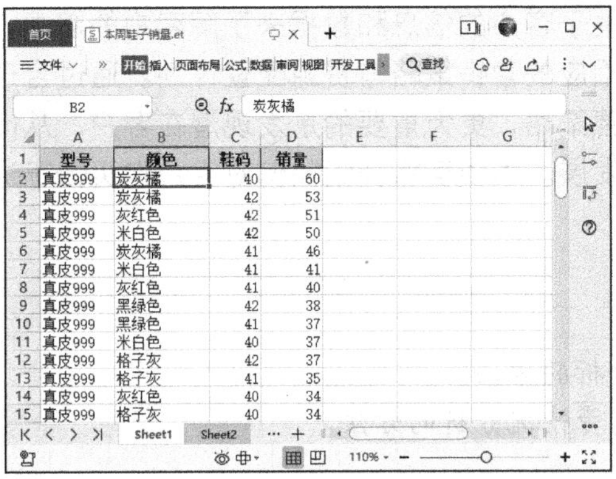

图 3-72 “本周鞋子销量”工作表

关键提示：

（1）创建数据透视表，将“型号”“颜色”字段拖至“行”区域，将“销量”字段拖至“值”区域。

（2）对数据透视表进行美化操作。

（3）为数据透视表创建数据透视图，并对行字段进行筛选。

项目四

客户购买情况分析与评估

卖家可以根据各种关于客户的信息和数据来了解客户的需求，分析客户的特征，评估客户的价值，从而制订相应的营销策略与资源配置计划。通过合理、系统的客户分析，卖家可以更合理地规划运营策略，更为重要的是发现潜在客户，从而进一步扩大店铺的销售规模，使店铺得到快速发展。本项目将介绍如何对客户购买情况进行分析与评估。

项目重点

- 掌握客户情况分析的方法。
- 掌握客户总体消费情况分析的方法。

项目目标

- 学会分析客户情况。
- 学会分析客户总体消费情况。

素养目标

- 树立经营风险意识，化解经营风险。
- 形成认真、细致的职业素养，养成一丝不苟的工作态度。

任务一　客户情况分析

任务概述

卖家可以对客户的性别、年龄、所在城市、消费层级等情况进行分析，根据分析结果调整店铺的商品结构和销售策略，使店铺拥有更大的发展空间。本任务将介绍如何通过 WPS 表格来分析客户情况。

任务重点与实施

一、客户性别分析

卖家通过对客户的性别进行分析，可以优化店铺商品结构。下面将介绍如何分析客户性别，具体操作方法如下。

步骤 01 打开“素材文件\项目四\客户性别分布.et”，选择 C6 单元格，在编辑栏中输入公式“=C5/$B$5”并按【Enter】键确认，得出“男性”占比数据。使用填充柄将公式复制到 D6 单元格中，得出“女性”占比数据，如图 4-1 所示。

步骤 02 选择 C2:D2 单元格区域，在按住【Ctrl】键的同时选择 C6:D6 单元格区域，单击“插入”选项卡下的“插入条形图”下拉按钮，选择“百分比堆积条形图”选项，如图 4-2 所示。

近两月成交客户数据统计			
月份	商品成交数	男性	女性
5月份	19658	7043	12615
6月份	24470	7842	16628
总计	44128	14885	29243
占比		33.73%	66.27%

图 4-1　计算占比数据

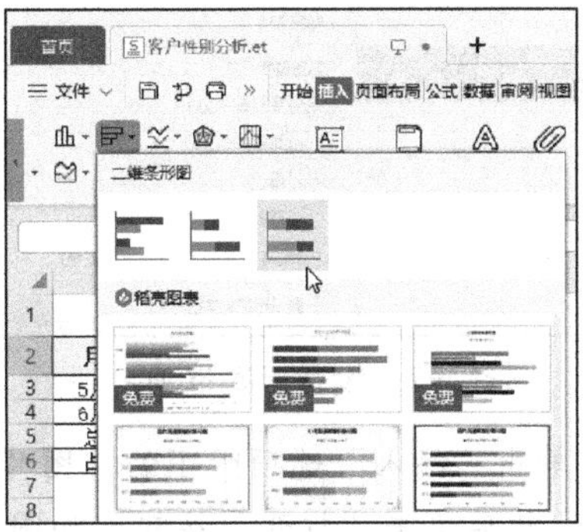

图 4-2　选择“百分比堆积条形图”选项

步骤 03 输入图表标题，查看插入的图表，如图 4-3 所示。

步骤 04 选中图表，选择“图表工具”选项卡，单击“切换行列”按钮，如图 4-4 所示。

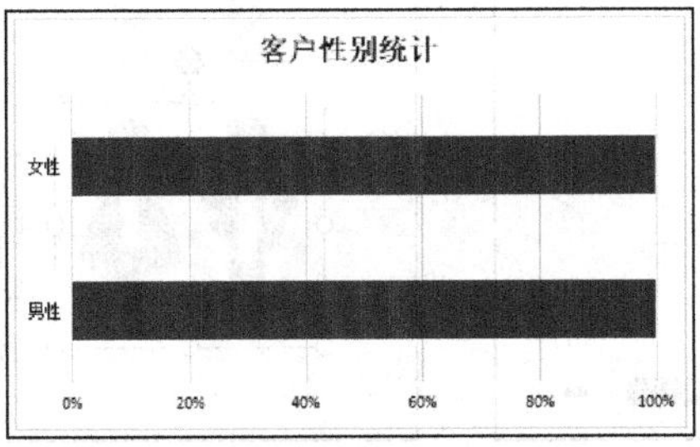

图 4-3　查看插入的图表

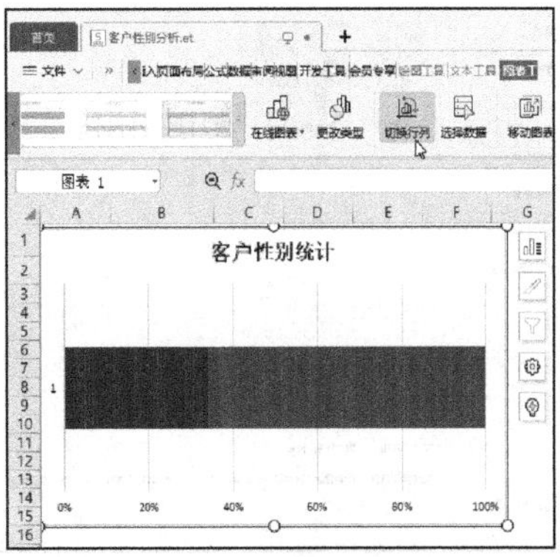

图 4-4　单击“切换行列”按钮

步骤 05 删除坐标轴、网格线等元素，然后调整图表区和绘图区的大小，如图4-5所示。

步骤 06 选中图表，单击浮动工具栏中的“图表元素”按钮，在弹出的面板中选中“数据标签”复选框，为图表添加数据标签，如图4-6所示。

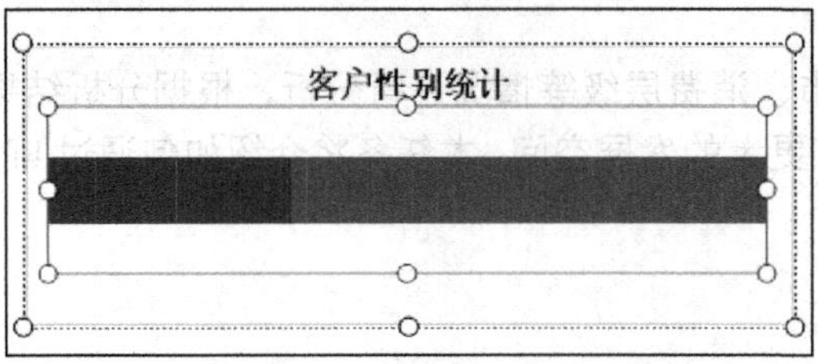

图4-5　调整图表布局

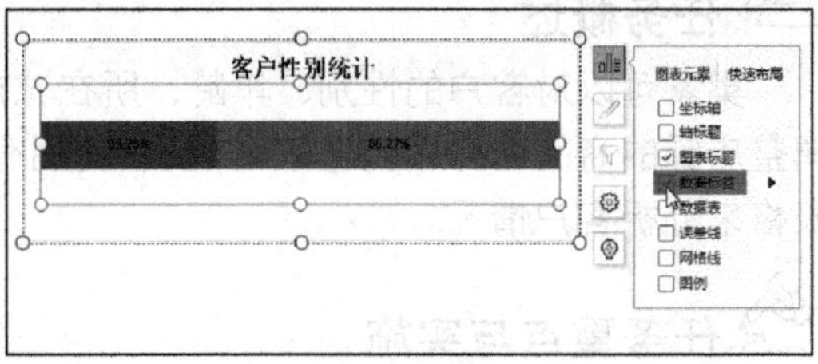

图4-6　添加数据标签

步骤 07 双击图表，打开“属性”窗格，选中“男性”系列的数据标签，在“属性”窗格中选择“标签”选项卡，展开“标签选项”组，在“标签包括”选项区中选中“系列名称”和“值”复选框，在“分隔符”下拉列表框中选择“(空格)”选项，如图4-7所示。

步骤 08 调整数据标签的位置并删除引导线，然后采用同样的方法设置“女性”系列的数据标签，效果如图4-8所示。

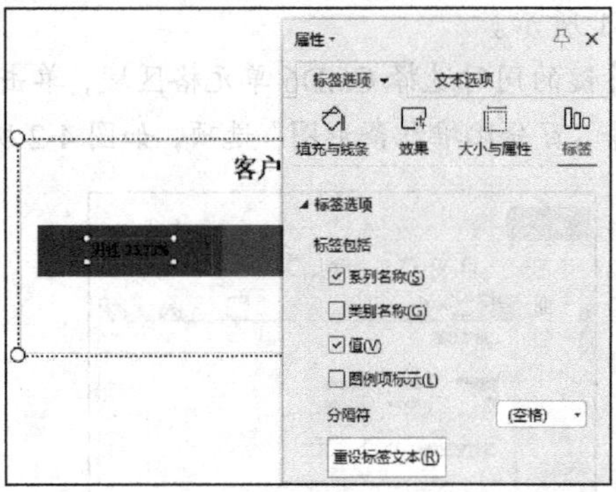

图4-7　设置标签选项

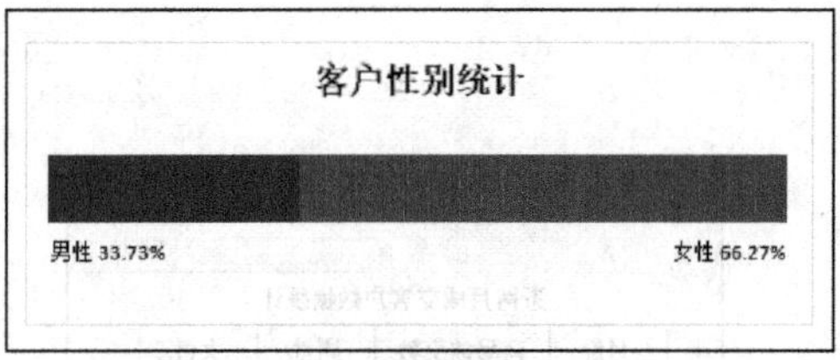

图4-8　调整数据标签后的效果

步骤 09 单击“插入”选项卡下的“图片”按钮，弹出“插入图片”对话框，选中要插入的图片，然后单击“打开”按钮，如图4-9所示。

步骤 10 在工作表中调整图片的大小，在按住【Ctrl】键的同时拖动图片，复制一张图片。选中图片，在浮动工具栏中单击“裁剪图片”按钮，如图4-10所示。

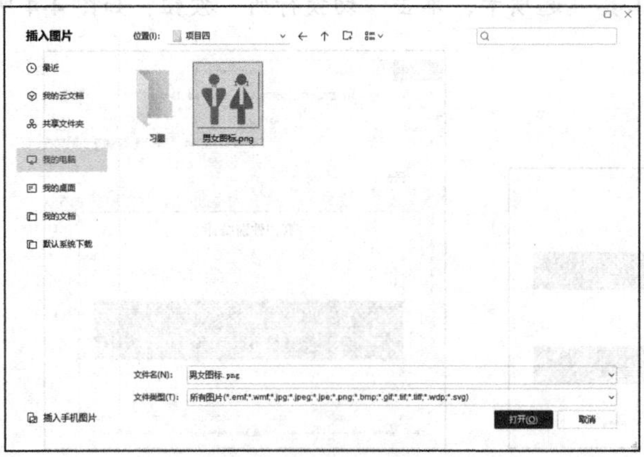

图4-9　插入图片

图4-10　单击“裁剪图片”按钮

步骤 11 拖动裁剪框上的控制柄，调整裁剪区域，使图片只保留女性图标，如图 4-11 所示。

步骤 12 采用同样的方法裁剪出男性图标，然后选中男性图标，按【Ctrl+C】组合键复制图片，如图 4-12 所示。

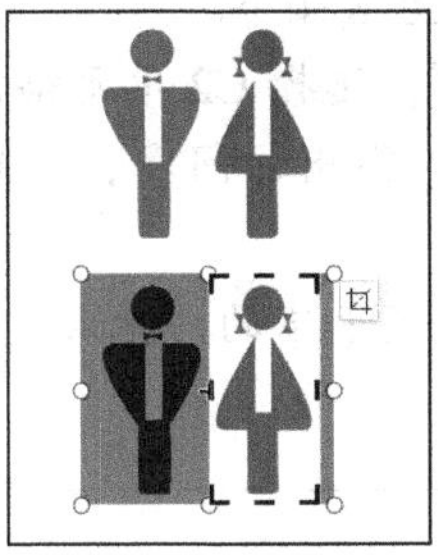

图 4-11　裁剪图片

图 4-12　复制图片

步骤 13 在图表中选中“男性”系列，在“属性”窗格中选择“填充与线条”选项卡，在“填充”组中选中“图片或纹理填充”单选按钮，在“图片填充”下拉列表中选择“剪贴板”选项，如图 4-13 所示。

步骤 14 选中“层叠”单选按钮，如图 4-14 所示。

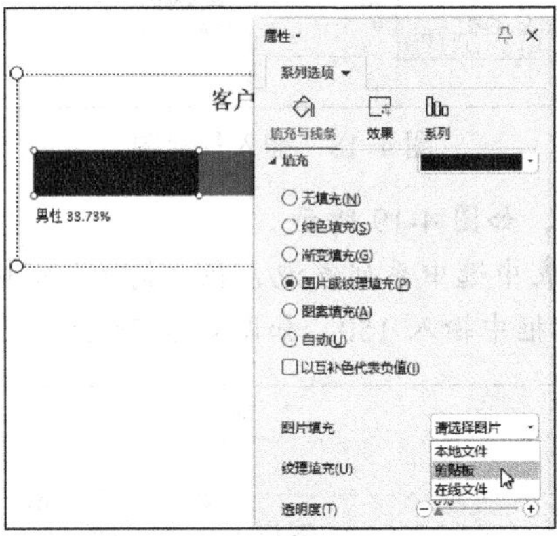

图 4-13　设置图片填充

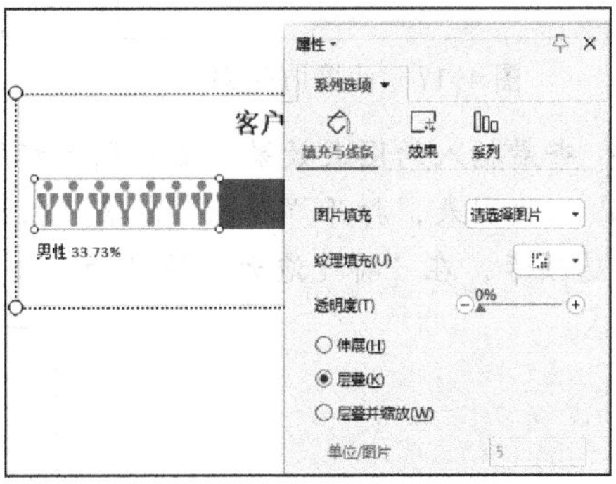

图 4-14　选中“层叠”单选按钮

步骤 15 采用同样的方法，在图表中设置“女性”系列图片填充，然后选中系列，在“属性”窗格中选择“系列”选项卡，调整“分类间距”参数，使“男性”系列右侧的图标显示完整，如图 4-15 所示。

步骤 16 此时即可查看图表效果，如图 4-16 所示。此时，卖家即可对店铺客户的性别占比进行分析，通过图表可以看出男性占 30%左右，可以根据需要适量添加一些男士用品。

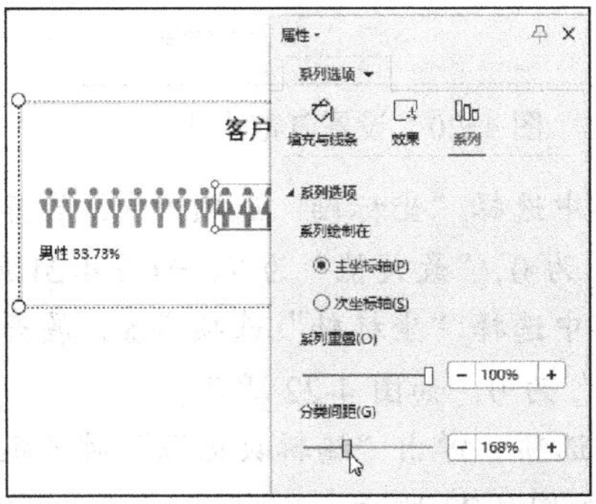

图 4-15　调整“分类间距”参数

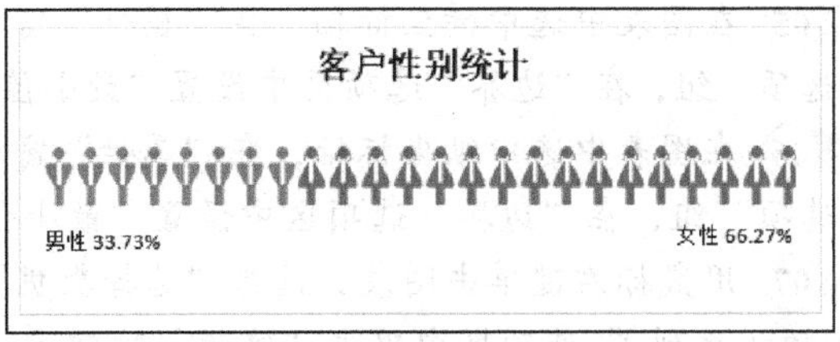

图 4-16　查看图表效果

二、客户年龄分析

通过分析客户年龄，卖家可以掌握各个年龄阶段的客户的销售比例，以便调整店铺销售策略。下面将介绍如何分析客户年龄，具体操作方法如下。

步骤 01 打开“素材文件\项目四\客户年龄分析.et”，选择 C2 单元格，在编辑栏中输入公式“=B2/SUM($B$2:$B$7)”并按【Enter】键确认，得出访问率，然后使用填充柄将公式填充到该列其他单元格中，如图 4-17 所示。

步骤 02 选择 B2:C7 单元格区域，单击“插入”选项卡下的“插入气泡图”下拉按钮，选择“气泡图”选项，如图 4-18 所示。

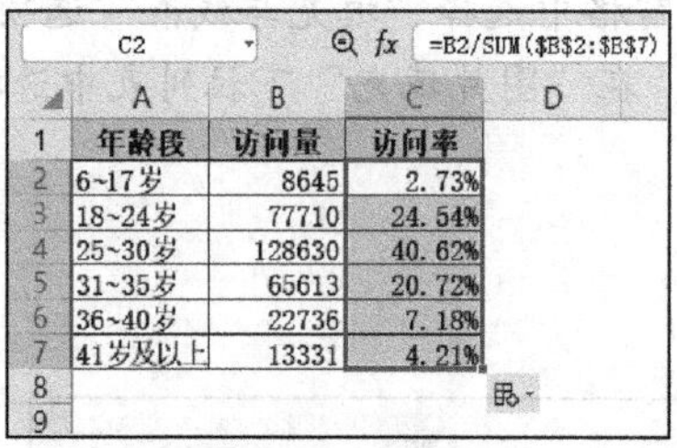

图 4-17 计算访问率

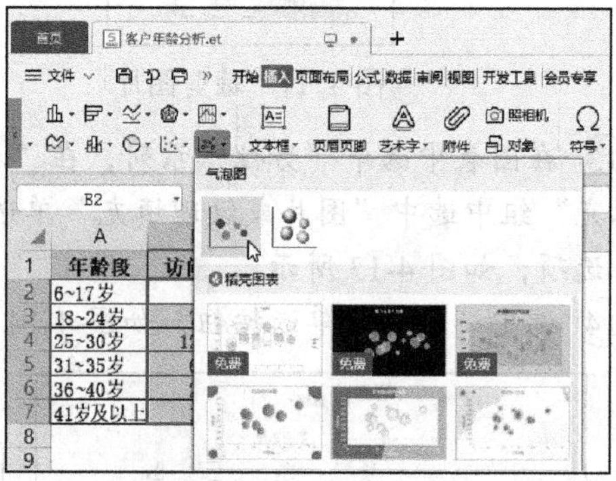

图 4-18 插入气泡图

步骤 03 查看插入的图表效果，输入图表标题，如图 4-19 所示。

步骤 04 双击图表，打开“属性”窗格，在图表中选中系列气泡，在“属性”窗格中选择“系列”选项卡，在“将气泡大小缩放为”文本框中输入 150，如图 4-20 所示。

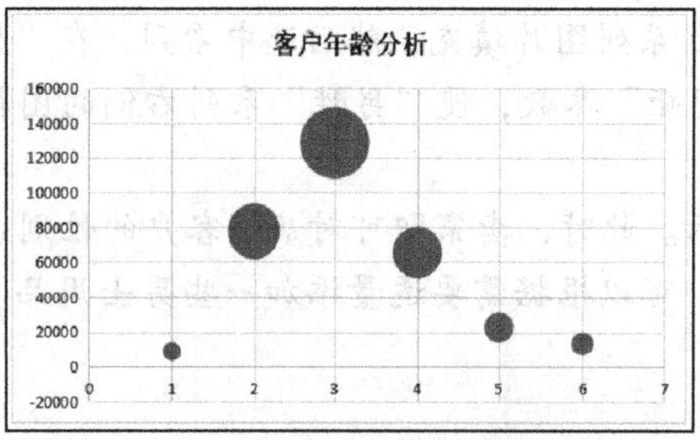

图 4-19 输入图表标题

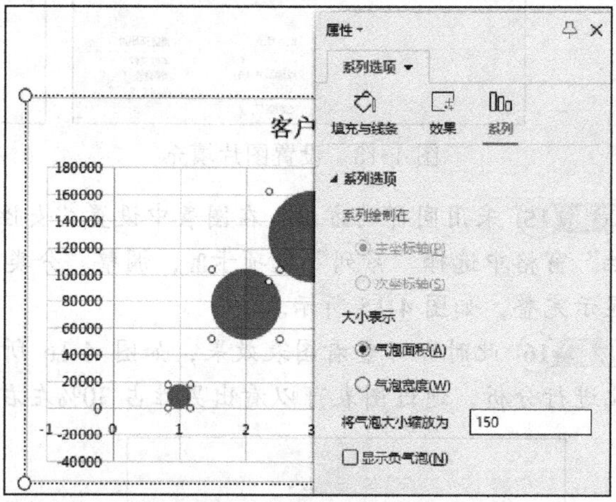

图 4-20 设置气泡大小

步骤 05 在图表中选中横坐标轴，在“属性”窗格中选择“坐标轴”选项卡，展开“坐标轴选项”组，在“边界”选项区中设置“最小值”为 0，“最大值”为 7，如图 4-21 所示。

步骤 06 在图表中选中纵坐标轴，在“属性”窗格中选择“坐标轴”选项卡，展开“坐标轴选项”组，在“边界”选项区中设置“最小值”为 0，如图 4-22 所示。

步骤 07 用鼠标右键单击图表，选择“选择数据”选项，弹出“编辑数据源”对话框，在“图例项（系列）”选项区中单击“编辑”按钮，如图 4-23 所示。

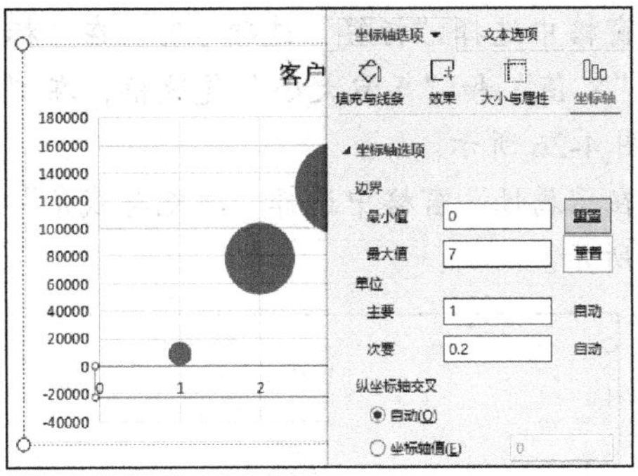

图 4-21　设置横坐标轴选项

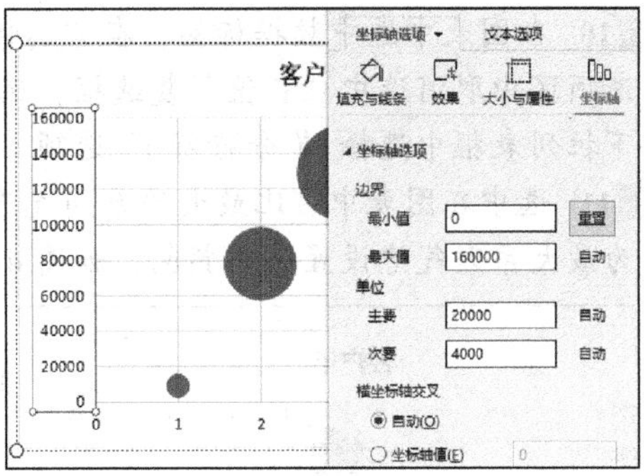

图 4-22　设置纵坐标轴选项

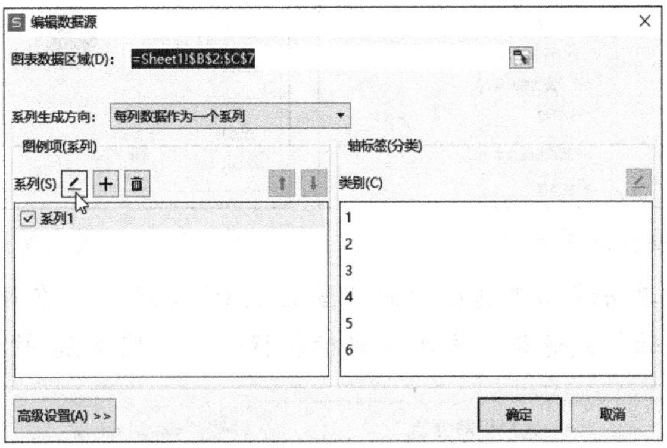

图 4-23　“编辑数据源”对话框

步骤 08 弹出“编辑数据系列”对话框，将鼠标指针定位到“X 轴系列值”文本框中，然后在工作表中选择 A2:A7 单元格区域，设置 X 轴系列值，如图 4-24 所示。

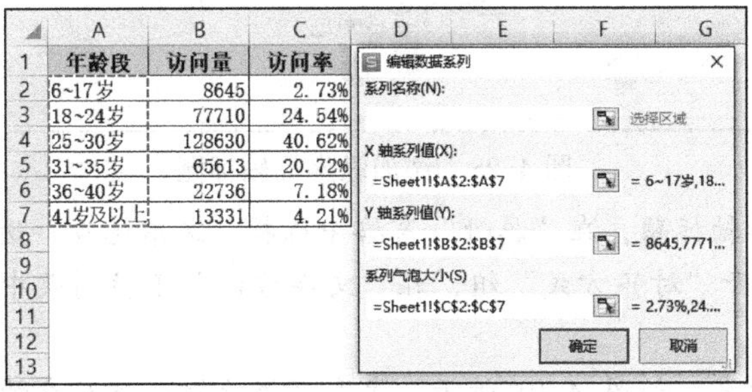

图 4-24　设置 X 轴系列值

步骤 09 选中图表，单击浮动工具栏中的“图表元素”按钮，在弹出的面板中选中“数据标签”复选框，为图表添加数据标签，如图 4-25 所示。

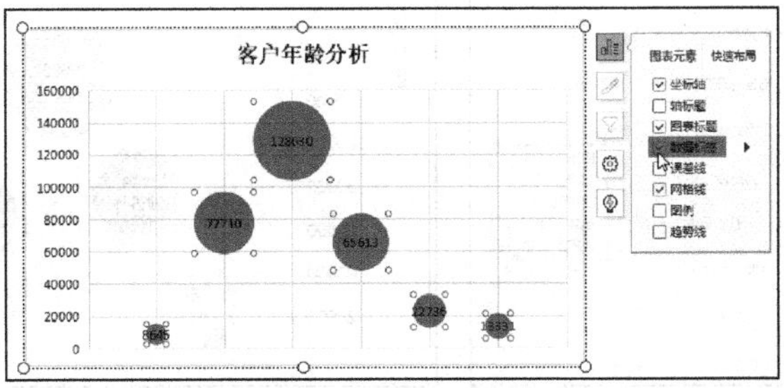

图 4-25　添加数据标签

步骤 10 在图表中选中数据标签，在“属性”窗格中选择“标签”选项卡，在“标签包括”选项区中取消选中“Y 值”复选框，选中“X 值”和“气泡大小”复选框，在“分隔符”下拉列表框中选择“(分行符)”选项，如图 4-26 所示。

步骤 11 选中在图表中占比最大的系列气泡，在“属性”窗格中选择“填充与线条”选项卡，为最大系列气泡设置填充颜色，如图 4-27 所示。

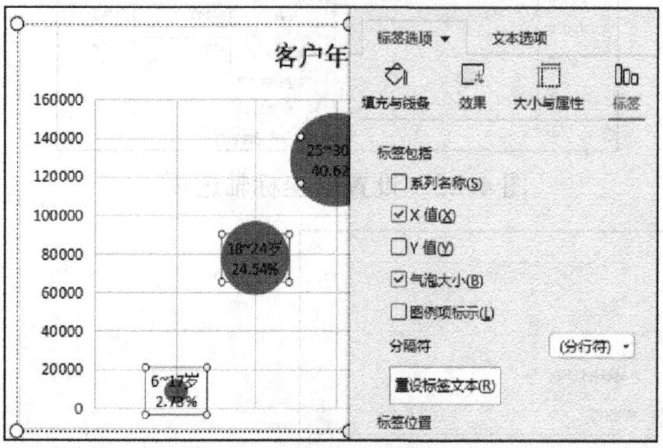

图 4-26 设置数据标签

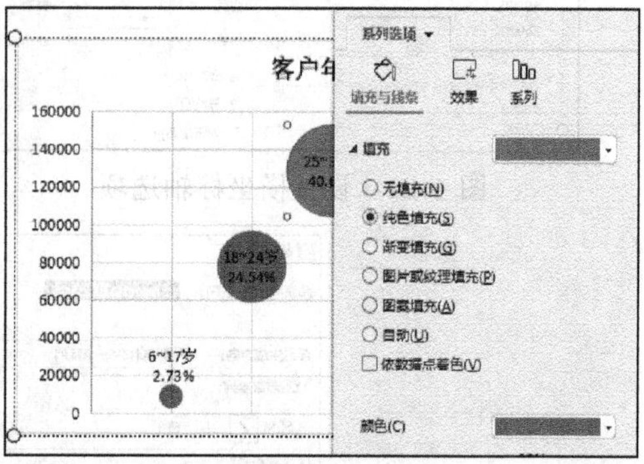

图 4-27 为最大系列气泡设置填充颜色

步骤 12 选中图表，单击浮动工具栏中的“图表元素”按钮，在弹出的面板中选中“轴标题”|“主要纵坐标轴”复选框，添加纵坐标轴标题，如图 4-28 所示。

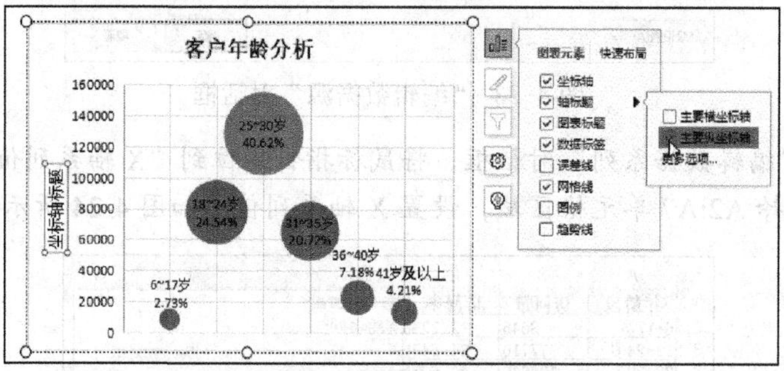

图 4-28 添加纵坐标轴标题

步骤 13 输入纵坐标轴标题，在“属性”窗格中选择“文本选项”选项卡，然后选择“文本框”选项卡，展开“对齐方式”组，在“文字方向”下拉列表中选择“堆积”选项，如图 4-29 所示。

步骤 14 查看图表效果，如图 4-30 所示。卖家可据此对店铺客户的年龄分布进行分析，通过图表可以看出“18～24 岁”和“25～30 岁”年龄段的访问量占较大比重。

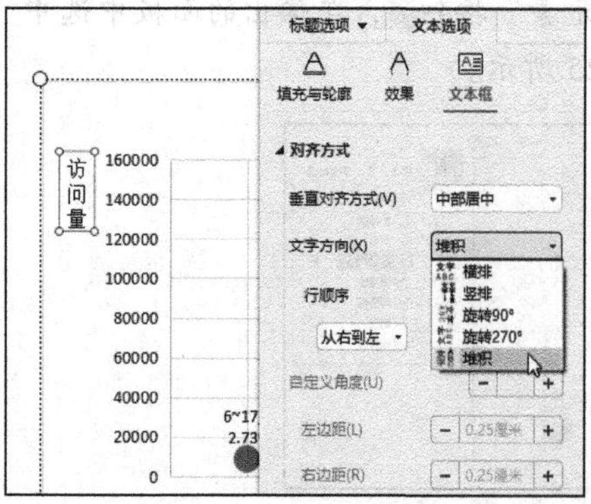

图 4-29 设置文字方向

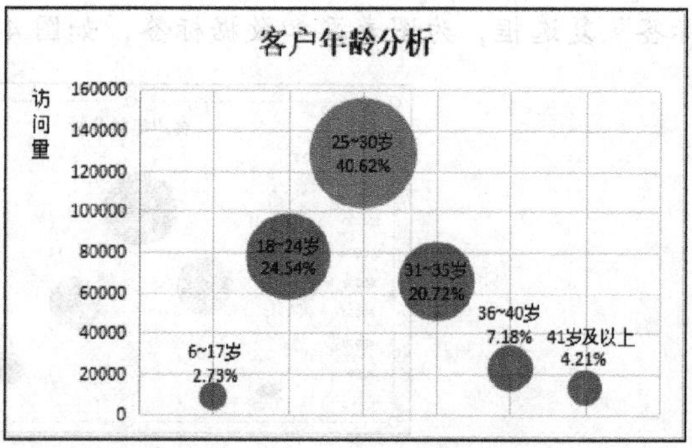

图 4-30 查看图表效果

三、客户所在城市分析

卖家可以对客户所在的城市进行分析，以便掌握商品在各主要城市的销售情况。下面将介绍如何分析客户所在城市，具体操作方法如下。

步骤 01 打开“素材文件\项目四\客户地域分析.xlsx”，选择 C2 单元格，在编辑栏中输入“=B2”并按【Enter】键确认，然后使用填充柄将公式填充到该列其他单元格中，如图 4-31 所示。

步骤 02 用鼠标右键单击 C 列的任意数据单元格，选择“排序”|“降序”选项，如图 4-32 所示。

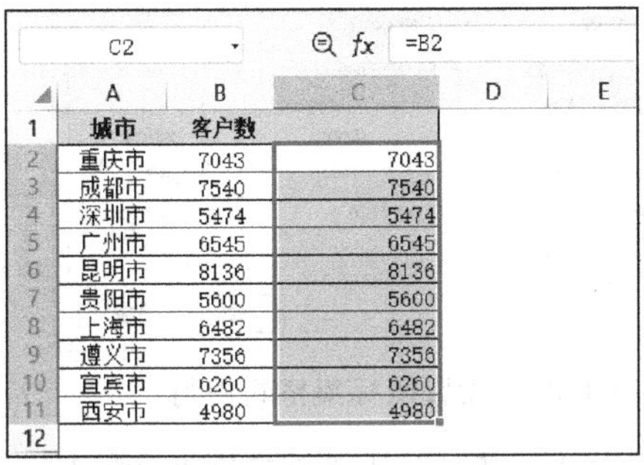

图 4-31 编辑 C 列数据

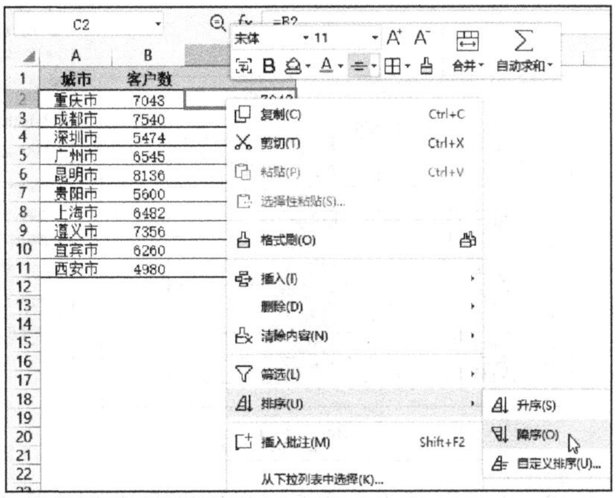

图 4-32 选择“降序”选项

步骤 03 选择 C2:C11 单元格区域，单击“开始”选项卡下的“条件格式”下拉按钮，选择“新建规则”选项，如图 4-33 所示。

步骤 04 弹出“新建格式规则”对话框，在“格式样式”下拉列表框中选择“数据条”选项，在“最小值”类型下拉列表框中选择“自动”选项，在“最大值”类型下拉列表框中选择“数字”选项，设置“值”为 10 000，然后在下方设置填充、颜色、边框等外观参数，单击“确定”按钮，如图 4-34 所示。

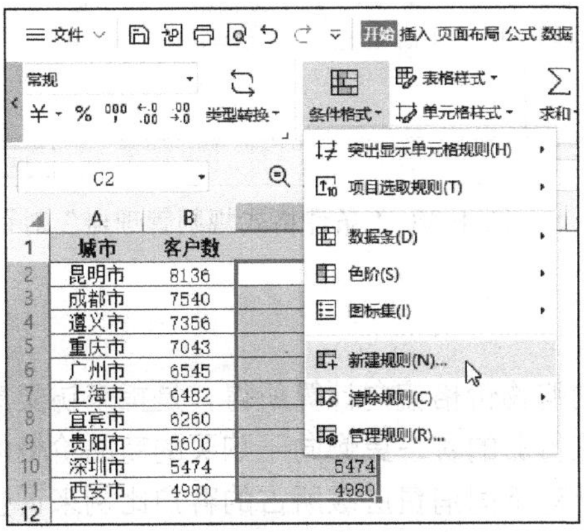

图 4-33 选择“新建规则”选项

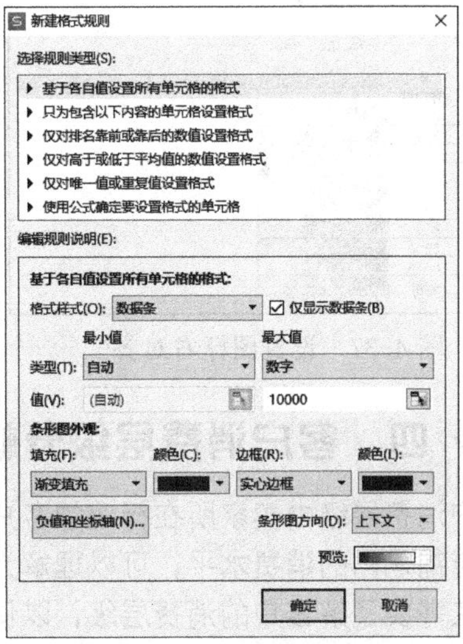

图 4-34 设置数据条格式规则

步骤05 此时程序会根据各城市“客户数”自动绘制并显示数据条，如图 4-35 所示。卖家可以通过数据条对各城市客户数的多少进行分析，下面继续为数据应用图标集格式。

步骤06 选择 C2:C11 单元格区域，单击“条件格式”下拉按钮，选择“新建规则”选项，在弹出对话框的“格式样式”下拉列表框中选择“图标集”选项，在下方设置第 1 个图标样式，设置“类型”为“数字”，然后根据需要输入“值”，在此输入 7 000，设置第 2 个和第 3 个图标为“无单元格图标”，单击“确定”按钮，如图 4-36 所示。

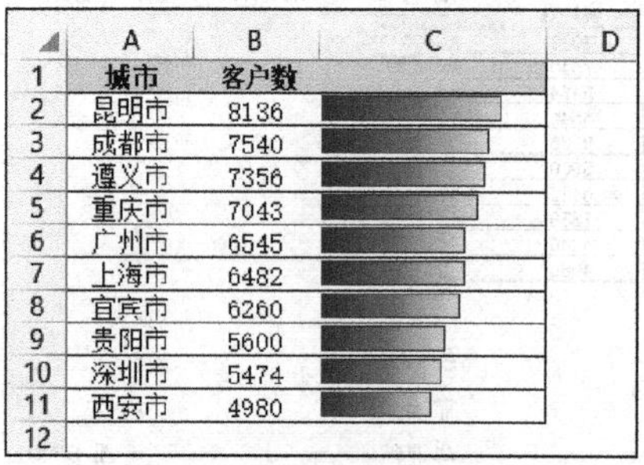

图 4-35　查看数据条

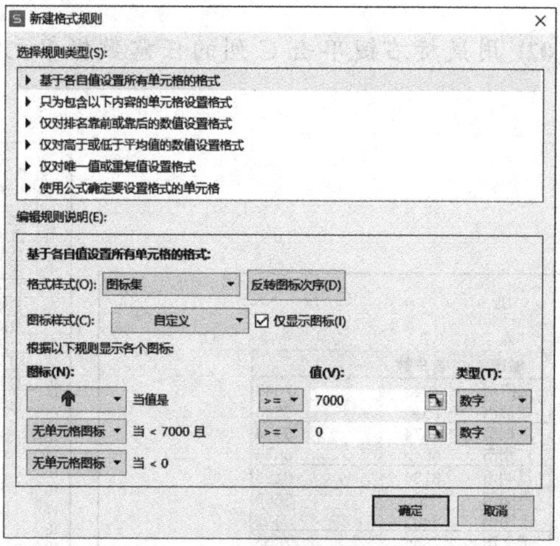

图 4-36　设置图标集格式规则

步骤07 此时即可为大于 7 000 的单元格应用图标，单击“开始”选项卡下的“右对齐”按钮 ☰，设置图标右对齐，如图 4-37 所示。此时，卖家即可通过数据条和图表集对城市成交量的多少进行分析，可以看出昆明、成都、遵义、重庆等城市的客户数量较多，且均在 7 000 以上。

步骤08 选择 C2:C11 单元格区域，单击“条件格式”下拉按钮，选择“管理规则”选项，弹出“条件格式规则管理器”对话框，从中可以对规则进行新建、编辑、删除等操作，如图 4-38 所示。

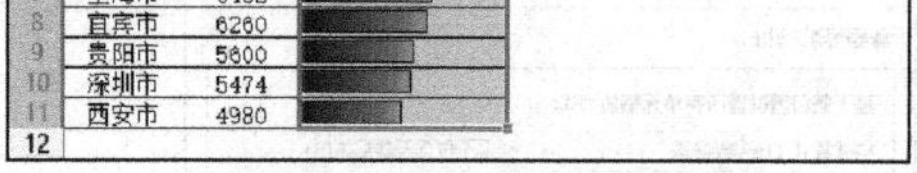

图 4-37　设置图标右对齐

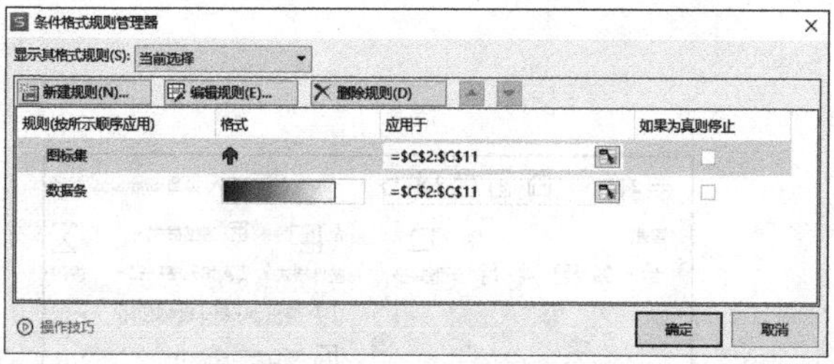

图 4-38　“条件格式规则管理器”对话框

四、客户消费层级分析

客户消费层级由卖家所在行业的客户的购物价格偏向计算所得，是指来访卖家店铺的客户在店铺购物的消费水平，可以理解为该行业的客户更倾向于购买的商品价格区间的层级。卖家需要了解客户的消费层级，以便针对不同消费层级所占的客户比例来调整店铺的商品结构。下面将介绍如何分析客户消费层级，具体操作方法如下。

步骤 01 打开“素材文件\项目四\消费层级.et”，选择 C2 单元格，在编辑栏中输入公式“=B2/SUM($B$2:$B$5)”并按【Enter】键确认，得出占比数据，然后使用填充柄将公式复制到该列其他单元格中，如图 4-39 所示。

步骤 02 选择 A1:A5 单元格区域，然后在按住【Ctrl】键的同时选择 C1:C5 单元格区域，选择“插入”选项卡，单击“插入条形图”下拉按钮，选择“簇状条形图”选项，如图 4-40 所示。

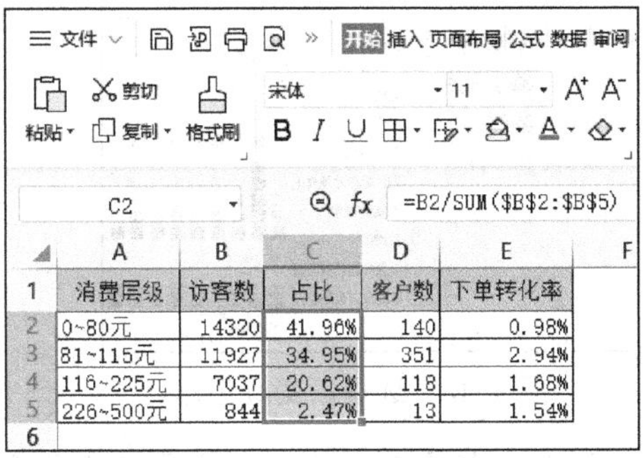

图 4-39 计算占比数据

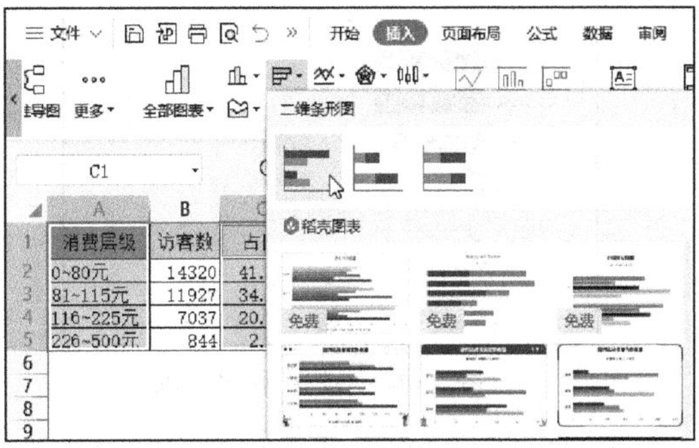

图 4-40 选择“簇状条形图”选项

步骤 03 输入图表标题，单击浮动工具栏中的“图表元素”按钮，在弹出的面板上方选择“快速布局”选项卡，然后选择所需的布局样式，如图 4-41 所示。

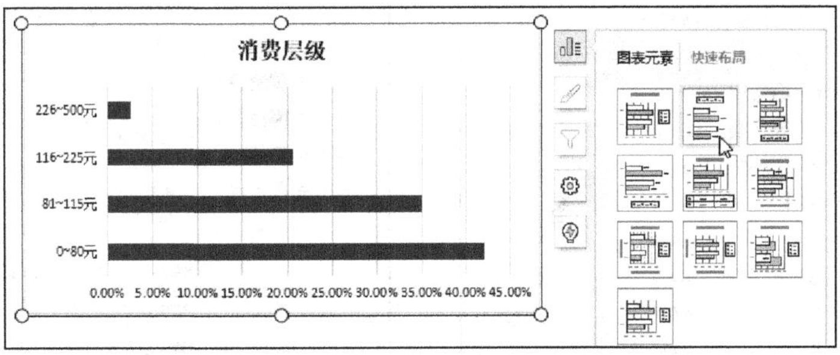

图 4-41 选择图表布局样式

步骤 04 调整图表区及绘图区大小，如图 4-42 所示。

步骤 05 在图表中选中纵坐标轴，在“属性”窗格中选择“坐标轴”选项卡，选中“逆序类别”复选框，如图 4-43 所示。

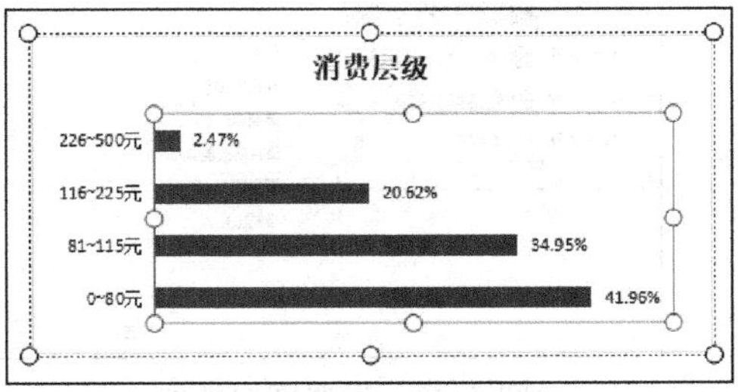

图 4-42 调整图表大小

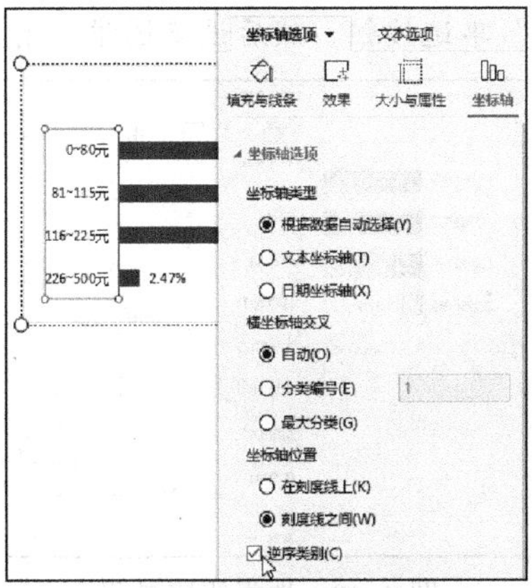

图 4-43 设置逆序类别

步骤 06 在图表中选中系列，在“属性”窗格中选择“系列”选项卡，设置“分类间距”为 80%，如图 4-44 所示。

步骤 07 选择“填充与线条”选项卡，在“填充”组中选中“渐变填充”单选按钮，在颜色下拉列表中选择所需的渐变颜色，如图 4-45 所示。

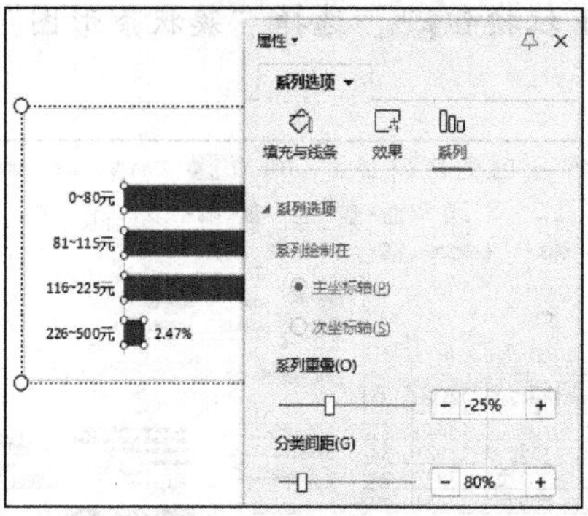

图 4-44 设置系列选项

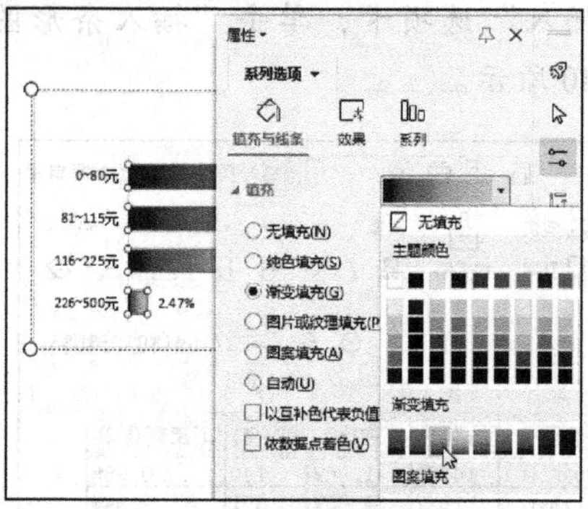

图 4-45 选择渐变颜色

步骤 08 设置“角度”为 180.0°，在“渐变样式”中选中第 1 个色标，设置“透明度”为 50%，如图 4-46 所示。

步骤 09 展开“线条”组，选中“实线”单选按钮，然后设置线条颜色，如图 4-47 所示。

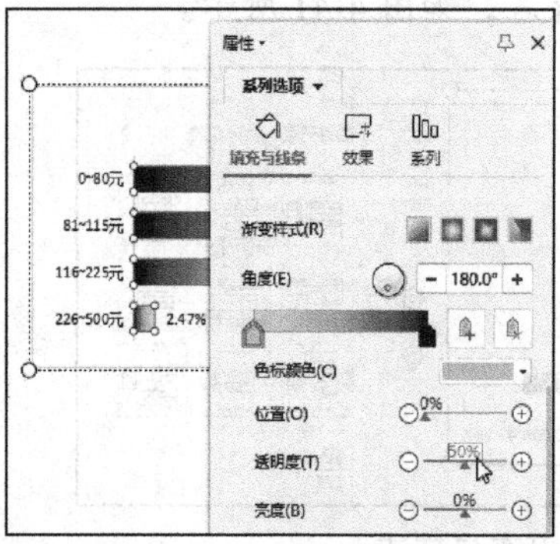

图 4-46 设置渐变样式

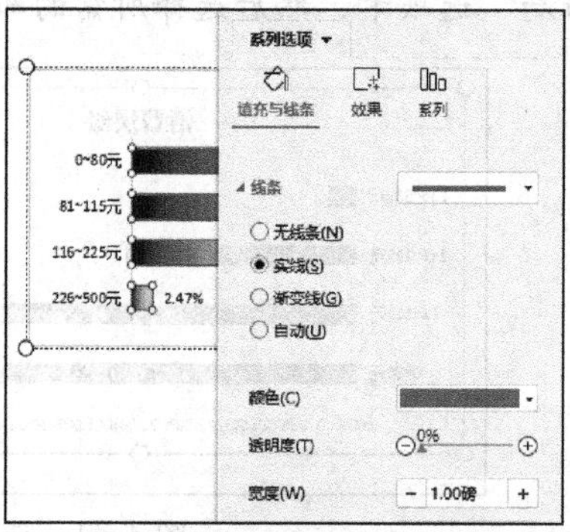

图 4-47 设置线条颜色

步骤 10 选择“效果”选项卡，展开“阴影”组，在下拉列表中选择所需的阴影效果，如图 4-48 所示。

步骤 11 在图表中选中绘图区，选择“填充与线条”选项卡，在“填充”组中选中“图案填充”单选按钮，然后设置图案、前景颜色、背景颜色等参数，如图 4-49 所示。

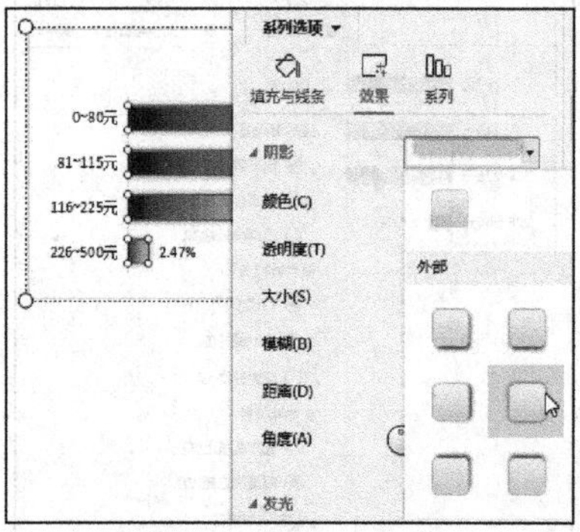

图 4-48 选择阴影效果

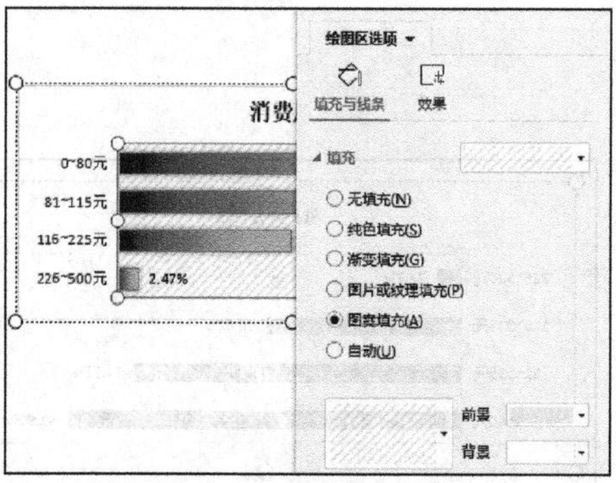

图 4-49 设置图案填充

步骤 12 查看图表效果，如图 4-50 所示。此时卖家可以对客户的消费层级进行分析，通过图表可以看出店铺访客更倾向购买的 0～80 元价格区间的商品，卖家可据此调整商品结构和销售策略，优化提高进店客户的消费层级。

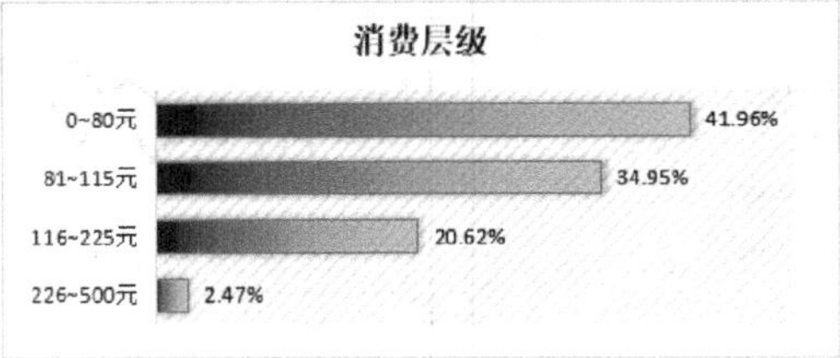

图 4-50　查看图表效果

任务二　客户总体消费情况分析

任务概述

在店铺经营过程中，卖家对客户的维护十分重要。卖家通过分析新老客户人数变化走势、老客户销售额占比及客户喜欢的促销方式等，可以更有针对性地调整维护客户的策略，以提高商品销量，增加店铺利润。本任务将介绍如何使用 WPS 表格来分析客户总体消费情况。

任务重点与实施

一、新老客户人数变化走势

卖家要随时关注新老客户人数的变化，当新客户或老客户人数出现较大变化时，需要相应地调整销售策略。下面将介绍如何分析新老客户人数变化走势，具体操作方法如下。

步骤 01 打开“素材文件\项目四\新老客户访问统计.et”，选择 A2:C13 单元格区域，选择“插入”选项卡，单击“插入折线图”下拉按钮，选择“折线图”选项，如图 4-51 所示。

步骤 02 在图表中输入图表标题，设置图例位置为“靠上”，查看图表效果，如图 4-52 所示。

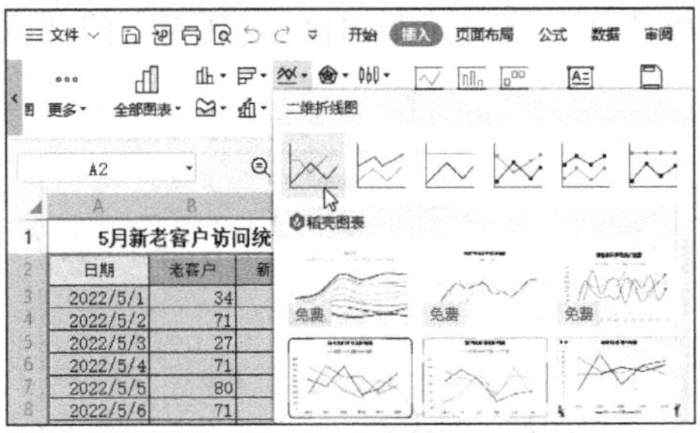

图 4-51　选择“折线图”选项

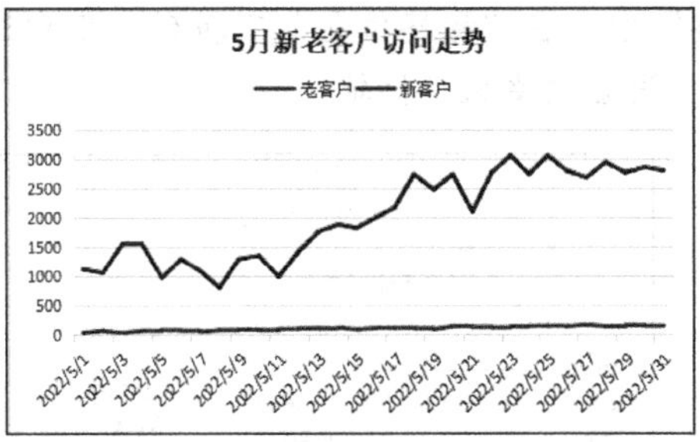

图 4-52　查看图表效果

步骤 03 在图表中选中“老客户”数据系列，在“属性”窗格中选择“系列”选项卡，选中“次坐标轴”单选按钮，如图 4-53 所示。

步骤 04 在图表中选中横坐标轴，在“属性”窗格中选择“坐标轴”选项卡，展开“数字”组，在“类别”下拉列表框中选择“日期”选项，在“类型”下拉列表框中选择所需的日期类型，如图 4-54 所示。

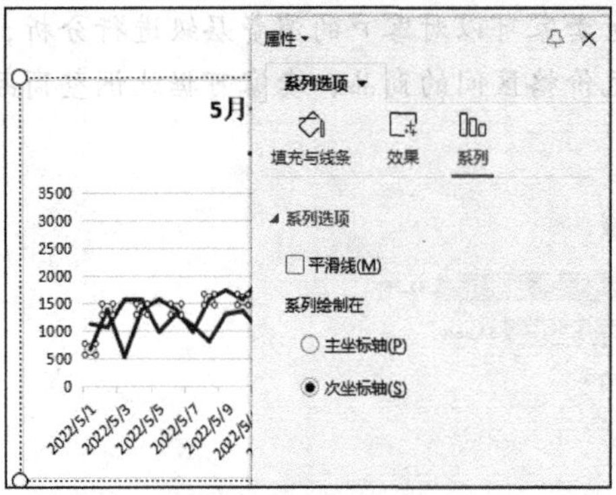

图 4-53　设置次坐标轴

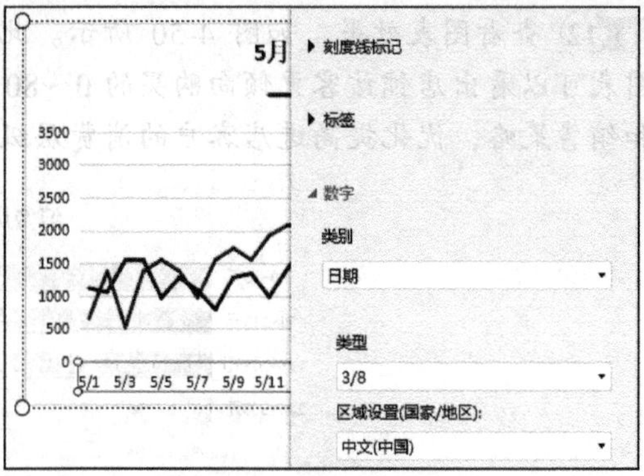

图 4-54　设置数字格式

步骤 05 选择“填充与线条”选项卡，展开“线条”组，选中“实线”单选按钮，然后设置线条颜色，如图 4-55 所示。

步骤 06 在图表中选中绘图区，选择“填充与线条”选项卡，展开“线条”组，选中“实线”单选按钮，然后设置线条颜色，如图 4-56 所示。

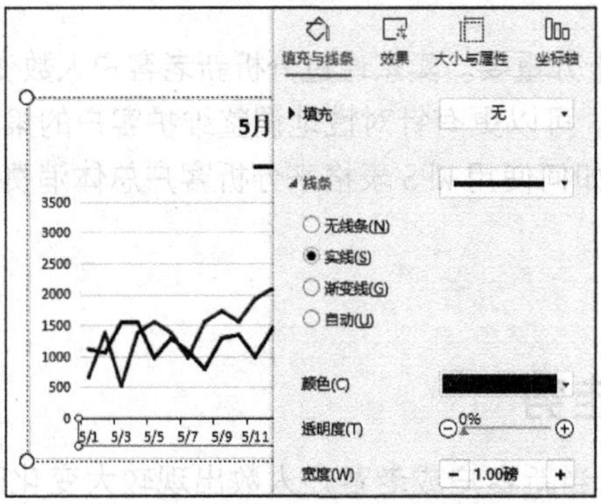

图 4-55　设置线条颜色

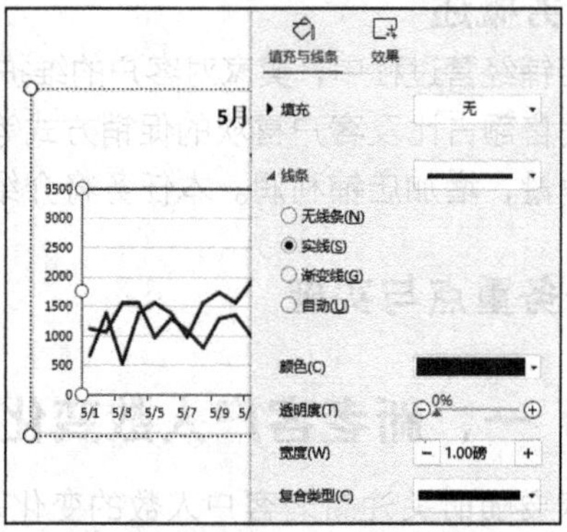

图 4-56　设置绘图区线条颜色

步骤 07 在图表中选中网格线，选择“填充与线条”选项卡，展开“线条”组，在“线条”下拉列表框中设置网格线样式，如图 4-57 所示。

步骤 08 在图表中选中主要纵坐标轴，在“属性”窗格中选择“坐标轴”选项卡，展开“标签”组，在“标签位置”下拉列表框中选择“无”选项，如图 4-58 所示。采用同样的方法，设置次要纵坐标轴。

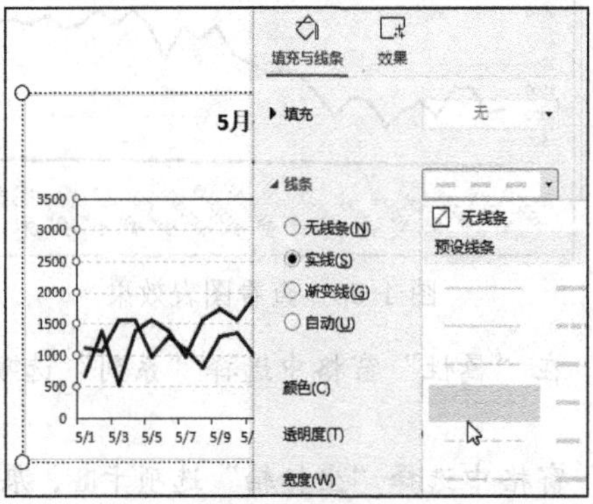

图 4-57　设置网格线样式

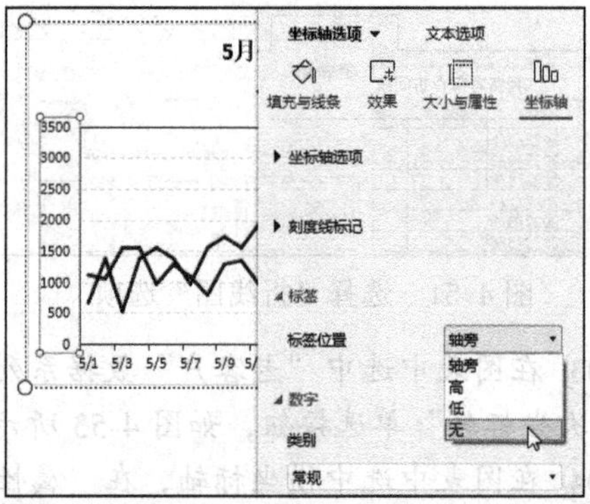

图 4-58　设置标签位置

步骤 09 查看此时的图表效果，如图 4-59 所示。

步骤 10 在图表中选中“老客户”数据系列，在“属性”窗格中选择“系列”选项卡，选中“平滑线”复选框，如图 4-60 所示。采用同样的方法，设置“新客户”数据系列的平滑线。

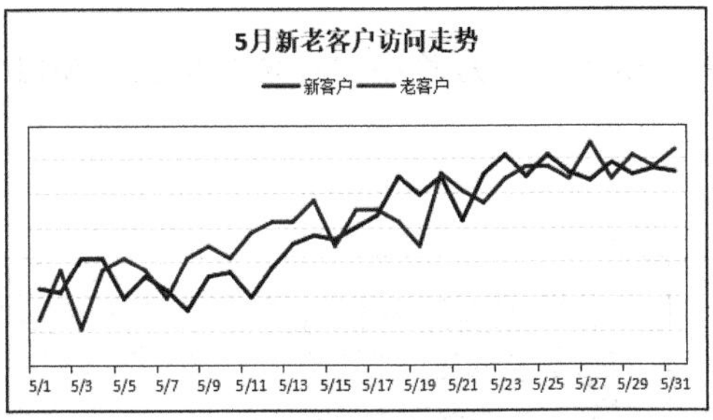

图 4-59 查看图表效果

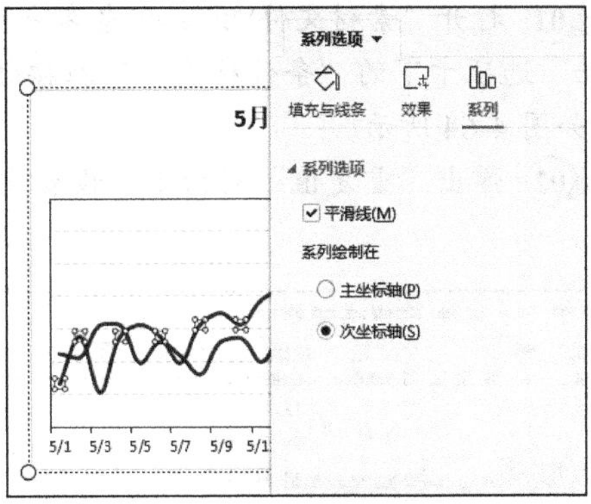

图 4-60 设置平滑线

步骤 11 在图表中选中“老客户”数据系列，选择“填充与线条”选项卡，设置线条“宽度”为 1.50 磅，如图 4-61 所示。采用类似的方法，设置“新客户”数据系列的线条宽度为 1 磅。

步骤 12 在图表中选中“新客户”数据系列，单击上方的“标记”按钮，在“数据标记选项”组中选中“内置”单选按钮，设置标记类型和大小，然后选中“无填充”单选按钮，如图 4-62 所示。

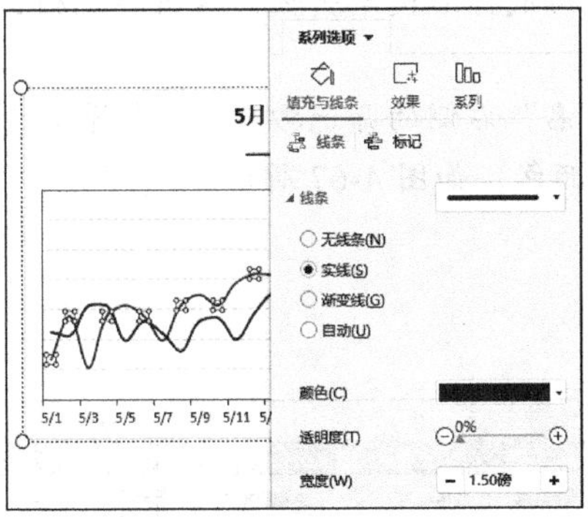

图 4-61 设置线条宽度

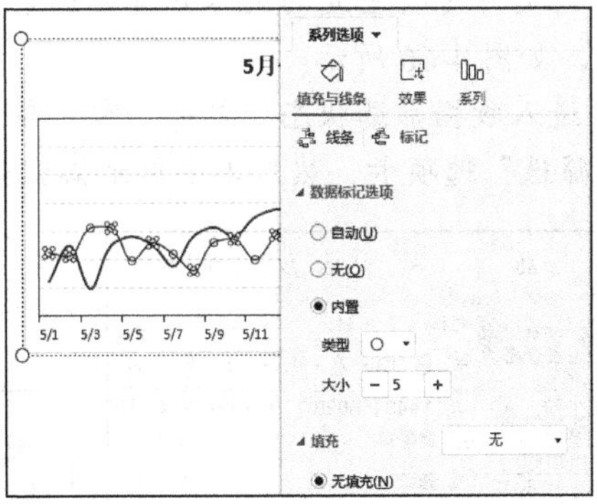

图 4-62 设置标记选项

步骤 13 在图表中选中横坐标轴，在“属性”窗格中选择“坐标轴”选项卡，展开“刻度线标记”组，在“主要类型”下拉列表框中选择“无”选项，查看图表效果，如图 4-63 所示。卖家可以从图表中看到本月后期新老客户人数在上升，说明店铺经营方式得当。

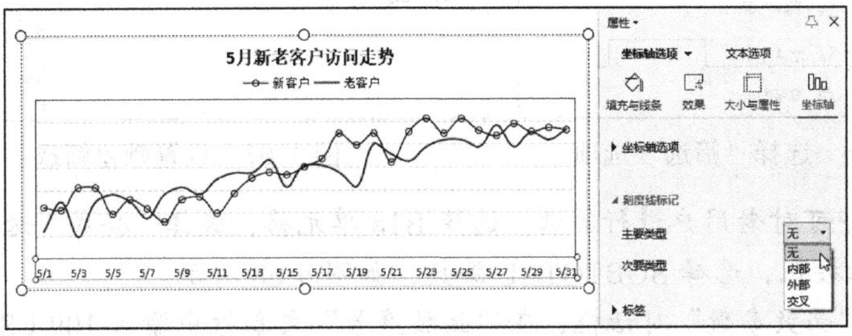

图 4-63 查看图表效果

二、老客户销售额占比

在电商销售中，老客户是最优质的客户，稳定的老客户可以保证店铺的销售额。下面将介绍如何分析老客户销售额占比，具体操作方法如下。

步骤 01 打开“素材文件\项目四\老客户销售额占比.et”，选择 A2:A16 单元格区域，单击“开始”选项卡下的“条件格式”下拉按钮，选择“突出显示单元格规则”|“重复值”选项，如图 4-64 所示。

步骤 02 弹出“重复值”对话框，设置重复值格式，然后单击“确定”按钮，如图 4-65 所示。

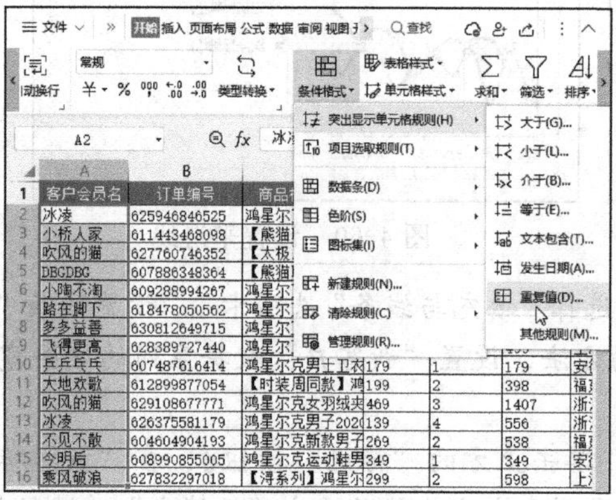

图 4-64　选择“重复值”选项

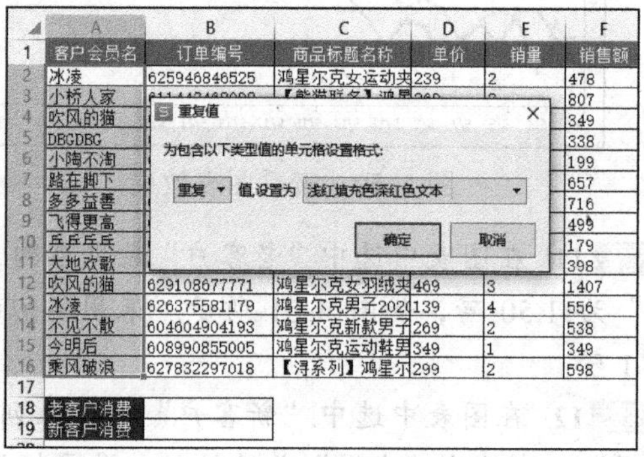

图 4-65　设置重复值格式

步骤 03 此时即可将重复的老客户标记出来。用鼠标右键单击任意数据单元格，选择“筛选”选项，如图 4-66 所示。

步骤 04 进入数据筛选状态，单击“客户会员名”右侧的筛选按钮，在弹出的面板中选择“颜色筛选”选项卡，然后单击单元格背景颜色，如图 4-67 所示。

图 4-66　选择“筛选”选项

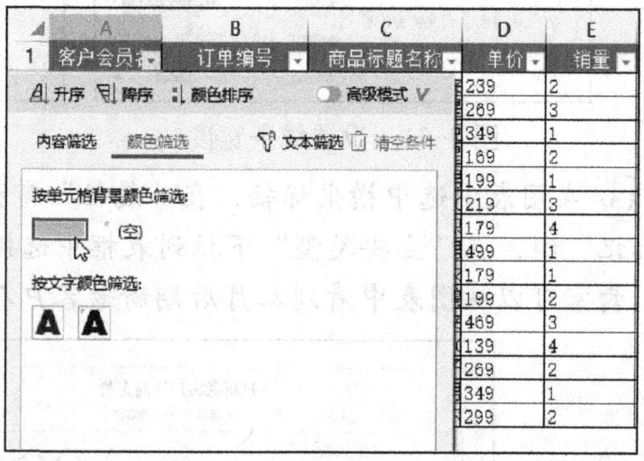

图 4-67　设置颜色筛选

步骤 05 此时即可对老用户进行筛选。选择 B18 单元格，选择“公式”选项卡，单击“数学和三角”下拉按钮，选择 SUBTOTAL 函数，如图 4-68 所示。

步骤 06 弹出“函数参数”对话框，在“函数序号”文本框中输入 109（SUBTOTAL 函数序号中的 109 表示对可见单元格进行求和），设置“引用 1”参数为 F2:F17 单元格区域，然后单击“确定”按钮，如图 4-69 所示，得出“老客户消费”金额。

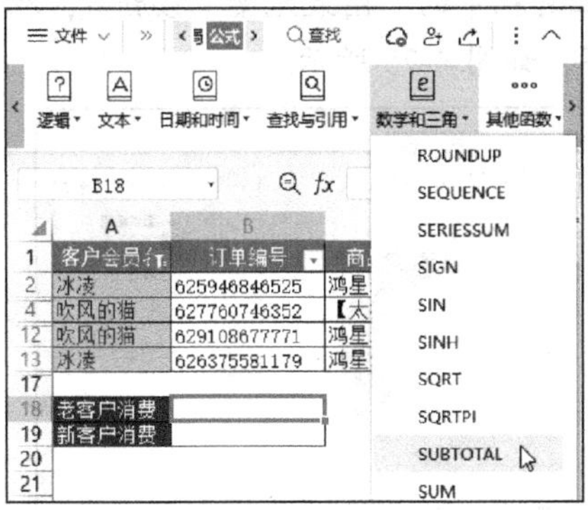

图 4-68　选择 SUBTOTAL 函数

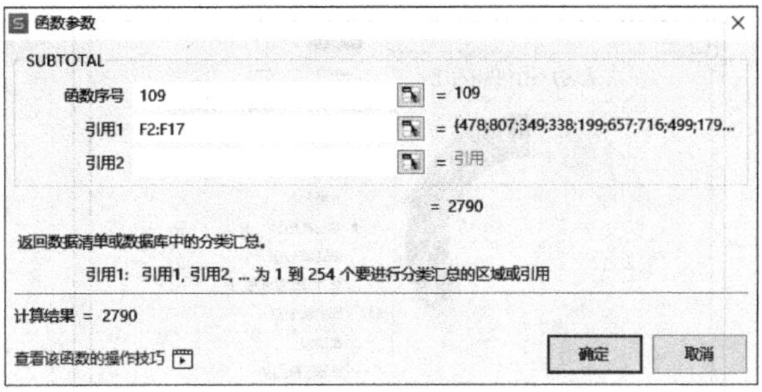

图 4-69　设置函数参数

步骤 07 选择 B19 单元格，在编辑栏中输入公式“=SUM(F2:F17)-B18”并按【Enter】键确认，得出“新客户消费”金额，如图 4-70 所示。

步骤 08 选中 B18:B19 单元格区域，选择“插入”选项卡，单击“插入饼图或圆环图”下拉按钮，选择“圆环图”选项，如图 4-71 所示。

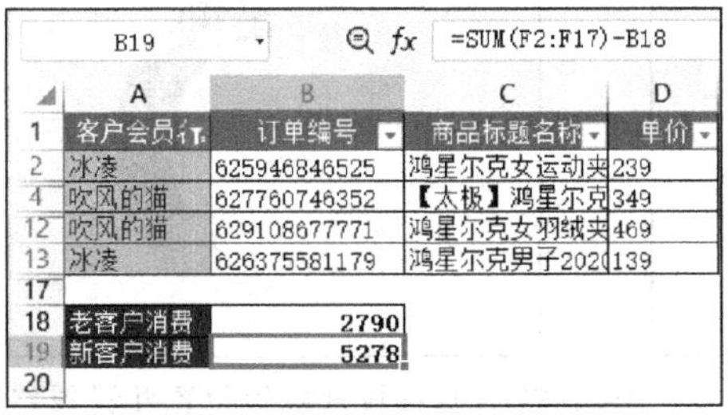

图 4-70　计算“新客户消费”金额

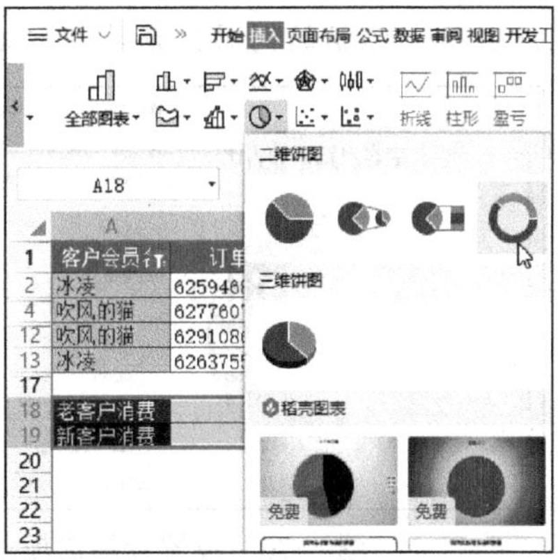

图 4-71　选择“圆环图”选项

步骤 09 在图表中输入图表标题，选中系列，在“属性”窗格中选择“系列”选项卡，设置“圆环图内径大小”为 65%，如图 4-72 所示。

步骤 10 选择“填充与线条”选项卡，展开“线条”组，选中“无线条”单选按钮，如图 4-73 所示。

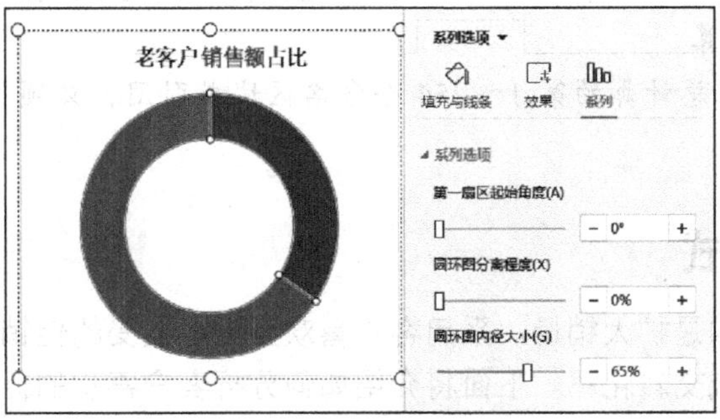

图 4-72　设置系列选项

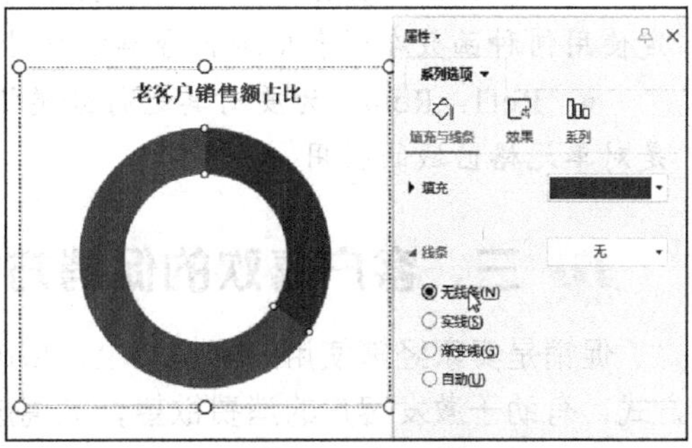

图 4-73　设置无线条

步骤 11 在图表中选中左侧的数据系列，在“属性”窗格中选择“填充与线条”选项卡，选中“纯色填充”单选按钮并设置填充颜色，如图 4-74 所示。

步骤 12 在图表中选中右侧的数据系列，单击浮动工具栏中的“图表元素”按钮，在弹出的面板中选中“数据标签”复选框，添加数据标签，如图 4-75 所示。

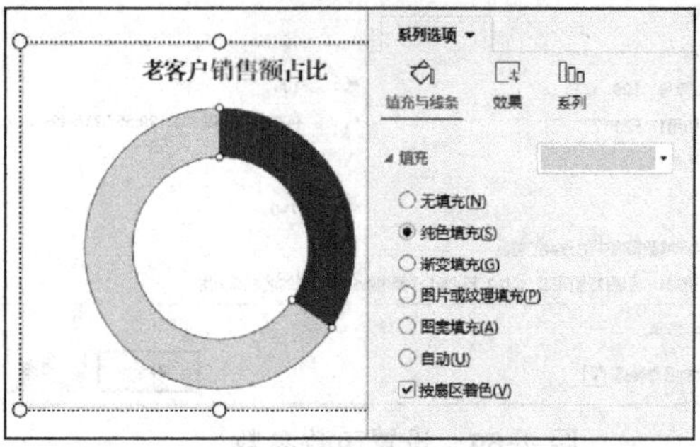

图 4-74 设置数据系列填充颜色

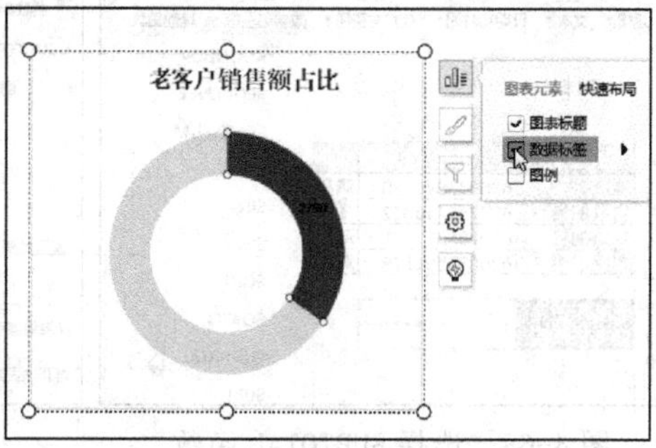

图 4-75 添加数据标签

步骤 13 在图表中选中数据标签，在“属性”窗格中选择“标签”选项卡，在“标签包括”选项区中只选中“百分比”复选框，如图 4-76 所示。

步骤 14 调整数据标签的位置，并设置字体格式，效果如图 4-77 所示。此时，卖家即可对老客户的销量占比进行分析，通过图表可以看出老客户购买金额仅占 35%，卖家要在对当前老客户进行维护的同时，还要争取发展更多的老客户。

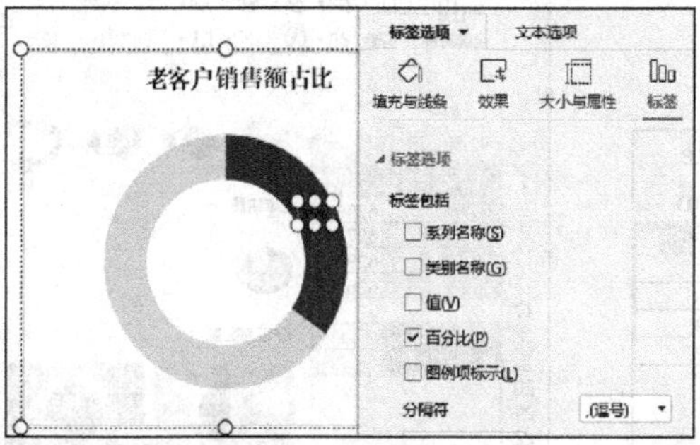

图 4-76 设置标签选项

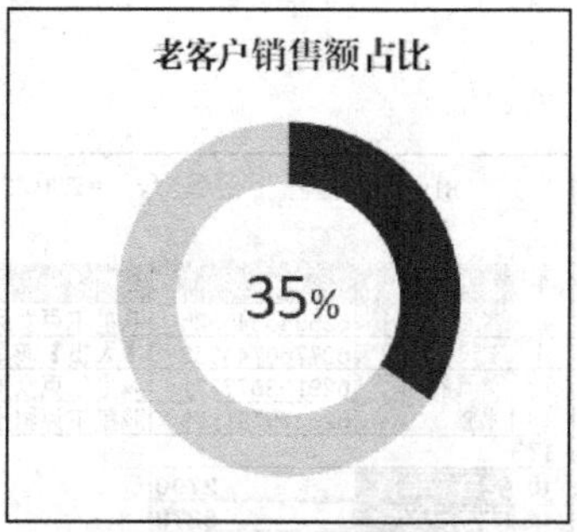

图 4-77 调整数据标签位置并设置字体格式

课堂解疑

SUBTOTAL 函数的语法

语法：SUBTOTAL(Function_num,Ref1,Ref2,...)。

- Function_num：为 1～11（包含隐藏值）或 101～111（忽略隐藏值）的数字，指定使用何种函数在列表中进行分类汇总计算。
- Ref1...Ref*n*：为要对其进行分类汇总计算的第 1～254 个命名区域或引用，必须是对单元格区域的引用。

三、客户喜欢的促销方式

促销是卖家经常使用的营销手段，目的是扩大销量。采用客户喜欢且更能接受的促销方式，有助于激发客户的消费欲望，提高成交转化率。下面将介绍如何分析客户喜欢的促销方式，具体操作方法如下。

步骤 01 打开“素材文件\项目四\促销方式分析.et”，选择 A4 单元格，在编辑栏中输入公式“=A3/SUM($A$3:$G$3)”并按【Enter】键确认，得出占比数据，然后使用填充柄将公式向右复制至 G4 单元格，如图 4-78 所示。

步骤 02 选择 A2:G4 单元格区域，用鼠标右键单击所选区域，选择“排序”|“自定义排序”选项，如图 4-79 所示。

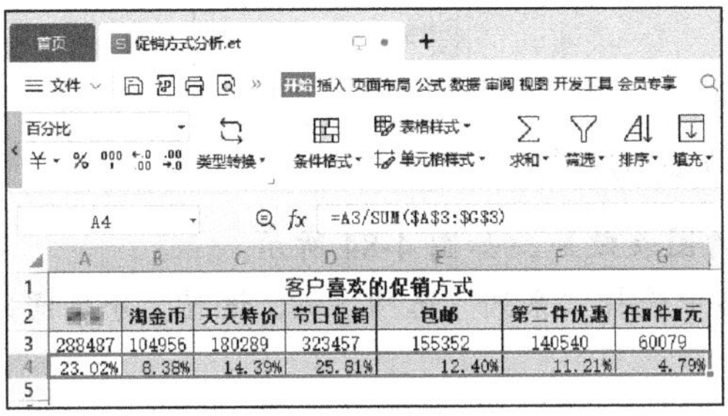

图 4-78 计算占比数据

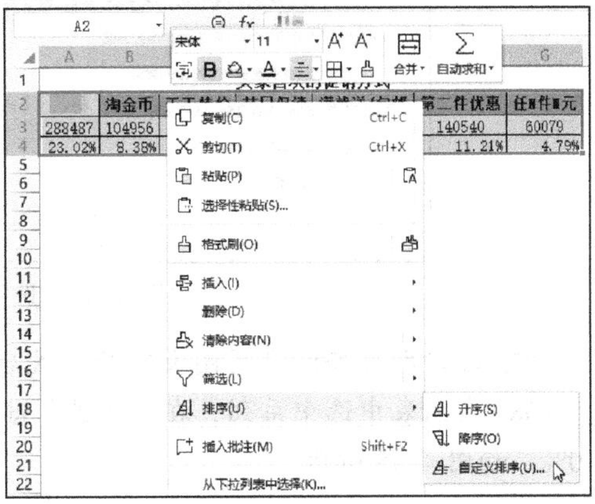

图 4-79 选择“自定义排序”选项

步骤 03 弹出“排序”对话框，单击“选项”按钮，在弹出的“排序选项”对话框中选中“按行排序”单选按钮，然后单击“确定”按钮，如图 4-80 所示。

步骤 04 在“主要关键字”下拉列表框中选择“行 3”选项，在“次序”下拉列表框中选择“升序”选项，然后单击“确定”按钮，如图 4-81 所示。

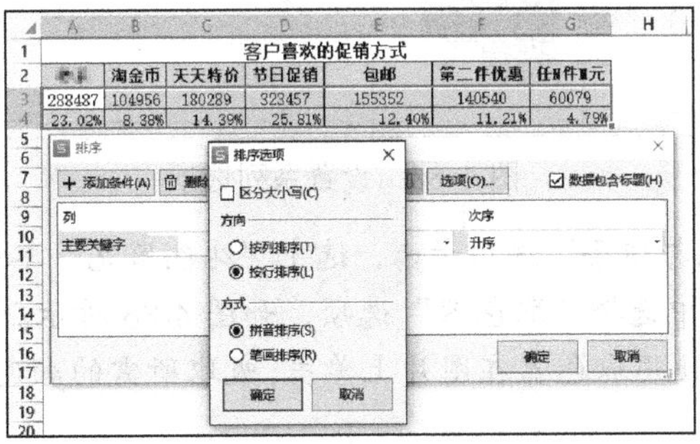

图 4-80 设置排序选项

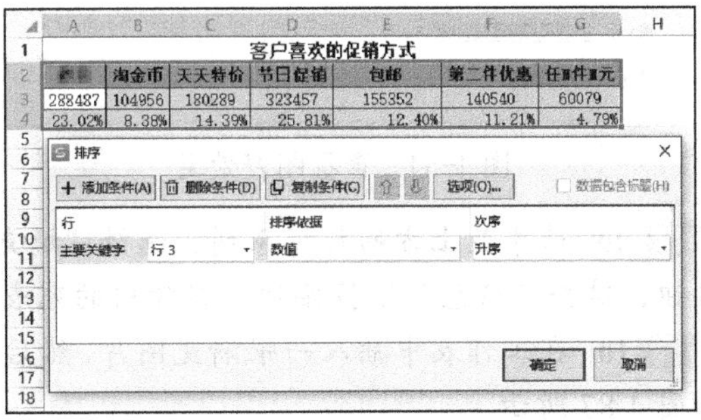

图 4-81 设置排序条件

步骤 05 选择 A2:G2 单元格区域，然后按住【Ctrl】键的同时选择 A4:G4 单元格区域，选择“插入”选项卡，单击“插入条形图”下拉按钮，选择“簇状条形图”选项，如图 4-82 所示。

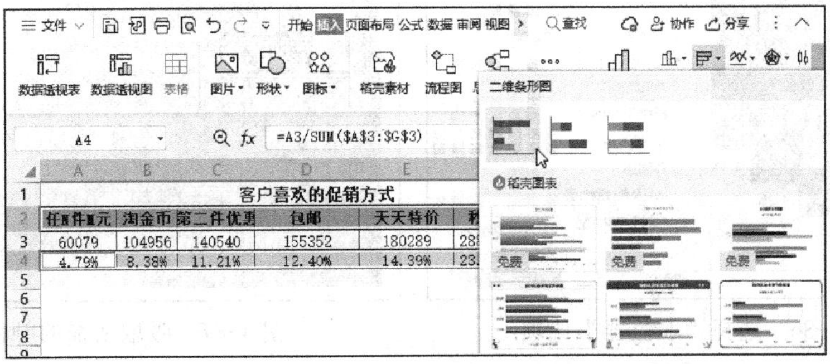

图 4-82 选择“簇状条形图”选项

步骤 06 输入图表标题，单击浮动工具栏中的“图表元素”按钮，在弹出的面板上方选择“快速布局”选项卡，选择所需的布局样式，如图 4-83 所示。

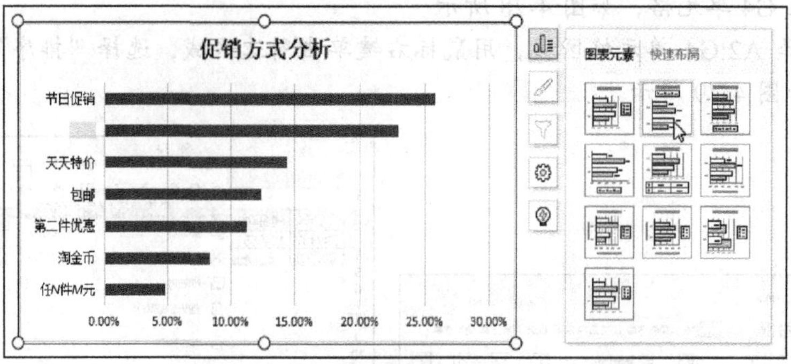

图 4-83 选择图表布局样式

步骤 07 此时即可查看应用图表布局样式后的图表效果，如图 4-84 所示。

步骤 08 在图表中选中系列，在“属性”窗格中选择“系列”选项卡，设置“分类间距”为 0%，如图 4-85 所示。

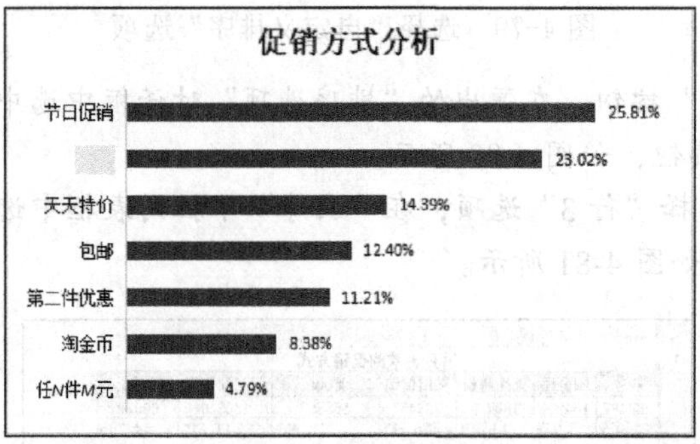

图 4-84 查看图表效果

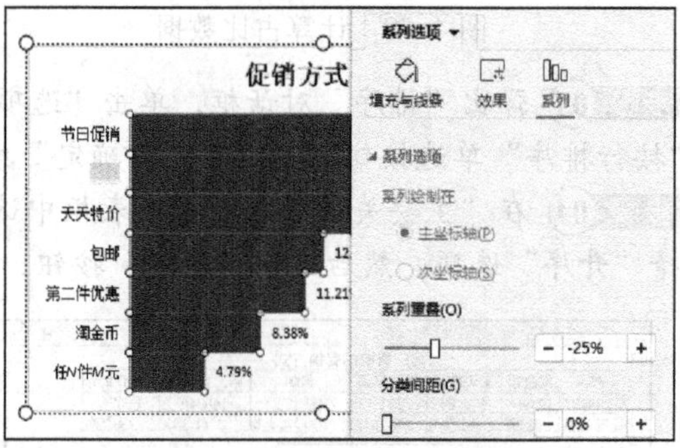

图 4-85 设置系列选项

步骤 09 选中最上方的数据系列，选择“填充与线条”选项卡，选中“纯色填充”单选按钮，单击“颜色”下拉按钮，在弹出的列表中选择“取色器”选项，如图 4-86 所示。

步骤 10 在工作表中插入一张渐变图片，然后使用取色器在图片上单击，吸取所需的颜色，如图 4-87 所示。

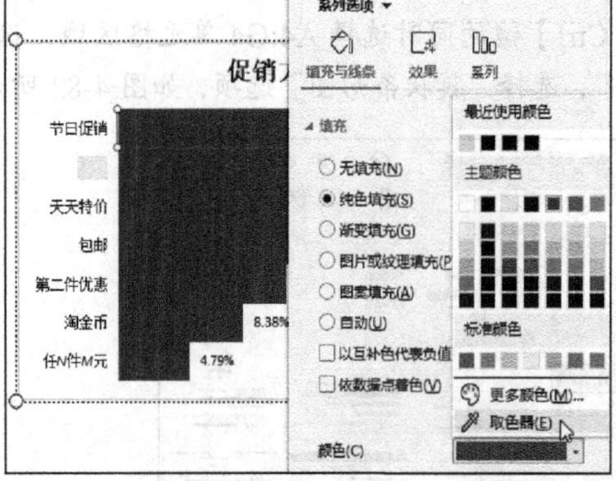

图 4-86 选择“取色器”选项

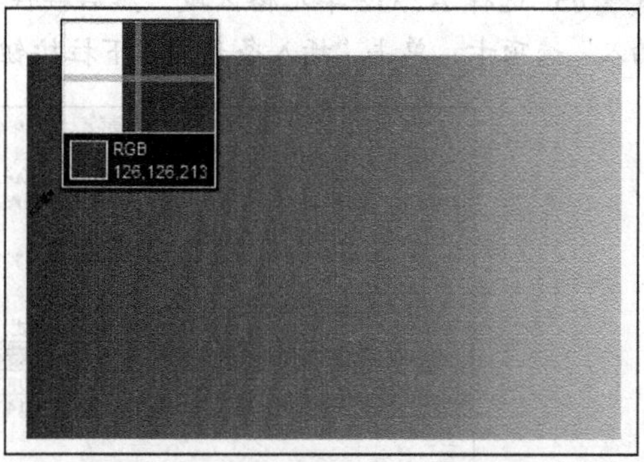

图 4-87 吸取所需的颜色

步骤 11 采用同样的方法，设置其他各数据系列的填充颜色，效果如图 4-88 所示。

步骤 12 在图表中选中系列，在“属性”窗格中选择“填充与线条”选项卡，展开“线条”组，选中“实线”单选按钮，设置“颜色”为白色，“宽度”为 1.25 磅，如图 4-89 所示。

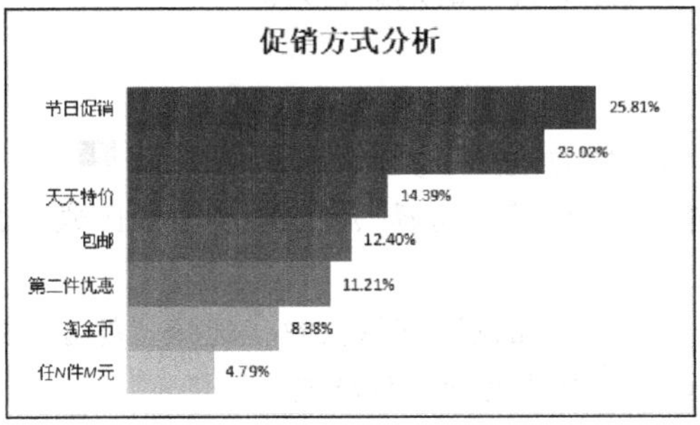

图 4-88　设置各数据系列填充颜色

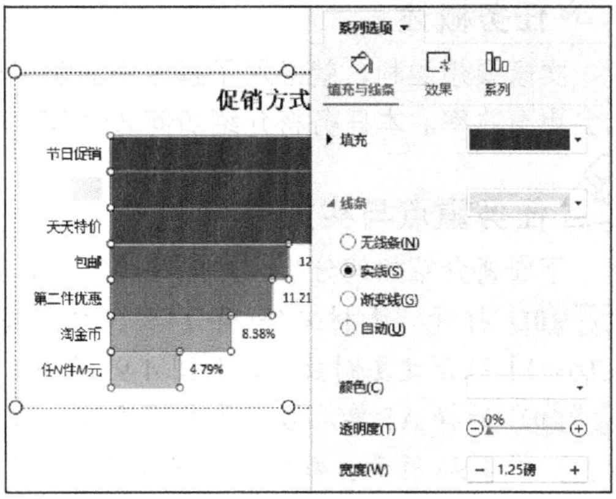

图 4-89　设置线条格式

步骤 13 选中图表，单击浮动工具栏中的“图表元素”按钮，在弹出的面板中选中“数据标签”|“数据标签内”复选框，添加数据标签，如图 4-90 所示。

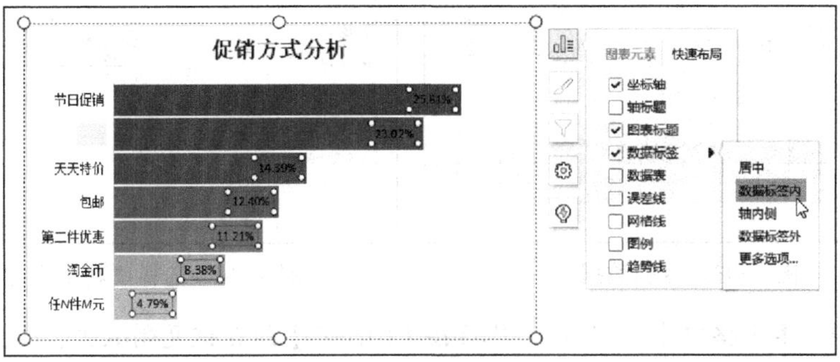

图 4-90　添加数据标签

步骤 14 在图表中选中数据标签，在“属性”窗格上方选择“文本选项”选项卡，然后选择“效果”选项卡，设置“阴影”效果，如图 4-91 所示。

步骤 15 查看图表效果，如图 4-92 所示。此时卖家即可对客户喜欢的促销方式进行分析，通过图表可以看出“节日促销”的方式排名较为靠前，表示客户比较喜欢这种促销方式，卖家可以多采用这两种商品促销方式来提高店铺的转化率。

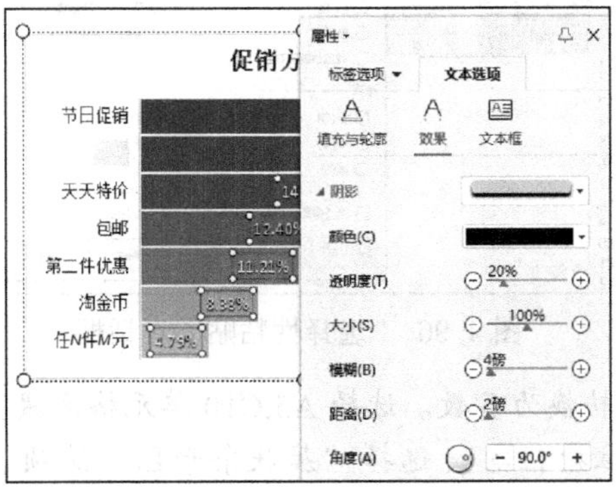

图 4-91　设置“阴影”效果

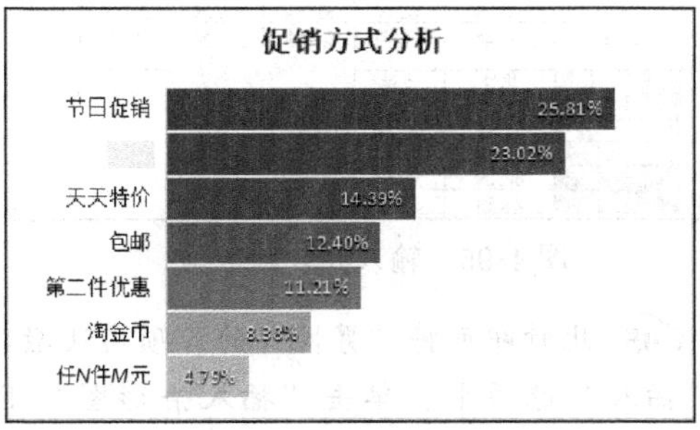

图 4-92　查看图表效果

任务三　客户购买行为分析

任务概述

卖家要想盈利，就必须了解客户的购买行为。通过对客户购买行为进行分析，店铺运营会更有效率。本任务将介绍如何通过 WPS 表格来分析客户的购买行为。

任务重点与实施

下面将介绍如何分析客户的购买行为，具体操作方法如下。

步骤 01 打开"素材文件\项目四\客户购买行为分析.et"，选择 A1:F3 单元格区域，按【Ctrl+C】组合键复制数据，如图 4-93 所示。

步骤 02 选择 A5 单元格，单击"开始"选项卡下的"粘贴"下拉按钮，选择"转置"选项，如图 4-94 所示。数据粘贴完成后，按【Esc】键取消复制数据状态。

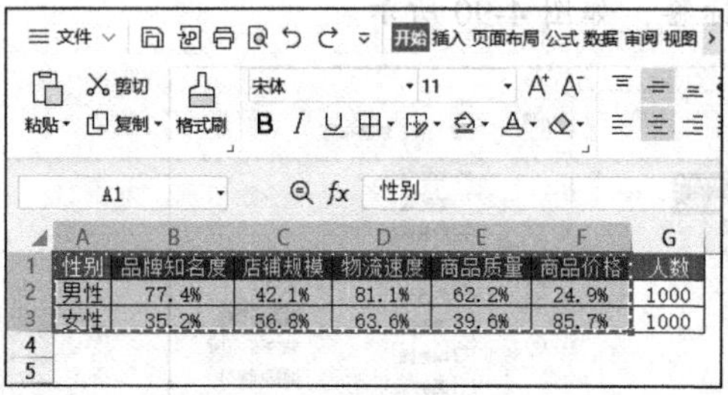

图 4-93　复制数据

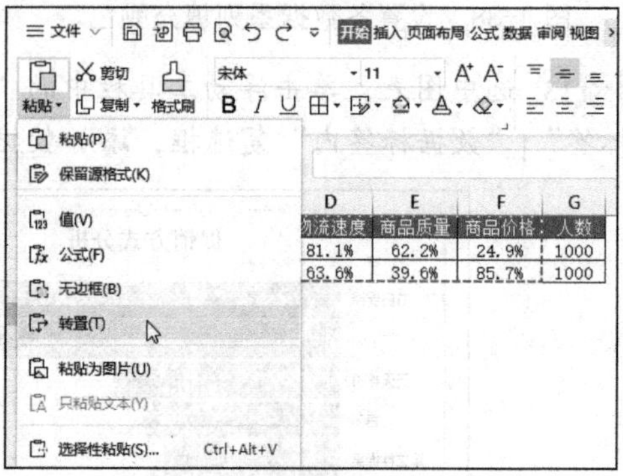

图 4-94　选择"转置"选项

步骤 03 在 F5 单元格中输入"-1"，然后按【Ctrl+C】组合键复制数据，如图 4-95 所示。

步骤 04 选择 B6:B10 单元格区域，按【Ctrl+Alt+V】组合键打开"选择性粘贴"对话框，在"粘贴"选项区中选中"公式"单选按钮，在"运算"选项区中选中"乘"单选按钮，然后单击"确定"按钮，如图 4-96 所示。

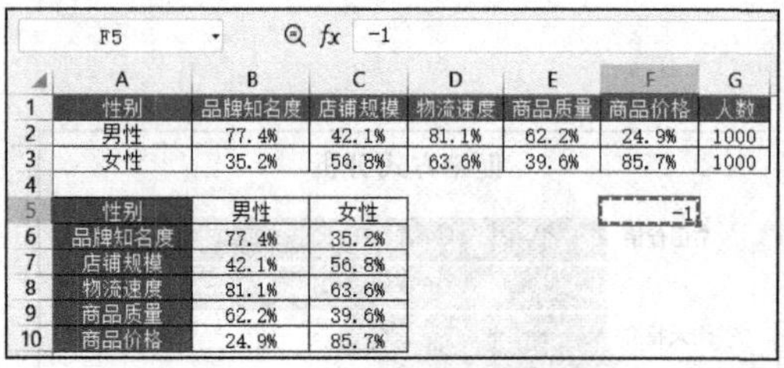

图 4-95　输入并复制数据

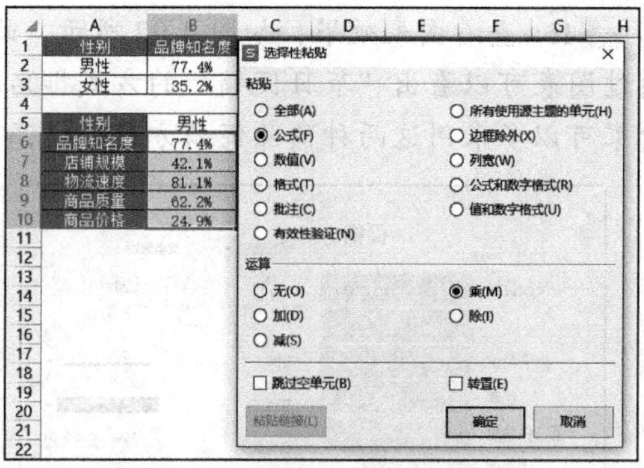

图 4-96　"选择性粘贴"对话框

步骤 05 此时即可将"男性"的各项占比数据转换为负数。选择 A5:C10 单元格区域，选择"插入"选项卡，单击"插入条形图"下拉按钮，选择"簇状条形图"选项，如图 4-97 所示。

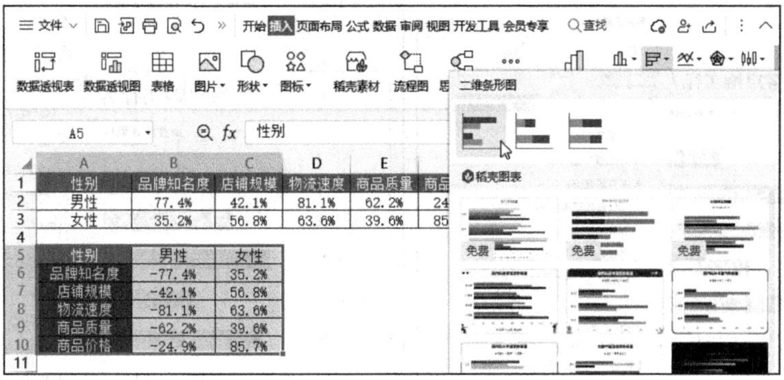

图 4-97　选择“簇状条形图”选项

步骤 06 输入图表标题，选中图表，单击浮动工具栏中的“图表元素”按钮，在弹出的面板上方选择“快速布局”选项卡，选择所需的布局样式，如图 4-98 所示。

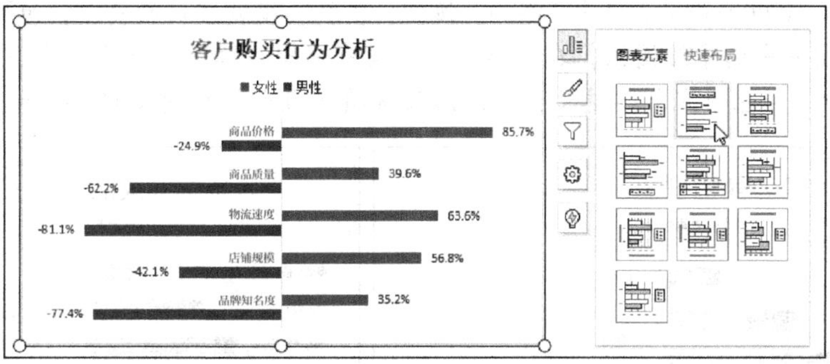

图 4-98　选择图表布局样式

步骤 07 在图表中选中纵坐标轴，在“属性”窗格中选择“坐标轴”选项卡，展开“标签”组，在“标签位置”下拉列表框中选择“低”选项，如图 4-99 所示。

步骤 08 在图表中选中“男性”系列，在“属性”窗格中选择“系列”选项卡，设置“系列重叠”为 100%，“分类间距”为 100%，如图 4-100 所示。

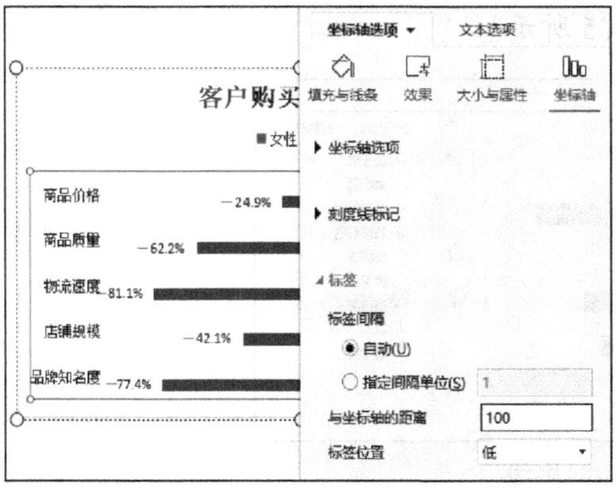

图 4-99　设置标签位置

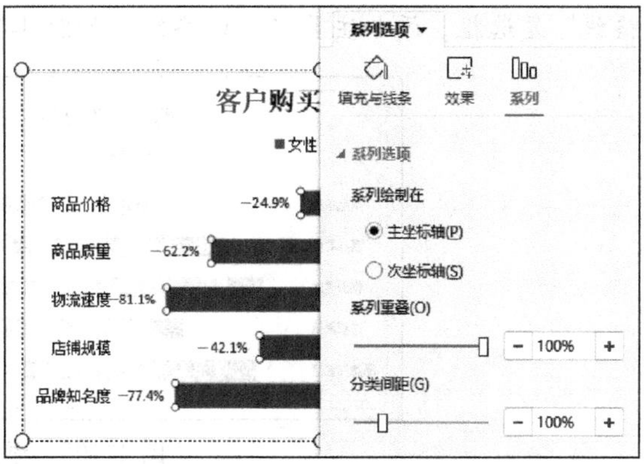

图 4-100　设置系列选项

步骤 09 选择“填充与线条”选项卡，在“填充”组中选中“渐变填充”单选按钮，设置渐变颜色，如图 4-101 所示。采用同样的方法，设置“女性”系列的系列选项和渐变填充。

步骤 10 在图表中选中数据标签，设置字体颜色为白色，在“属性”窗格中选择“标签”选项卡，在“标签位置”组中选中“轴内侧”单选按钮，如图 4-102 所示。

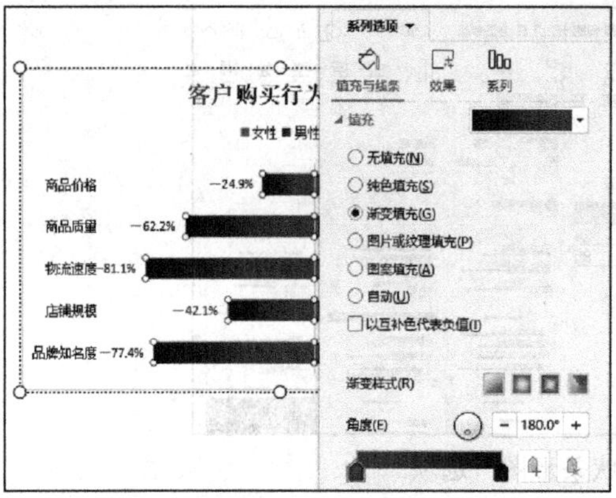

图 4-101　设置渐变填充

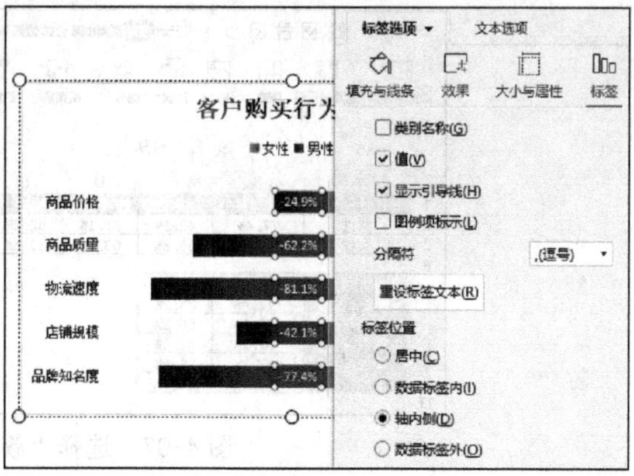

图 4-102　设置标签位置

步骤 11 展开"数字"组，在"类别"下拉列表框中选择"自定义"选项，在"格式代码"文本框中输入"0.00;0.0%"，单击"添加"按钮，即可隐藏数字前的负号，如图 4-103 所示。

步骤 12 在图表中选中绘图区，在"属性"窗格中选择"填充与线条"选项卡，在"填充"组中选中"纯色填充"单选按钮，然后设置填充颜色，如图 4-104 所示。

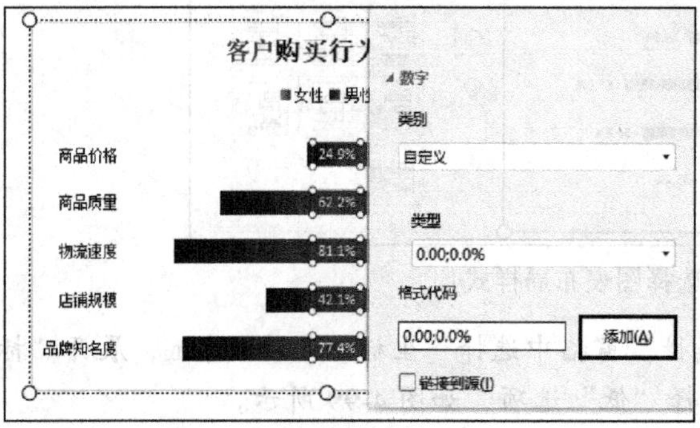

图 4-103　设置数字格式

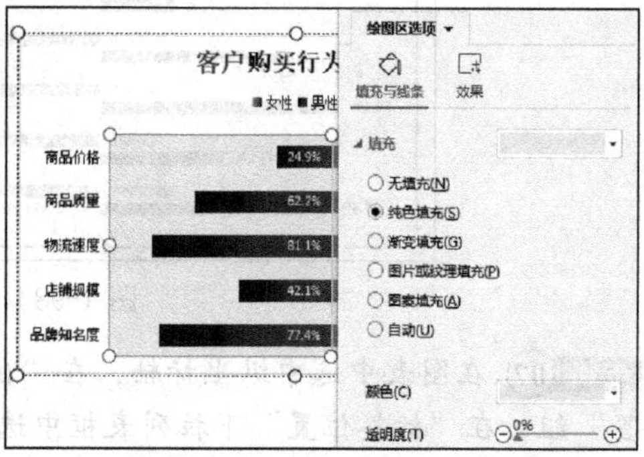

图 4-104　设置纯色填充

步骤 13 选中图表，单击浮动工具栏中的"图表元素"按钮，在弹出的面板中选中"网格线"复选框，添加主要水平网格线，如图 4-105 所示。

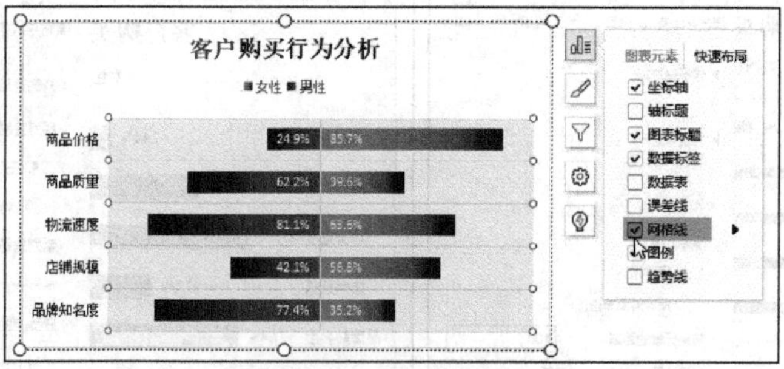

图 4-105　添加网格线

步骤 14 在图表中选中网格线，在"属性"窗格中选择"填充与线条"选项卡，展开"线条"组，选中"实线"单选按钮，设置线条颜色，如图 4-106 所示。

步骤 15 查看图表最终效果，如图 4-107 所示。此时卖家可以通过图表对客户的购买行为进行分析，通过图表可以看出男性客户注重品牌知名度和物流速度，而女性客户更加注重商品价格。

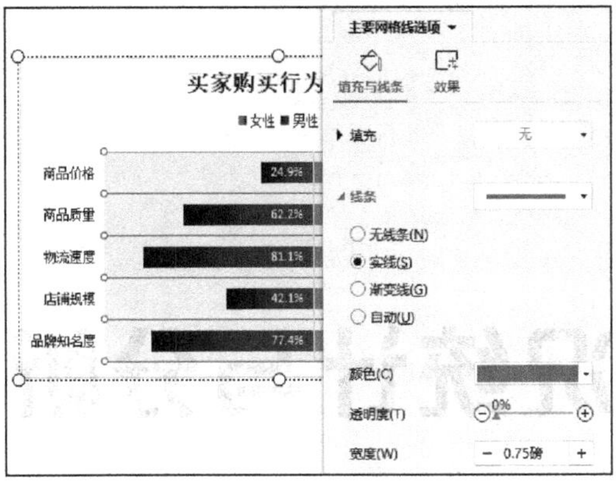

图 4-106 设置线条颜色

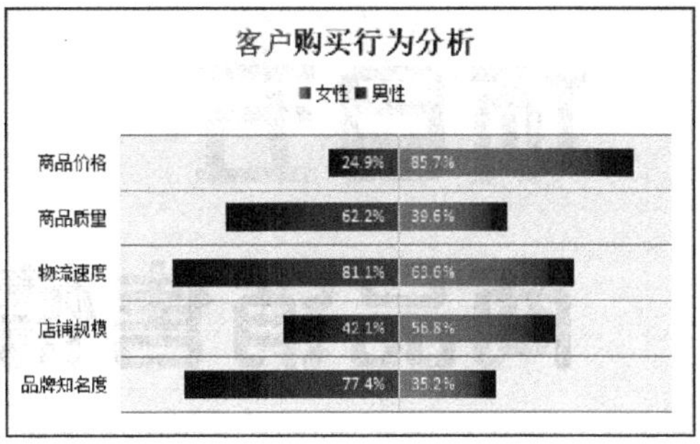

图 4-107 查看图表效果

项目小结

通过本项目的学习，读者应重点掌握以下知识。

1．通过对客户年龄、性别、所在城市和消费层级等方面的分析，可以更加准确地定位店铺的客户人群，有针对性地调整店铺商品结构和销售策略，从而提高店铺收益。

2．通过对新老客户人数变化走势、老客户销售额占比及客户喜欢的促销方式等进行分析，可以了解店铺目前的经营状态，采取正确的经营策略，以求获得更大的利润。

3．通过分析客户购买行为因素及不同性别客户的需求，可以及时调整店铺的销售策略等。

项目习题

打开“素材文件\项目四\各价格范围商品销量.et”，如图 4-108 所示。根据不同价格区间的商品销量，制作客户消费层级分析图。

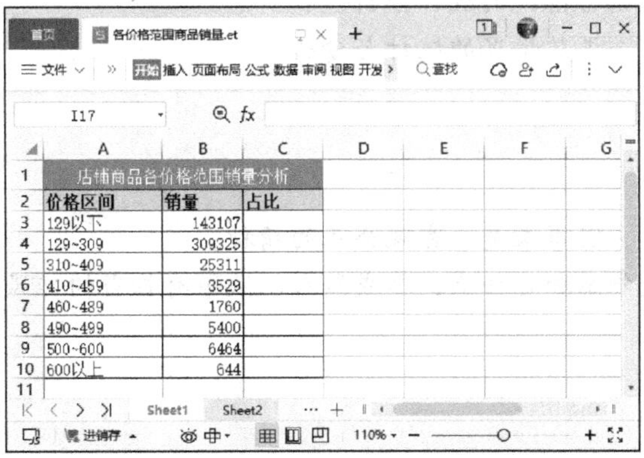

图 4-108 “各价格范围商品销量”工作表

关键提示：

（1）计算商品价格区间的占比。

（2）为占比数据创建条形图，并设置图表的布局格式。

项目五
商品销售情况统计与分析

卖家需要定期对商品的销售数据进行统计与整理，深入了解各类商品的销售情况。卖家从线上导出的数据只是一张销售数据表格，并不能直接看出问题所在，更不能体现出一些潜在信息。这时卖家可以通过 WPS 表格对销售情况进行统计与分析，从中发现问题并解决问题，为以后的销售策略提供数据支持。

项目重点

- 掌握商品销售数据统计与分析的方法。
- 掌握不同商品销售情况统计与分析的方法。
- 掌握同类商品销售情况统计与分析的方法。
- 掌握商品退货、退款情况统计与分析的方法。

项目目标

- 学会商品销售数据的统计与分析。
- 学会不同商品销售情况的统计与分析。
- 学会同类商品销售情况的统计分析。
- 学会商品退货、退款情况的统计与分析。

素养目标

- 培养尊重数据、实事求是、客观公正的精神。
- 增强自身的使命感和责任感，养成做人、做事有担当的作风。

任务一　商品销售数据统计与分析

任务概述

通过对商品销售数据进行统计与分析，卖家可以发现店铺销售中存在的问题，并找到新的销售增长点，以实现在不增加成本的前提下提高店铺商品的销量。本任务将介绍如何使用 WPS 表格来对畅销与滞销商品进行分析，并对商品销售额进行排名。

任务重点与实施

一、畅销与滞销商品分析

卖家通过对商品销售数据进行分析，可以直观地判断哪些商品处于畅销状态，哪些商品处于滞销状态，从而可以针对不同销售状态的商品制订不同的采购计划和销售策略。下面将介绍如何分析店铺中的畅销与滞销商品，具体操作方法如下。

步骤 01 打开“素材文件\项目五\漱口杯销售报表.et”，选择 B2:B14 单元格区域，按【Ctrl+C】组合键复制数据，如图 5-1 所示。

步骤 02 选择“数据分析”工作表，选择 A2 单元格，按【Ctrl+V】组合键粘贴数据，单击“粘贴选项”下拉按钮，在弹出的列表中选择“值”选项，如图 5-2 所示。

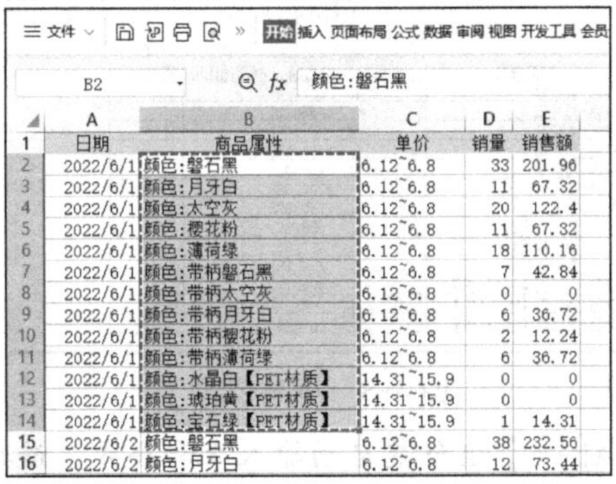

图 5-1　复制数据

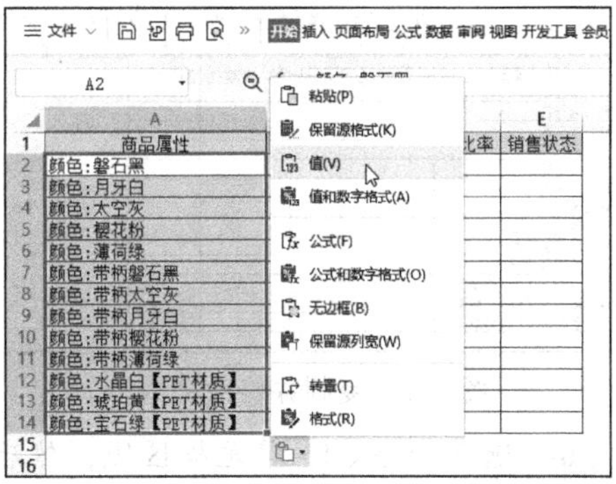

图 5-2　粘贴数据

步骤 03 选择 B2 单元格，选择“公式”选项卡，单击“数学和三角”下拉按钮，选择 SUMIF 函数，如图 5-3 所示。

步骤 04 弹出“函数参数”对话框，将鼠标指针定位到“区域”文本框中，选择“销售报表”工作表，选择 B2:B391 单元格区域，如图 5-4 所示。在选择单元格区域时，可以先选择 B2 单元格，然后按【Ctrl+Shift+↓】组合键。

步骤 05 将鼠标指针定位在“区域”文本框中并按【F4】键，将单元格引用转换为绝对引用，如图 5-5 所示。

步骤 06 如图 5-6 所示，设置“条件”和“求和区域”参数，然后单击“确定”按钮，得出销量。

步骤 07 将 B2 单元格中的公式复制到 C2 单元格中，然后在编辑栏中修改公式，将公式中的$D$2:$D$391 修改为$E$2:$E$391，并按【Enter】键确认，得出销售额，如图 5-7 所示。

步骤 08 选择 B2:C2 单元格区域，然后向下拖动右下角的填充柄，将公式填充到其他单元格中，如图 5-8 所示。

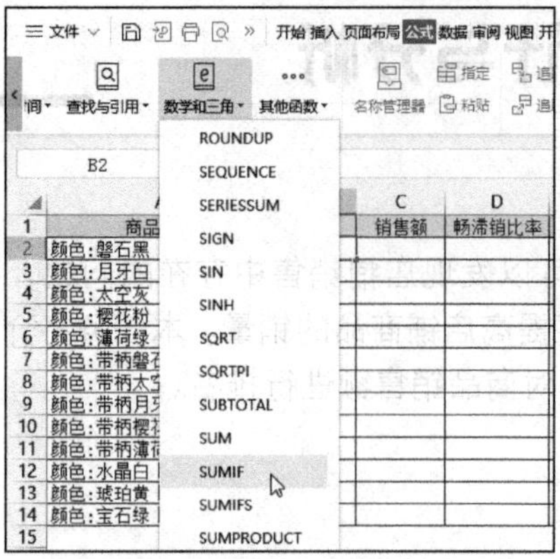

图 5-3　选择 SUMIF 函数

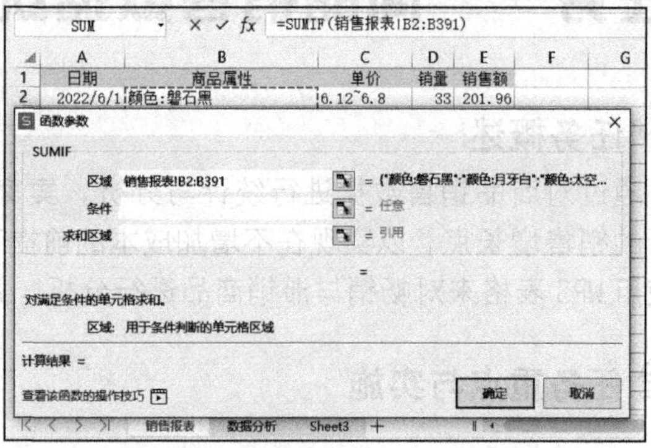

图 5-4　设置函数“区域”参数

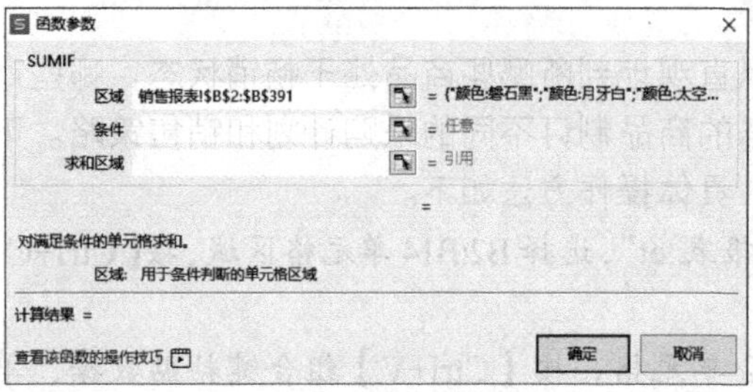

图 5-5　转换为绝对引用

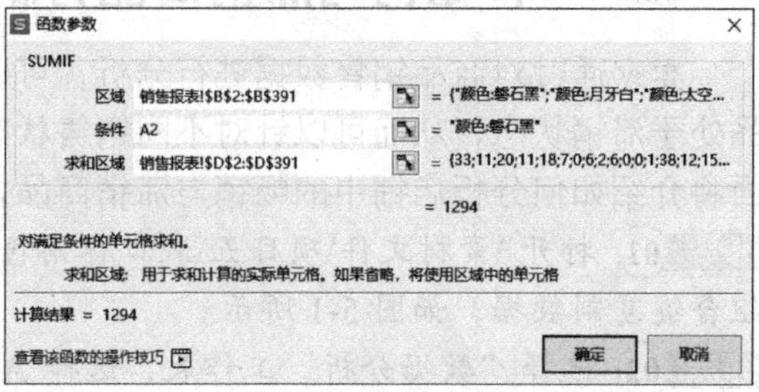

图 5-6　设置函数参数

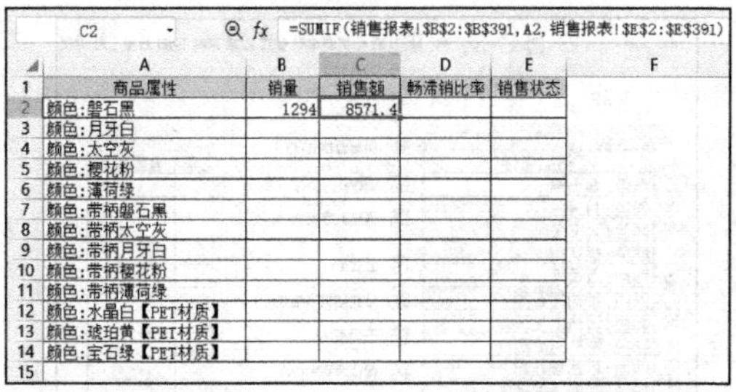

图 5-7　复制并修改公式

图 5-8　填充公式

步骤 09 选择 B15:C15 单元格区域，然后按【Alt+=】组合键自动输入求和公式，进行销量和销售额的求和计算，如图 5-9 所示。

步骤 10 选择 D2 单元格，在编辑栏中输入公式“=B2/$B$15*0.8+C2/$C$15*0.2”并按【Enter】键确认，得出畅滞销比率，然后使用填充柄将公式复制到该列其他单元格中，如图 5-10 所示。

图 5-9　输入求和公式

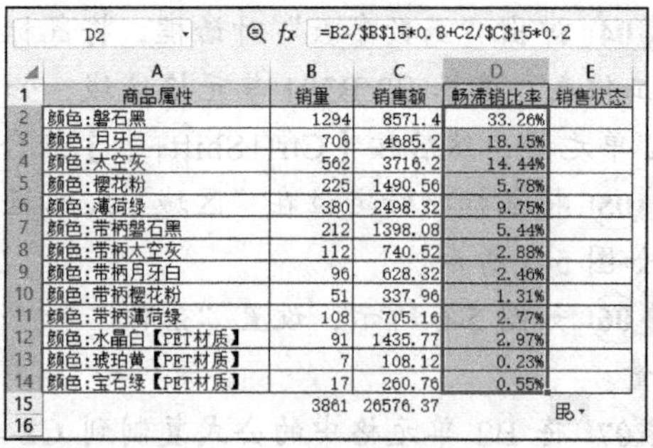

图 5-10　计算畅滞销比率

步骤 11 选择 E2 单元格，在编辑栏中输入公式“=IF(D2>18%,"畅销",IF(D2>10%,"正常","滞销"))”并按【Enter】键确认，得出销售状态，然后使用填充柄将公式复制到该列其他单元格中，如图 5-11 所示。此时卖家即可从表格中判断出商品的畅销与滞销状态，对于畅销商品，应予以继续保留、开发直到获取更多的利润；而对于滞销商品，则应进一步深入分析了解，找到滞销的原因，从而进行有效处理。

E2　=IF(D2>18%,"畅销",IF(D2>10%,"正常","滞销"))

	A	B	C	D	E
1	商品属性	销量	销售额	畅滞销比率	销售状态
2	颜色:磐石黑	1294	8571.4	33.26%	畅销
3	颜色:月牙白	706	4685.2	18.15%	畅销
4	颜色:太空灰	562	3716.2	14.44%	正常
5	颜色:樱花粉	225	1490.56	5.78%	滞销
6	颜色:薄荷绿	380	2498.32	9.75%	滞销
7	颜色:带柄磐石黑	212	1398.08	5.44%	滞销
8	颜色:带柄太空灰	112	740.52	2.88%	滞销
9	颜色:带柄月牙白	96	628.32	2.46%	滞销
10	颜色:带柄樱花粉	51	337.96	1.31%	滞销
11	颜色:带柄薄荷绿	108	705.16	2.77%	滞销
12	颜色:水晶白【PET材质】	91	1435.77	2.97%	滞销
13	颜色:琥珀黄【PET材质】	7	108.12	0.23%	滞销
14	颜色:宝石绿【PET材质】	17	260.76	0.55%	滞销
15		3861	26576.37		
16					

图 5-11　计算销售状态

课堂解疑

SUMIF 函数的语法

语法：SUMIF(Range,Criteria,Sum_range)。

- Range：为条件区域，用于条件判断的单元格区域。
- Criteria：为求和条件，由数字、逻辑表达式等组成的判定条件。
- Sum_range：为实际求和区域，需要求和的单元格、区域或引用；当省略该参数时，则条件区域就是实际求和区域。

Criteria 参数中可以使用通配符“？”和“*”，其中问号匹配任意单个字符，星号匹配任意一串字符；如果要查找实际的问号或星号，应在该字符前输入波纹符（～）。

IF 函数的语法

语法：IF(logical_test,value_if_true,value_if_false)。

- logical_test：表示要测试的条件，可以是任意值或表达式，测试结果为 TRUE 或 FALSE。
- value_if_true：结果为 TRUE 时返回的值。
- value_if_false：结果为 FALSE 时返回的值。

二、商品销售额排名

卖家通过对商品销售额进行排名，可以更加直观地了解商品的销售情况，具体操作方法如下。

步骤 01 选择 G2 单元格，在编辑栏中输入公式“=SMALL(RANK($C$2:$C$14,$C$2:$C$14),ROW()-1)”，如图 5-12 所示。

步骤 02 按【Ctrl+Shift+Enter】组合键确认，生成数组公式，得出排名结果，如图 5-13 所示。

步骤 03 选择 H2 单元格，在编辑栏中输入公式“=LARGE($C$2:$C$14,ROW()-1)”并按【Enter】键确认，得出排名第一的销售额，如图 5-14 所示。

步骤 04 选择 I2 单元格，在编辑栏中输入公式“=INDEX($A:$A,SMALL(IF($C$2:$C$14=$H2,ROW($C$2:$C$14)),COUNTIF($G$2:$G2,G2)))”并按【Ctrl+Shift+Enter】组合键确认，生成数组公式（见图 5-15）。

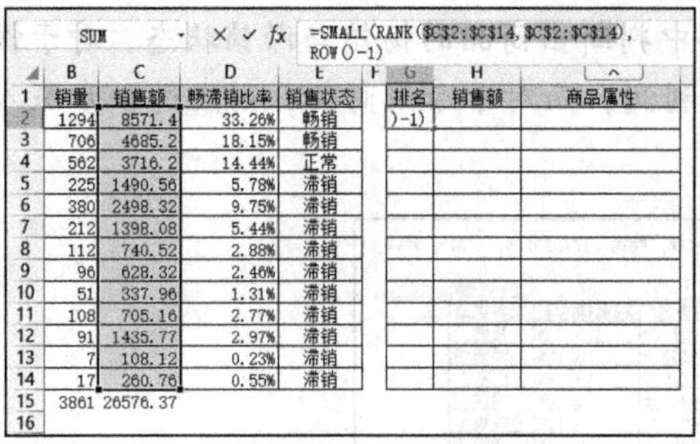

图 5-12　输入公式

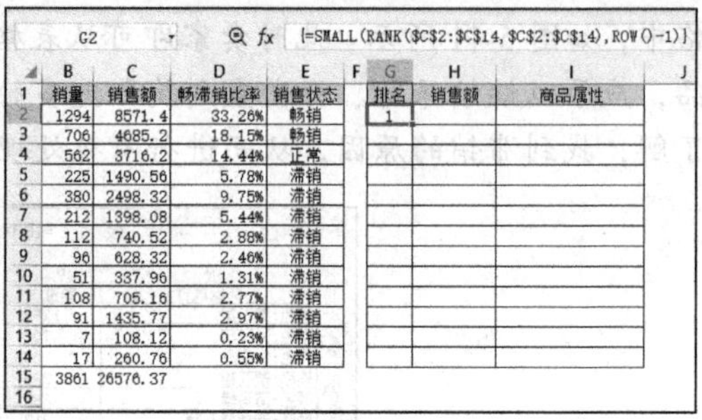

图 5-13　计算排名

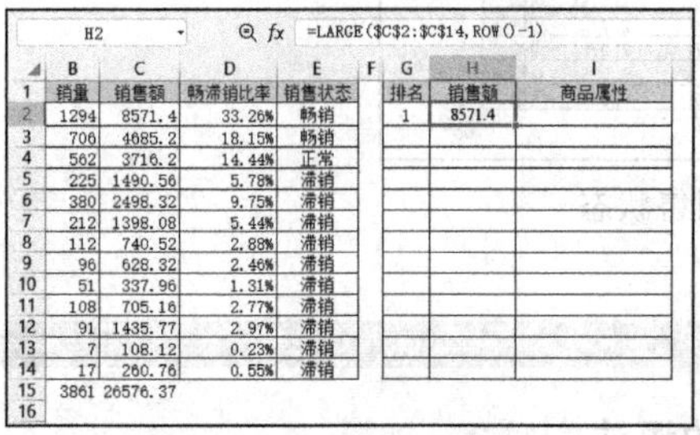

图 5-14　计算销售额

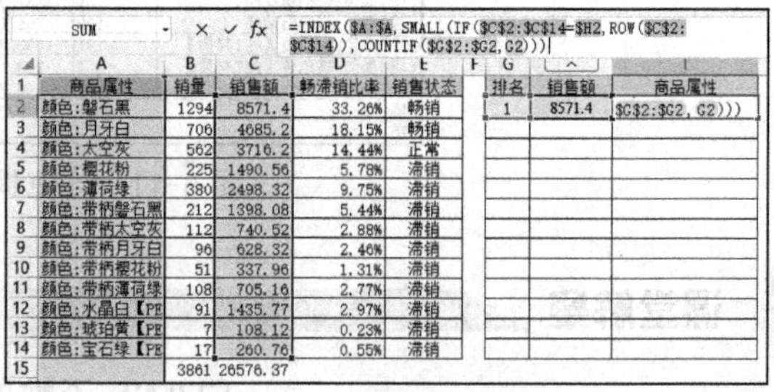

图 5-15　计算商品属性

步骤 05 选择 G2:I2 单元格区域，向下拖动右下角的填充柄填充公式，如图 5-16 所示。此时即可按销售额对商品进行排名，卖家可以很直观地看出排名靠前或靠后的商品，从而对店铺商品结构和营销策略进行调整。

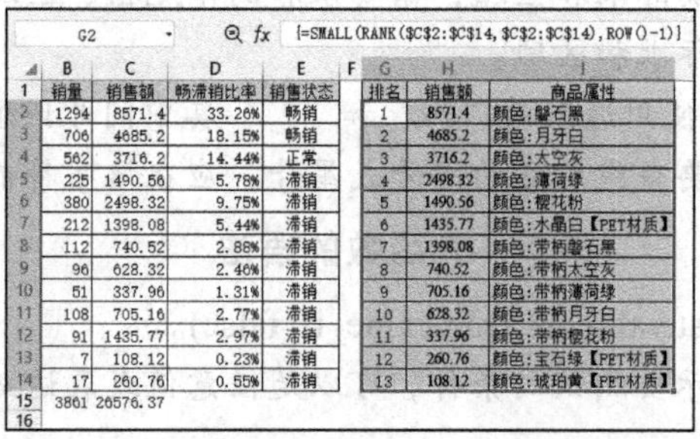

图 5-16　填充公式

课堂解疑

SMALL 函数的语法

语法：SMALL(array,*k*)。

- array：需要找到第 *k* 个最小值的数组或数字型数据区域。
- *k*：返回的数据在数组或数据区域中的位置（从小到大）。

LARGE 函数的语法

语法：LARGE(array,*k*)。

- array：需要找到第 *k* 个最大值的数组或数字型数据区域。
- *k*：返回的数据在数组或数据区域中的位置（从大到小）。

LARGE 函数计算最大值时，将忽略逻辑值 TRUE 和 FALSE 及文本型数字。

RANK 函数的语法

语法：RANK(number,ref,[order])。

- number：需要求排名的数值或单元格名称（单元格内必须为数字）。
- ref：排名的参照数值区域。
- order：可选参数。一个指定数字排位方式的数字。如果 order 为 0 或省略，得到从大到小的排名；如果 order 为 1，得到从小到大的排名。

ROW 函数的语法

语法：ROW(reference)。

- reference：需要得到其行号的单元格或单元格区域。

如果省略 reference，则假定是对 ROW 函数所在单元格的引用。如果 reference 为一个单元格区域，并且 ROW 函数作为垂直数组输入，则 ROW 函数将 reference 的行号以垂直数组的形式返回。reference 不能引用多个单元格区域。

INDEX 函数的语法

语法：INDEX(array,row_num,[column_num])。

- array：必需参数，为单元格区域或数组常数。

如果数组只包含一行或一列，则相对应的参数 row_num 或 column_num 为可选参数。

如果数组有多行和多列，但只使用 row_num 或 column_num，则 INDEX 函数返回数组中的整行或整列，且返回值也为数组。

- row_num：必需参数，选择数组中的某行，INDEX 函数从该行返回数值；如果省略 row_num，则必须有 column_num。
- column_num：可选参数，选择数组中的某列，INDEX 函数从该列返回数值；如果省略 column_num，则必须有 row_num。

任务二　不同商品销售情况统计与分析

任务概述

卖家通过对不同商品的销售情况进行统计与分析，可以根据数据来直观地判断哪些商品卖得好，哪些商品的销量不容乐观，从而相应地调整采购计划、经营策略和促销方式等，有利于提高店铺的下单量和成交量。本任务将介绍如何通过 WPS 表格对不同商品的销售情况进行统计与分析。

任务重点与实施

一、不同商品销量分类统计

使用 WPS 表格的分类汇总功能可以对不同商品的销量进行分类统计，具体操作方法如下。

步骤 01 打开“素材文件\项目五\文具热销商品.et”，在功能区中单击左上方的“文件”按钮，选择“选项”选项，如图 5-17 所示。

步骤 02 弹出“选项”对话框，在左侧选择“自定义序列”选项，在右侧将鼠标指针定位到“从单元格导入序列”文本框中，如图 5-18 所示。

图 5-17　选择“选项”选项

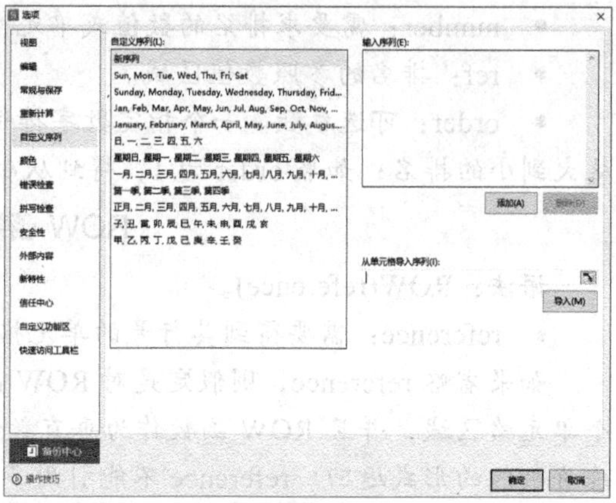

图 5-18　“选项”对话框

步骤 03 在工作表中选择 A2:A11 单元格区域，如图 5-19 所示。

步骤 04 返回“选项”对话框，单击“导入”按钮，添加自定义序列，然后单击“确定”按钮，如图 5-20 所示。

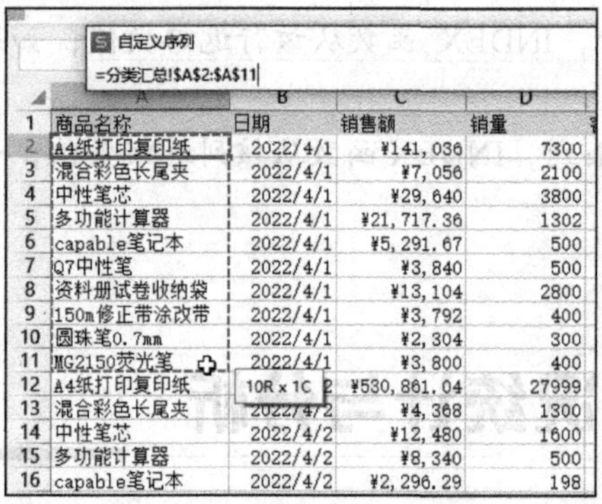

图 5-19　选择单元格区域

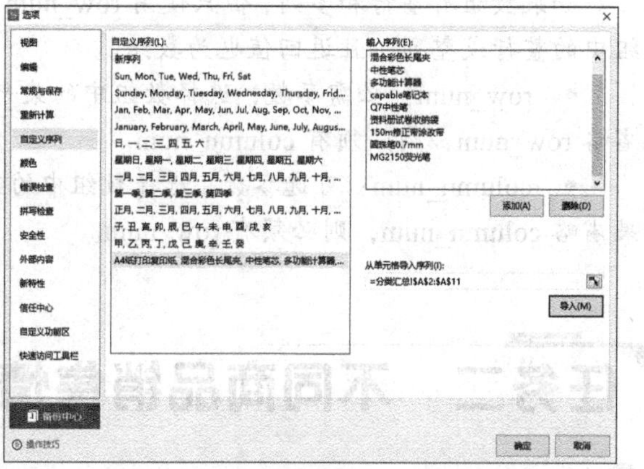

图 5-20　单击“导入”按钮

步骤 05 在工作表中用鼠标右键单击任意数据单元格，选择“排序”|“自定义排序”选项，如图 5-21 所示。

步骤 06 弹出“排序”对话框，在“主要关键字”下拉列表框中选择“商品名称”选项，在“次序”下拉列表框中选择“自定义序列”选项，如图 5-22 所示。

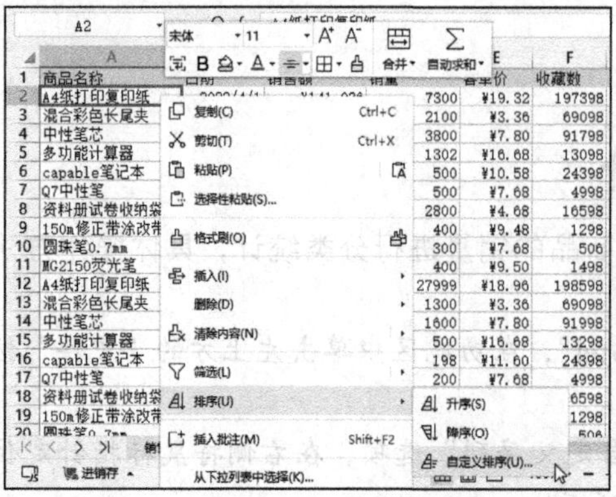

图 5-21　选择“自定义排序”选项

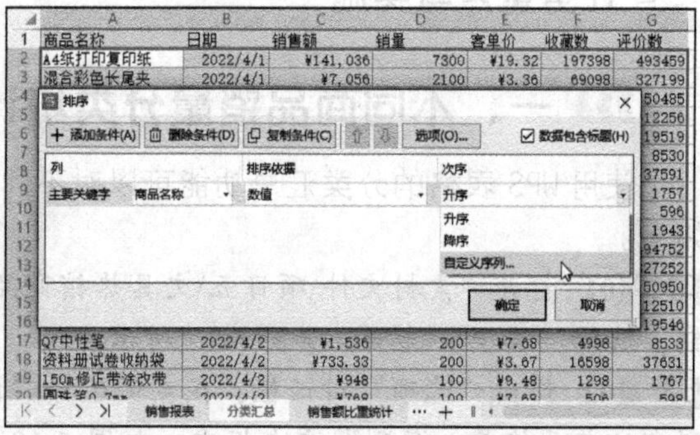

图 5-22　选择“自定义序列”选项

步骤 07 弹出“自定义序列”对话框，在“自定义序列”列表框中选择所需的序列选项，然后单击“确定”按钮，如图 5-23 所示。

步骤 08 此时即可对“商品名称”进行自定义排序，选择“数据”选项卡，单击“分类汇总”按钮，如图 5-24 所示。

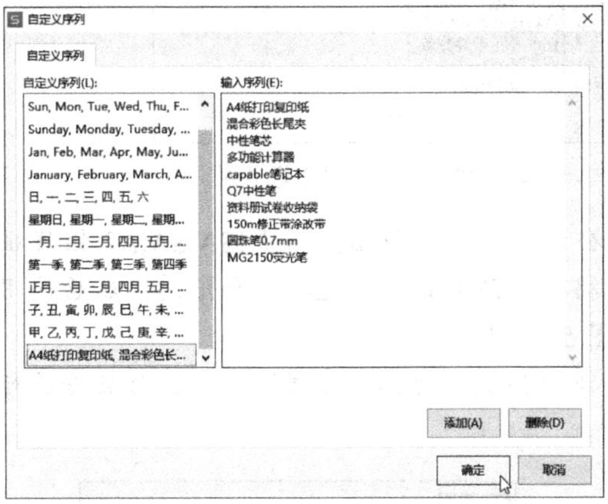

图 5-23　选择序列

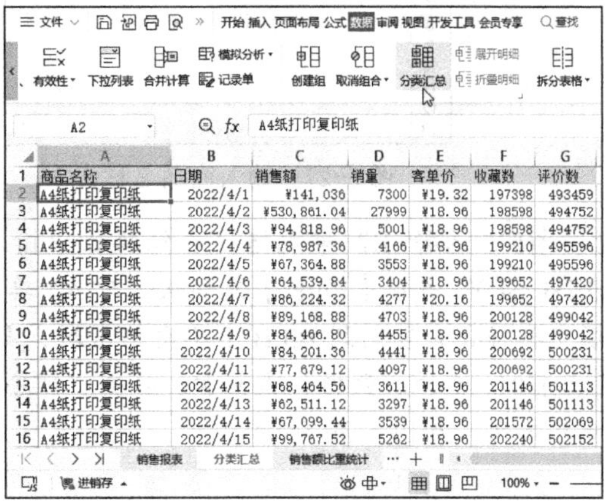

图 5-24　单击“分类汇总”按钮

步骤 09 弹出“分类汇总”对话框，在“分类字段”下拉列表框中选择“商品名称”选项，在“汇总方式”下拉列表框中选择“求和”选项，在“选定汇总项”列表框中选中“销售额”和“销量”复选框，然后单击“确定”按钮，如图 5-25 所示。

步骤 10 此时即可对“商品名称”按“销售额”和“销量”进行求和汇总。在左上方单击分级显示按钮 2，查看不同商品的汇总数据，如图 5-26 所示。此时卖家即可对不同商品的销量进行统计，通过对销售额进行排序可以看出哪个商品更受欢迎。

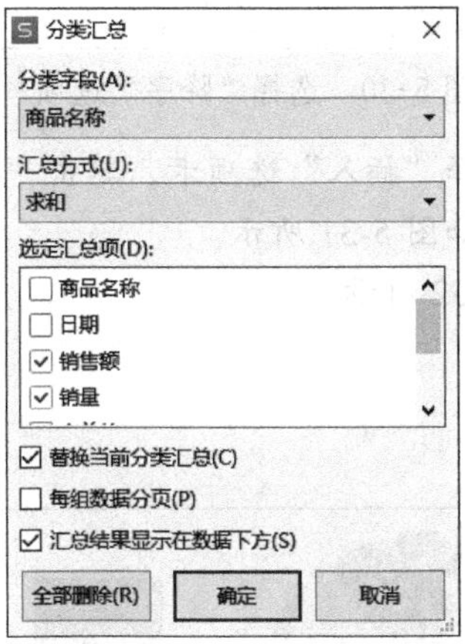

图 5-25　“分类汇总”对话框

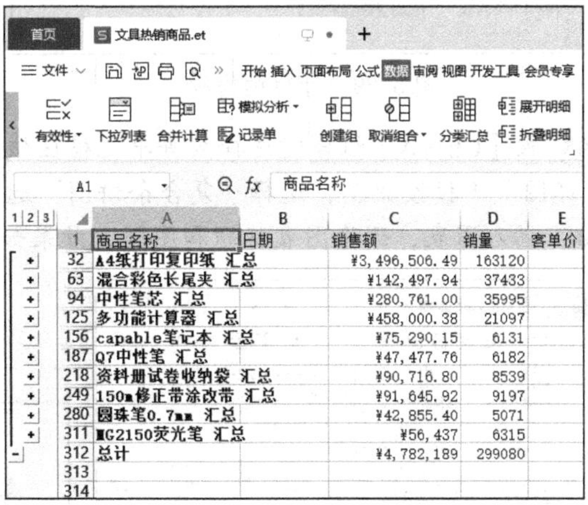

图 5-26　查看不同商品的汇总数据

二、不同商品销售额比重统计与分析

下面将介绍如何对不同商品的销售额比重进行统计与分析，具体操作方法如下。

步骤 01 新建“销售额比重统计”工作表，在 A1:B1 单元格区域中输入标题文本，选择 A2 单元格，输入商品名称文本，如图 5-27 所示。

步骤 02 向下拖动填充柄，即可自动填充前面创建的自定义序列，如图 5-28 所示。

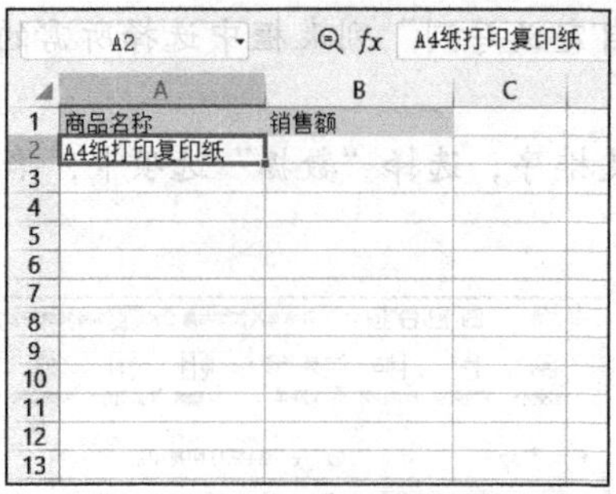

图 5-27　输入商品名称文本

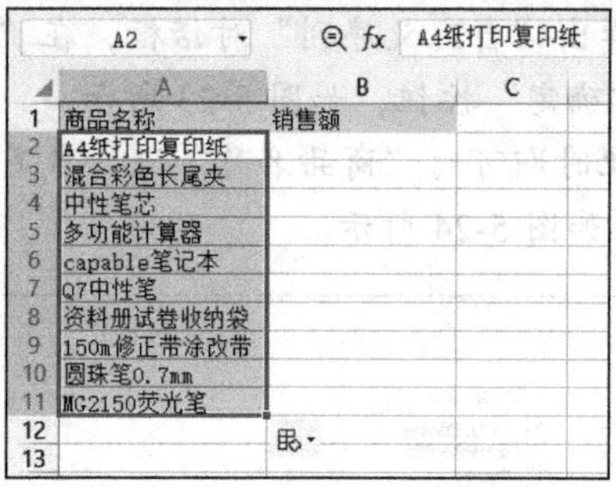

图 5-28　填充自定义序列

步骤 03 选择 B2 单元格，在编辑栏中输入公式“=SUMIF(销售报表!$A:$A,A2,销售报表!$C:$C)”并按【Enter】键确认，对 A2 单元格中商品的销售额进行求和汇总，然后使用填充柄将公式复制到 B3:B11 单元格区域，如图 5-29 所示。

步骤 04 选择“数据”选项卡，单击“排序”下拉按钮，选择“降序”选项，对数据进行降序排列，如图 5-30 所示。

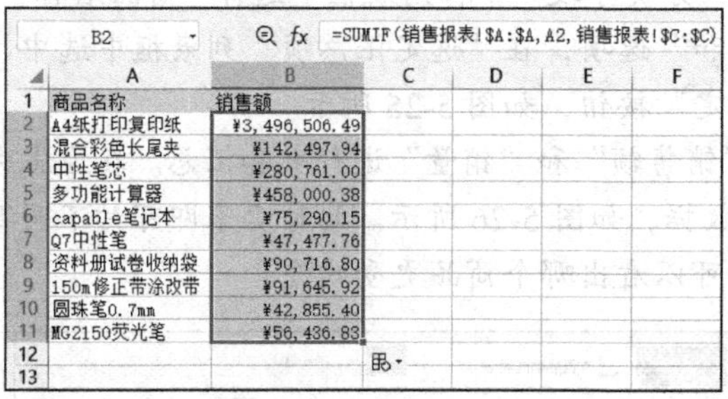

图 5-29　计算销售额

图 5-30　选择“降序”选项

步骤 05 按【Ctrl+A】组合键选择数据单元格区域，选择“插入”选项卡，单击“插入饼图或圆环图”下拉按钮，选择“复合条饼图”选项，如图 5-31 所示。

步骤 06 插入图表，删除图表标题和图例，效果如图 5-32 所示。

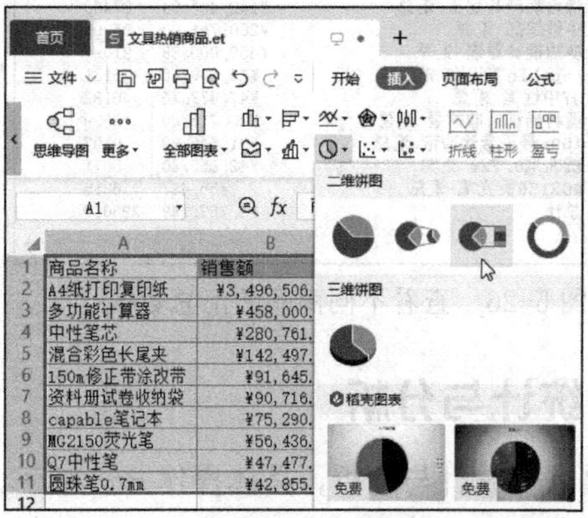

图 5-31　选择“复合条饼图”选项

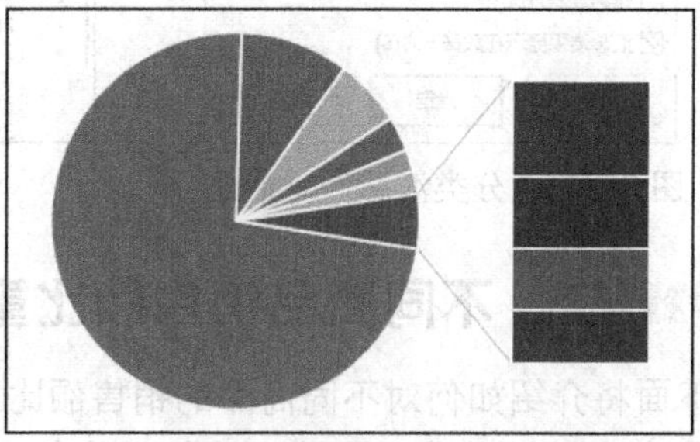

图 5-32　查看图表效果

步骤 07 在图表中选中系列，在“属性”窗格中选择“系列”选项卡，在“系列分割依据”下拉列表框中选择“位置”选项，设置“第二绘图区中的值”为 7，如图 5-33 所示。

步骤 08 选择“填充与线条”选项卡，展开“线条”组，选中“实线”单选按钮，然后设置线条颜色和宽度，如图 5-34 所示。

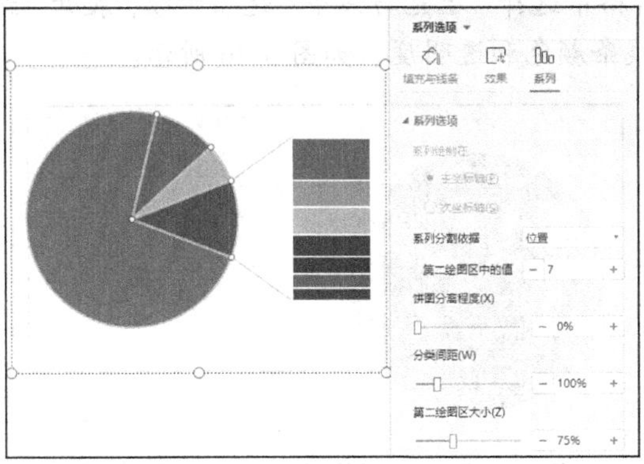

图 5-33　设置系列选项

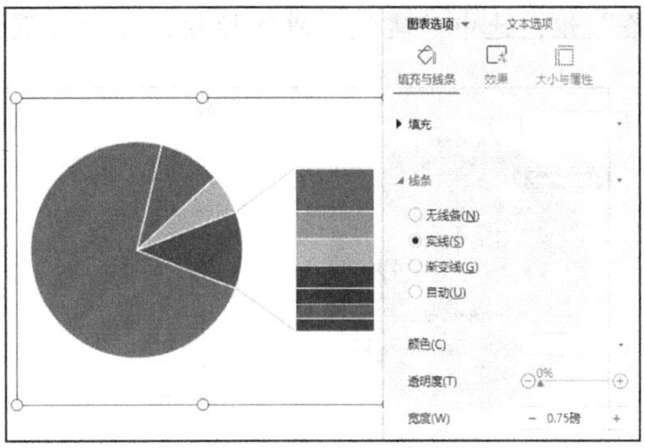

图 5-34　设置线条颜色和宽度

步骤 09 选中图表，单击浮动工具栏中的“图表元素”按钮，在弹出的面板中选中“数据标签”复选框，添加数据标签，如图 5-35 所示。

步骤 10 在图表中选中数据标签，在“属性”窗格中选择“标签”选项卡，在“标签包括”选项区中选中“类别名称”“百分比”“图例项标示”复选框，在“分隔符”下拉列表框中选择“,（逗号）”选项，如图 5-36 所示。

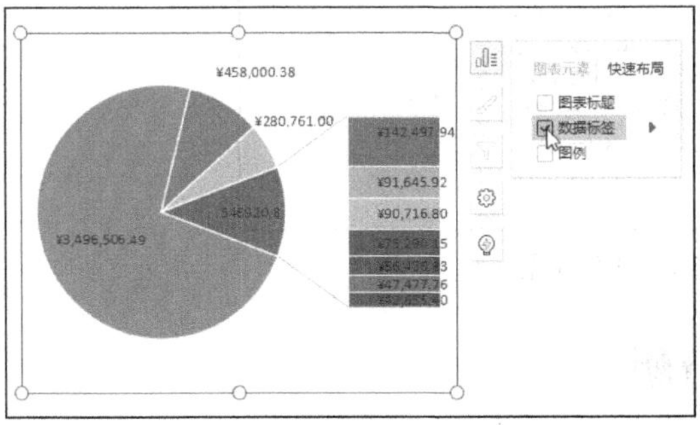

图 5-35　添加数据标签

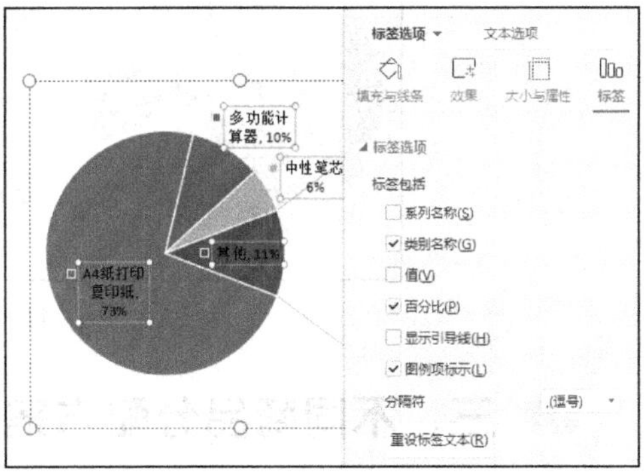

图 5-36　设置标签选项

步骤 11 展开“数字”组，在“类别”下拉列表框中选择“百分比”选项，设置“小数位数”为 2，如图 5-37 所示。

步骤 12 调整图表区及绘图区大小，查看图表效果，如图 5-38 所示。

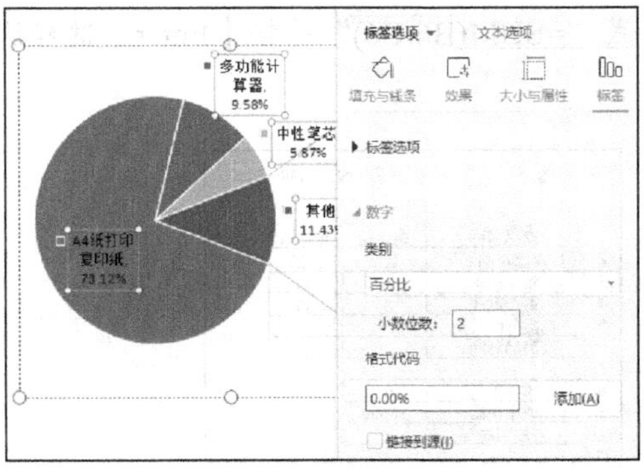

图 5-37　设置数字格式

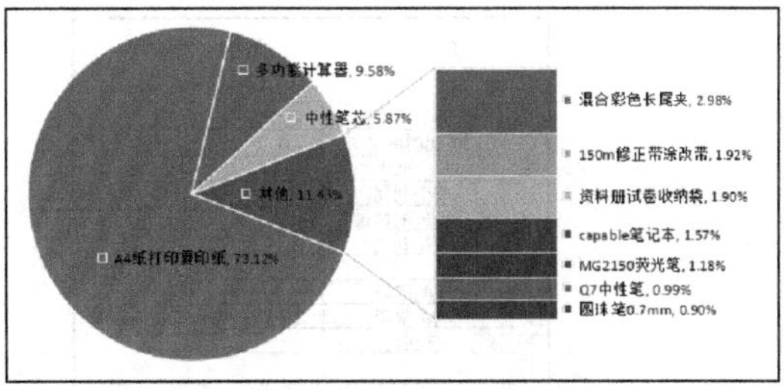

图 5-38　查看图表效果

步骤 13 在图表中选中占比最大的数据标签，在“属性”窗格中选择“标签”选项卡，在“标签包括”选项区中选中“值”复选框，使标签显示数值，如图 5-39 所示。

步骤 14 在图表中选中系列线，在“属性”窗格中选择“填充与线条”选项卡，展开“线条”组，选中“实线”单选按钮，然后设置线条颜色和透明度，如图 5-40 所示。

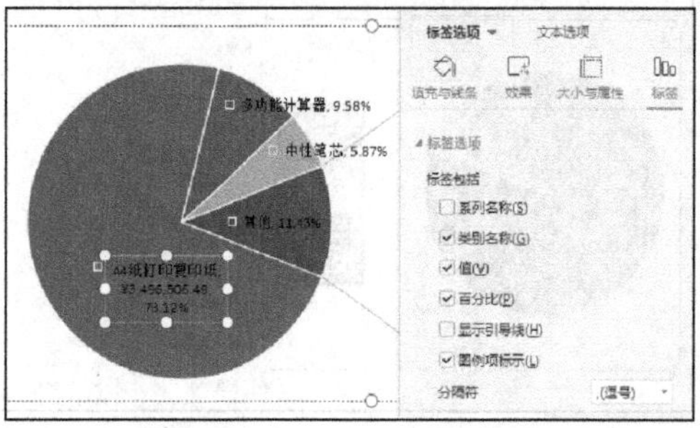

图 5-39 设置数据标签

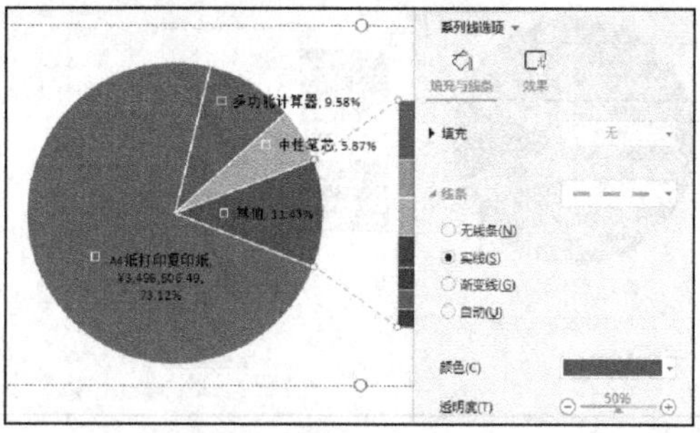

图 5-40 设置系列线格式

步骤 15 在图表中选中“其他”系列，在“属性”窗格中选择“系列”选项卡，设置“点爆炸型”参数为 20%，分离该系列，图表效果如图 5-41 所示。此时卖家即可对不同商品的销售额比重进行分析，通过图表可以直观地看出各商品的销售额占比。

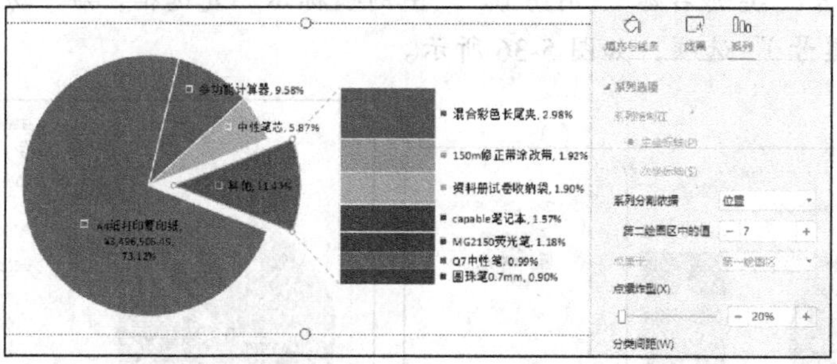

图 5-41 查看图表效果

三、不同商品分配方案分析

卖家可以通过获利目标对上架的各类商品进行科学的分配，以获得更大的利润。下面将介绍如何分析不同商品的分配方案，具体操作方法如下。

步骤 01 打开“素材文件\项目五\商品分配数量方案.et”，选择 B6 单元格，在编辑栏中输入公式“=B4*B5”并按【Enter】键确认，如图 5-42 所示，计算商品利润，然后使用填充柄将公式填充到 C6 单元格中。

步骤 02 选择 B10 单元格，在编辑栏中输入公式“=SUM(B6:C6)”并按【Enter】键确认，如图 5-43 所示，计算总利润。

B6　fx　=B4*B5

	A	B	C
1	商品名称	跑步鞋	运动裤
2	平均售出时间/天	0.2	0.25
3	每个成本	60	40
4	每个利润	30	35
5	商品分配数量		
6	商品利润	0	0
7			
8	时间限制	90	
9	成本限制	18000	
10	总利润		
11			

图 5-42 计算商品利润

B10　fx　=SUM(B6:C6)

	A	B	C
1	商品名称	跑步鞋	运动裤
2	平均售出时间/天	0.2	0.25
3	每个成本	60	40
4	每个利润	30	35
5	商品分配数量		
6	商品利润	0	0
7			
8	时间限制	90	
9	成本限制	18000	
10	总利润	0	
11			

图 5-43 计算总利润

步骤 03 选择 C8 单元格，在编辑栏中输入公式“=SUMPRODUCT(B2:C2,B5:C5)”并按【Enter】键确认，如图 5-44 所示，计算实际投入时间。

步骤 04 选择 C9 单元格，在编辑栏中输入公式“=SUMPRODUCT(B3:C3,B5:C5)”并按【Enter】键确认，如图 5-45 所示，计算实际投入成本。

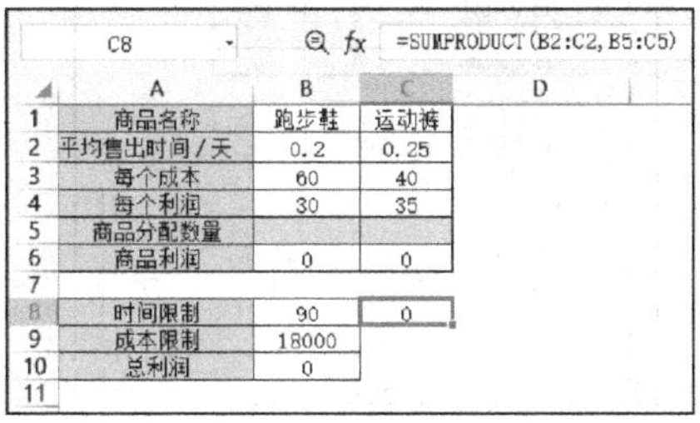

图 5-44 计算实际投入时间

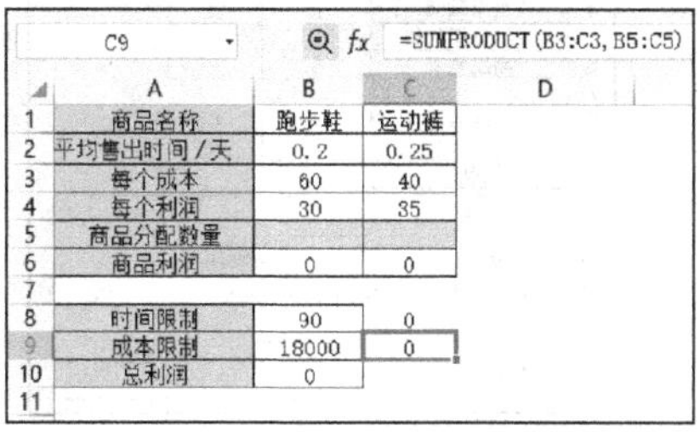

图 5-45 计算实际投入成本

步骤 05 选择“数据”选项卡，单击“模拟分析”下拉按钮，选择“规划求解”选项，如图 5-46 所示。

步骤 06 弹出“规划求解参数”对话框，设置“设置目标”为 B10 单元格，选中“最大值”单选按钮，设置目标参数，如图 5-47 所示。

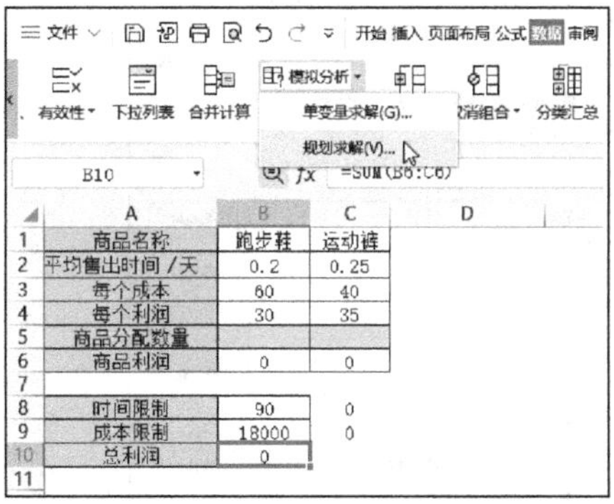

图 5-46 选择“规划求解”选项

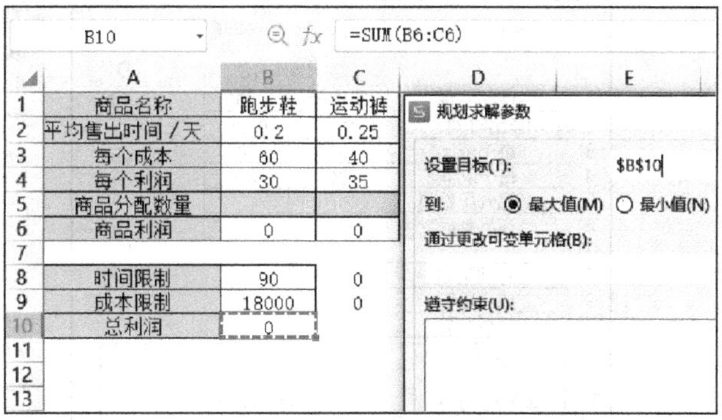

图 5-47 设置目标参数

步骤 07 在“通过更改可变单元格”文本框中设置可变单元格为 B5:C5 单元格区域，如图 5-48 所示。

步骤 08 在“遵守约束”选项区中单击“添加”按钮，如图 5-49 所示。

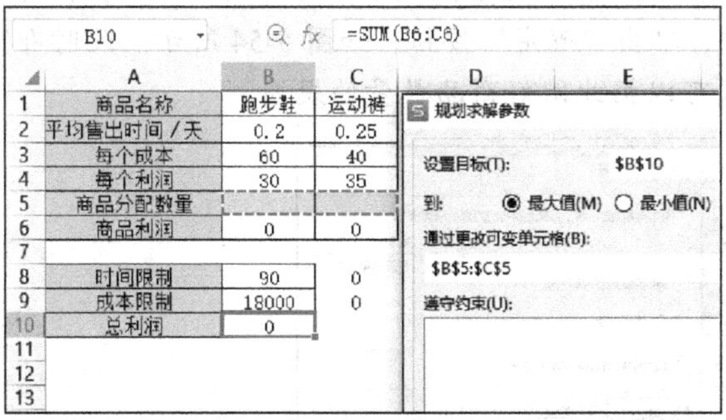

图 5-48 设置可变单元格

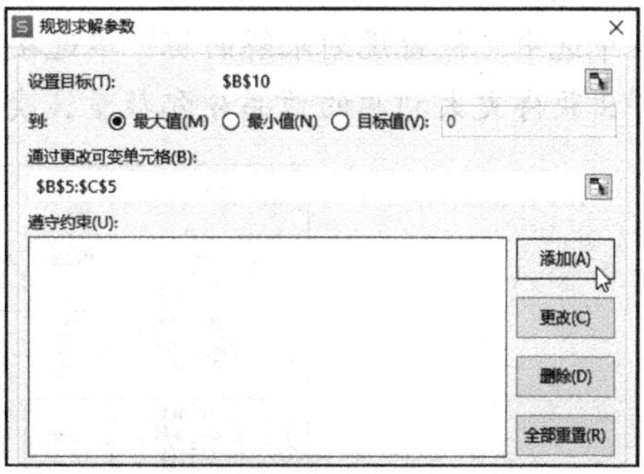

图 5-49 单击“添加”按钮

步骤 09 弹出“添加约束”对话框，设置“单元格引用”为 B5:C5 单元格区域，“运算”为“int”，即“商品分配数量”为整数，然后单击“添加”按钮，如图 5-50 所示。

步骤 10 设置“单元格引用”为C8单元格，“运算符号”为“<=”，“约束”为B8单元格，即实际投入时间要小于90天，然后单击“添加”按钮，如图5-51所示。

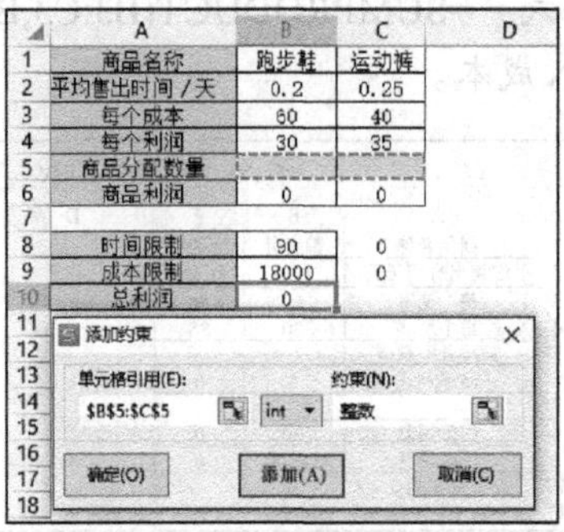

图5-50　添加约束1

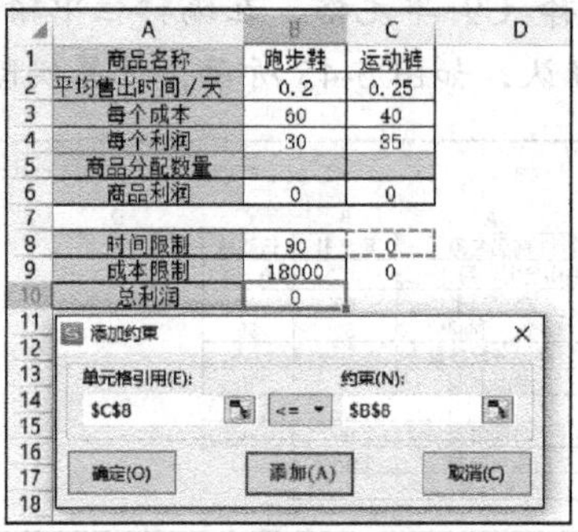

图5-51　添加约束2

步骤 11 设置“单元格引用”为C9单元格，“运算符号”为“<=”，“约束”为B9单元格，即实际投入成本要小于18 000，然后单击“确定”按钮，如图5-52所示。

步骤 12 返回“规划求解参数”对话框，选中“使无约束变量为非负数”复选框，在“选择求解方法”下拉列表框中选择“非线性内点法”选项，然后单击“求解”按钮，如图5-53所示。

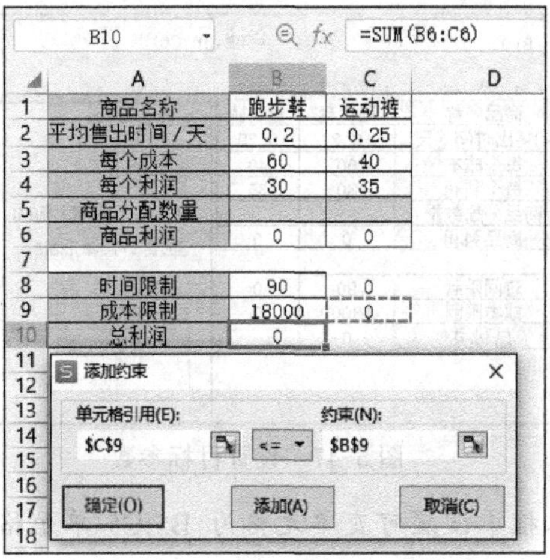

图5-52　添加约束3

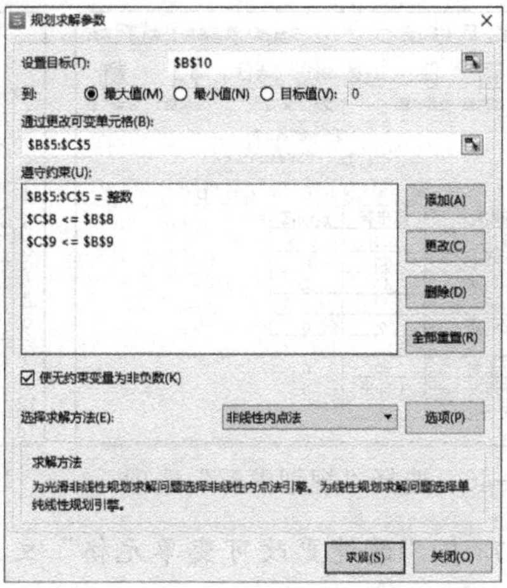

图5-53　选择求解方法

步骤 13 弹出“规划求解结果”对话框，在B5:C5单元格区域中查看得到的结果，在对话框中选中“保留规划求解的解”单选按钮，单击“确定”按钮，如图5-54所示。此时即可得出获得更大利润的商品分配数量，卖家可以据此做好商品数量的规划。

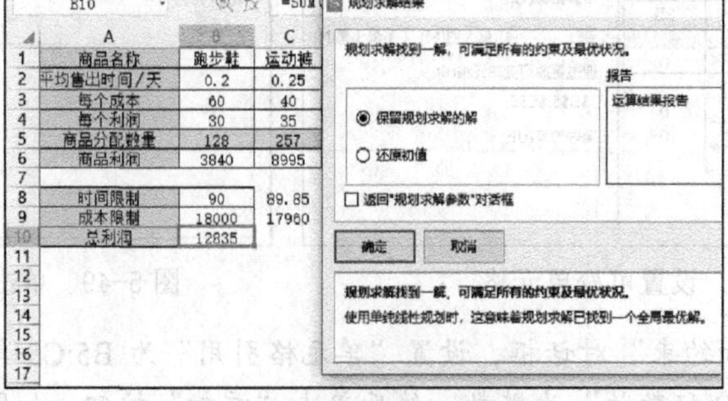

图5-54　查看规划求解结果

任务三　同类商品销售情况统计与分析

任务概述

对于同类商品而言，不同颜色、规格的商品的销售情况可能会有所不同甚至差异很大，此时卖家需要对不同颜色、规格的商品的销售情况进行统计与分析，然后规划正确的采购和销售策略。

任务重点与实施

一、不同颜色的同类商品销售情况统计与分析

下面将介绍如何对不同颜色的同类商品销售情况进行统计与分析，具体操作方法如下。

步骤 01 打开“素材文件\项目五\漱口杯销售报表.et”，用鼠标右键单击“商品属性”列中的任意数据单元格，在弹出的快捷菜单中选择“排序”|“升序”选项，如图 5-55 所示。

步骤 02 对“商品属性”数据进行升序排序，如图 5-56 所示。

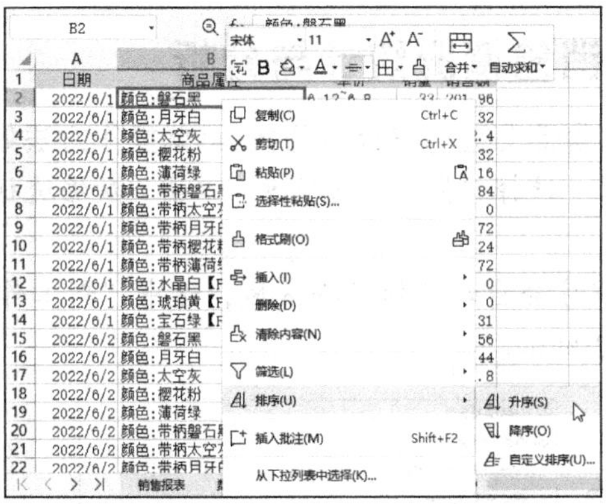

图 5-55　选择“升序”选项

图 5-56　对“商品属性”数据进行升序排序

步骤 03 选择“数据”选项卡，单击“分类汇总”按钮，如图 5-57 所示。

步骤 04 弹出“分类汇总”对话框，在“分类字段”下拉列表框中选择“商品属性”选项，在“选定汇总项”列表框中选中“销量”和“销售额”复选框，然后单击“确定”按钮，如图 5-58 所示。

图 5-57　单击“分类汇总”按钮

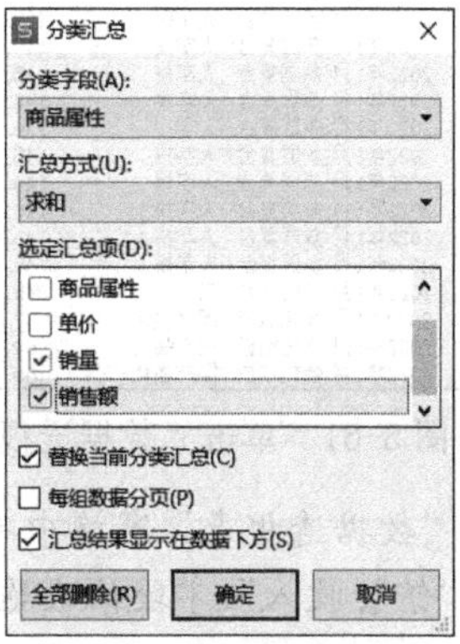

图 5-58　设置分类汇总

步骤 05 此时即可对“商品属性”数据按“销量”和“销售额”进行求和汇总。在左上方单击分级显示按钮2，查看不同商品属性的汇总数据，如图 5-59 所示。

步骤 06 选中“销售额”列中的任意数据单元格，单击“排序”下拉按钮，选择“降序”选项，对销售额进行降序排序，如图 5-60 所示。此时，卖家即可对不同颜色的商品销售情况进行分析，通过对销售额进行排序，可以看出哪类颜色更受欢迎。

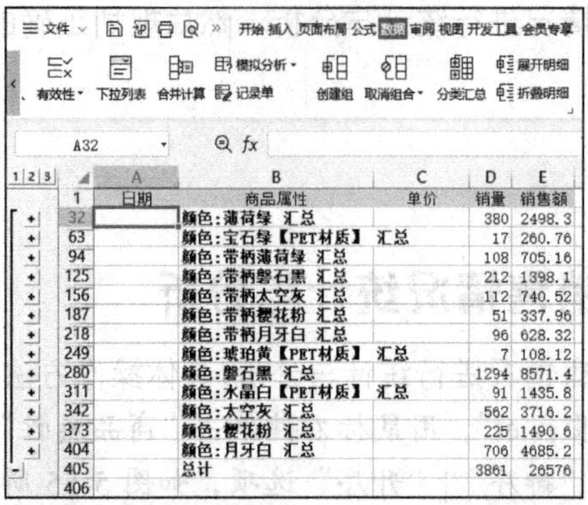

图 5-59 查看不同商品属性的汇总数据

图 5-60 对销售额进行降序排序

二、不同规格的同类商品销售情况统计与分析

下面将介绍如何对不同规格的同类商品销售情况进行统计与分析，具体操作方法如下。

步骤 01 打开“素材文件\项目五\销售数据.et”，选择“插入”选项卡，单击“数据透视表”按钮，如图 5-61 所示。

步骤 02 弹出“创建数据透视表”对话框，程序会自动选择数据区域，选中“新工作表”单选按钮，然后单击“确定”按钮，如图 5-62 所示。

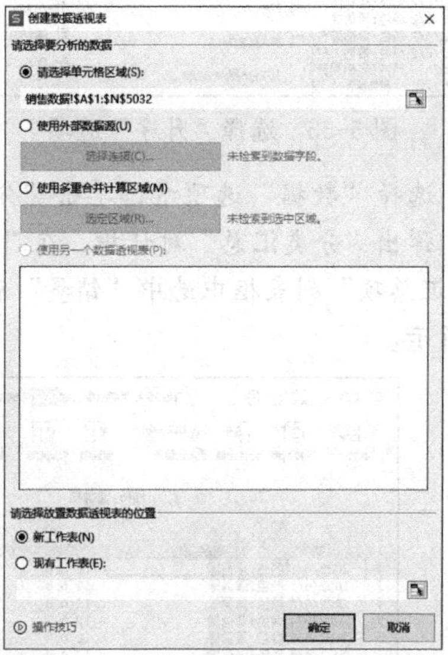

图 5-61 单击“数据透视表”按钮 图 5-62 选中“新工作表”单选按钮

步骤 03 在“数据透视表”窗格中将“系列”和“规格”字段依次拖至“行”区域，将“销售数量”和“销售收入”字段依次拖至“值”区域，如图 5-63 所示。此时即可对各“系列”商品的“规格”进行分类，对相应的销售数据进行汇总。

图 5-63　添加数据透视表字段

步骤 04 选择“设计”选项卡，单击“空行”下拉按钮，选择“在每个项目后插入空行”选项，如图 5-64 所示。

步骤 05 单击“报表布局”下拉按钮，选择“重复所有项目标签”选项，如图 5-65 所示。

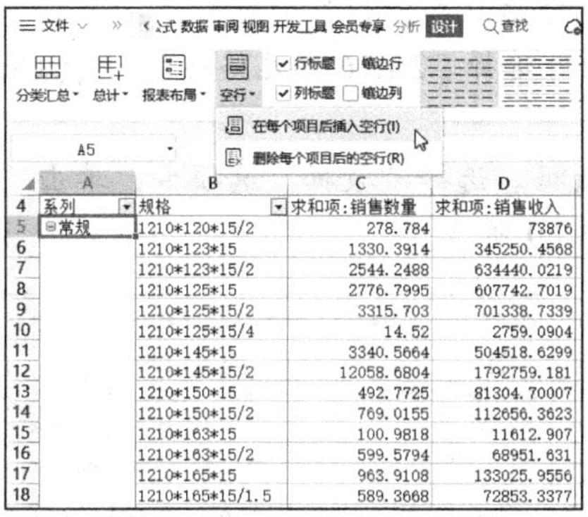

图 5-64　选择“在每个项目后插入空行”选项

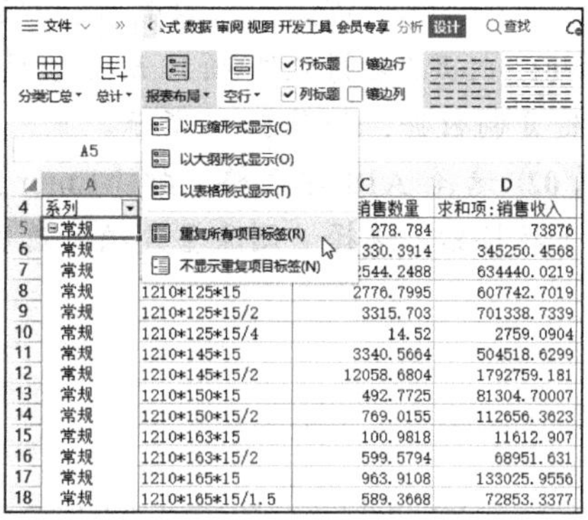

图 5-65　选择“重复所有项目标签”选项

步骤 06 在数据透视表字段中单击“系列”下拉按钮，对系列名称进行筛选，然后单击“确定”按钮，如图 5-66 所示。

步骤 07 查看不同规格商品的销售情况，选择“销售收入”列中的任意数据单元格，单击“数据”选项卡下的“排序”下拉按钮，选择“降序”选项，如图 5-67 所示。此时，卖家即可对不同规格的同类商品销售情况进行统计和分析，调整商品的采购和销售策略，从而利用最小的采购成本获得更高的销售收入。

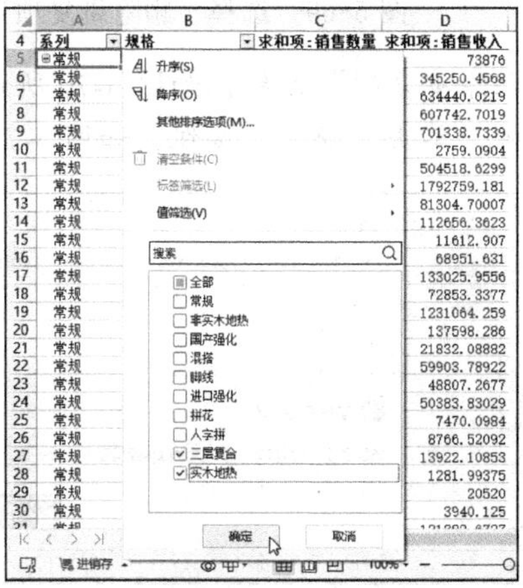

图 5-66　筛选“系列”字段

图 5-67　选择“降序”选项

任务四　商品退货、退款情况统计与分析

任务概述

对于卖家来说，退货、退款是其不希望看到的情况，因为退货、退款不仅会增加时间成本，还会直接造成收益损失。卖家通过对商品退货、退款情况进行统计与分析，能够减少退货、退款情况的发生，提高经营水平与店铺口碑。

任务重点与实施

一、商品退货、退款原因统计

对于卖家来说，退货、退款既是对客户的郑重承诺，也是发现店铺自身问题的有效时机。下面将详细介绍如何对退货、退款的原因进行统计，具体操作方法如下。

步骤 01 打开“素材文件\项目五\退货退款分析.et”，选择 E2:E16 单元格区域，按【Ctrl+C】组合键复制数据，如图 5-68 所示。

步骤 02 选择 A18 单元格，按【Enter】键粘贴数据。选择“数据”选项卡，单击“重复项”下拉按钮，选择“删除重复项”选项，如图 5-69 所示。

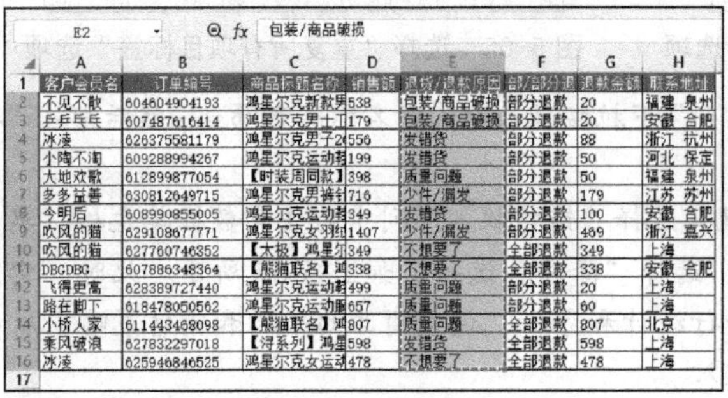

图 5-68　复制数据

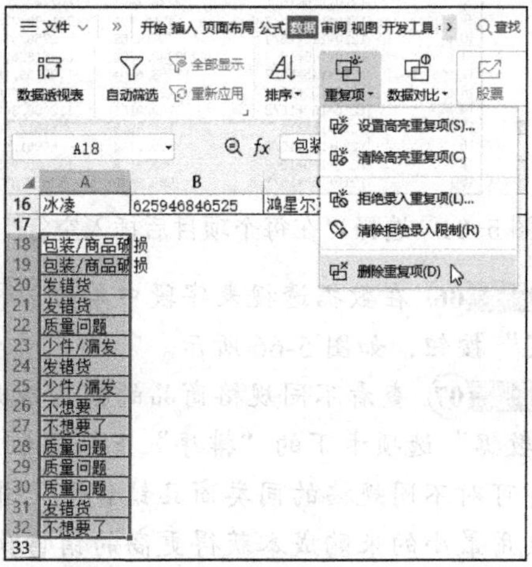

图 5-69　选择“删除重复项”选项

步骤 03 弹出“删除重复项”对话框，单击“删除重复项”按钮，如图 5-70 所示。

步骤 04 此时即可删除重复项，弹出提示信息框，单击“确定”按钮，如图 5-71 所示。

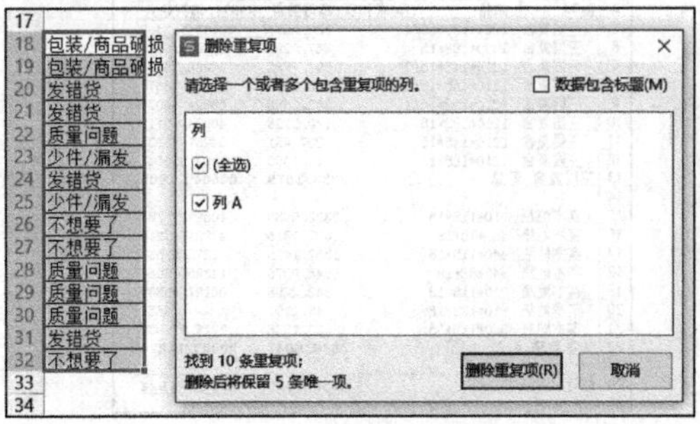

图 5-70　单击“删除重复项”按钮

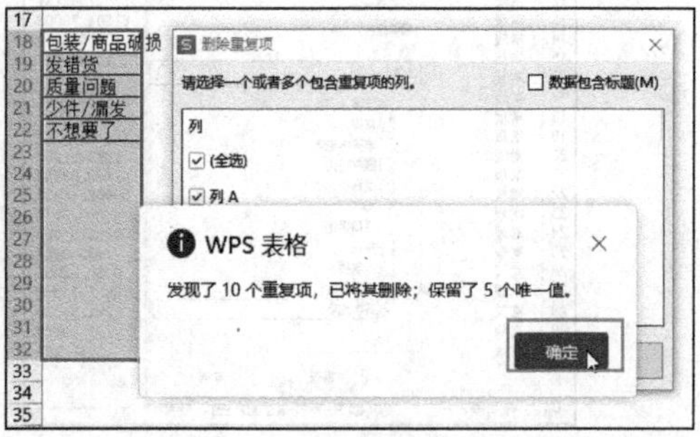

图 5-71　确认删除操作

步骤 05 选择 B18 单元格，在编辑栏中输入公式“=COUNTIF($E$2:$E$16,A18)”并按【Enter】键确认，得出相应的订单个数，使用填充柄将 B18 单元格中的公式填充到 B19:B22 单元格区域中，如图 5-72 所示。

步骤 06 选择 A18:B22 单元格区域，选择“数据”选项卡，单击“排序”下拉按钮，选择“自定义排序”选项，如图 5-73 所示。

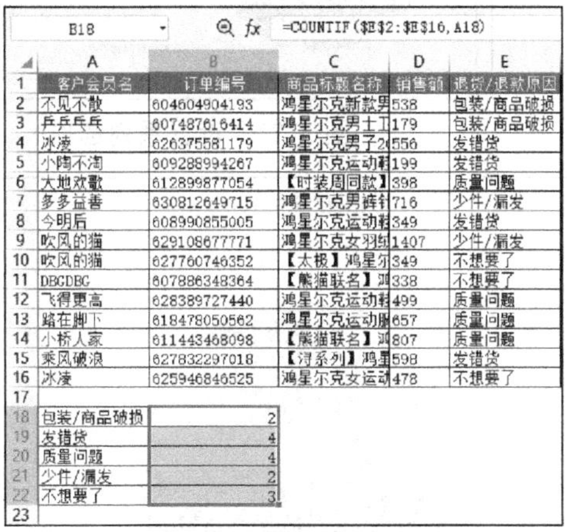

图 5-72　输入公式并进行填充

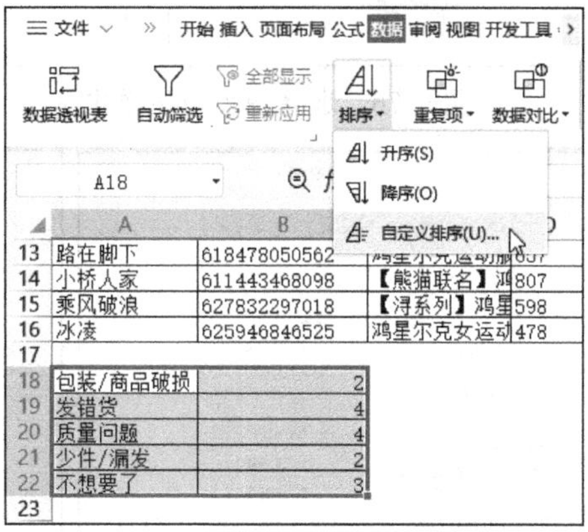

图 5-73　选择“自定义排序”选项

步骤 07 弹出“排序”对话框，在“主要关键字”下拉列表框中选择“列 B”选项，在“次序”下拉列表框中选择“降序”选项，然后单击“确定”按钮，如图 5-74 所示。

步骤 08 选择 A18:B22 单元格区域，选择“插入”选项卡，单击“插入饼图或圆环图”下拉按钮，选择“饼图”选项，如图 5-75 所示。

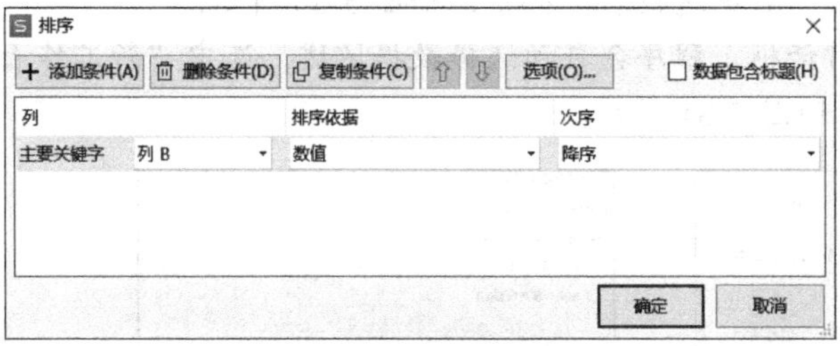

图 5-74　设置排序条件

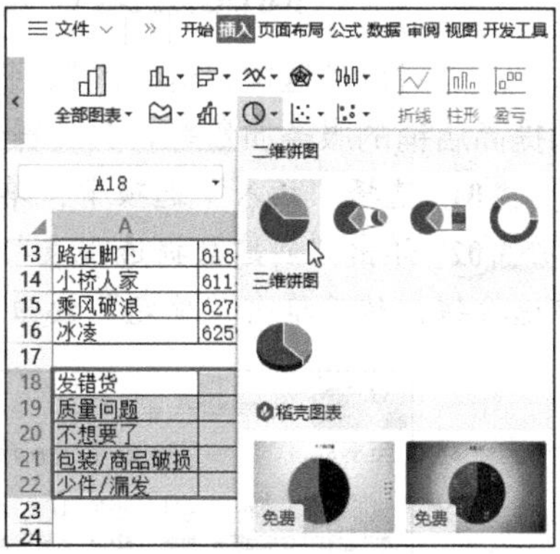

图 5-75　选择“饼图”选项

步骤 09 选中图表，单击浮动工具栏中的“图表元素”按钮，在弹出的面板上方选择“快速布局”选项卡，然后选择“布局 1”样式，如图 5-76 所示。

步骤 10 输入图表标题，在图表中选中系列，在“属性”窗格中选择“系列”选项卡，设置“第一扇区起始角度”为 90°，如图 5-77 所示。

步骤 11 在图表中选中数据标签，选择“标签”选项卡，展开“标签选项”组，在“标签包括”选项区中选中“类别名称”“百分比”“显示引导线”复选框，在“分隔符”下拉列表框中选中“，（逗号）”选项，如图 5-78 所示。

步骤 12 根据需要设置图表标题和数据标签的字体格式，效果如图 5-79 所示。此时，卖家即可直观地查看退货、退款原因的占比情况，可以看出“质量问题”和“发错货”占比较大。

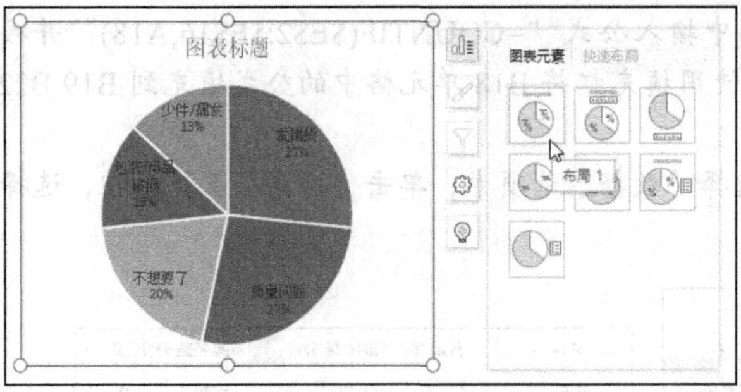

图 5-76　选择图表布局样式

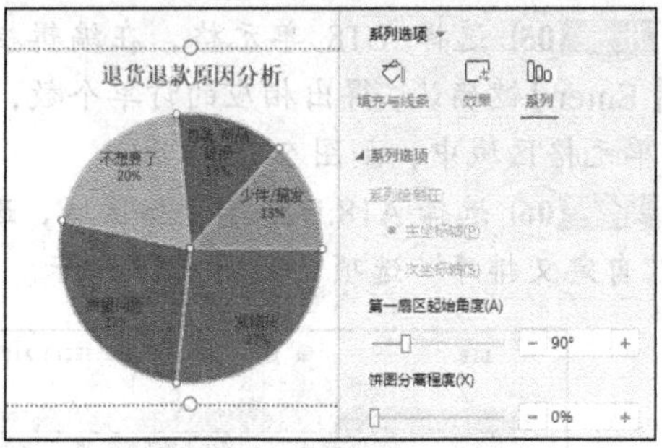

图 5-77　设置系列选项

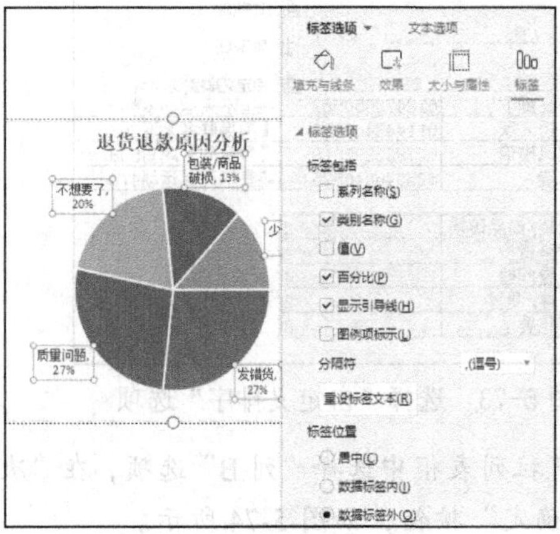

图 5-78　设置标签格式

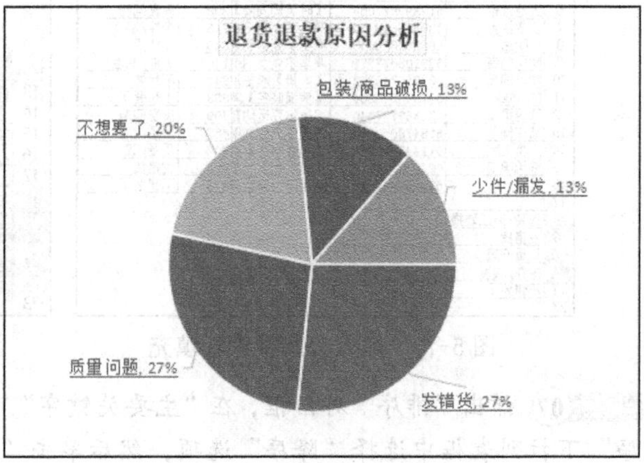

图 5-79　查看图表效果

二、商品退货、退款原因分析

通过对商品退货、退款的原因进行分析，卖家可以找出问题，从而不断改善销售策略和提高店铺的服务质量等，具体操作方法如下。

步骤 01 选择“插入”选项卡，单击“数据透视表”按钮，如图 5-80 所示。

步骤 02 弹出“创建数据透视表”对话框，程序会自动选择数据区域，选中“新工作表”单选按钮，然后单击“确定”按钮，如图 5-81 所示。

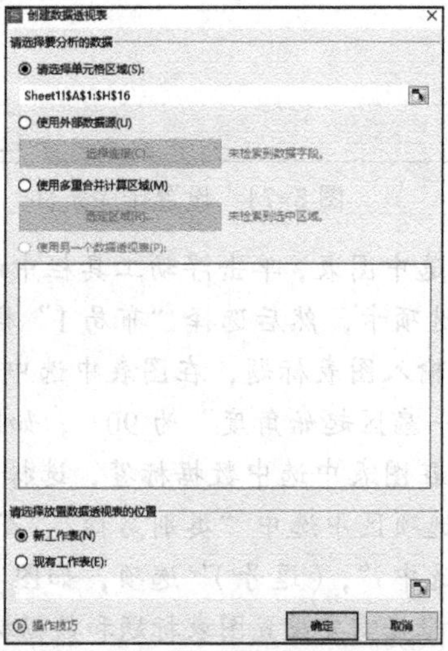

图 5-80　单击“数据透视表”按钮　　图 5-81　选中“新工作表”单选按钮

步骤 03 在“数据透视表”窗格中将“全部/部分退款”和“退货/退款原因”字段依次拖至“行”区域，然后将“退款金额”字段拖入“值”区域两次，如图 5-82 所示。

步骤 04 此时即可根据“退货/退款原因”对“退款金额”进行汇总。单击“设计”选项卡下的“报表布局”下拉按钮，选择“以压缩形式显示”选项，如图 5-83 所示。

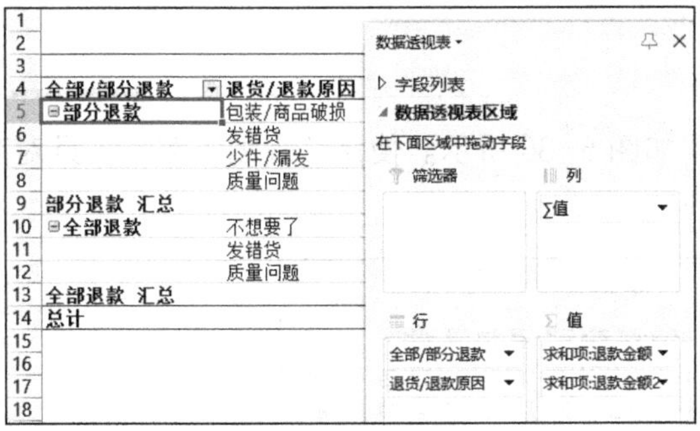

图 5-82 添加数据透视表字段

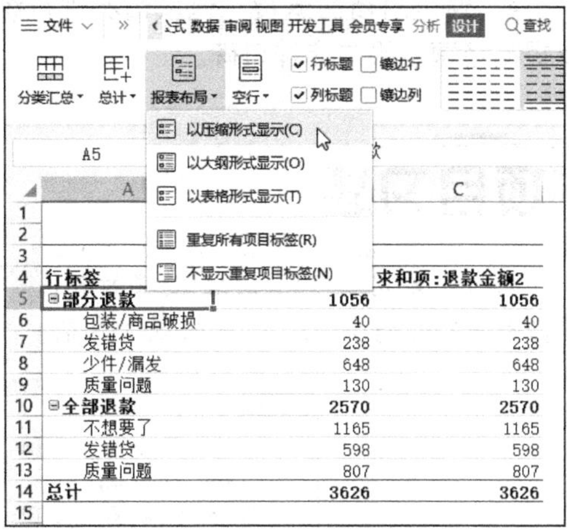

图 5-83 选择“以压缩形式显示”选项

步骤 05 用鼠标右键单击任意退款金额数据单元格，选择“值显示方式”|“总计的百分比”选项，如图 5-84 所示。

步骤 06 此时该列数据即可显示为百分比值。选择 C4 单元格，在编辑栏中输入字段名称，如图 5-85 所示。卖家可以对商品退货、退款的原因进行分析，并予以纠正或改进。在报表中可以看出，在部分退款中“少件/漏发”占比较大，卖家在发货时应做好商品数量核对工作；在全部退款中“不想要了”占比较大，卖家应做好商品的售后处理，提升客户的购买体验。

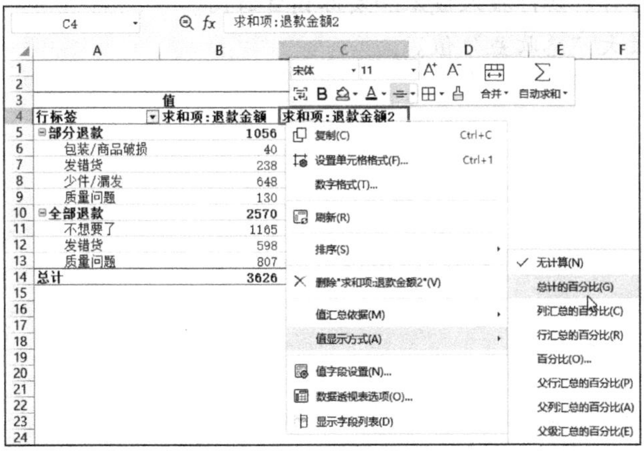

图 5-84 选择“总计的百分比”选项

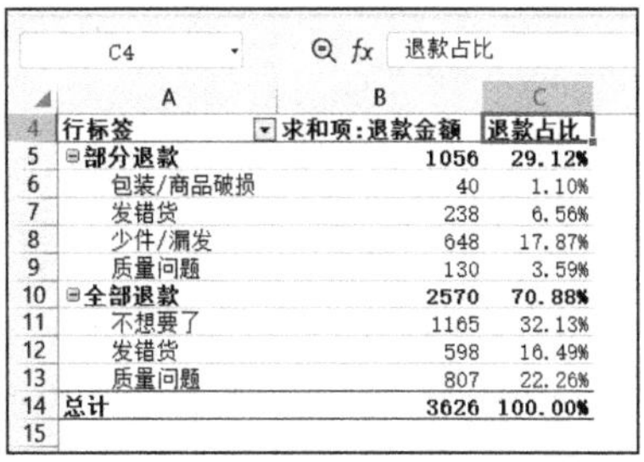

图 5-85 输入字段名称

项目小结

通过本项目的学习，读者应重点掌握以下知识。

1．通过对商品销售数据的统计与分析，及时发现和解决店铺中存在的问题，对畅销和滞销的商品采取相应的措施。

2．通过对不同商品的销量、销售额比重进行统计与分析，及时调整商品分配方案，提高下单量和成交量。

3．通过对同类商品的销售情况进行统计与分析，了解客户的需求和喜好。

4．通过对商品退货、退款情况进行统计与分析，进一步了解退货原因和退款金额，以提高经营水平与店铺口碑。

项目习题

打开“素材文件\项目五\商品分配.et”，如图 5-86 所示。使用“规划求解”工具对商品数量进行合理分配，以获得最大利益。

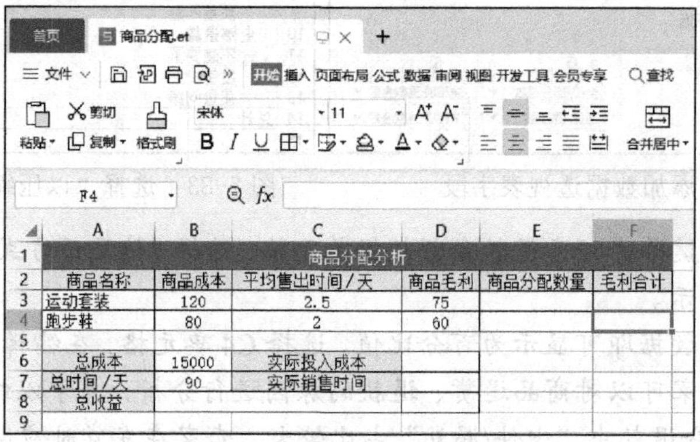

图 5-86 “商品分配”工作表

关键提示：

（1）分别使用公式计算出毛利合计、实际投入成本和实际销售时间。

（2）设置规划求解参数，得出最大“总收益”值。

项目六
商品采购成本分析与控制

商品采购成本是店铺经营成本中的重要组成部分，对商品采购成本进行分析与控制，是店铺持续发展和增加利润的重要保障，在店铺经营过程中具有举足轻重的作用。商品采购成本直接影响着店铺经营成本、盈利水平及采购渠道的选择等，卖家通过对商品采购成本进行分析，可以得出科学的依据，为制订经营策略提供数据支持。

项目重点

- 掌握商品采购成本分析的方法。
- 掌握商品采购时间分析的方法。
- 掌握商品采购数量控制的方法。

项目目标

- 学会分析商品采购成本。
- 学会分析商品采购时间。
- 学会控制商品采购数量。

素养目标

- 注重原始数据的真实性、实事求是，这样才能分析出客观的结果。
- 具备法律意识，遵守商家数据保密、知识产权等相关法律法规。

任务一　商品采购成本分析

任务概述

采购作为店铺的生命源泉，对利润的影响是很大的。采购中每节约1%的成本，相当于销售商品所带来的5%的利润。良好的采购计划可以使店铺资金得到有效利用，减少资金的流出，所以对采购成本进行分析至关重要。本任务将介绍如何通过WPS表格来分析商品的采购成本。

任务重点与实施

一、商品成本价格分析

商品成本价格会受到很多因素的影响，如供求关系、气候、交通和消费方式等，所以卖家在商品采购过程中要注意采购的时机，以节省采购成本。下面将介绍如何分析商品成本价格，具体操作方法如下。

步骤 01 打开“素材文件\项目六\商品成本价格趋势.et”，选择“公式”选项卡，单击“名称管理器”按钮，如图6-1所示。

步骤 02 弹出“名称管理器”对话框，在上方单击“新建”按钮，如图6-2所示。

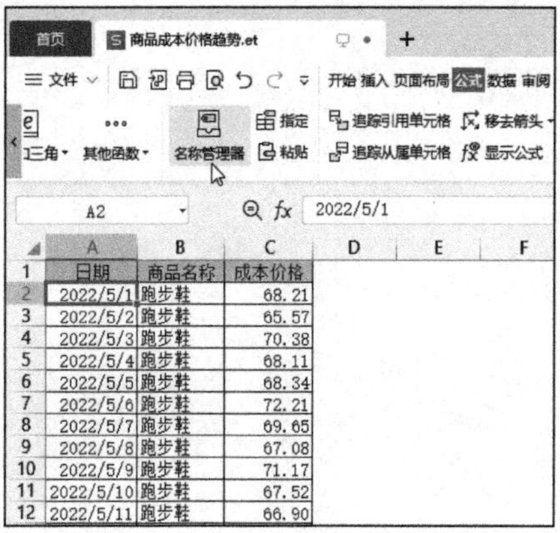

图6-1　单击“名称管理器”按钮

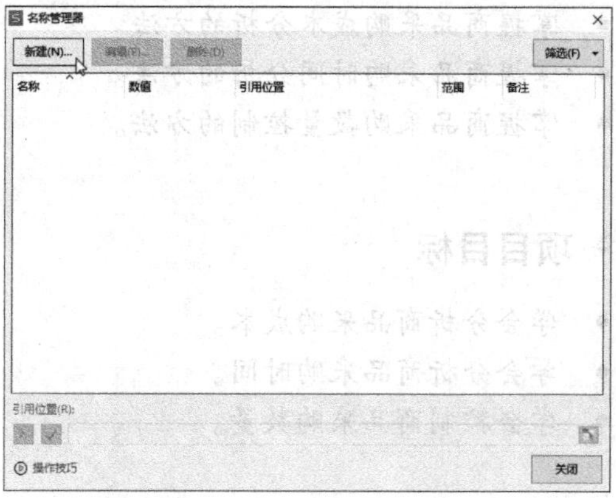

图6-2　单击“新建”按钮

步骤 03 弹出“新建名称”对话框，在“名称”文本框中输入“成本价格”，在“引用位置”文本框中输入公式“=OFFSET(Sheet1!$C$2,COUNT(Sheet1!$C:$C)-10,,10)”，然后单击“确定”按钮，如图6-3所示。

步骤 04 继续新建名称，在“名称”文本框中输入“五月”，在“引用位置”文本框中输入公式“=OFFSET(成本价格,,-2)”，然后单击“确定”按钮，如图6-4所示。

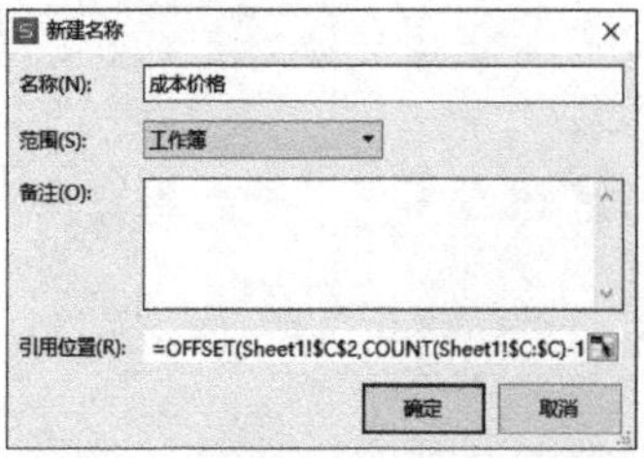

图6-3　新建“成本价格”名称

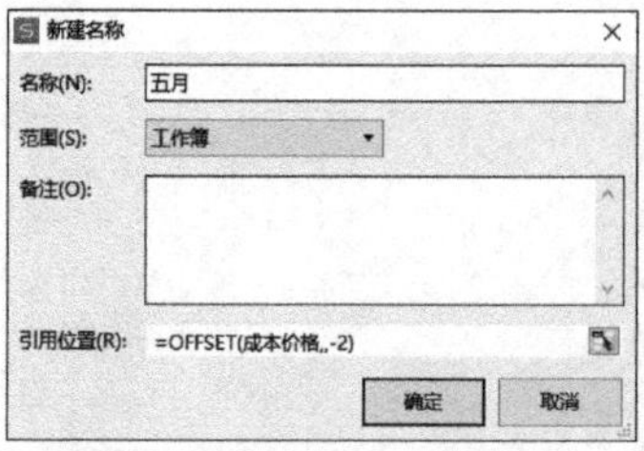

图6-4　新建“五月”名称

步骤 05 返回“名称管理器”对话框，从中查看定义的名称，用户还可以根据需要对名称进行编辑或删除，然后单击“关闭”按钮，如图 6-5 所示。

步骤 06 在工作表中选择任意空白单元格，选择“插入”选项卡，单击“插入折线图”下拉按钮，选择“带数据标记的折线图”选项，如图 6-6 所示。

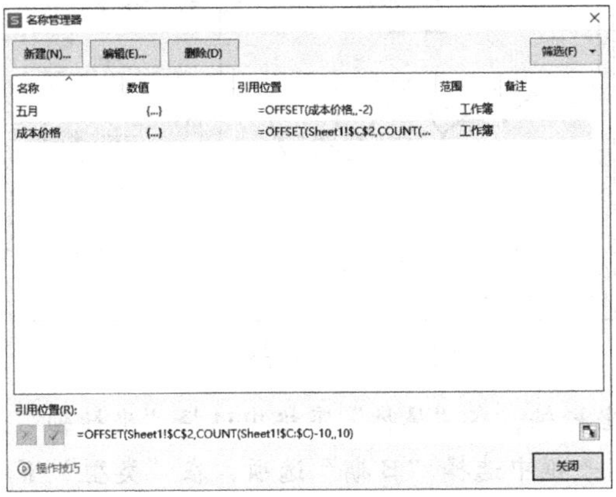

图 6-5 “名称管理器”对话框

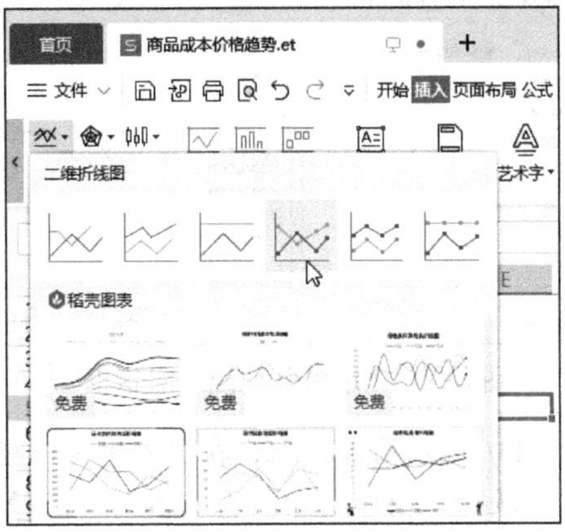

图 6-6 选择“带数据标记的折线图”选项

步骤 07 此时即可插入一张空白图表。用鼠标右键单击图表，选择“选择数据”选项，如图 6-7 所示。

步骤 08 弹出“编辑数据源”对话框，在“图例项（系列）”选项区中单击“添加”按钮，如图 6-8 所示。

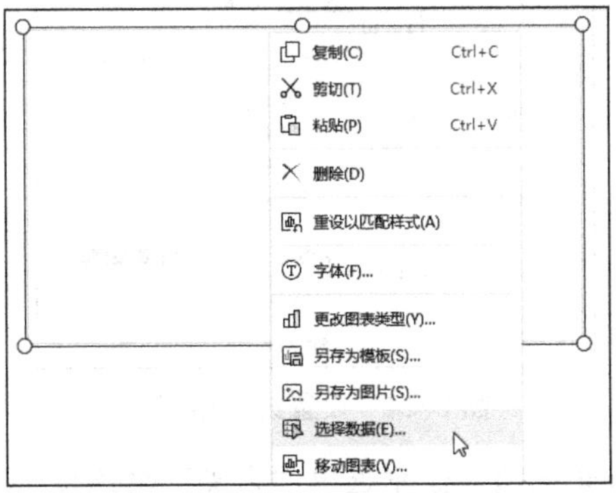

图 6-7 选择“选择数据”选项

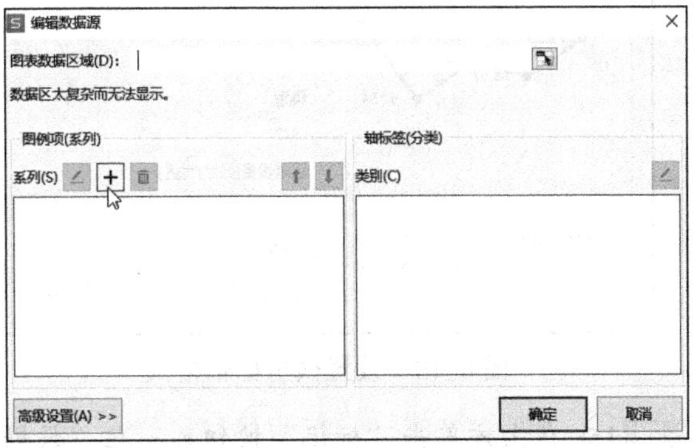

图 6-8 单击“添加”按钮

步骤 09 弹出“编辑数据系列”对话框，设置“系列值”为“=成本价格”，然后单击“确定”按钮，如图 6-9 所示。

步骤 10 返回“编辑数据源”对话框，在“轴标签（分类）”选项区中单击“编辑”按钮，弹出“轴标签”对话框。设置“轴标签区域”为“=五月”，然后单击“确定”按钮，如图 6-10 所示。

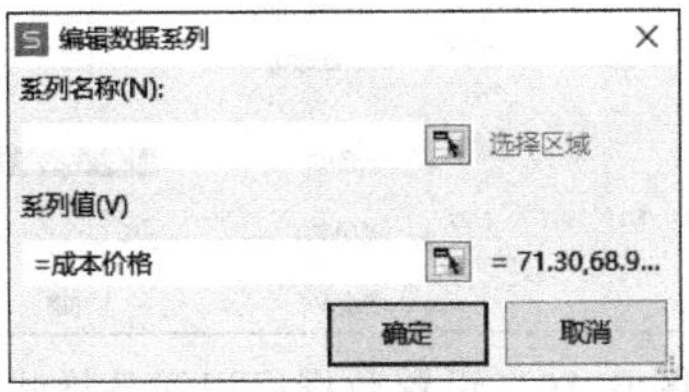

图 6-9 “编辑数据系列”对话框

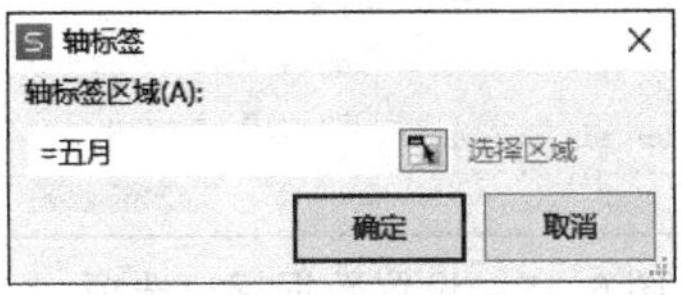

图 6-10 “轴标签”对话框

步骤 11 返回“编辑数据源”对话框，单击“确定”按钮，如图 6-11 所示。

步骤 12 选中图表，单击浮动工具栏中的“图表元素”按钮，在弹出的面板上方选择“快速布局”选项卡，然后选择所需的布局样式，如图 6-12 所示。

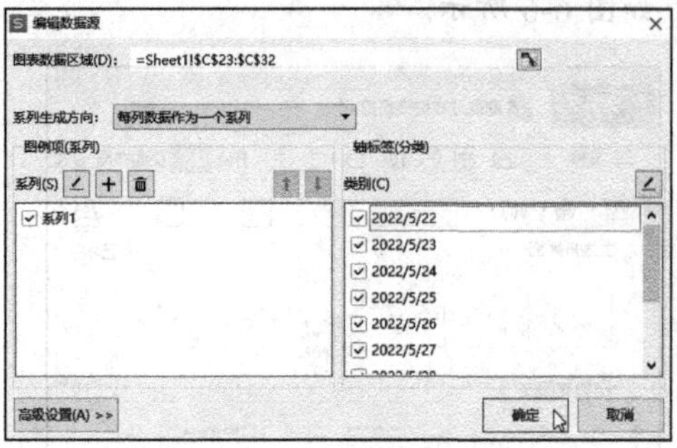

图 6-11 “编辑数据源”对话框

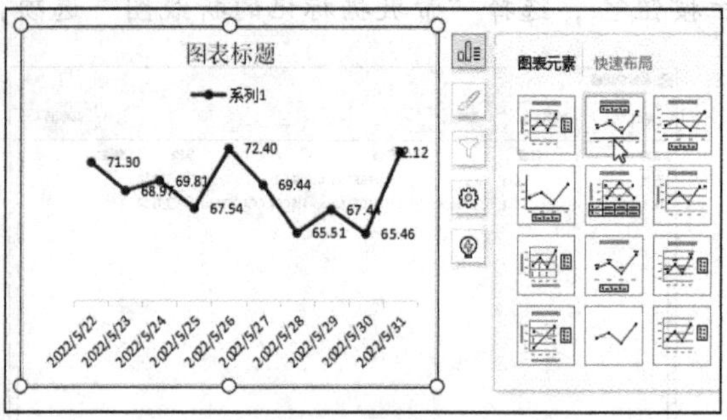

图 6-12 选择图表布局样式

步骤 13 输入图表标题，在图表中选中横坐标轴，在“属性”窗格中选择“坐标轴”选项卡，展开“数字”组，在“类别”下拉列表框中选择“日期”选项，在“类型”下拉列表框中选择所需的日期类型，如图 6-13 所示。

步骤 14 在图表中选中数据系列，选择“填充与线条”选项卡，选中“实线”单选按钮，然后设置线条颜色和宽度，如图 6-14 所示。

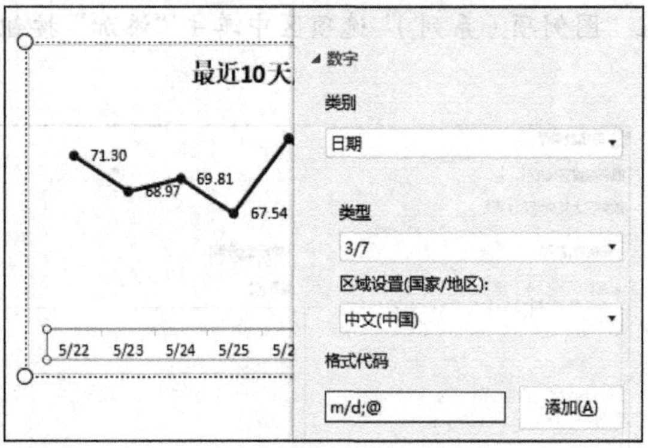

图 6-13 设置横坐标轴格式

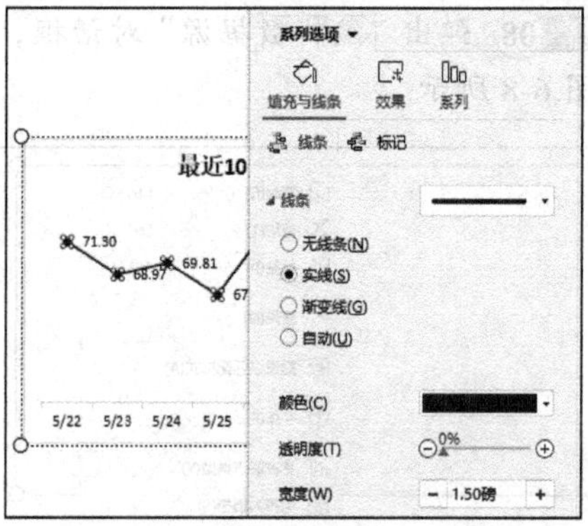

图 6-14 设置线条格式

步骤 15 在上方单击“标记”按钮，在“数据标记选项”组中选中“内置”单选按钮，设置标记类型和大小，然后设置填充颜色，如图 6-15 所示。

步骤 16 展开“线条”组，设置线条颜色和宽度，如图 6-16 所示。

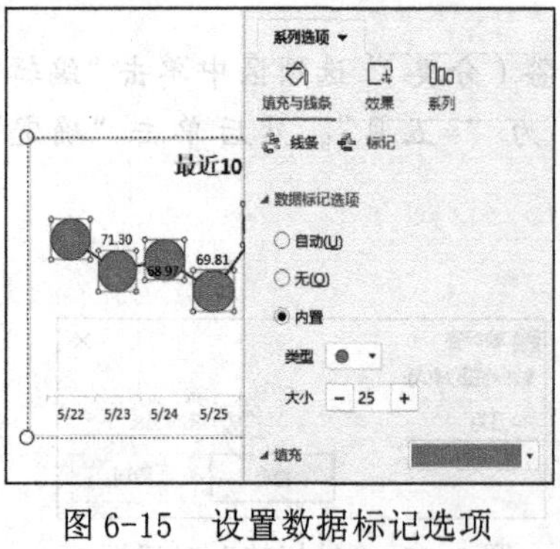

图 6-15 设置数据标记选项

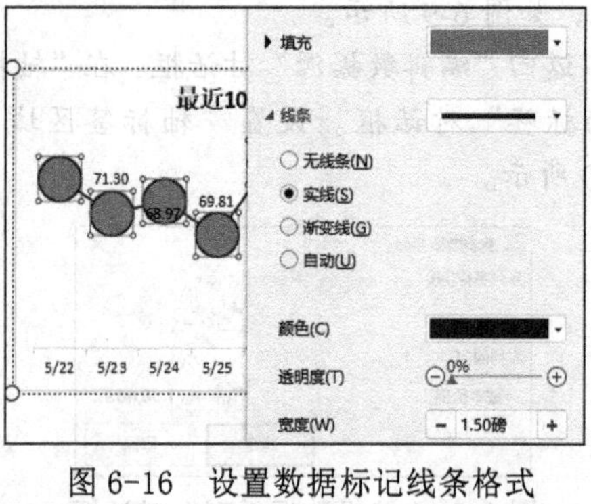

图 6-16 设置数据标记线条格式

步骤 17 在图表中选中数据标签，在“属性”窗格中选择“标签”选项卡，在“标签位置”选项区中选中“居中”单选按钮，如图 6-17 所示。

步骤 18 查看图表效果，如图 6-18 所示，此时卖家即可查看最近 10 天内的成本价格走势。

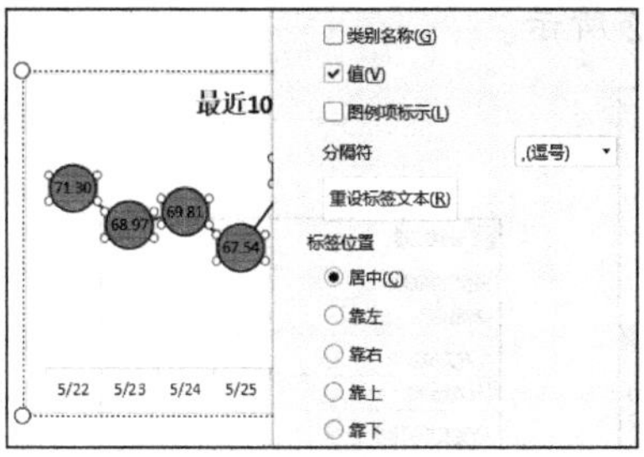
图 6-17　设置标签位置

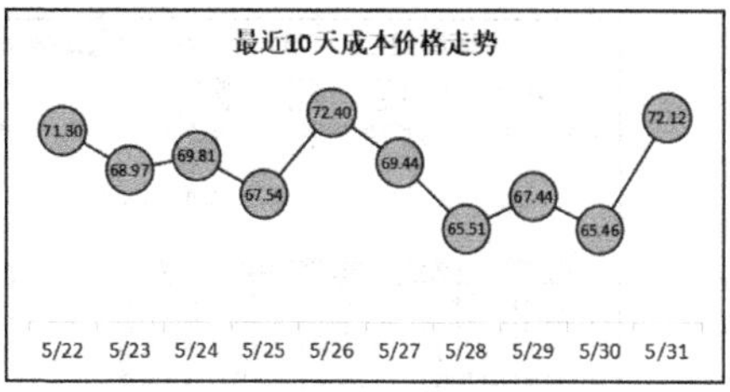

图 6-18　查看图表效果

课堂解疑

OFFSET 函数的语法

语法：OFFSET(reference,rows,cols,[height],[width])。

- reference：必需参数，要以其为偏移量的底数的引用；引用必须是对单元格或相邻的单元格区域的引用，否则 OFFSET 函数返回错误值#VALUE!。
- rows：必需参数，需要结果的左上角单元格引用的向上或向下行数；例如使用 5 作为 rows 参数，可指定引用中的左上角单元格为引用下方的 5 行，可为正数（表示在起始引用的下方）或负数（表示在起始引用的上方）。
- cols：必需参数，需要结果的左上角单元格引用的从左到右的列数；例如使用 5 作为 cols 参数，可指定引用中的左上角单元格为引用右侧的 5 列，可为正数（表示在起始引用的右侧）或负数（表示在起始引用的左侧）。
- height：可选参数，需要返回的引用的行高，必须为正数。
- width：可选参数，需要返回的引用的列宽，必须为正数。

二、商品采购金额统计

在采购商品时，卖家一般会按照几个大类进行采购，同一大类的商品可能包括不同的类型，采用分类汇总的方式可以对同一大类商品的采购金额进行统计，具体操作方法如下。

步骤 01 打开“素材文件\项目六\商品采购明细.et”，对表格数据进行编辑，如图 6-19 所示。

步骤 02 选择“商品名称”列中的任意数据单元格，选择“数据”选项卡，单击“排序”下拉按钮，选择“升序”选项，如图 6-20 所示。

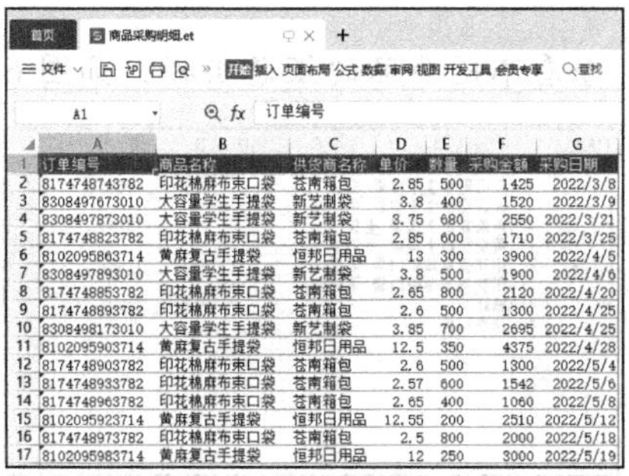
图 6-19　编辑表格数据

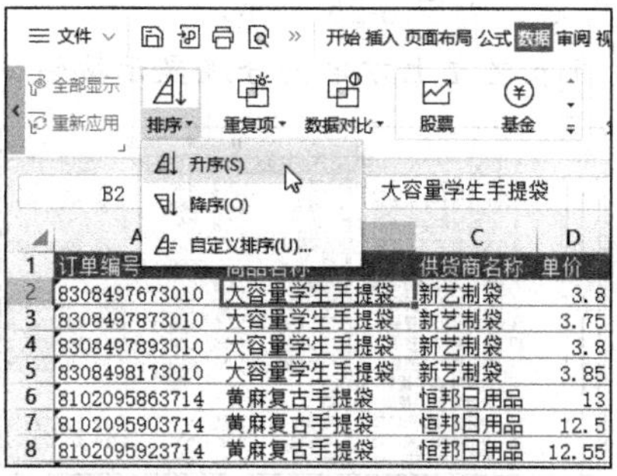
图 6-20　选择“升序”选项

步骤 03 单击“数据”选项卡下的“分类汇总”按钮，如图 6-21 所示。

步骤 04 弹出“分类汇总”对话框，在“分类字段”下拉列表框中选择“商品名称”选项，在“汇总方式”下拉列表框中选择“平均值”选项，在“选定汇总项”列表框中选中“单价”复选框，然后单击“确定”按钮，如图 6-22 所示。

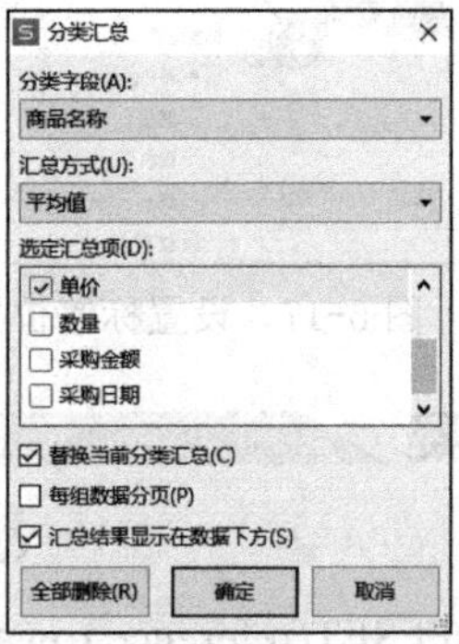

图 6-21 单击“分类汇总”按钮　　图 6-22 “分类汇总”对话框

步骤 05 创建分类汇总，对商品的“单价”进行平均值汇总，再次单击“分类汇总”按钮，如图 6-23 所示。

步骤 06 弹出“分类汇总”对话框，在“分类字段”下拉列表框中选择“商品名称”选项，在“汇总方式”下拉列表框中选择“求和”选项，在“选定汇总项”列表框中选中“数量”和“采购金额”复选框，然后单击“确定”按钮，如图 6-24 所示。

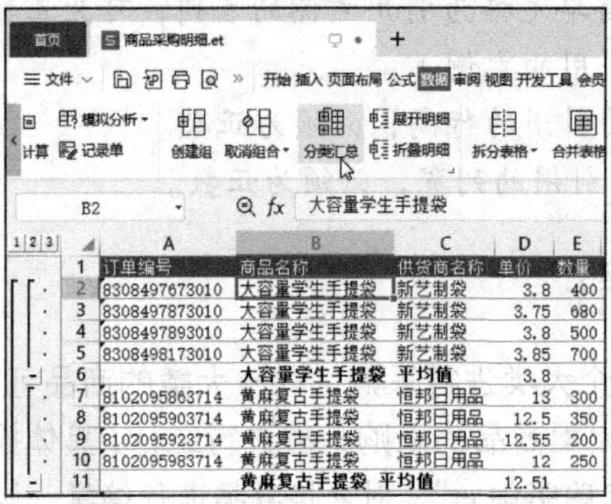

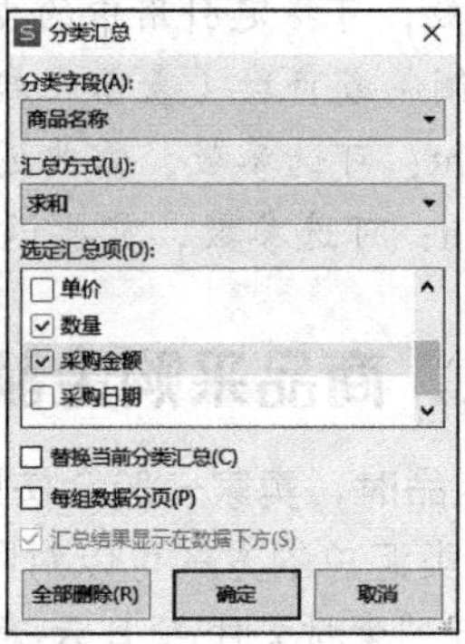

图 6-23 单击“分类汇总”按钮　　图 6-24 设置嵌套分类汇总

步骤 07 创建嵌套分类汇总，在当前分类汇总的基础上对商品的“数量”和“采购金额”进行求和汇总，如图 6-25 所示。

步骤 08 在表格左上方单击分级显示按钮 3，查看不同商品的汇总数据，如图 6-26 所示。

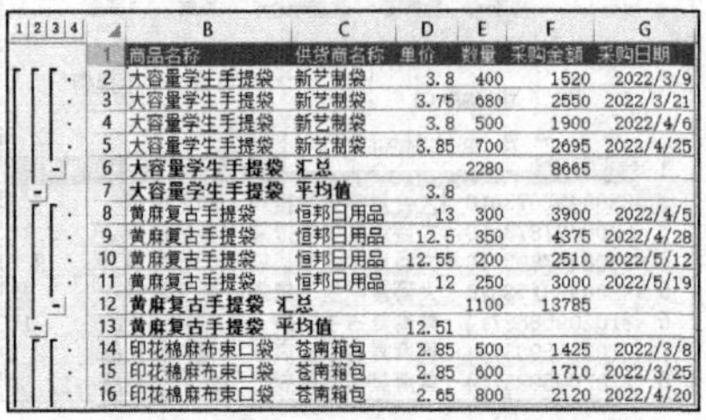

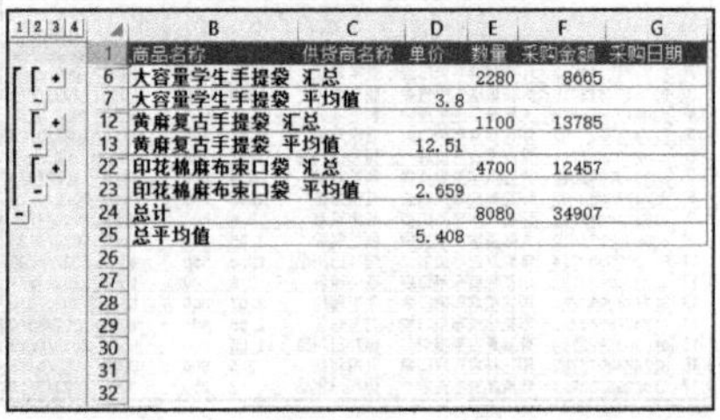

图 6-25 创建嵌套分类汇总　　图 6-26 查看不同商品的汇总数据

三、不同商品采购金额占比分析

卖家还可以根据不同商品的销售情况及时调整各类商品的占比，优化店铺的商品结构，以获得更多的利润。下面将介绍如何分析不同商品的采购金额占比，具体操作方法如下。

步骤 01 在 I1:J4 单元格区域内编辑商品采购金额统计表格，如图 6-27 所示。

	A	B	C	D	E	F	G	H	I	J
1	订单编号	商品名称	供货商名称	单价	数量	采购金额	采购日期		商品名称	采购金额
2	8174748743782	印花棉麻布束口袋	苍南箱包	2.85	500	1425	2022/3/8		印花棉麻布束口袋	
3	8308497673010	大容量学生手提袋	新艺制袋	3.8	400	1520	2022/3/9		大容量学生手提袋	
4	8308497873010	大容量学生手提袋	新艺制袋	3.75	680	2550	2022/3/21		黄麻复古手提袋	
5	8174748823782	印花棉麻布束口袋	苍南箱包	2.85	600	1710	2022/3/25			
6	8102095863714	黄麻复古手提袋	恒邦日用品	13	300	3900	2022/4/5			
7	8308497893010	大容量学生手提袋	新艺制袋	3.8	500	1900	2022/4/6			
8	8174748853782	印花棉麻布束口袋	苍南箱包	2.65	800	2120	2022/4/20			
9	8174748893782	印花棉麻布束口袋	苍南箱包	2.6	500	1300	2022/4/25			
10	8308498173010	大容量学生手提袋	新艺制袋	3.85	700	2695	2022/4/25			
11	8102095903714	黄麻复古手提袋	恒邦日用品	12.5	350	4375	2022/4/28			
12	8174748903782	印花棉麻布束口袋	苍南箱包	2.6	500	1300	2022/5/4			
13	8174748933782	印花棉麻布束口袋	苍南箱包	2.57	600	1542	2022/5/6			
14	8174748963782	印花棉麻布束口袋	苍南箱包	2.65	400	1060	2022/5/8			
15	8102095923714	黄麻复古手提袋	恒邦日用品	12.55	200	2510	2022/5/12			
16	8174748973782	印花棉麻布束口袋	苍南箱包	2.5	800	2000	2022/5/18			

图 6-27　编辑表格数据

步骤 02 选择 J2 单元格，选择“公式”选项卡，单击“数学和三角”下拉按钮，选择 SUMIFS 函数，如图 6-28 所示。

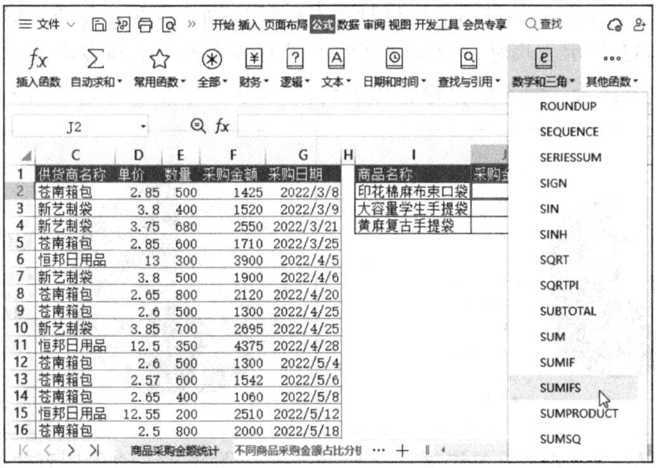

图 6-28　选择 SUMIFS 函数

步骤 03 弹出“函数参数”对话框，设置各项参数，单击“确定”按钮，如图 6-29 所示。

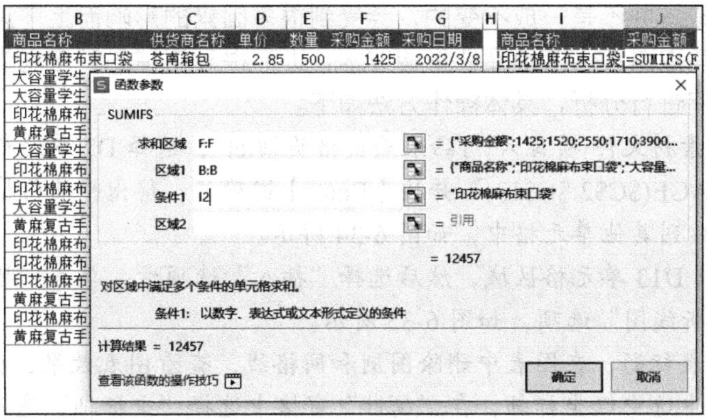

图 6-29　设置函数参数

步骤 04 使用填充柄将 J2 单元格中的公式填充到 J3:J4 单元格区域。选择 I1:J4 单元格区域，选择“插入”选项卡，单击“插入饼图或圆环图”下拉按钮，选择“饼图”选项，如图 6-30 所示。

步骤 05 输入图表标题，选中图表，单击浮动工具栏中的“图表元素”按钮，在弹出的面板上方选择“快速布局”选项卡，然后选择所需的布局样式，如图 6-31 所示。

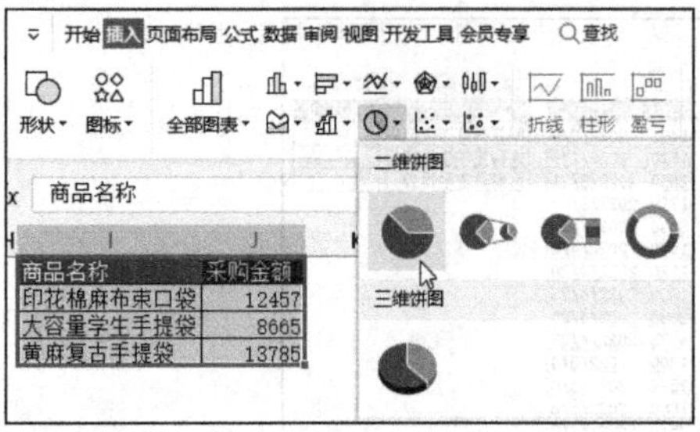

图 6-30 选择“饼图”选项

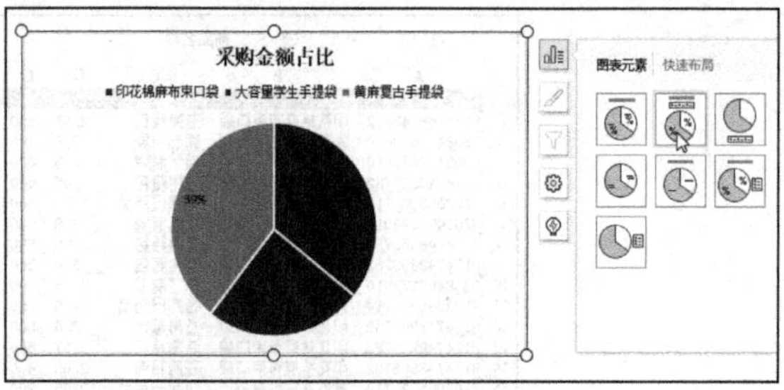

图 6-31 选择图表布局样式

步骤 06 在图表中选中数据标签，在“属性”窗格中选择“标签”选项卡，在“标签包括”选项区中选中“值”和“百分比”复选框，在“分隔符”下拉列表框中选择“;（分号）”选项，如图 6-32 所示。

步骤 07 设置将图例置于图表右侧，然后将图表标题也拖至右侧，并调整绘图区的大小，查看图表效果，如图 6-33 所示。此时，卖家即可对不同商品的采购金额占比进行分析，通过图表可以看出“黄麻复古手提袋”的采购金额占比最大，“大容量学生手提袋”的采购金额占比最小。

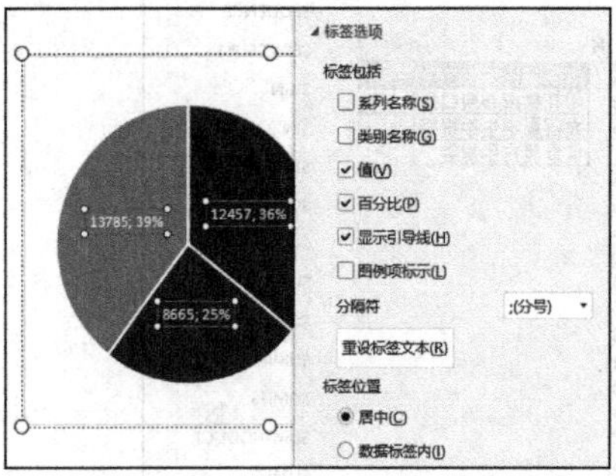

图 6-32 设置标签选项

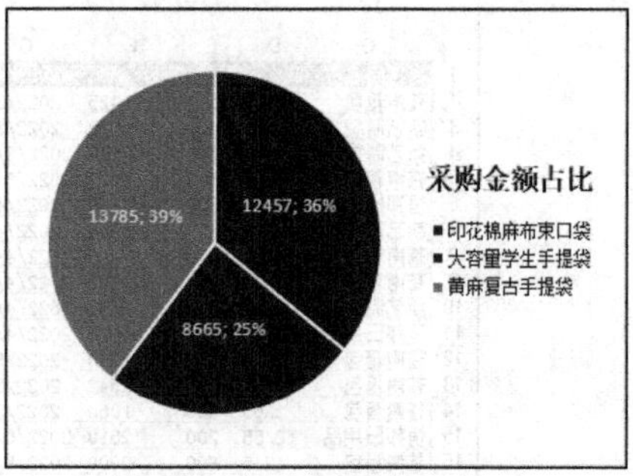

图 6-33 查看图表效果

四、商品采购时间分析

商品的采购成本并不是一成不变的，会受到很多因素的影响而上下波动，卖家要把握好采购的时机，争取最大限度地降低采购成本，进而提升店铺的销售利润。下面将介绍如何对商品采购时间进行分析，具体操作方法如下。

步骤 01 打开“素材文件\项目六\商品采购价格明细.et”，选择 D2 单元格，在编辑栏中输入公式“=AVERAGE($C$2:$C$13)”并按【Enter】键确认，得出平均价格，然后使用填充柄将公式填充到该列其他单元格中，如图 6-34 所示。

步骤 02 选择 B1:D13 单元格区域，然后选择“插入”选项卡，单击“插入折线图”下拉按钮，选择“折线图”选项，如图 6-35 所示。

步骤 03 输入图表标题，在图表中删除图例和网格线，查看图表效果，如图 6-36 所示。

步骤 04 在图表中选中纵坐标轴，在“属性”窗格中选择“坐标轴”选项卡，展开“坐标轴选项”组，在“边界”选项区中设置“最小值”为 15，如图 6-37 所示。

图 6-34　计算平均价格

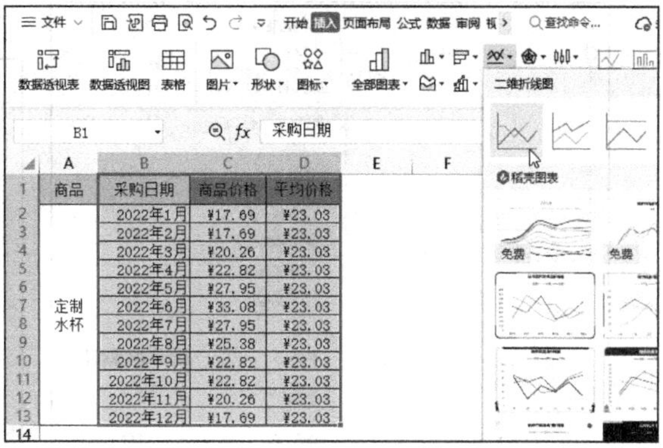

图 6-35　选择“折线图”选项

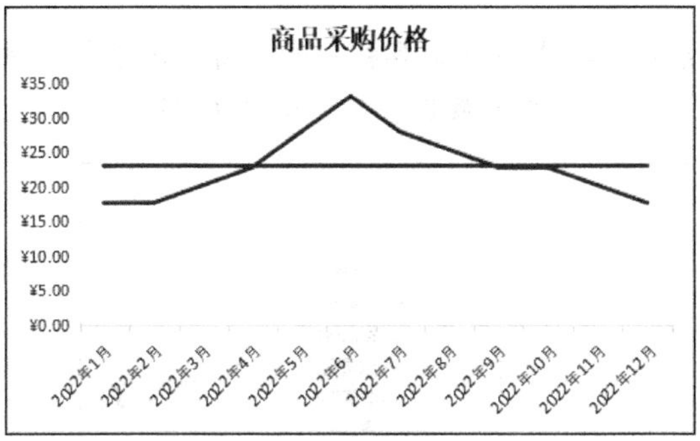

图 6-36　查看图表效果

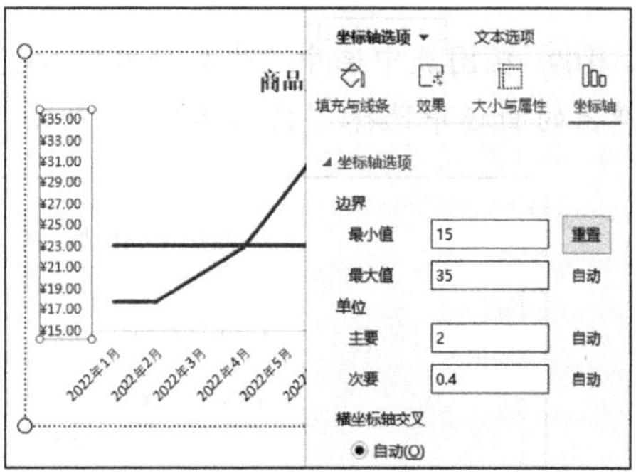

图 6-37　设置坐标轴选项

步骤 05 在图表中删除纵坐标轴，然后选中横坐标轴，在“属性”窗格中选择“坐标轴”选项卡，展开“数字”组，在“类别”下拉列表框中选择“自定义”选项，在“格式代码”文本框中输入“m"月"”，单击“添加”按钮，即可设置横坐标轴数字格式，如图 6-38 所示。

步骤 06 在图表中选中“平均价格”数据系列，在“属性”窗格中选择“填充与线条”选项卡，展开“线条”组，设置线条样式，然后设置线条颜色和宽度，如图 6-39 所示。

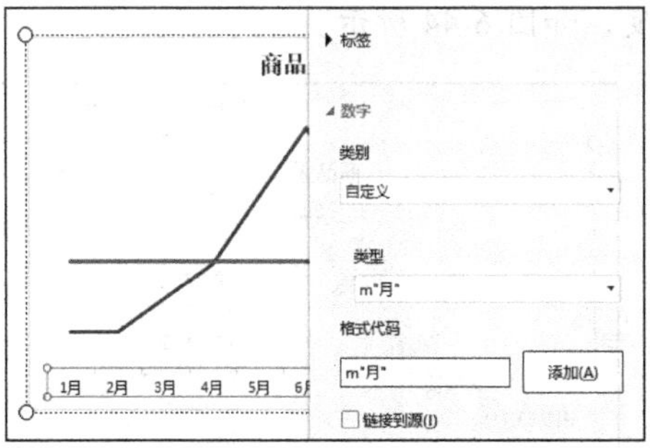

图 6-38　设置横坐标轴数字格式

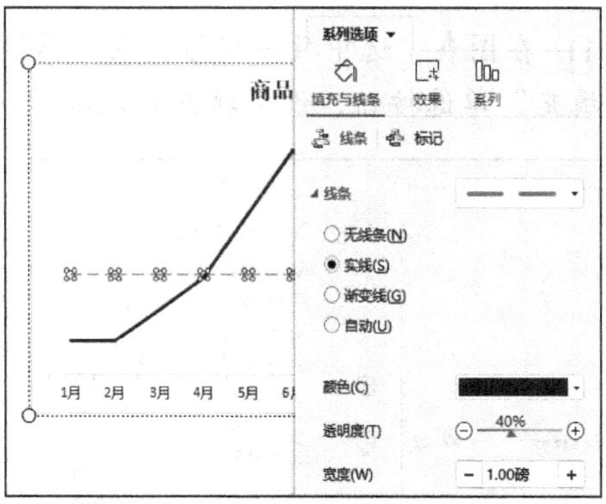

图 6-39　设置“平均价格”的线条格式

步骤 07 在图表中选中“商品价格”数据系列，在“属性”窗格中选择“填充与线条”选项卡，展开“线条”组，选中“实线”单选按钮，然后设置线条颜色和透明度，如图 6-40 所示。

步骤 08 选择“效果”选项卡，展开“阴影”组，在“阴影”下拉列表框中选择所需的阴影效果并设置参数，如图 6-41 所示。

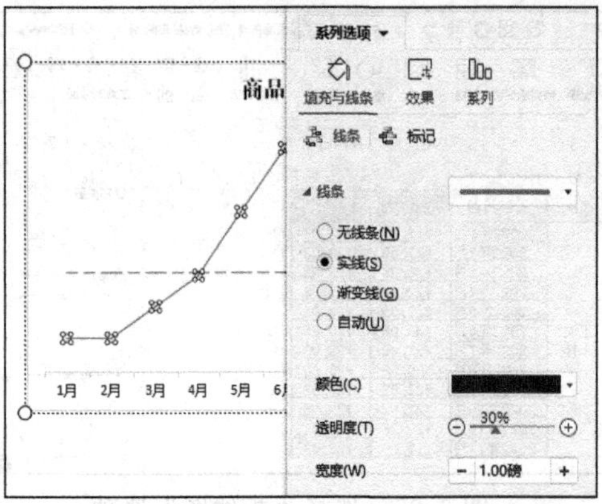

图 6-40　设置“商品价格”的线条格式

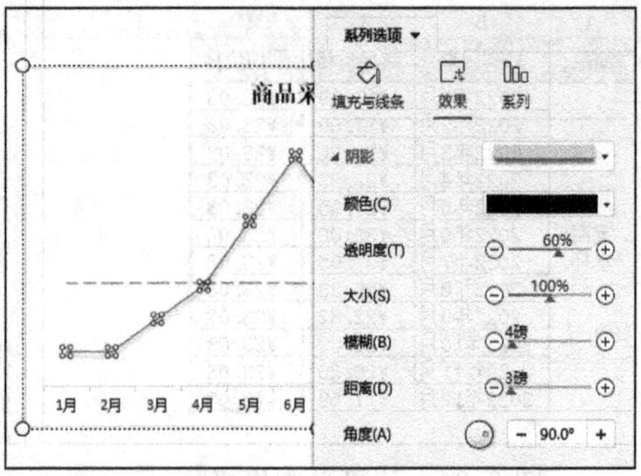

图 6-41　设置“商品价格”的阴影效果

步骤 09 在图表中选中“商品价格”数据系列，单击浮动工具栏中的“图表元素”按钮，在弹出的面板中选择“数据标签”|“居中”选项，添加数据标签，如图 6-42 所示。

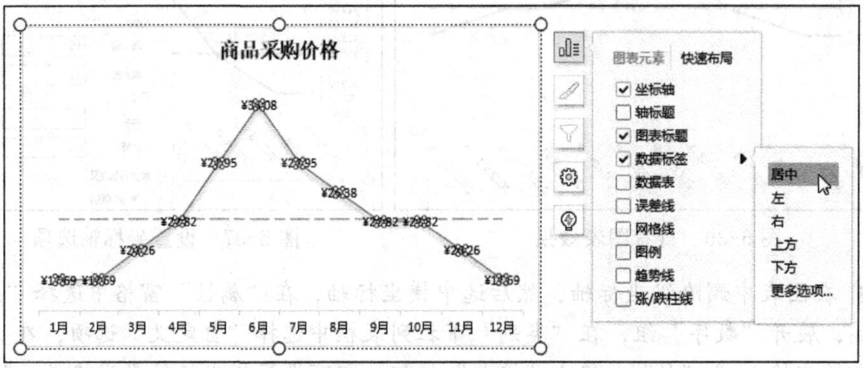

图 6-42　添加“商品价格”的数据标签

步骤 10 在图表中选中“平均价格”数据系列最右侧的数据点，单击浮动工具栏中的“图表元素”按钮，在弹出的面板中选择“数据标签”|“右”选项，添加数据标签，如图 6-43 所示。

步骤 11 在图表中选中数据标签，在“属性”窗格中选择“填充与线条”选项卡，选中“纯色填充”单选按钮，设置填充颜色和透明度，如图 6-44 所示。

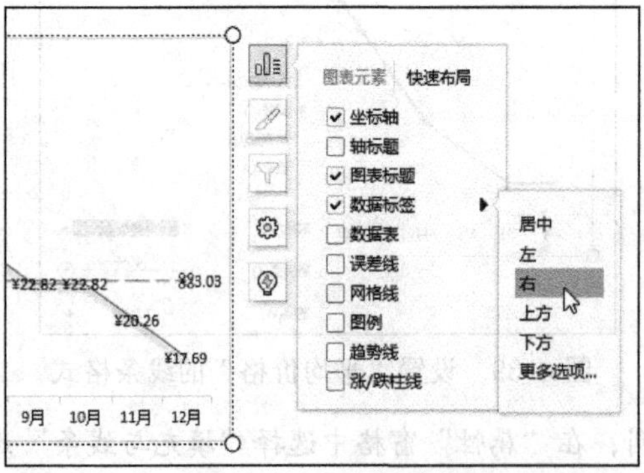

图 6-43　添加“平均价格”的数据标签

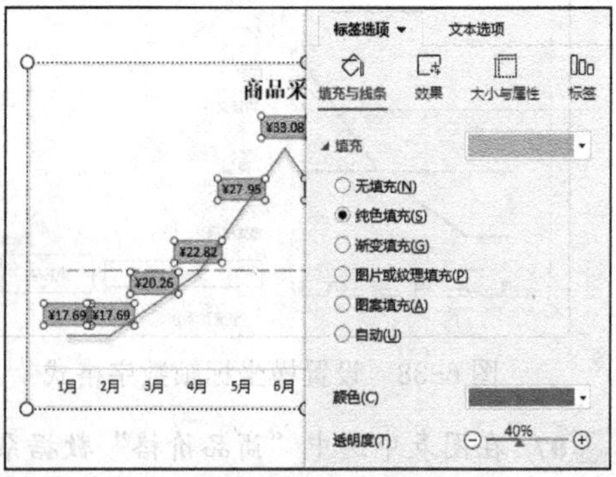

图 6-44　设置填充格式

步骤 12 查看图表效果，如图 6-45 所示，卖家可以根据图表对商品的采购时间进行分析，通过图表可以看出近期商品采购价格走势持续降低，较适宜采购。

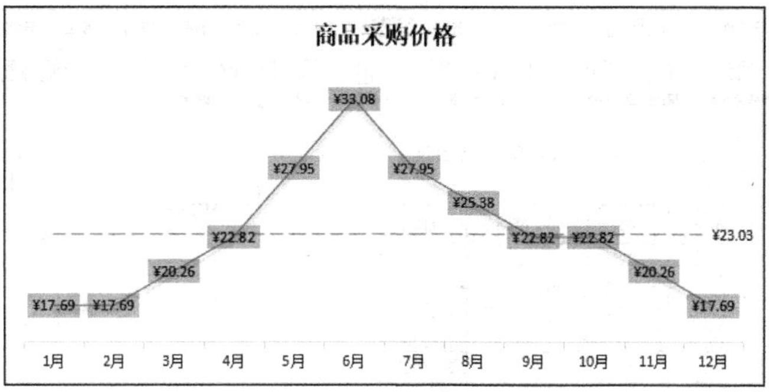

图 6-45　查看图表效果

课堂解疑

AVERAGE 函数的语法

语法：AVERAGE(number1,[number2],...)。

- number1：必需参数；要计算平均值的第一个数字、单元格引用或单元格区域。
- number2：可选参数；要计算平均值的其他数字、单元格引用或单元格区域，最多可包含 255 个。

五、商品采购金额预测

卖家可以使用移动平均法对未来一段时间内的商品采购金额进行预测或推算，如预测或推算明年、下个月的商品采购金额，以便进行采购资金的准备和规划。移动平均法是一种简单平滑的预测技术，它是根据时间序列资料逐项推移，依次计算包含一定项数的序时平均值，以反映长期趋势的方法。

下面将介绍如何使用移动平均法对商品采购金额进行预测，具体操作方法如下。

步骤 01 打开“素材文件\项目六\采购金额预测.et”，选择 C3 单元格，在编辑栏中输入公式“=SUM(B2:B3)/2”并按【Enter】键确认，然后使用填充柄将公式填充到 C4:C8 单元格区域，得出间隔为 2 时的移动平均数据，如图 6-46 所示。

步骤 02 选择 D4 单元格，在编辑栏中输入公式“=SUM(B2:B4)/3”并按【Enter】键确认，然后使用填充柄将公式填充到 D5:D8 单元格区域，得出间隔为 3 时的移动平均数据，如图 6-47 所示。

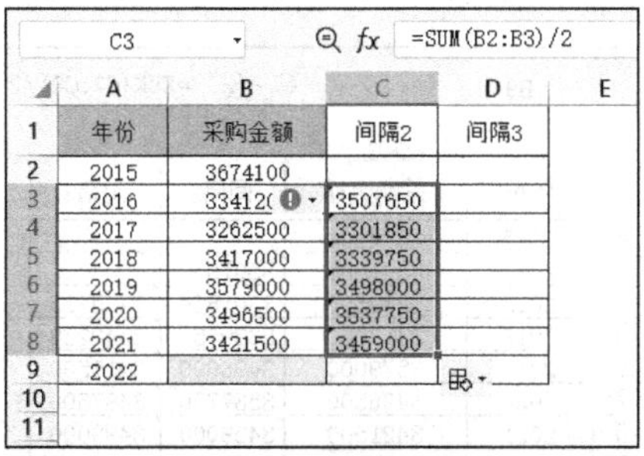

	A	B	C	D	E
1	年份	采购金额	间隔2	间隔3	
2	2015	3674100			
3	2016	33412(	3507650		
4	2017	3262500	3301850		
5	2018	3417000	3339750		
6	2019	3579000	3498000		
7	2020	3496500	3537750		
8	2021	3421500	3459000		
9	2022				
10					
11					

图 6-46　计算间隔为 2 时的移动平均数据

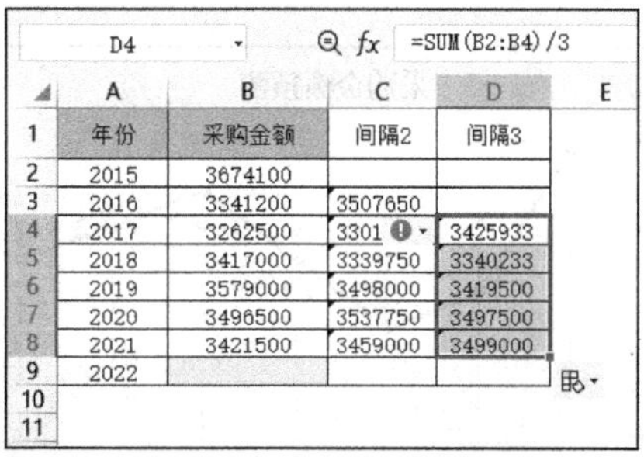

	A	B	C	D	E
1	年份	采购金额	间隔2	间隔3	
2	2015	3674100			
3	2016	3341200	3507650		
4	2017	3262500	3301	3425933	
5	2018	3417000	3339750	3340233	
6	2019	3579000	3498000	3419500	
7	2020	3496500	3537750	3497500	
8	2021	3421500	3459000	3499000	
9	2022				
10					
11					

图 6-47　计算间隔为 3 时的移动平均数据

步骤 03 选择 B1:D8 单元格区域，然后选择“插入”选项卡，单击“插入折线图”下拉按钮，选择“带数据标记的折线图”选项，如图 6-48 所示。

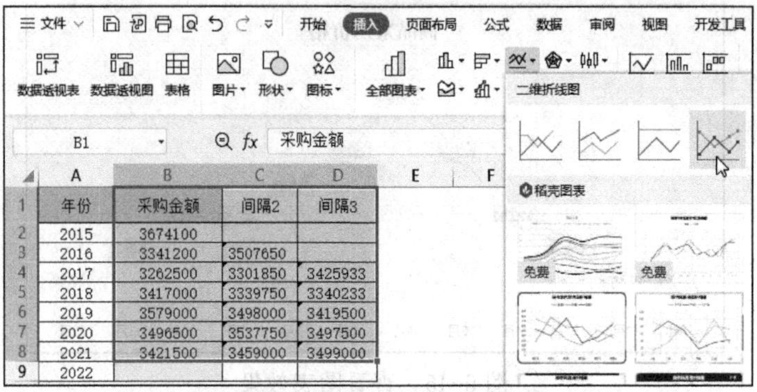

	A	B	C	D
1	年份	采购金额	间隔2	间隔3
2	2015	3674100		
3	2016	3341200	3507650	
4	2017	3262500	3301850	3425933
5	2018	3417000	3339750	3340233
6	2019	3579000	3498000	3419500
7	2020	3496500	3537750	3497500
8	2021	3421500	3459000	3499000
9	2022			

图 6-48　选择“带数据标记的折线图”选项

步骤 04 输入图表标题，删除网格线，然后设置“间隔 2”和“间隔 3”数据系列的线条格式，如图 6-49 所示。

步骤 05 选中图表，在“图表工具”选项卡下单击“添加元素”按钮，选择“线条”|“垂直线”选项，如图 6-50 所示。

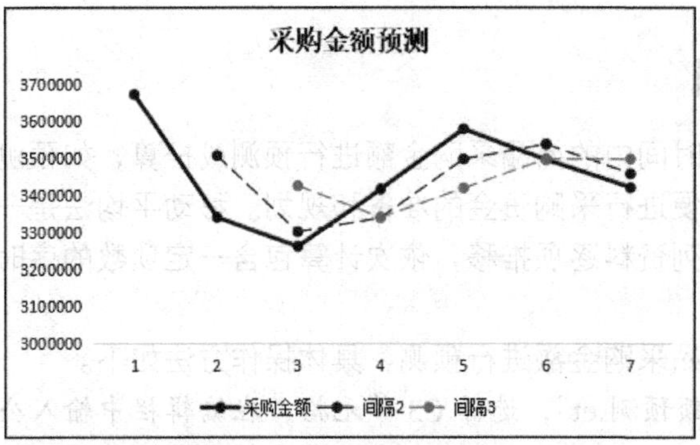

图 6-49　设置图表格式

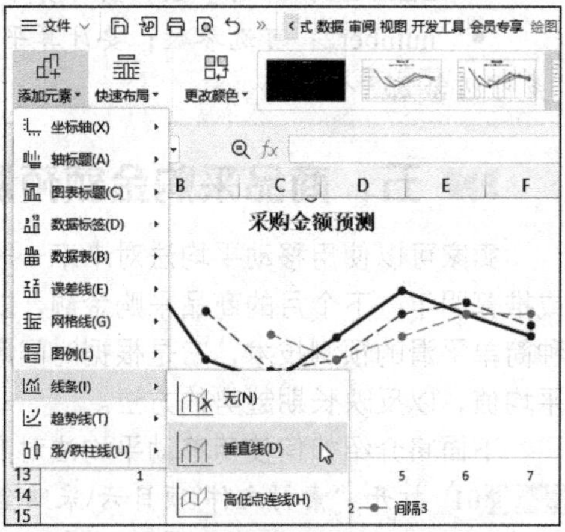

图 6-50　选择“垂直线”选项

步骤 06 查看图表效果，如图 6-51 所示，可以看出“间隔 2”的预测值更接近实际采购金额，因此决定采用间隔为 2 的移动平均值。

步骤 07 选择 B9 单元格，在编辑栏中输入公式“=SUM(C7:C8)/2”并按【Enter】键确认，得出采购金额预测结果，如图 6-52 所示。卖家可以根据采购金额预测结果进行资金的规划。

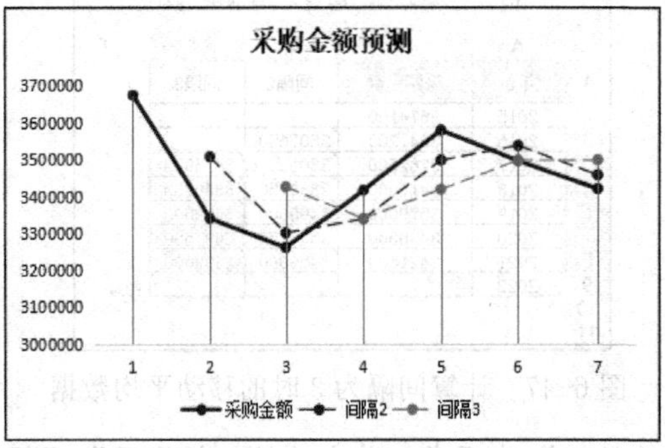

图 6-51　查看图表效果

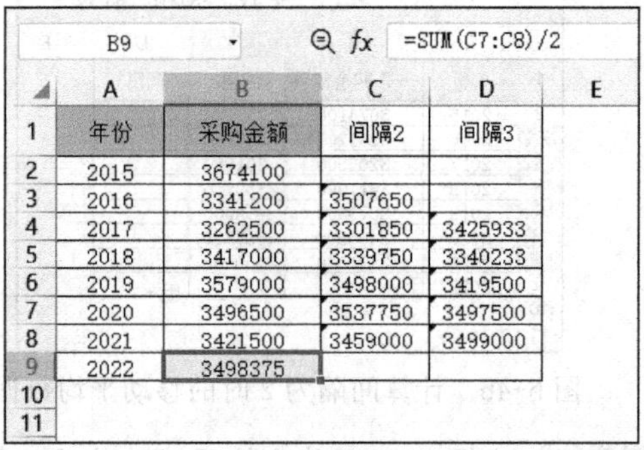

	A	B	C	D
1	年份	采购金额	间隔2	间隔3
2	2015	3674100		
3	2016	3341200	3507650	
4	2017	3262500	3301850	3425933
5	2018	3417000	3339750	3340233
6	2019	3579000	3498000	3419500
7	2020	3496500	3537750	3497500
8	2021	3421500	3459000	3499000
9	2022	3498375		

图 6-52　计算采购金额预测结果

六、不同供货商的商品报价分析

卖家通过对多家供货商的商品报价进行比较，可以选择更有优势的供货商进行合作，从而降低商品采购成本。下面将介绍如何分析不同供货商的商品报价，具体操作方法如下。

步骤 01 打开“素材文件\项目六\供货商商品报价.et”，选择“插入”选项卡，单击“数据透视表”按钮，如图 6-53 所示。

步骤 02 弹出“创建数据透视表”对话框，保持默认设置不变，单击“确定”按钮，如图 6-54 所示。

图 6-53　单击“数据透视表”按钮

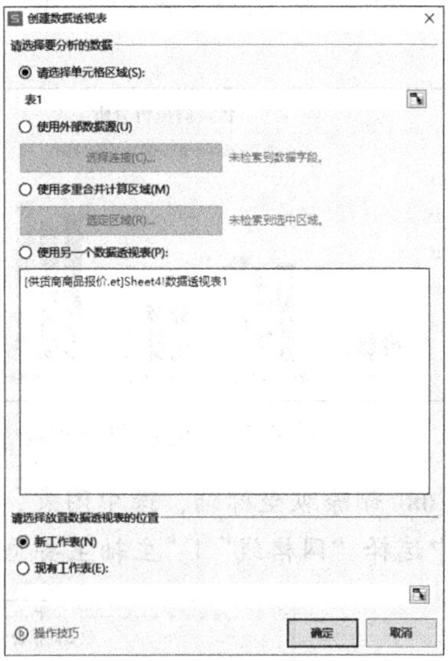

图 6-54　“创建数据透视表”对话框

步骤 03 在“数据透视表”窗格中将“商品名称”字段拖至“行”区域，将“供货商”字段拖至“列”区域，将“商品报价”字段拖至“值”区域，如图 6-55 所示。

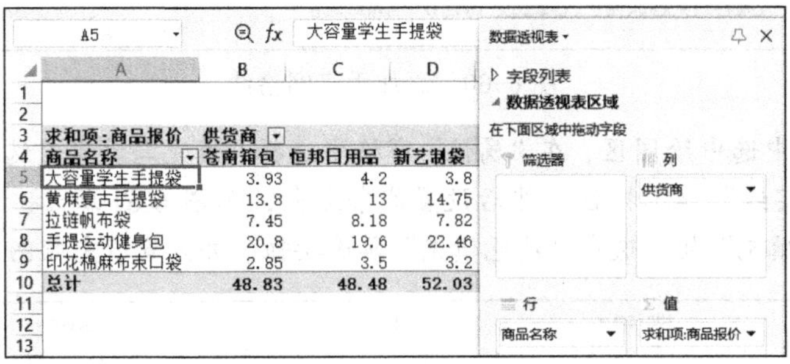

图 6-55　添加数据透视表字段

步骤 04 在数据透视表中选择任意单元格，选择“插入”选项卡，单击“插入柱形图”下拉按钮，选择“簇状柱形图”选项，如图 6-56 所示。

步骤 05 选中图表，单击“分析”选项卡下的“字段按钮”按钮，隐藏图表上的按钮，如图 6-57 所示。

步骤 06 根据需要设置图表布局，并输入图表标题，如图 6-58 所示。

步骤 07 在图表中选中纵坐标轴，在“属性”窗格中选择“坐标轴”选项卡，展开“坐标轴选项”组，在“边界”选项区中设置“最小值”为 0，“最大值”为 27，如图 6-59 所示。

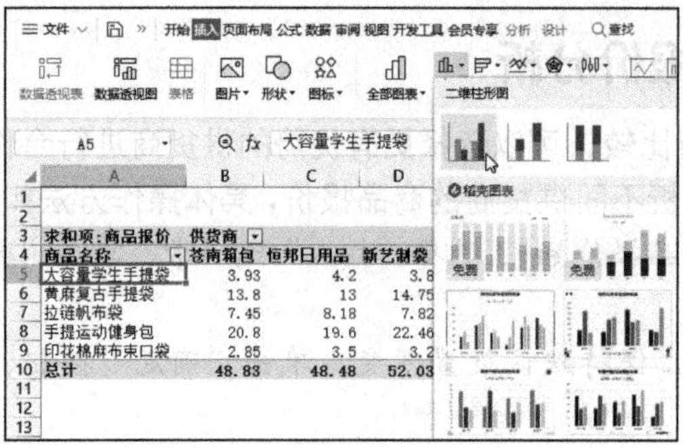

图 6-56　选择“簇状柱形图”选项

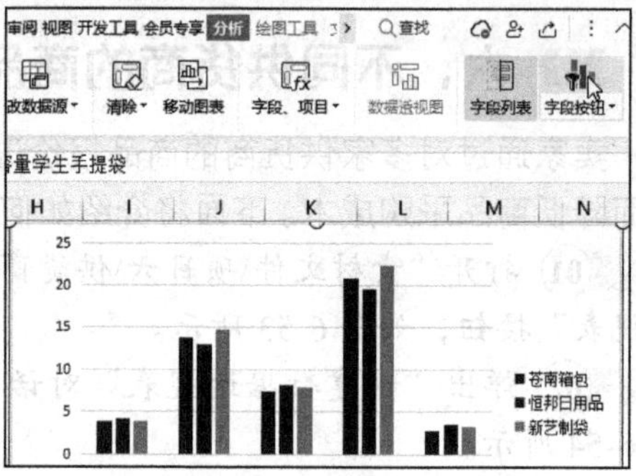

图 6-57　隐藏图表上的按钮

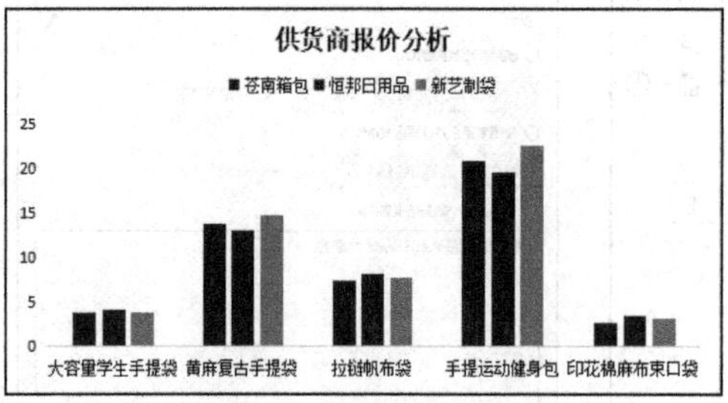

图 6-58　设置图表布局

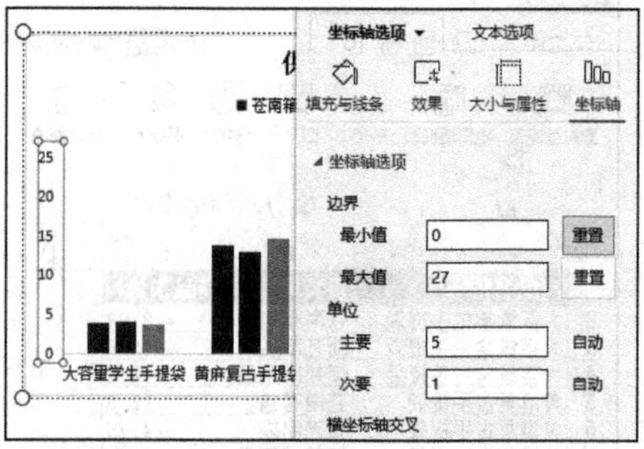

图 6-59　设置坐标轴选项

步骤 08 删除纵坐标轴，选中图表，单击浮动工具栏中的“图表元素”按钮，在弹出的面板中选择“网格线”|“主轴主要垂直网格线”选项，添加垂直网格线，如图 6-60 所示。

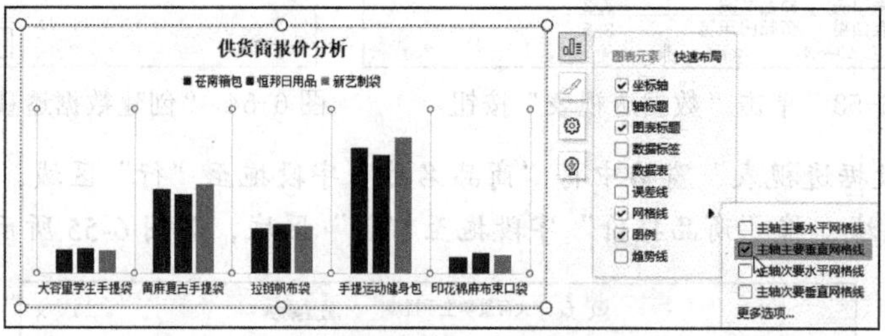

图 6-60　添加垂直网格线

步骤 09 在图表中选中绘图区，在“属性”窗格中选择“填充与线条”选项卡，展开“线条”组，选中“实线”单选按钮，然后设置线条颜色，如图 6-61 所示。

步骤 10 展开“填充”组，选中“纯色填充”单选按钮，并设置填充颜色，如图 6-62 所示。

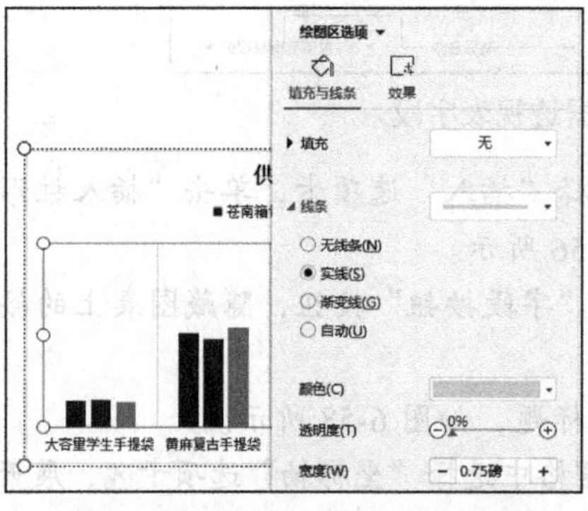

图 6-61　设置绘图区线条颜色

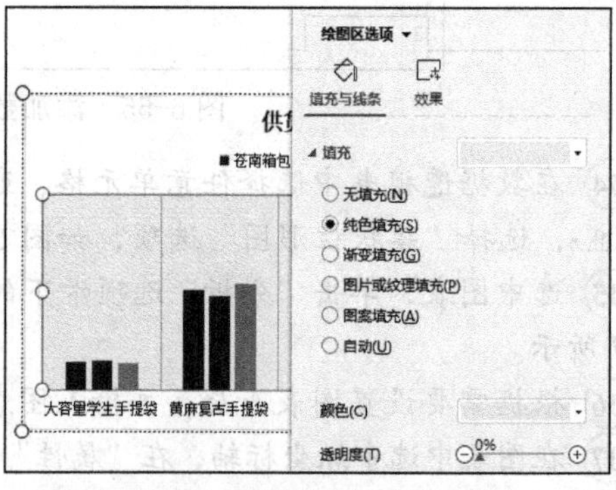

图 6-62　设置绘图区填充颜色

步骤 11 在图表中选中网格线，在“属性”窗格中选择“效果”选项卡，展开“阴影”组，在“阴影”下拉列表框中选择所需的阴影效果，并设置相关参数，如图 6-63 所示。

步骤 12 在图表中选中数据系列，在“属性”窗格中选择“系列”选项卡，设置“系列重叠”和“分类间距”参数，如图 6-64 所示。

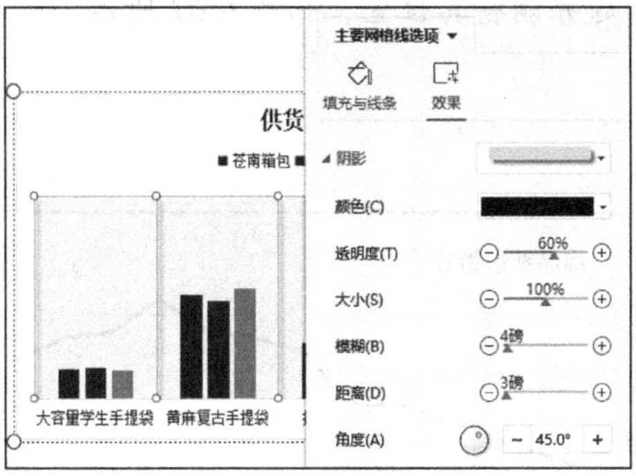

图 6-63　设置阴影效果

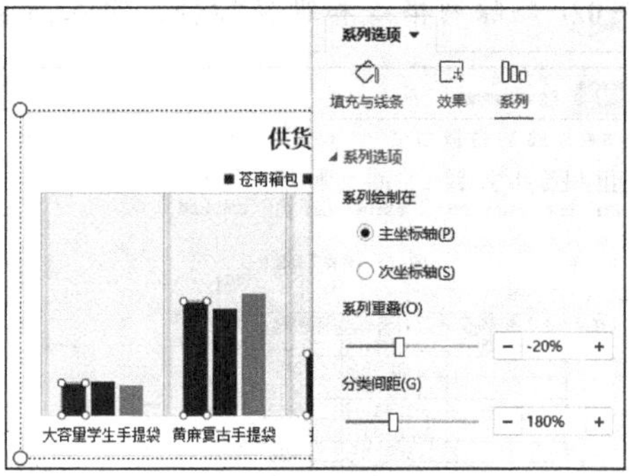

图 6-64　设置系列格式

步骤 13 选中图表，单击浮动工具栏中的“图表元素”按钮，在弹出的面板中选中“数据标签”复选框，添加数据标签，如图 6-65 所示。此时，卖家即可对不同供货商的商品报价进行分析，选出每种商品的最低报价。

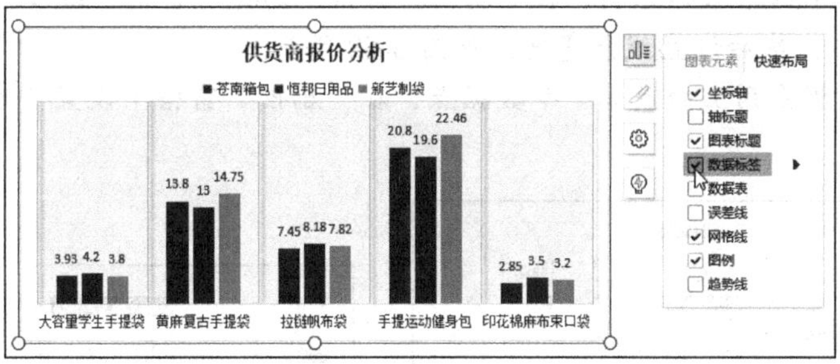

图 6-65　添加数据标签

任务二　根据商品生命周期控制商品采购数量

任务概述

商品生命周期是指商品的市场寿命。一种商品进入市场后，其销量和利润都会随着时间的推移而发生改变，呈现出由少到多再由多到少的过程。商品生命周期一般分为 4 个阶段，即导入期、成长期、成熟期和衰退期。卖家在导入期、成长期和成熟期可以增大采购数量，在衰退期则应减少采购数量甚至不采购，以减少不合理的采购投入。本任务将介绍如何在 WPS 表格中根据商品生命周期来控制商品的采购。

任务重点与实施

一、根据搜索指数分析商品生命周期

搜索指数是一种反映特定商品被访客搜索的次数的指标，它能反映出特定商品的竞争程

度和冷热门情况。根据搜索指数对商品生命周期进行分析，其实就是分析消费者对商品关心或关注程度的走势。下面将介绍如何根据搜索指数分析商品生命周期，具体操作方法如下。

步骤 01 打开“素材文件\项目六\商品搜索指数.et”，选择B1:D14单元格区域，选择“插入”选项卡，单击“插入折线图”下拉按钮，选择“折线图”选项，如图6-66所示。

步骤 02 删除网格线和纵坐标轴，输入图表标题并调整其位置，如图6-67所示。

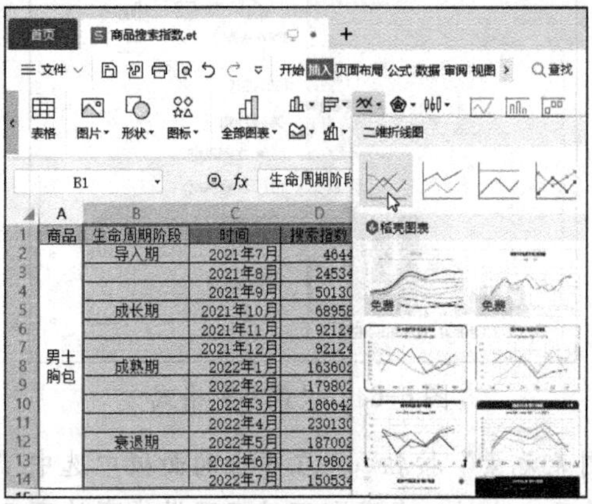

图6-66 选择“折线图”选项

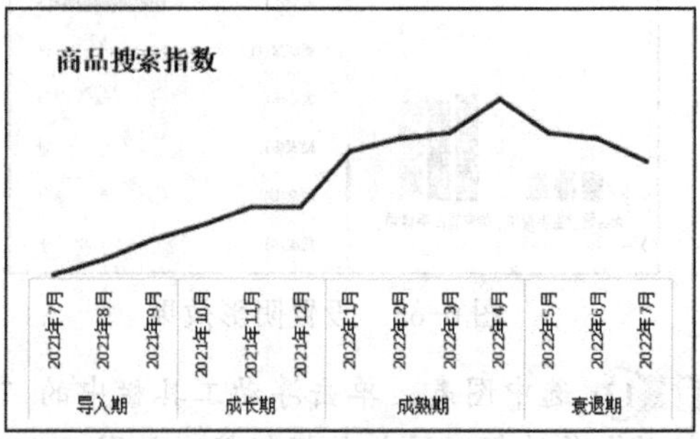

图6-67 输入并调整图表标题

步骤 03 在图表中选中数据系列，在“属性”窗格中选择“填充与线条”选项卡，选中“实线”单选按钮，然后设置线条宽度，如图6-68所示。

步骤 04 选中数据系列上的最后一个数据点，在“属性”窗格中设置“末端箭头”参数，如图6-69所示。

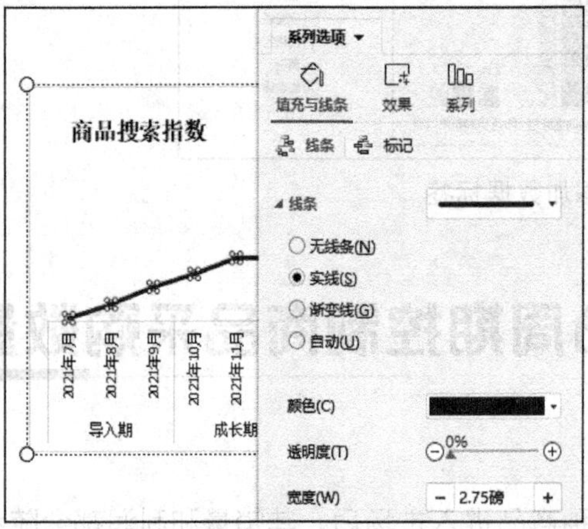

图6-68 设置线条格式

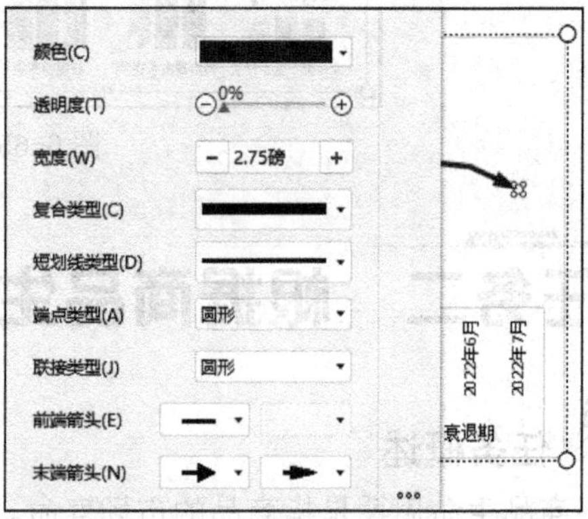

图6-69 设置“末端箭头”参数

步骤 05 在图表中选中数据系列，在“属性”窗格中选择“效果”选项卡，展开“阴影”组，在“阴影”下拉列表框中选择所需的阴影效果，并设置相关参数，如图6-70所示。

步骤 06 选中图表，在“图表工具”选项卡下单击“添加元素”下拉按钮，选择“线条”|“垂直线”选项，如图6-71所示。

步骤 07 在图表中选中垂直线，在“属性”窗格中选择“填充与线条”选项卡，在“线条”组中选中“渐变线”单选按钮，设置渐变参数，如图6-72所示。

步骤 08 选择“效果”选项卡，展开“阴影”组，在“阴影”下拉列表框中选择所需的阴影效果，并设置相关参数，如图6-73所示。

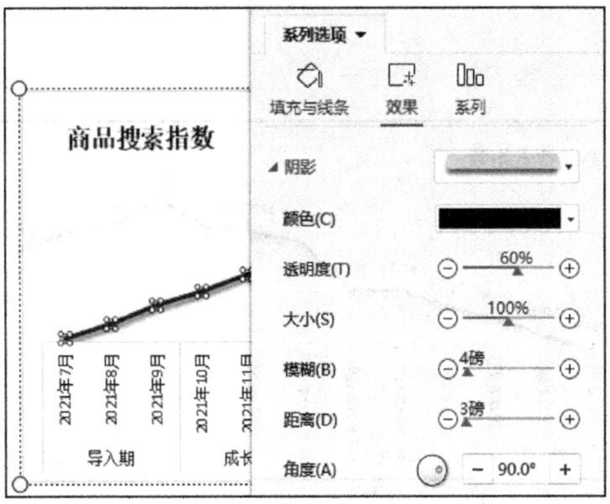

图 6-70 设置阴影效果

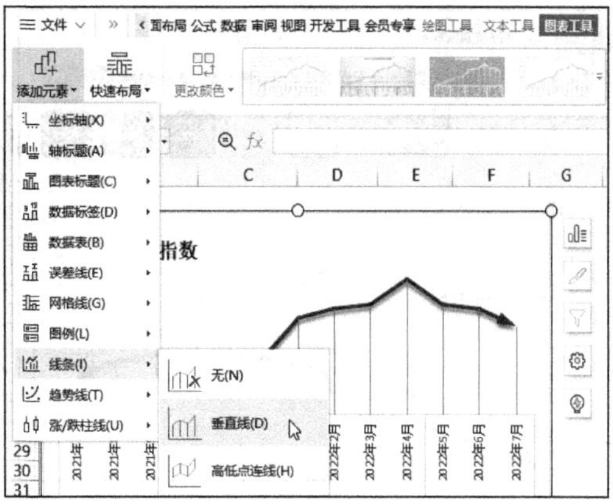

图 6-71 添加垂直线

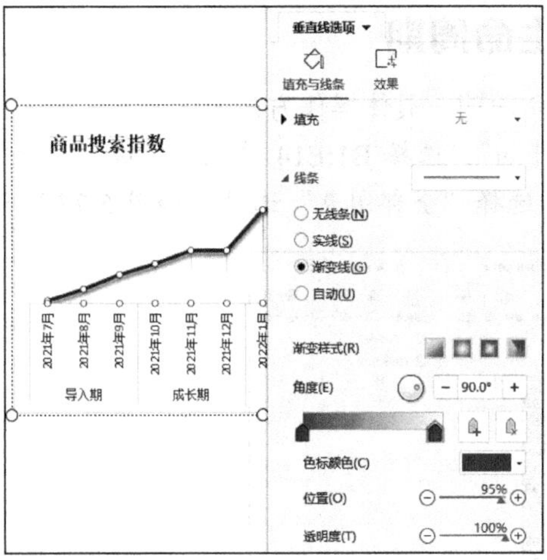

图 6-72 设置渐变线选项

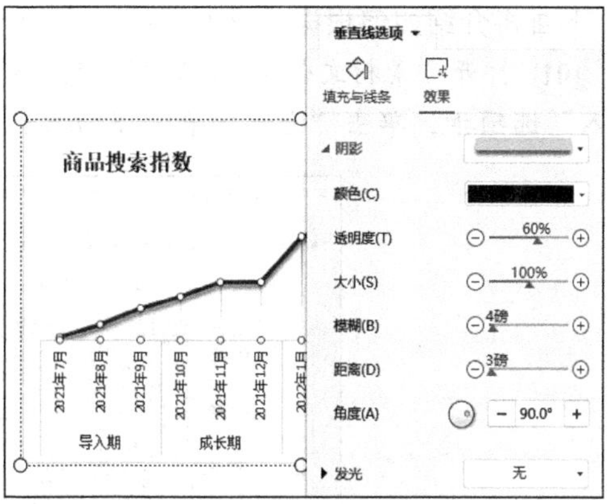

图 6-73 设置阴影效果

步骤 09 选中图表，单击浮动工具栏中的“图表元素”按钮，在弹出的面板中选择“数据标签”|“上方”选项，添加数据标签，如图 6-74 所示。

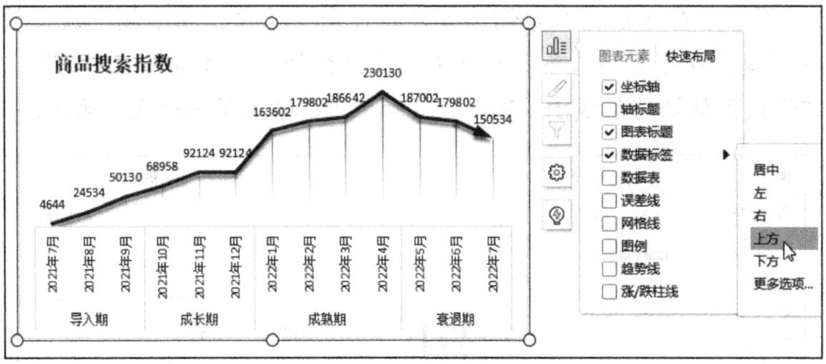

图 6-74 添加数据标签

步骤 10 选中图表，选择“绘图工具”选项卡，单击“矩形”按钮□，如图 6-75 所示。

步骤 11 在“绘图工具”选项中设置形状填充和形状轮廓样式，然后调整形状的位置，如图 6-76 所示。完成图表制作，卖家可根据搜索指数分析商品的生命周期，在导入期采购较少数量的商品，在成长期采购较多数量的商品，在成熟期大量地采购商品，在衰退期减少商品的采购数量或者不采购。

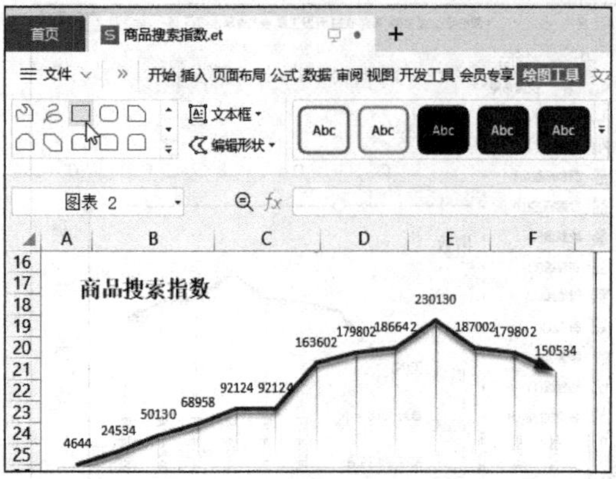

图 6-75 单击“矩形”按钮

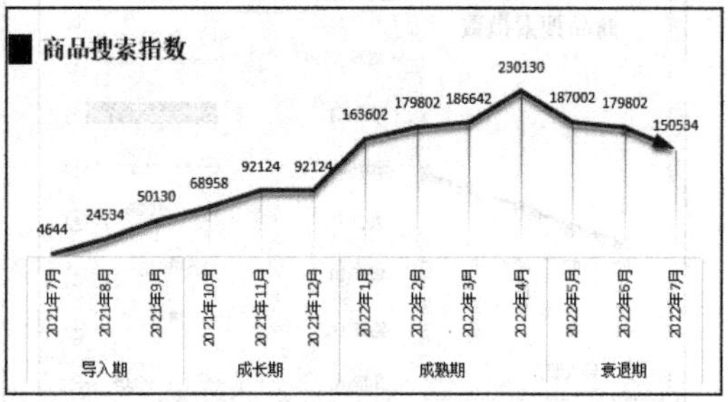

图 6-76 设置矩形形状样式

二、根据成交量分析商品生命周期

下面将介绍如何根据成交量分析商品的生命周期，具体操作方法如下。

步骤 01 打开“素材文件\项目六\商品利润统计.et”，选择 B1:E14 单元格区域，然后选择“插入”选项卡，单击“全部图表”下拉按钮，选择“全部图表”选项，如图 6-77 所示。

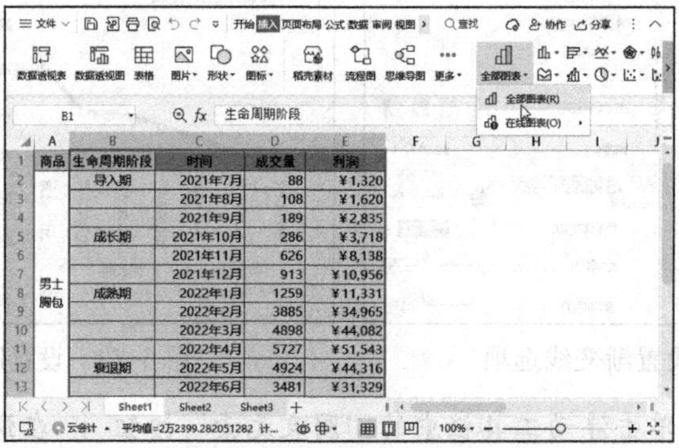

图 6-77 选择“全部图表”选项

步骤 02 弹出“图表”对话框，在左侧选择“组合图”选项，在右侧“成交量”图表类型下拉列表框中选择“簇状柱形图”选项，并选中“次坐标轴”复选框，在“利润”图表类型下拉列表框中选择“带数据标记的折线图”选项，然后单击“插入预设图表”按钮，如图 6-78 所示。

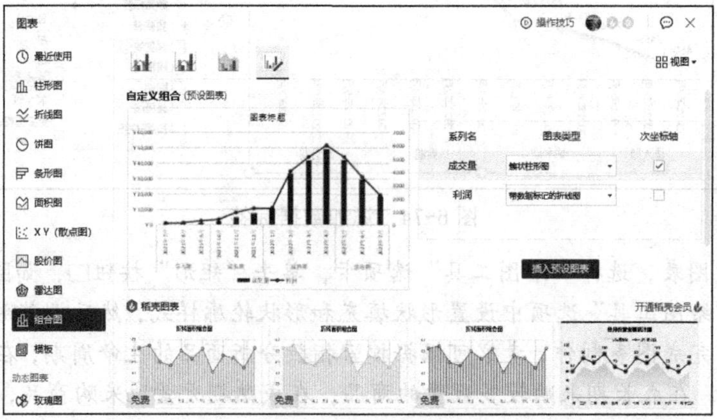

图 6-78 设置组合图表

步骤 03 在图表中选中主要纵坐标轴，在“属性”窗格中选择“坐标轴”选项卡📊，展开“标签”组，在“标签位置”下拉列表框中选择“无”选项，删除主要纵坐标轴，如图 6-79 所示。采用同样的方法，删除次要纵坐标轴。

步骤 04 在图表中选中“利润”数据系列，在“属性”窗格中选择“填充与线条”选项卡◇，展开“线条”组，选中“实线”单选按钮，然后设置线条颜色和宽度，如图 6-80 所示。

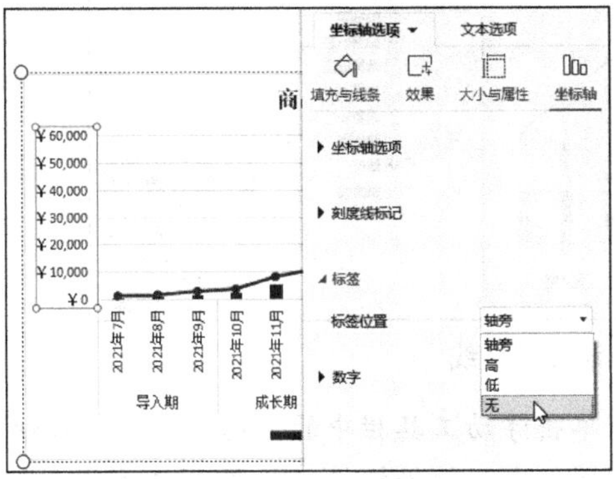

图 6-79 删除主要纵坐标轴

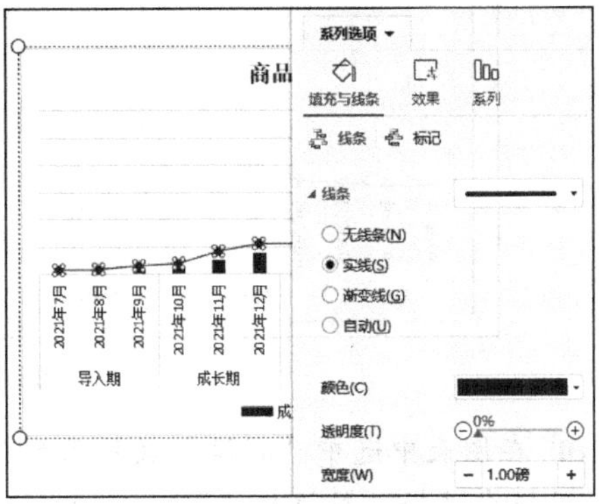

图 6-80 设置线条格式

步骤 05 单击“标记”按钮，在“填充”组中选中“无填充”单选按钮，如图 6-81 所示。

步骤 06 选择“系列”选项卡📊，选中“平滑线”复选框，如图 6-82 所示。

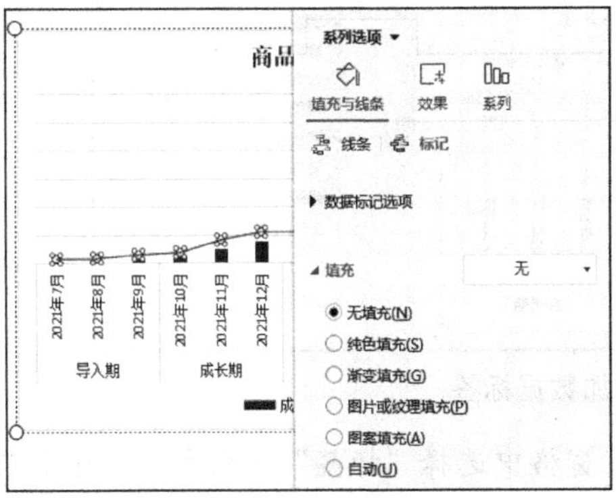

图 6-81 设置标记格式

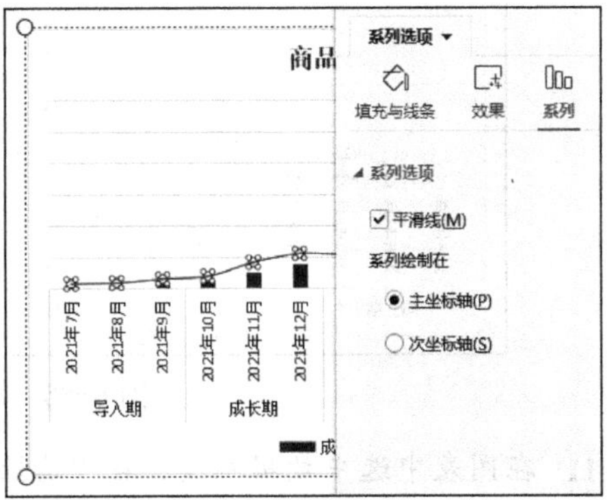

图 6-82 设置平滑线

步骤 07 在图表中选中“成交量”数据系列，在“属性”窗格中选择“填充与线条”选项卡◇，选中“纯色填充”单选按钮，并设置填充颜色，如图 6-83 所示。

步骤 08 选择“系列”选项卡📊，设置“分类间距”参数，如图 6-84 所示。

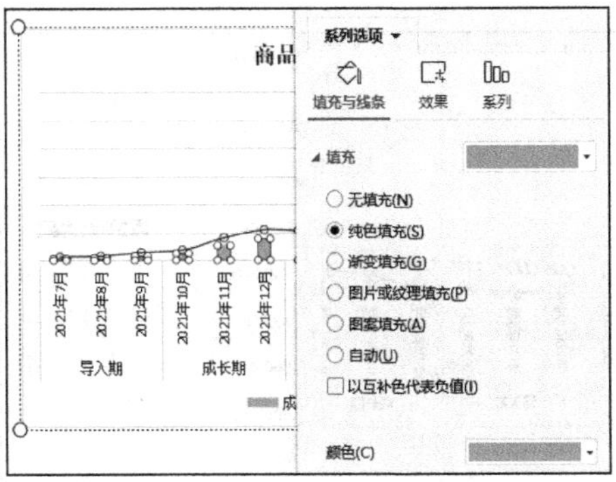

图 6-83 设置填充颜色

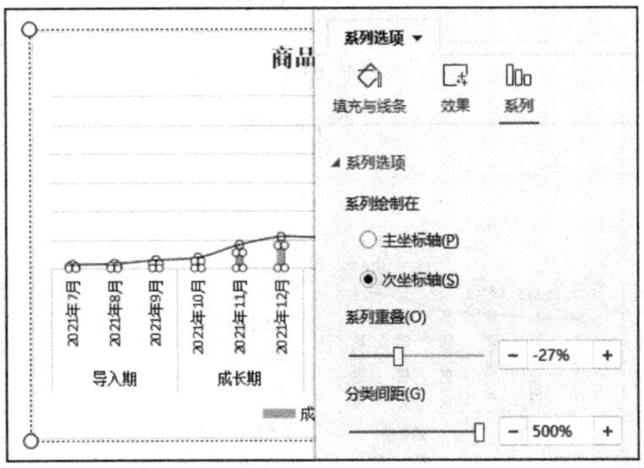

图 6-84 设置“分类间距”参数

步骤 09 选中图表，单击浮动工具栏中的“图表元素”按钮，在弹出的面板中选中“网格线”复选框，然后在其子菜单中选中“主轴主要水平网格线”和“主轴主要垂直网格线”复选框，添加网格线，如图 6-85 所示。

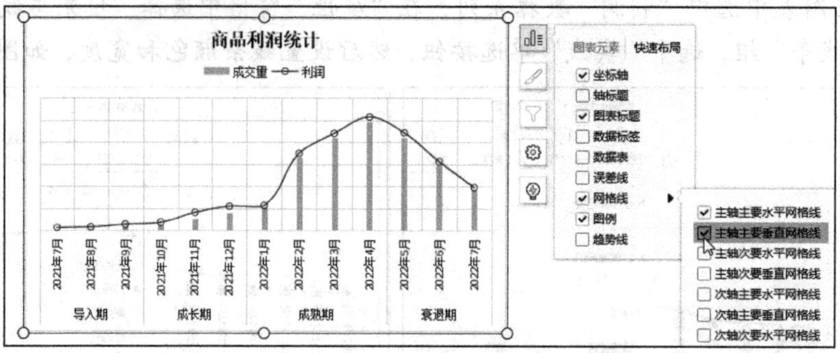

图 6-85　添加网格线

步骤 10 在图表中选中“利润”数据系列，单击浮动工具栏中的“图表元素”按钮，在弹出的面板中选择“数据标签”|“上方”选项，添加数据标签，如图 6-86 所示。

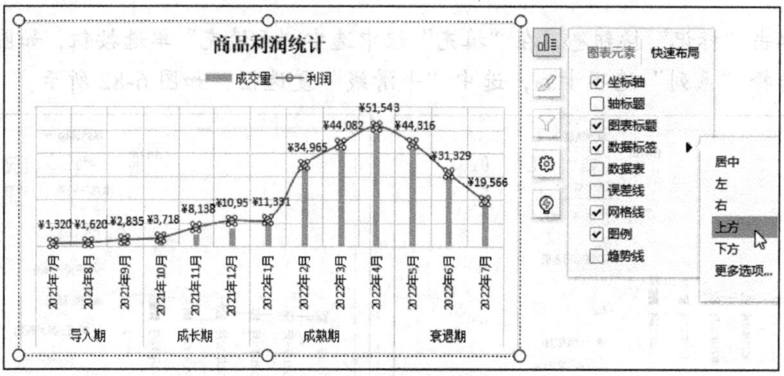

图 6-86　添加数据标签

步骤 11 在图表中选中数据标签，在“属性”窗格中选择“标签”选项卡，展开“数字”组，在“类别”下拉列表框中选择“货币”选项，设置“小数位数”为 0，“符号”为“无”，如图 6-87 所示。

步骤 12 在图表中选中“利润”数据系列，在“属性”窗格中选择“效果”选项卡，展开“阴影”组，在“阴影”下拉列表框中选择所需的阴影效果，并设置相关参数，如图 6-88 所示。

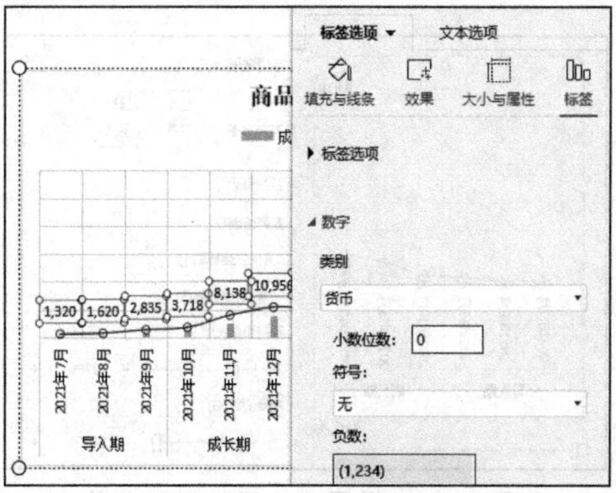

图 6-87　设置数据标签的数字格式

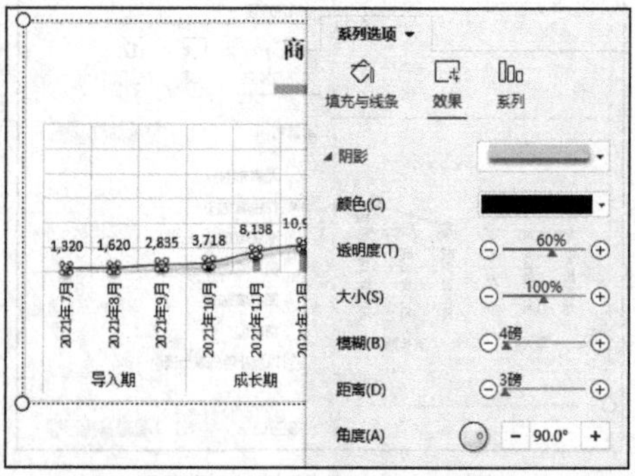

图 6-88　设置阴影效果

步骤 13 完成图表的制作，卖家即可根据成交量分析商品生命周期，从而控制商品的采购成本，查看图表效果，如图 6-89 所示。

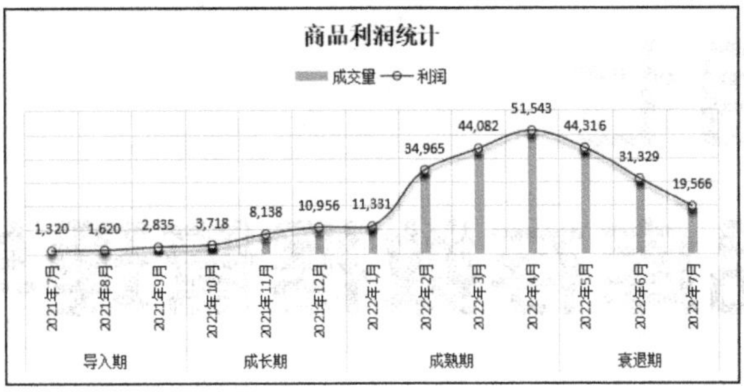

图 6-89　查看图表效果

项目小结

通过本项目的学习，读者应重点掌握以下知识。

1．通过对商品成本价格进行分析，寻找合适的采购时机，以节约采购成本。

2．通过对不同商品的采购金额占比进行分析，根据不同商品的销售情况适当调整各类商品的占比，优化店铺的商品结构。

3．通过对不同供货商的商品报价进行对比分析，选择最合适的供货商，以降低采购成本。

4．通过分析商品生命周期，控制商品采购数量，避免造成缺货或库存积压。

项目习题

打开“素材文件\项目六\2022 年销量预测.et”，如图 6-90 所示。根据近几年的销量数据，使用移动平均法预测 2022 年的销量。

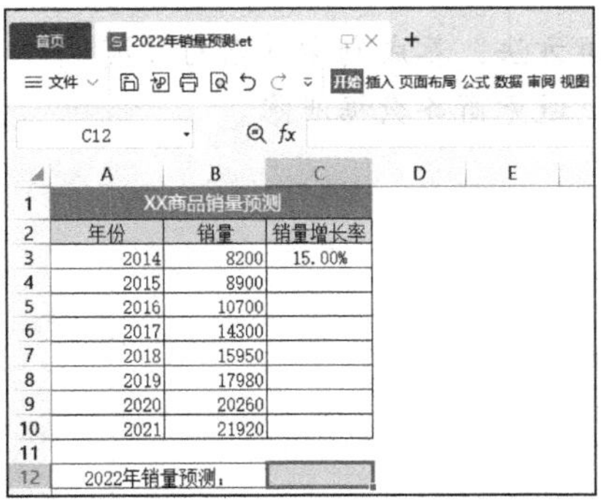

XX商品销量预测		
年份	销量	销量增长率
2014	8200	15.00%
2015	8900	
2016	10700	
2017	14300	
2018	15950	
2019	17980	
2020	20260	
2021	21920	
2022年销量预测：		

图 6-90　“2022 年销量预测”工作表

关键提示：

（1）计算“销量增长率”。

（2）使用移动平均法分别计算间隔为 2 和间隔为 3 时的销量增长率数据。

（3）选择最接近实际增长率的移动平均方法，预测销量。

项目七

商品库存数据管理与分析

库存是电商运营中采购与销售的中间环节，用于商品存取、周转和调度。库存能够保证商品的及时供应，防止供货短缺或中断。如果做不好库存管理工作，就可能会出现占用大量资金、加大库存成本等情况，所以卖家需要定期对库存数据进行认真分析，制订合理的库存管理策略，以保证商品供求的平衡。

项目重点

- 掌握商品库存数据分析的方法。
- 掌握库存周转率分析的方法。

项目目标

- 学会分析商品库存数据。
- 学会分析库存周转率。

素养目标

- 学会正确的数据思维方法，养成勤学善思的习惯。
- 强化数据安全意识，避免商务数据泄露。

任务一 商品库存数据分析

任务概述

商品库存数据分析的意义不仅仅是确定商品数量这样简单，而是通过数据分析了解商品库存情况，从而判断商品结构是否合理，商品是否需要补货等。本任务将介绍如何在 WPS 表格中进行商品库存数据分析。

任务重点与实施

一、各类商品库存占比统计

卖家通过统计各类商品库存的占比情况，可以了解商品结构是否符合市场需求，以便及时调整销售策略。下面将介绍如何在 WPS 表格中统计各类商品库存的占比情况，并使用窗体控件来制作动态图表，具体操作方法如下。

步骤 01 打开“素材文件\项目七\商品库存数量.et”，选择 B9 单元格，在编辑栏中输入“=B2”并按【Enter】键确认，然后向右拖动填充柄至 E9 单元格填充公式，如图 7-1 所示。

步骤 02 在 A10 单元格中输入 1，在 B10 单元格中输入公式“=INDEX(B3:B7,$A$10)”并按【Enter】键确认，然后向右拖动填充柄至 E10 单元格填充公式，如图 7-2 所示。

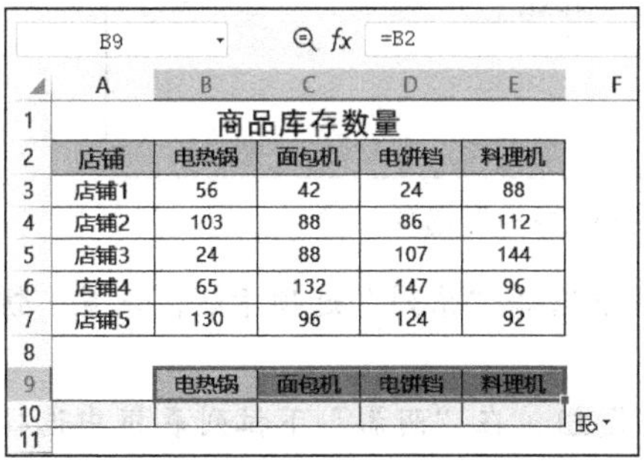

图 7-1 编辑 B9:E9 单元格区域

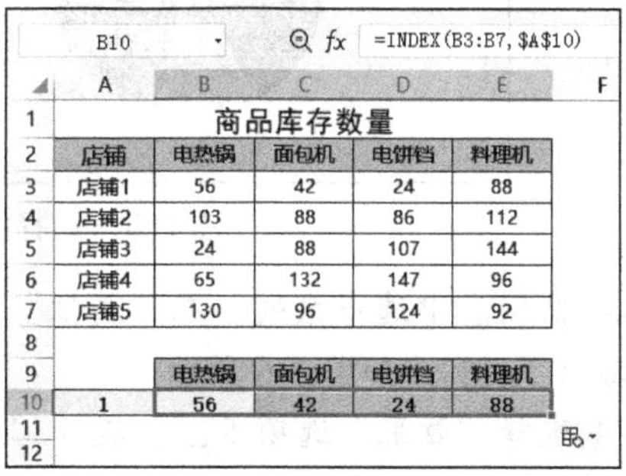

图 7-2 编辑 B10:E10 单元格区域

步骤 03 选择 B9:E10 单元格区域，选择“插入”选项卡，单击“插入饼图或圆环图”下拉按钮，选择“饼图”选项，如图 7-3 所示。

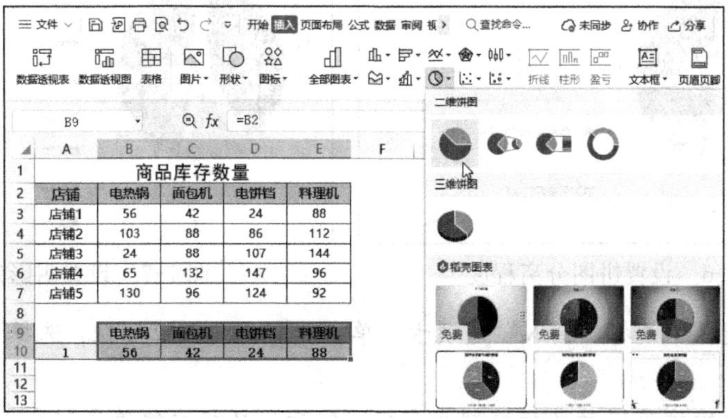

图 7-3 选择“饼图”选项

步骤 04 选中图表，单击浮动工具栏中的“图表元素”按钮，在弹出的面板上方选择“快速布局”选项卡，然后选择所需的布局样式，如图 7-4 所示。

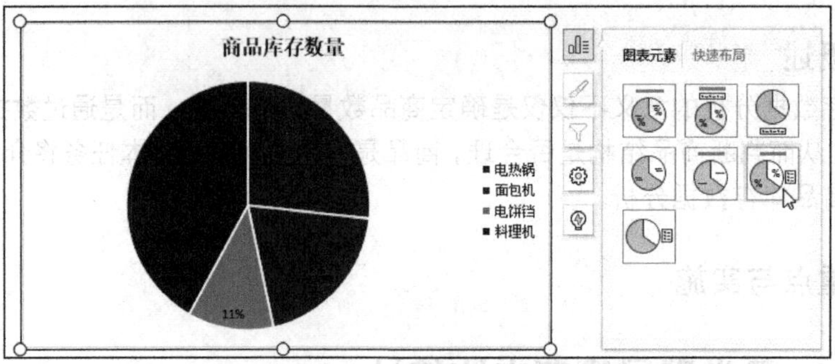

图 7-4　选择图表布局样式

步骤 05 单击浮动工具栏中的“图表元素”按钮，在弹出的面板上方选择“图表元素”选项卡，然后选择“数据标签”|“数据标签外”选项，如图 7-5 所示。

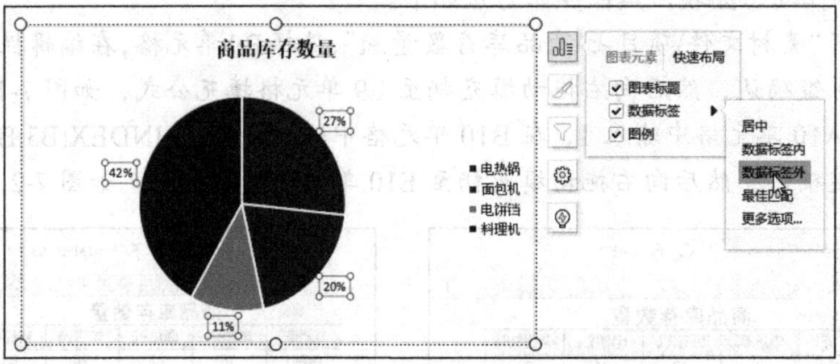

图 7-5　选择“数据标签外”选项

步骤 06 在图表中选中系列，在“属性”窗格中选择“系列”选项卡，设置“饼图分离程度”参数为 8%，如图 7-6 所示。

步骤 07 选择“效果”选项卡，展开“阴影”组，在“阴影”下拉列表框中选择所需的阴影效果，并设置相关参数，如图 7-7 所示。

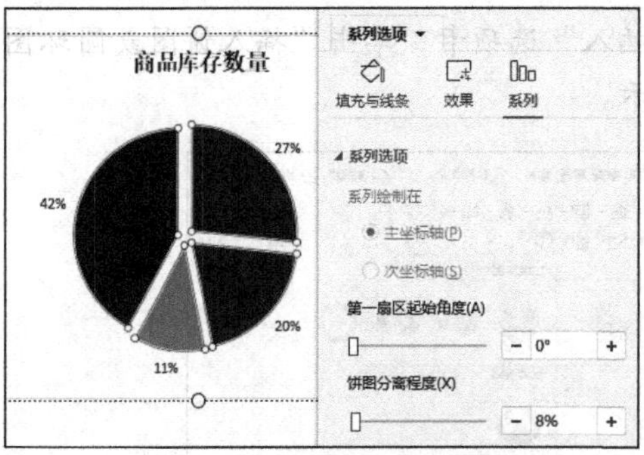

图 7-6　设置饼图分离程度

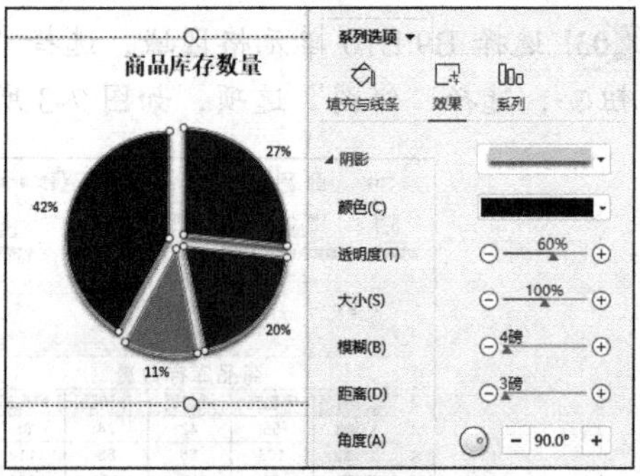

图 7-7　设置阴影效果

步骤 08 在功能区中选择“插入”选项卡，单击“窗体”下拉按钮，选择“组合框”选项，如图 7-8 所示。

步骤 09 在合适的位置拖动鼠标绘制组合框，然后用鼠标右键单击组合框控件，选择“设置对象格式”选项，如图 7-9 所示。

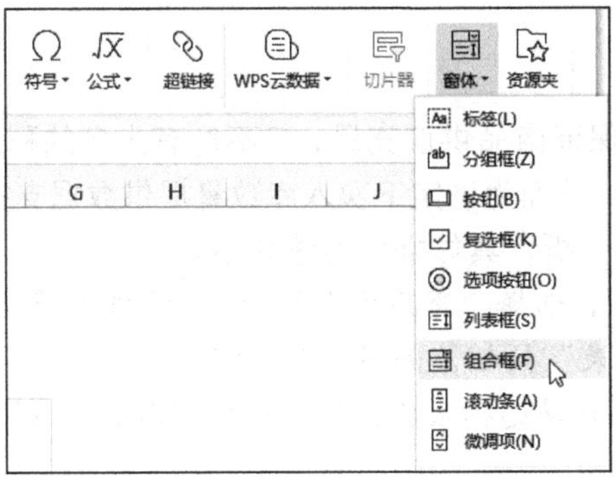

图 7-8　选择“组合框”选项

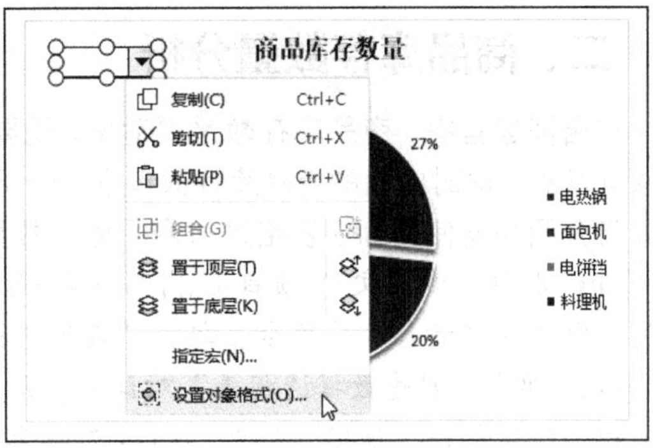

图 7-9　选择“设置对象格式”选项

步骤 10 弹出“设置对象格式”对话框，选择“控制”选项卡，设置各项参数，然后单击“确定”按钮，如图 7-10 所示。

步骤 11 单击组合框右侧的下拉按钮，选择所需的选项，即可在图表中动态显示数据，如图 7-11 所示。

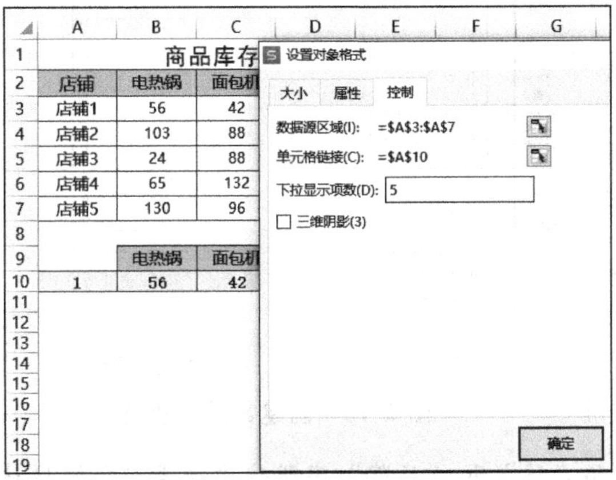

图 7-10　“设置对象格式”对话框

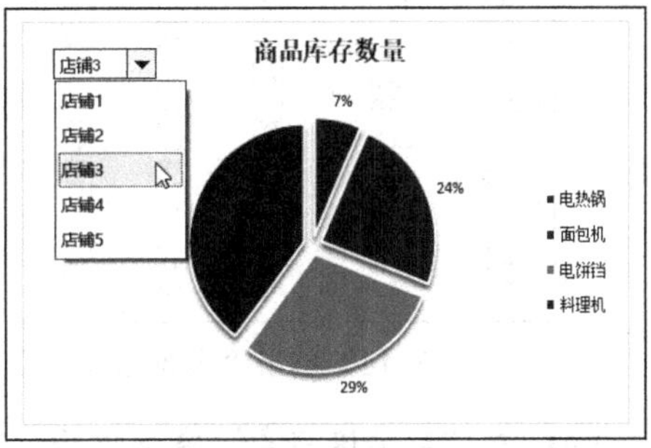

图 7-11　动态显示数据

步骤 12 用鼠标右键单击组合框控件将其选中，按住【Shift】键并单击图表以选中图表，然后在浮动工具栏中单击“组合”按钮，如图 7-12 所示，即可将图表和组合框控件组合为一个对象。

步骤 13 在组合框控件中选择不同的选项，查看图表效果，如图 7-13 所示。此时卖家即可对各店铺的商品库存占比进行分析，判断商品结构是否合理。

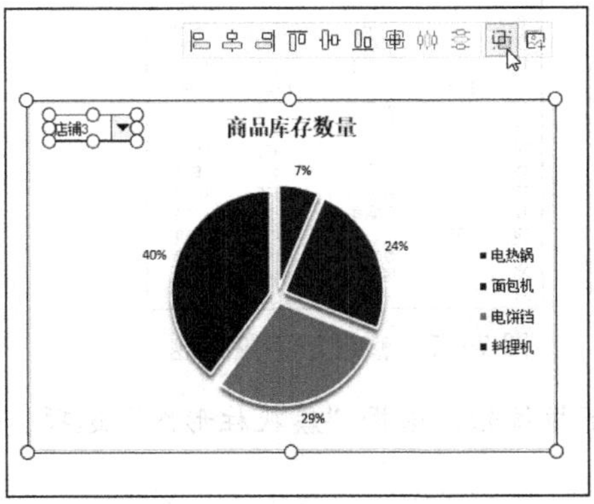

图 7-12　单击“组合”按钮

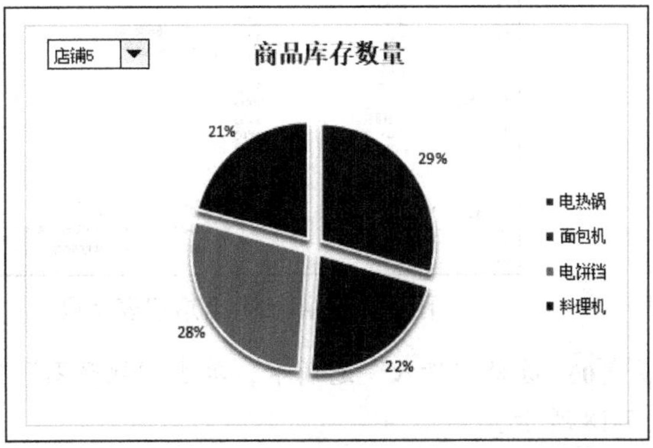

图 7-13　查看图表效果

二、商品库存数量分析

在店铺运营中，商品库存数量要适度，既要保证商品供应充足，又不能有太多的积压。卖家可以对一段时间内的商品库存数量进行分析，从而为确定下次入库数量提供数据支持。下面将介绍如何使用 WPS 表格进行商品库存数量分析，具体操作方法如下。

步骤 01 打开“素材文件\项目七\商品库存.xlsx”，选择“商品库存数量分析”工作表，在功能区中选择“插入”选项卡，单击“数据透视表”按钮，如图 7-14 所示。

步骤 02 弹出“创建数据透视表”对话框，系统自动选择数据区域，选中“新工作表”单选按钮，然后单击“确定”按钮，如图 7-15 所示。

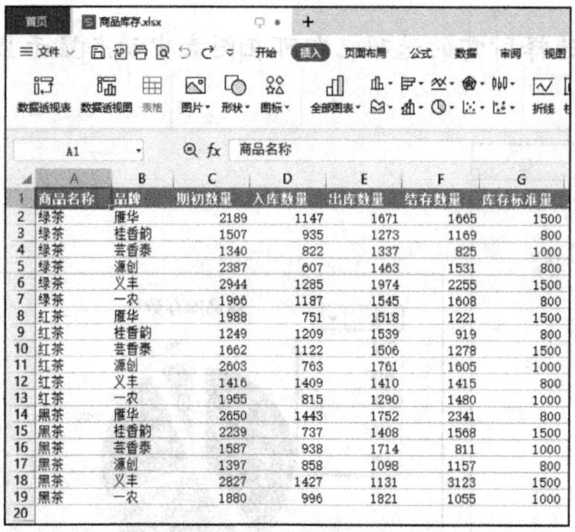

图 7-14 单击“数据透视表”按钮

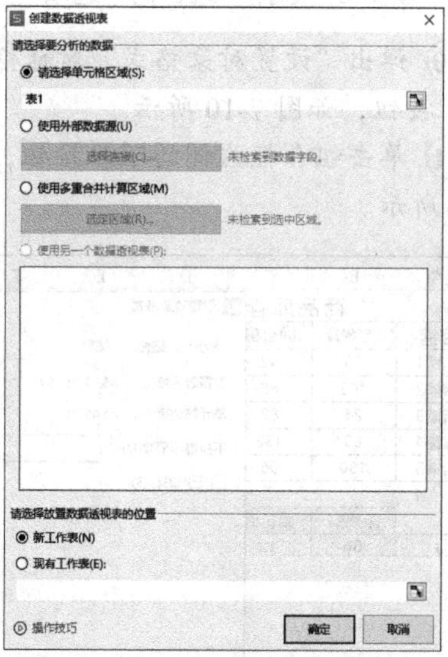

图 7-15 创建数据透视表

步骤 03 在“数据透视表”窗格中将“商品名称”和“品牌”字段依次拖至“行”区域，将“结存数量”和“库存标准量”字段依次拖至“值”区域，如图 7-16 所示。

步骤 04 选择值字段标题单元格，在编辑栏中修改名称，如图 7-17 所示。

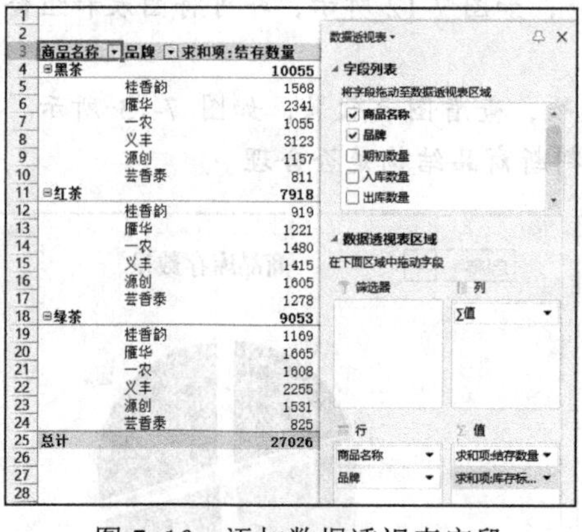

图 7-16 添加数据透视表字段

图 7-17 修改值字段标题

步骤 05 选择“插入”选项卡，单击“柱形图”下拉按钮，选择“簇状柱形图”选项，如图 7-18 所示。

步骤 06 根据需要设置数据透视表布局，如图 7-19 所示。

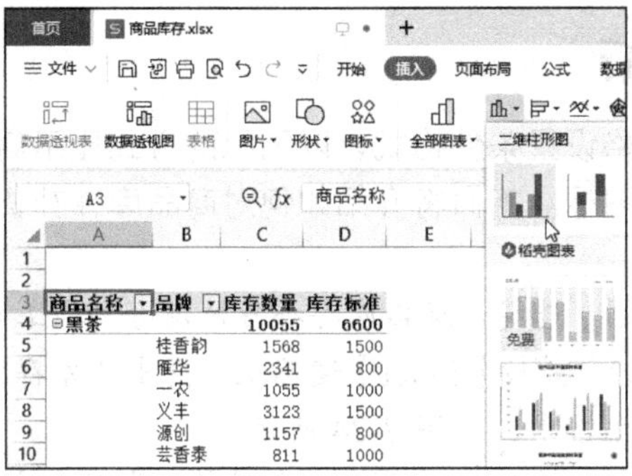

图 7-18　选择“簇状柱形图”选项

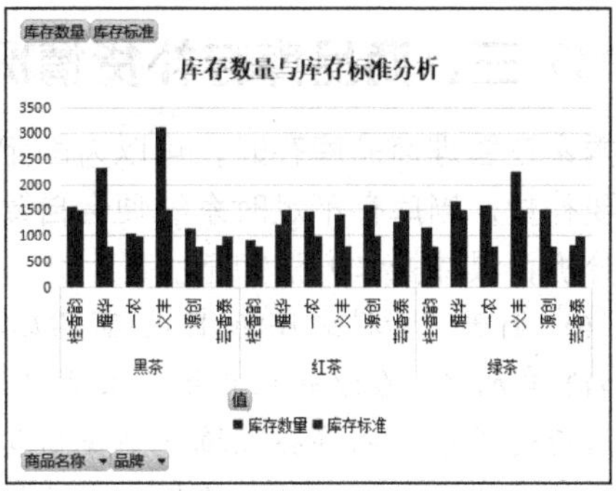

图 7-19　设置数据透视表布局

步骤 07 选中数据透视图，选择“分析”选项卡，单击“字段按钮”按钮，隐藏数据透视图中的字段按钮，如图 7-20 所示。

步骤 08 单击“分析”选项卡下“数据”组中的“插入切片器”按钮，在弹出的“插入切片器”对话框中选中要创建切片器的字段，然后单击“确定”按钮，如图 7-21 所示。

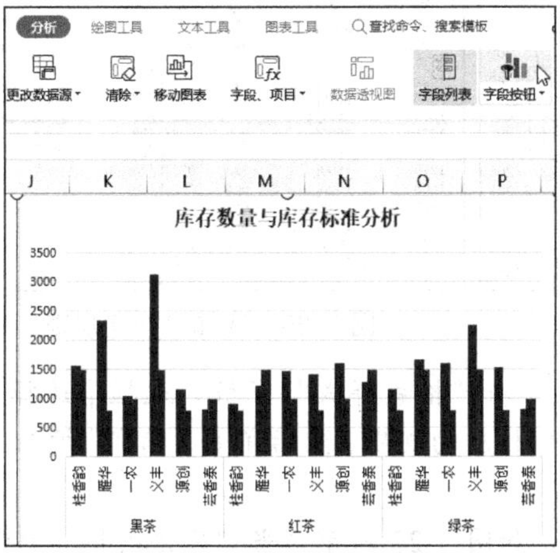

图 7-20　设置隐藏字段按钮

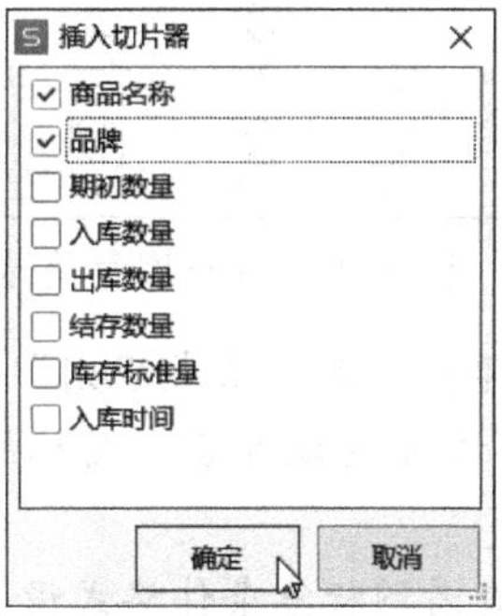

图 7-21　“插入切片器”对话框

步骤 09 此时即可创建切片器。选中切片器，在“选项”选项卡下设置切片器的列数，如图 7-22 所示。

步骤 10 单击切片器上的按钮，即可筛选数据。按住【Ctrl】键的同时单击切片器上的按钮，可以同时选中多项，如图 7-23 所示。此时，卖家即可对商品库存数量进行分析，库存数量与库存标准差距不大，表示库存量适中；库存数量与库存标准差距较大，则需要及时调整商品结构和销售策略。

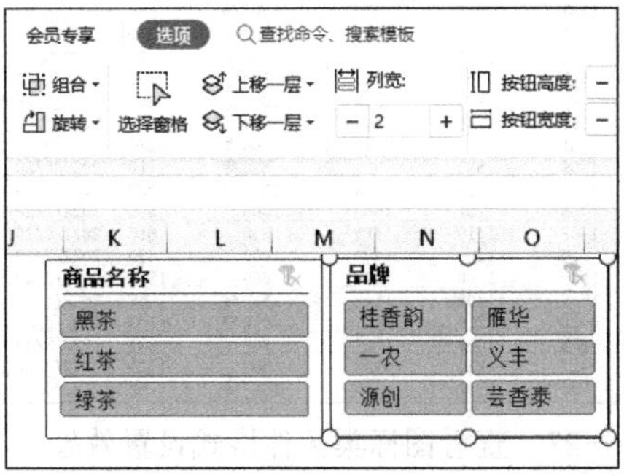

图 7-22　设置切片器列表

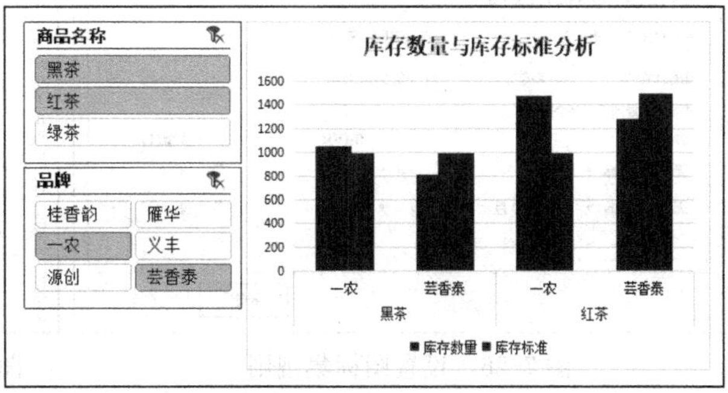

图 7-23　使用切片器筛选数据

三、商品库存补货情况分析

卖家在管理商品库存时，可以为固定单元格设置条件格式，以图标的方式显示商品是否需要补货，当库存不足时系统便会自动显示图标。下面将介绍如何对商品库存补货情况进行分析，具体操作方法如下。

步骤 01 打开“素材文件\项目七\商品库存.xlsx”，选择“商品库存补货情况分析”工作表，选择H2单元格，在编辑栏中输入公式“=F2-G2”并按【Enter】键确认，得出“库存差异”值，然后使用填充柄将公式填充到该列其他单元格中，如图7-24所示。

步骤 02 选择H2:H19单元格区域，选择“开始”选项卡，单击“条件格式”下拉按钮，选择“新建规则”选项，如图7-25所示。

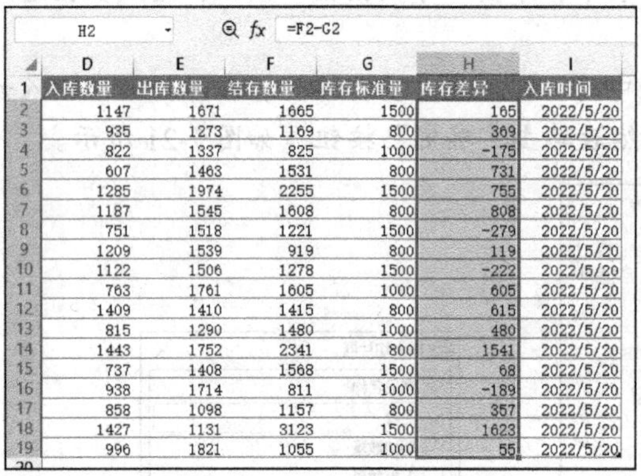

入库数量	出库数量	结存数量	库存标准量	库存差异	入库时间
1147	1671	1665	1500	165	2022/5/20
935	1273	1169	800	369	2022/5/20
822	1337	825	1000	-175	2022/5/20
607	1463	1531	800	731	2022/5/20
1285	1974	2255	1500	755	2022/5/20
1187	1545	1608	800	808	2022/5/20
751	1518	1221	1500	-279	2022/5/20
1209	1539	919	800	119	2022/5/20
1122	1506	1278	1500	-222	2022/5/20
763	1761	1605	1000	605	2022/5/20
1409	1410	1415	800	615	2022/5/20
815	1290	1480	1000	480	2022/5/20
1443	1752	2341	800	1541	2022/5/20
737	1408	1568	1500	68	2022/5/20
938	1714	811	1000	-189	2022/5/20
858	1098	1157	800	357	2022/5/20
1427	1131	3123	1500	1623	2022/5/20
996	1821	1055	1000	55	2022/5/20

图 7-24 计算库存差异

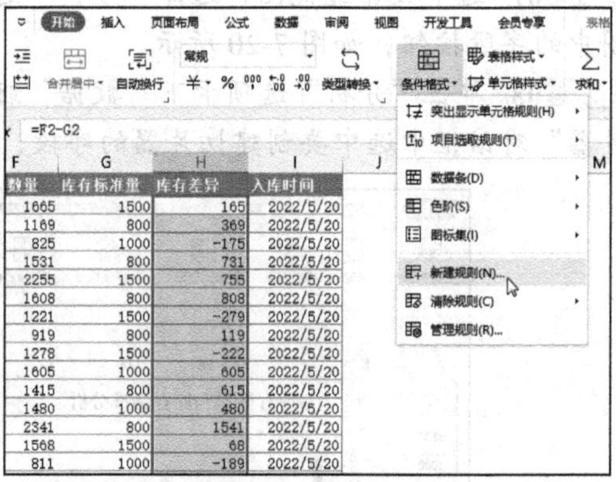

图 7-25 选择“新建规则”选项

步骤 03 弹出“新建格式规则”对话框，在“格式样式”下拉列表框中选择“图标集”选项，在下方分别设置各个图标的样式和相应的规则，然后单击“确定”按钮，如图7-26所示。

步骤 04 查看图标集条件格式设置效果，如图7-27所示，当“库存差异”小于200时，单元格中就会显示指定的图标，表示商品需要进行补货。

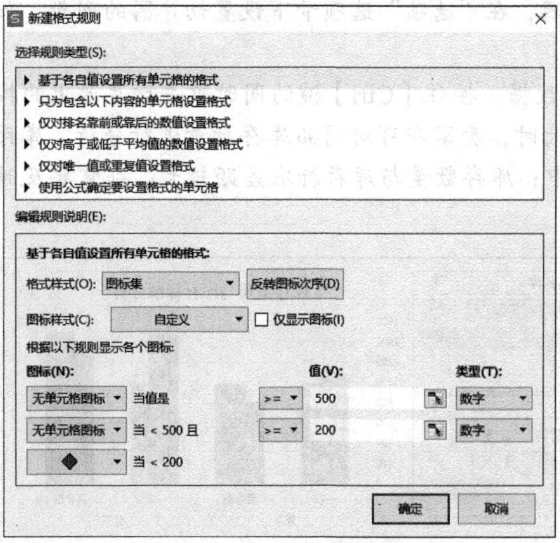

图 7-26 设置图标集规则

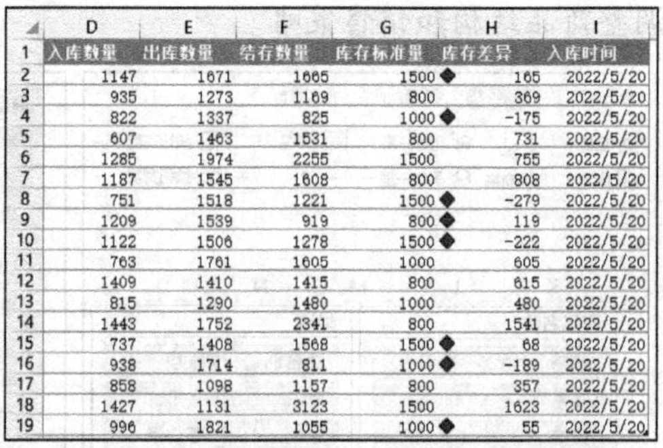

入库数量	出库数量	结存数量	库存标准量	库存差异	入库时间
1147	1671	1665	1500 ◆	165	2022/5/20
935	1273	1169	800	369	2022/5/20
822	1337	825	1000 ◆	-175	2022/5/20
607	1463	1531	800	731	2022/5/20
1285	1974	2255	1500	755	2022/5/20
1187	1545	1608	800	808	2022/5/20
751	1518	1221	1500 ◆	-279	2022/5/20
1209	1539	919	800 ◆	119	2022/5/20
1122	1506	1278	1500 ◆	-222	2022/5/20
763	1761	1605	1000	605	2022/5/20
1409	1410	1415	800	615	2022/5/20
815	1290	1480	1000	480	2022/5/20
1443	1752	2341	800	1541	2022/5/20
737	1408	1568	1500 ◆	68	2022/5/20
938	1714	811	1000 ◆	-189	2022/5/20
858	1098	1157	800	357	2022/5/20
1427	1131	3123	1500	1623	2022/5/20
996	1821	1055	1000 ◆	55	2022/5/20

图 7-27 查看图标集条件格式设置效果

四、单一商品库存状态分析

在繁杂的库存数据中，若要查看和分析单一商品的库存状态，卖家可以通过指定该单一商品的数据进行快速查找和引用，并进行数据统计和分析，然后创建普通图表进行动态展示。下面将介绍如何分析单一商品的库存状态，具体操作方法如下。

步骤 01 打开“素材文件\项目七\商品库存.xlsx”，选择“单一商品库存状态分析”工作表，选择 C2 单元格，在编辑栏中输入公式“=B2&"("&A2&")"”并按【Enter】键确认，得出商品全称，然后使用填充柄将公式填充到该列其他单元格中，如图 7-28 所示。

步骤 02 选择 C23 单元格，选择“数据”选项卡，单击“下拉列表”按钮，如图 7-29 所示。

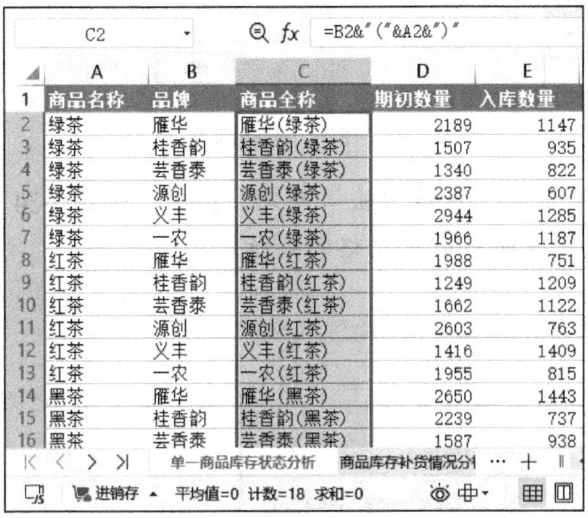

图 7-28 得出商品全称

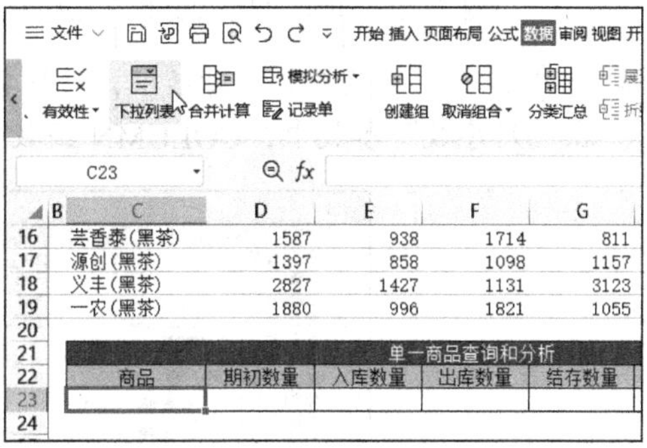

图 7-29 单击“下拉列表”按钮

步骤 03 弹出“插入下拉列表”对话框，选中“从单元格选择下拉选项”单选按钮，然后在工作表中选择 C2:C19 单元格区域，单击“确定”按钮，如图 7-30 所示。

步骤 04 单击 C23 单元格右侧的下拉按钮，选择商品全称，如图 7-31 所示。

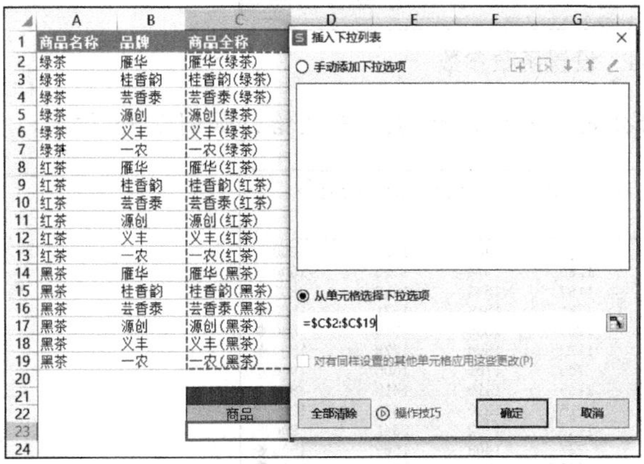

图 7-30 “插入下拉列表”对话框

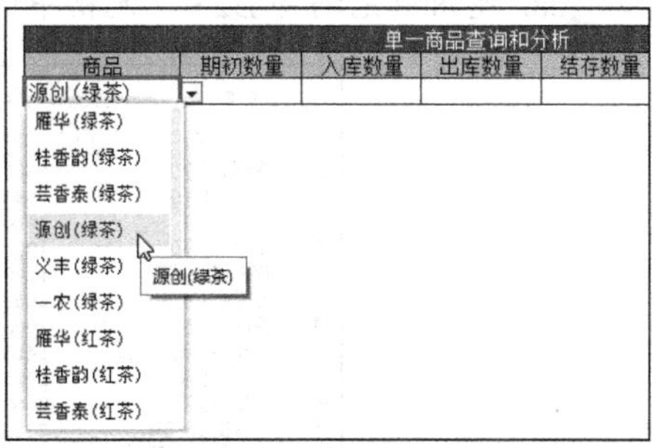

图 7-31 选择商品全称

步骤 05 选择 D23 单元格，单击编辑栏左侧的“插入函数”按钮 *fx*，如图 7-32 所示。

步骤 06 弹出“插入函数”对话框，在“查找函数”文本框中输入 vlookup，在“选择函数”列表中选择 VLOOKUP 函数，然后单击“确定”按钮，如图 7-33 所示。

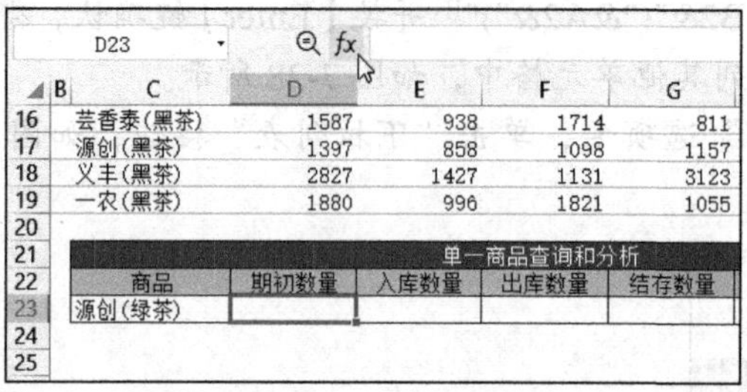

图 7-32　单击“插入函数”按钮 *fx*

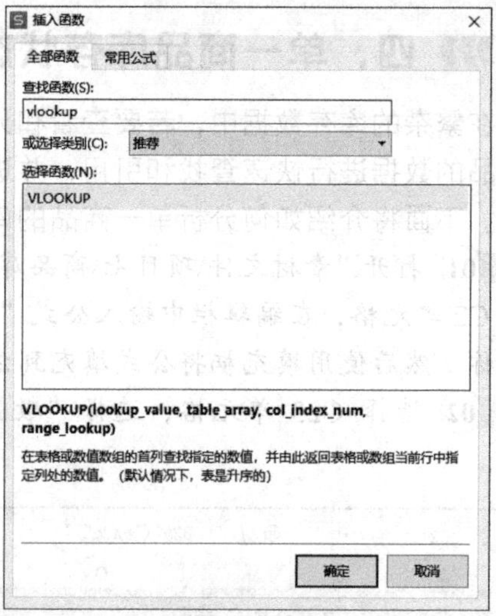

图 7-33　选择函数

步骤 07 弹出“函数参数”对话框，设置各项参数，然后单击“确定”按钮，如图 7-34 所示。在“列序数”参数中，COLUMN 函数用于返回当前单元格的列标。

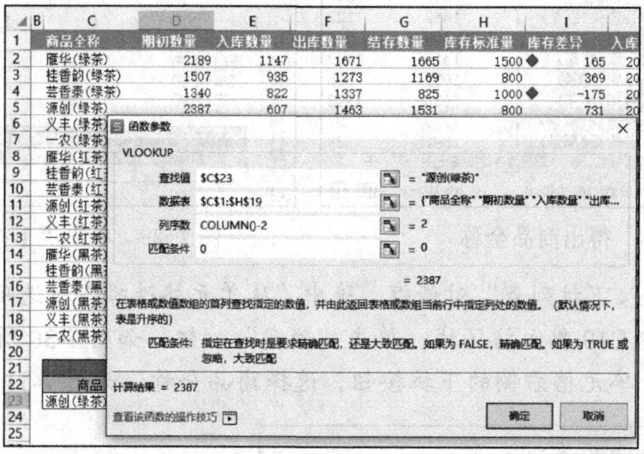

图 7-34　设置函数参数

步骤 08 使用填充柄将 D23 单元格中的公式向右填充至 H23 单元格，如图 7-35 所示。

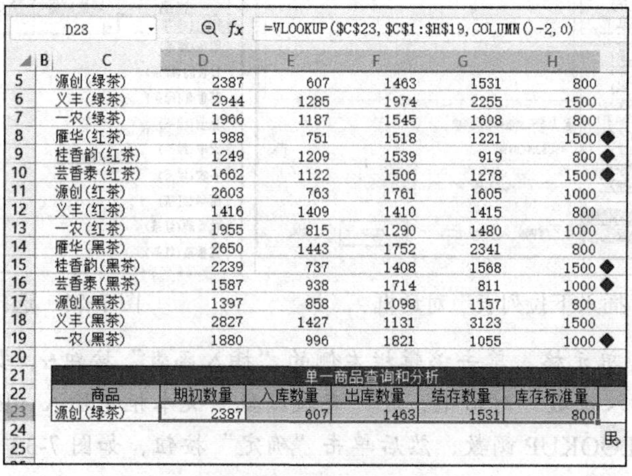

图 7-35　填充公式

步骤 09 选择 I23 单元格，在编辑栏中输入公式“=IF(G23-H23<200,"需要补货",IF(G23-H23>=500,"库存充足","库存正常"))”并按【Enter】键确认，得出库存状态信息，如图 7-36 所示。

步骤 10 选择 C22:H23 单元格区域，选择“插入”选项卡，单击“插入柱形图”下拉按钮，选择“簇状柱形图”选项，如图 7-37 所示。

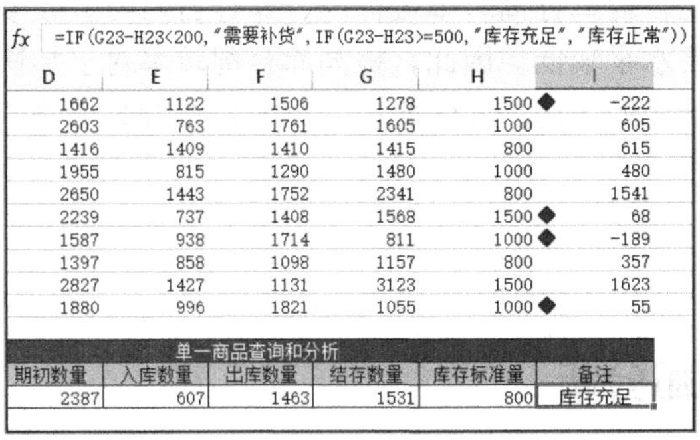

图 7-36 计算库存状态信息

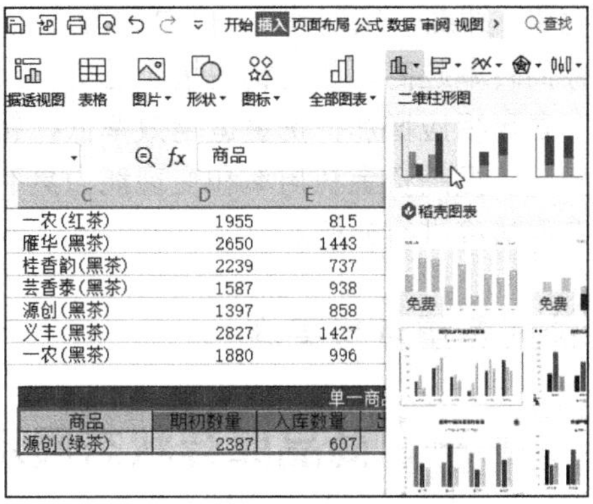

图 7-37 选择“簇状柱形图”选项

步骤 11 根据需要设置图表绘图区、系列、数据标签等元素的格式，如图 7-38 所示。

步骤 12 在 C23 单元格中选择商品全称，图表会动态显示相应商品的数据信息，如图 7-39 所示。此时，卖家即可通过图表直观地对所选商品的库存状态进行分析。

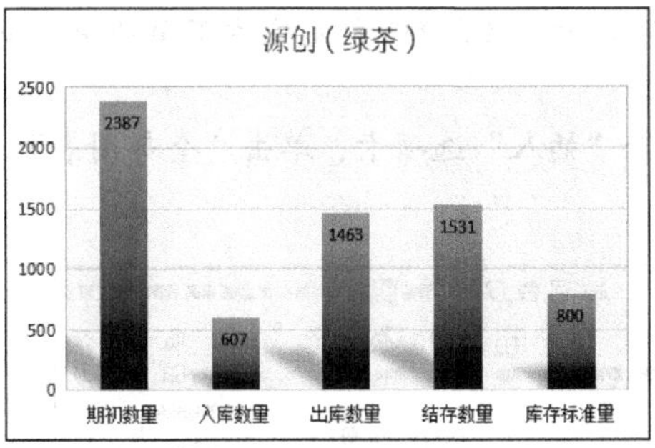

图 7-38 设置图表格式

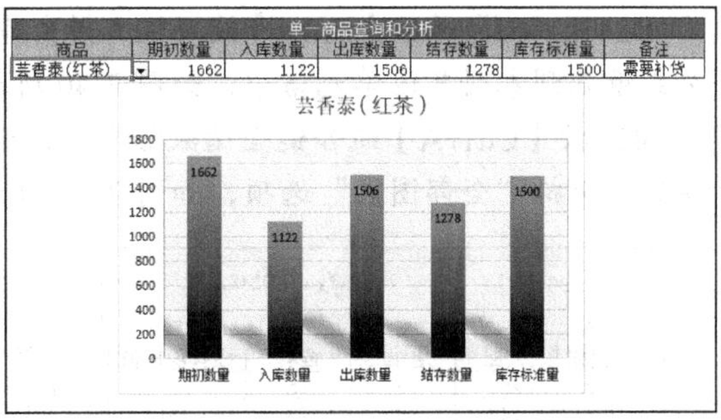

图 7-39 动态显示图表数据

课堂解疑

“&”的用法

将多个单元格的内容合并到一个单元格时，就可以通过“&”符号来合并，单元格之间的连接输入的格式为“=单元格&单元格&单元格”。如果使用“&”连接的是文本，需要使用双引号（半角状态下）把文本括起来。

VLOOKUP 函数的语法

语法：VLOOKUP(lookup_value,table_array,col_index_num,[range_lookup])。

- lookup_value：要查找的对象。
- table_array：查找的表格区域。
- col_index_num：要查找的数据在 table_array 区域中处于第几列。
- range_lookup：查找类型，其中 1 表示近似匹配，0 表示精确匹配。

任务二　商品库存周转率分析

任务概述

库存周转率是指某时间段的出库总金额（或总数量）与库存平均金额（或平均数量）的比率，即在一定期间（一年或半年）内库存周转的速度，它是反映库存周转快慢的指标。库存周转率越高，表明销售情况越好；反之，当库存周转率较低时，库存占用资金较多，库存费用相应增加，资金运用效率低，销售水平较低。因此，提高库存周转率对于加快资金周转、提高资金利用率和变现能力具有积极的作用。本任务将介绍如何在 WPS 表格中对库存周转率进行分析。

任务重点与实施

一、商品库存状态展示和分析

如果店铺库存大量积压，说明该商品销售通道不畅，往往预示着该商品属于滞销商品，长此以往会导致卖家失去利润来源。因此，对商品库存状态进行分析有利于卖家及时做出决策，预防库存出现积压。下面将介绍如何对商品的库存状态进行展示和分析，具体操作方法如下。

步骤 01 打开“素材文件\项目七\商品库存状态.et”，选择 D3 单元格，在编辑栏中输入公式“=D2+B2-C2”并按【Enter】键确认，得出库存数量。双击 D3 单元格右下角的填充柄，将公式填充到本列其他单元格中，如图 7-40 所示。

步骤 02 按【Ctrl+A】组合键全选数据表格，选择“插入”选项卡，单击“全部图表”下拉按钮，选择“全部图表”选项，如图 7-41 所示。

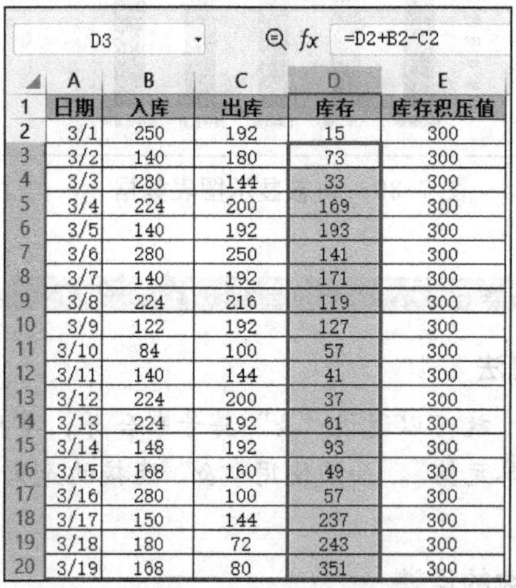

	A	B	C	D	E
1	日期	入库	出库	库存	库存积压值
2	3/1	250	192	15	300
3	3/2	140	180	73	300
4	3/3	280	144	33	300
5	3/4	224	200	169	300
6	3/5	140	192	193	300
7	3/6	280	250	141	300
8	3/7	140	192	171	300
9	3/8	224	216	119	300
10	3/9	122	192	127	300
11	3/10	84	100	57	300
12	3/11	140	144	41	300
13	3/12	224	200	37	300
14	3/13	224	192	61	300
15	3/14	148	192	93	300
16	3/15	168	160	49	300
17	3/16	280	100	57	300
18	3/17	150	144	237	300
19	3/18	180	72	243	300
20	3/19	168	80	351	300

图 7-40　计算库存数据

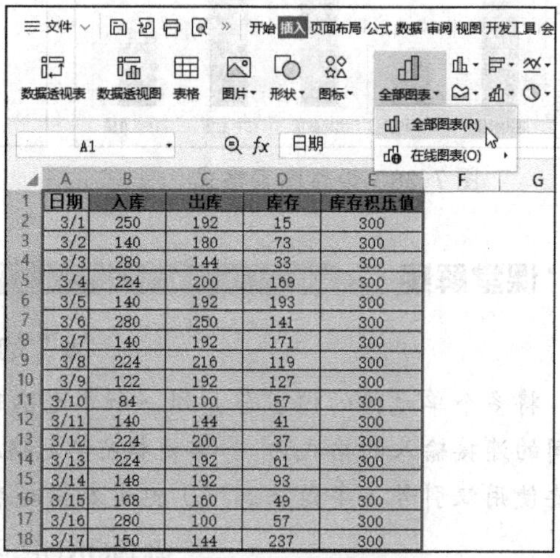

	A	B	C	D	E	F	G
1	日期	入库	出库	库存	库存积压值		
2	3/1	250	192	15	300		
3	3/2	140	180	73	300		
4	3/3	280	144	33	300		
5	3/4	224	200	169	300		
6	3/5	140	192	193	300		
7	3/6	280	250	141	300		
8	3/7	140	192	171	300		
9	3/8	224	216	119	300		
10	3/9	122	192	127	300		
11	3/10	84	100	57	300		
12	3/11	140	144	41	300		
13	3/12	224	200	37	300		
14	3/13	224	192	61	300		
15	3/14	148	192	93	300		
16	3/15	168	160	49	300		
17	3/16	280	100	57	300		
18	3/17	150	144	237	300		

图 7-41　选择“全部图表”选项

步骤 03 弹出“图表”对话框，在左侧选择“组合图”选项，在右侧设置各系列的图表类型，然后单击“插入预设图表”按钮，如图 7-42 所示。

步骤 04 插入组合图，输入图表标题，删除网格线，如图 7-43 所示。

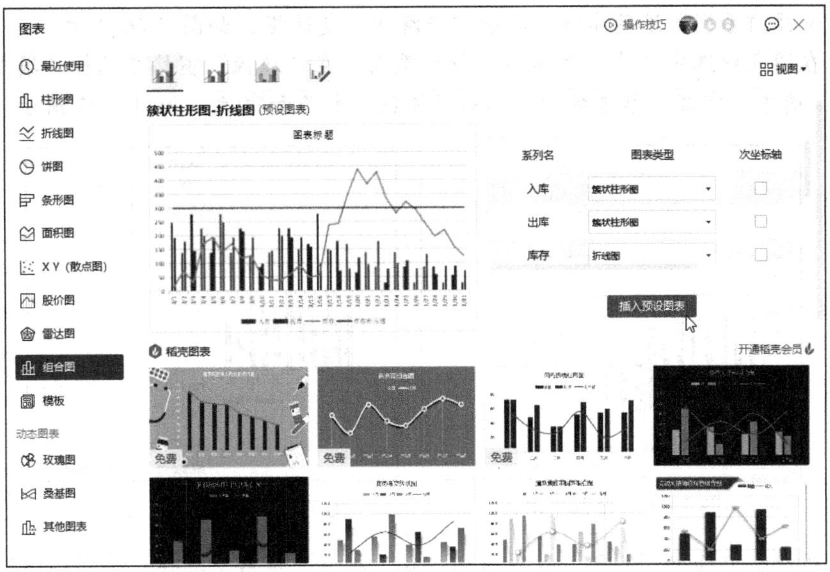

图 7-42　设置组合图

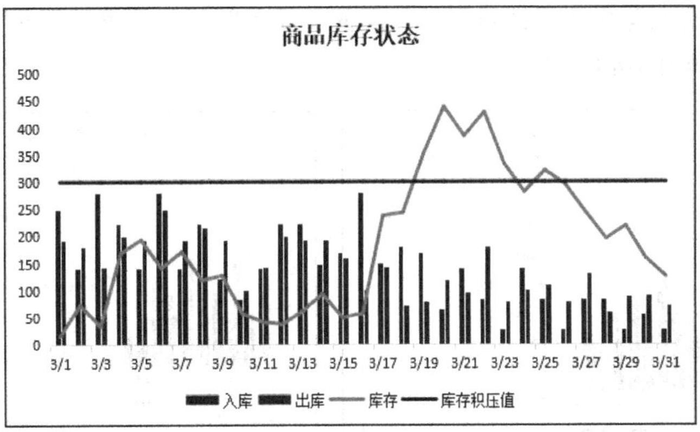

图 7-43　插入组合图

步骤 05 在图表中选中“库存”数据系列，在“属性”窗格中选择“填充与线条”选项卡，选中“实线”单选按钮，然后设置线条颜色和宽度，如图 7-44 所示。

步骤 06 选择“效果”选项卡，展开“阴影”组，在“阴影”下拉列表框中选择所需的阴影效果，并设置相关参数，如图 7-45 所示。

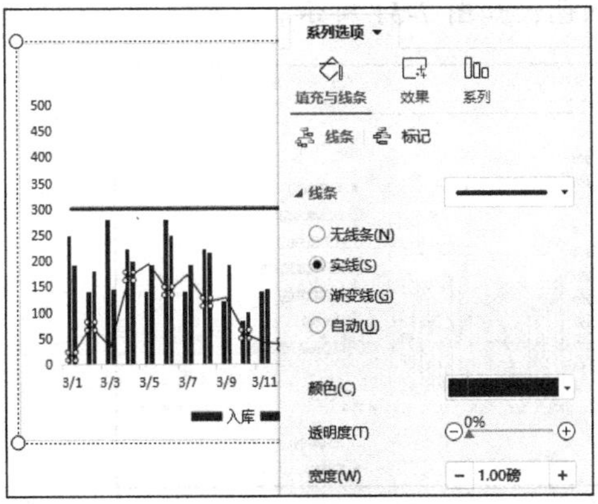

图 7-44　设置线条格式 1

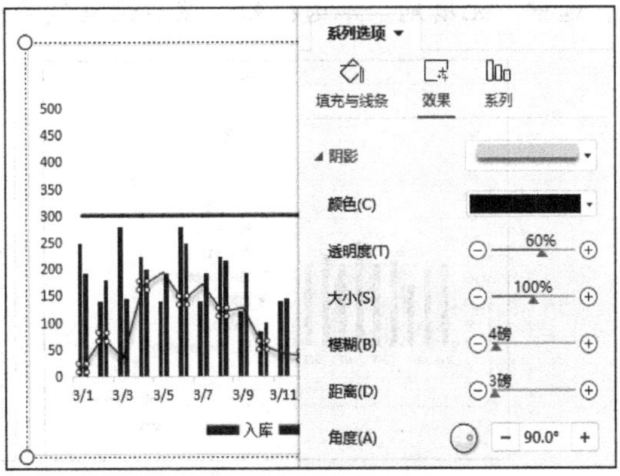

图 7-45　设置阴影效果

步骤 07 选择“系列”选项卡，选中“平滑线”复选框，如图 7-46 所示。

步骤 08 在图表中选中“库存积压值”数据系列，在“属性”窗格中选择“填充与线条”选项卡，选中“实线”单选按钮，然后设置线条颜色和宽度，如图 7-47 所示。

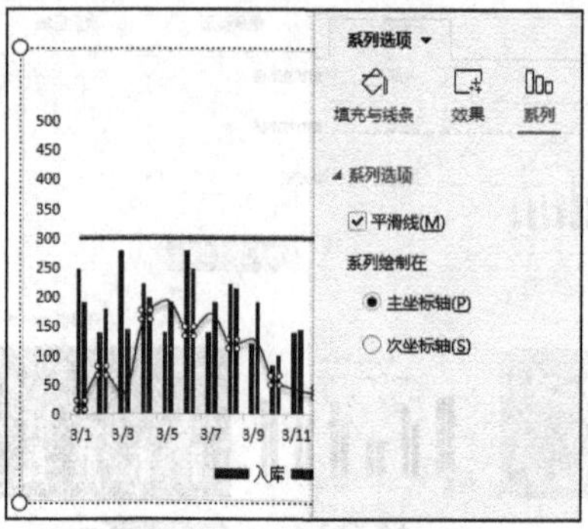

图 7-46 设置平滑线

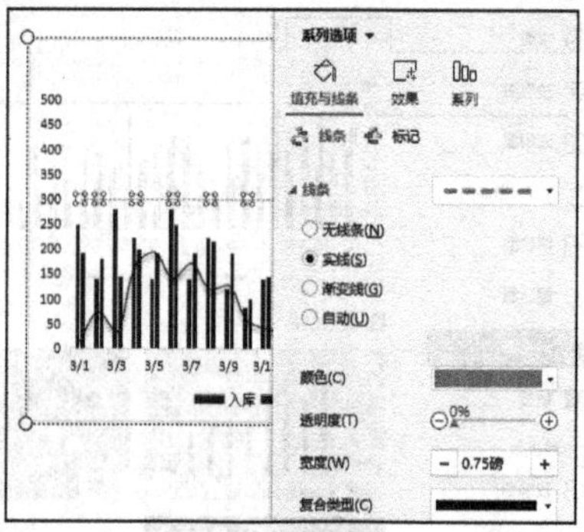

图 7-47 设置线条格式 2

步骤 09 在图表中选中“入库”数据系列，在“属性”窗格中选择“系列”选项卡，设置“系列重叠”和“分类间距”参数，如图 7-48 所示。

步骤 10 选择“填充与线条”选项卡，展开“线条”组，选中“实线”单选按钮，然后设置线条颜色，如图 7-49 所示。

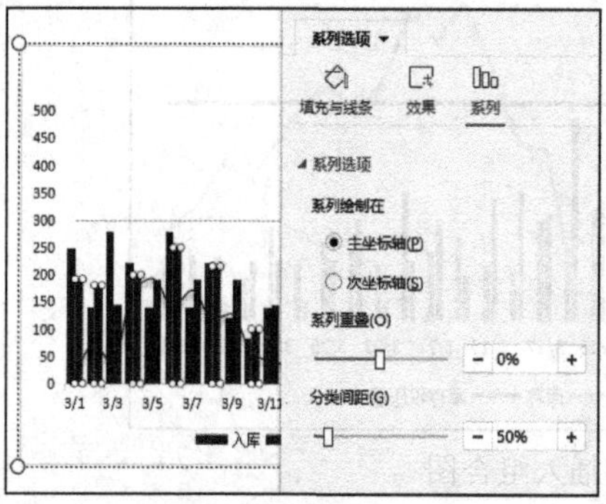

图 7-48 设置系列选项

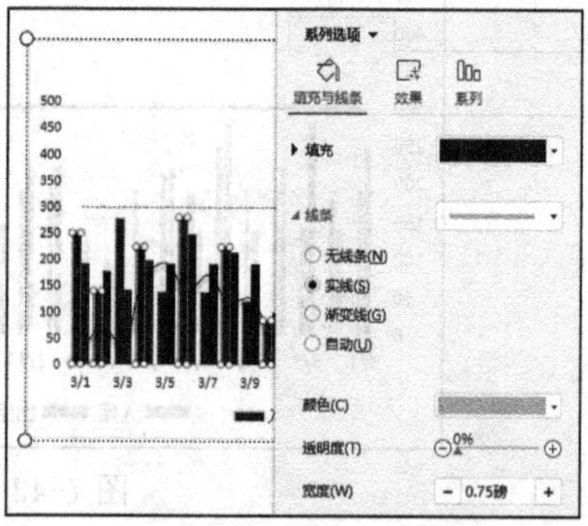

图 7-49 设置线条颜色

步骤 11 展开“填充”组，选中“图案填充”单选按钮，然后设置图案、前景、背景等参数，如图 7-50 所示。

步骤 12 在图表中选中“出库”数据系列，在“属性”窗格中选择“填充与线条”选项卡，选中“无填充”单选按钮，然后设置线条颜色，如图 7-51 所示。

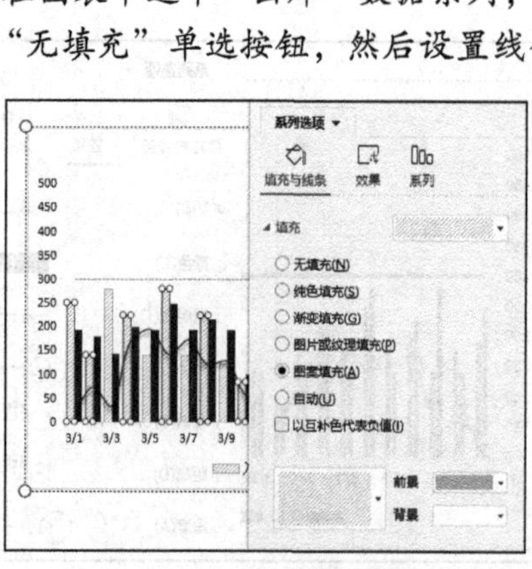

图 7-50 设置图案填充

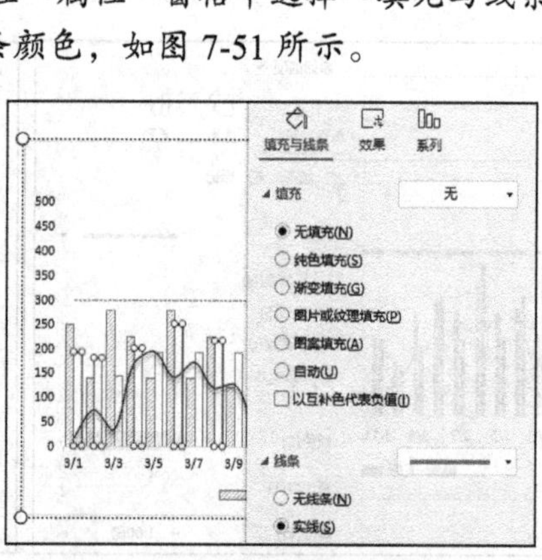

图 7-51 设置填充与线条格式

步骤 13 图表制作完成，卖家可据此对商品库存状态进行分析，效果如图 7-52 所示。此时，卖家即可对商品库存状态进行分析，从下半月开始出现库存积压的情况，经过调整营销策略，库存积压问题得到解决。

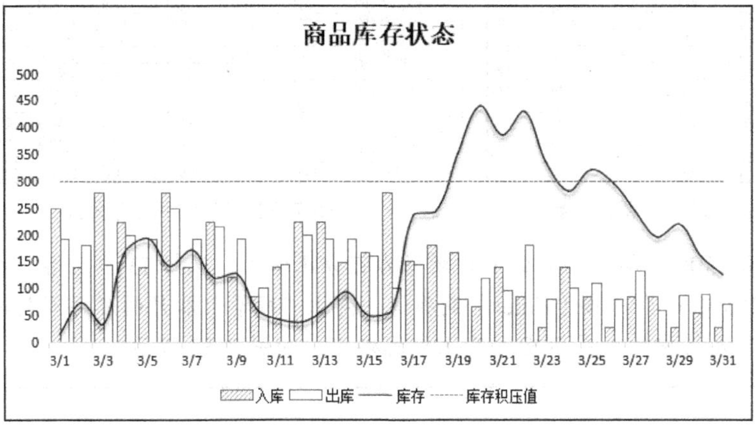

图 7-52　商品库存状态图表效果

二、商品库存周转率和库存周转天数分析

下面将介绍如何使用 WPS 表格进行商品库存周转率和库存周转天数分析，具体操作方法如下。

步骤 01 打开“素材文件\项目七\库存周转率.xlsx”，选中 A 列中的日期数据，按【Ctrl+1】组合键打开“单元格格式”对话框，在左侧选择“日期”选项，在右侧选择所需的日期类型，然后单击“确定”按钮，如图 7-53 所示。

步骤 02 选择 B3 单元格，在编辑栏中输入公式“=DAY(EOMONTH(A3,0))”并按【Enter】键确认，得出每月的天数，然后使用填充柄向下填充公式，如图 7-54 所示。

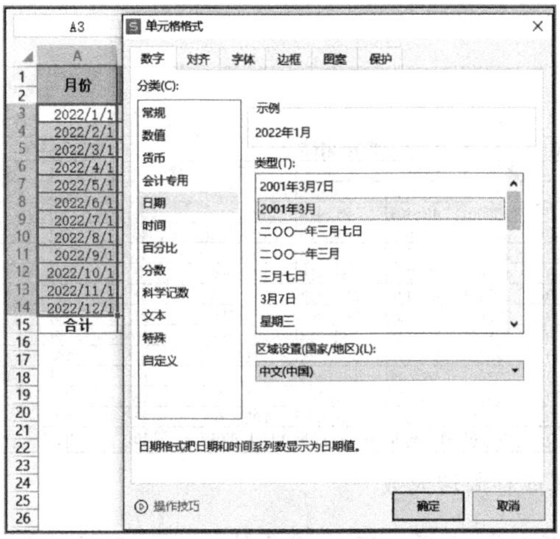

图 7-53　设置日期数字格式

图 7-54　计算每月天数

步骤 03 选择 B15 单元格，按【Alt+=】组合键输入求和公式并按【Enter】键确认，得出总天数，如图 7-55 所示。

步骤 04 选择 C15 单元格，在编辑栏中输入公式“=SUMPRODUCT($B$3:$B$14,C3:C14)/$B$15”并按【Enter】键确认，然后使用填充柄向右填充公式至 H15 单元格，如图 7-56 所示。

B15 fx =SUM(B3:B14)

月份	天数	销量		
		绿茶	红茶	黑茶
2022年1月	31	959	132	759
2022年2月	28	427	303	601
2022年3月	31	619	701	876
2022年4月	30	1088	665	680
2022年5月	31	818	454	423
2022年6月	30	758	856	790
2022年7月	31	1718	536	592
2022年8月	31	928	756	675
2022年9月	30	798	1274	823
2022年10月	31	1968	1086	890
2022年11月	30	738	730	755
2022年12月	31	878	659	749
合计	365			

图 7-55　计算总天数

C15 fx =SUMPRODUCT($B$3:$B$14,C3:C14)/$B$15

月份	天数	销量			平均库存		
		绿茶	红茶	黑茶	绿茶	红茶	黑茶
2022年1月	31	959	132	759	28100	28000	15000
2022年2月	28	427	303	601	24700	27000	18800
2022年3月	31	619	701	876	27600	26660	26500
2022年4月	30	1088	665	680	46900	39800	20630
2022年5月	31	818	454	423	45500	26350	17660
2022年6月	30	758	856	790	46900	19100	20720
2022年7月	31	1718	536	592	46300	15300	26500
2022年8月	31	928	756	675	55600	16500	22870
2022年9月	30	798	1274	823	32600	12600	34525
2022年10月	31	1968	1086	890	36600	22530	26700
2022年11月	30	738	730	755	46760	25030	24400
2022年12月	31	878	659	749	31560	34260	22730
合计	365	981	680	718	39166	24410	23100

图 7-56　输入并填充公式

步骤 05 设置 I3:K15 单元格区域中的数据为百分比格式。选择 I3 单元格，在编辑栏中输入公式“=C3*$B3/F3”并按【Enter】键确认，得出“绿茶”本月的库存周转率，然后使用填充柄将 I3 单元格中的公式填充到其他单元格中，如图 7-57 所示。

I3 fx =C3*$B3/F3

月份	天数	销量			平均库存			库存周转率			库存周转天数		
		绿茶	红茶	黑茶	绿茶	红茶	黑茶	绿茶	红茶	黑茶	绿茶	红茶	黑茶
2022年1月	31	959	132	759	28100	28000	15000	105.80%	14.61%	156.86%			
2022年2月	28	427	303	601	24700	27000	18800	48.40%	31.42%	89.51%			
2022年3月	31	619	701	876	27600	26660	26500	69.53%	81.51%	102.48%			
2022年4月	30	1088	665	680	46900	39800	20630	69.59%	50.13%	98.89%			
2022年5月	31	818	454	423	45500	26350	17660	55.73%	53.41%	74.25%			
2022年6月	30	758	856	790	46900	19100	20720	48.49%	134.45%	114.38%			
2022年7月	31	1718	536	592	46300	15300	26500	115.03%	108.60%	69.25%			
2022年8月	31	928	756	675	55600	16500	22870	51.74%	142.04%	91.50%			
2022年9月	30	798	1274	823	32600	12600	34525	73.44%	303.33%	71.51%			
2022年10月	31	1968	1086	890	36600	22530	26700	166.69%	149.43%	103.33%			
2022年11月	30	738	730	755	46760	25030	24400	47.35%	87.50%	92.83%			
2022年12月	31	878	659	749	31560	34260	22730	86.24%	59.63%	102.15%			
合计	365	981	680	718	39166	24410	23100	913.92%	1017.13%	1134.87%			

图 7-57　计算库存周转率

步骤 06 选择 L3 单元格，在编辑栏中输入公式“=ROUND($B3/I3,0)”并按【Enter】键确认，得出库存周转天数，然后使用填充柄将公式填充到 L3:N15 区域的其他单元格中，如图 7-58 所示。

L3 fx =ROUND($B3/I3,0)

月份	天数	销量			平均库存			库存周转率			库存周转天数		
		绿茶	红茶	黑茶	绿茶	红茶	黑茶	绿茶	红茶	黑茶	绿茶	红茶	黑茶
2022年1月	31	959	132	759	28100	28000	15000	105.80%	14.61%	156.86%	29	212	20
2022年2月	28	427	303	601	24700	27000	18800	48.40%	31.42%	89.51%	58	89	31
2022年3月	31	619	701	876	27600	26660	26500	69.53%	81.51%	102.48%	45	38	30
2022年4月	30	1088	665	680	46900	39800	20630	69.59%	50.13%	98.89%	43	60	30
2022年5月	31	818	454	423	45500	26350	17660	55.73%	53.41%	74.25%	56	58	42
2022年6月	30	758	856	790	46900	19100	20720	48.49%	134.45%	114.38%	62	22	26
2022年7月	31	1718	536	592	46300	15300	26500	115.03%	108.60%	69.25%	27	29	45
2022年8月	31	928	756	675	55600	16500	22870	51.74%	142.04%	91.50%	60	22	34
2022年9月	30	798	1274	823	32600	12600	34525	73.44%	303.33%	71.51%	41	10	42
2022年10月	31	1968	1086	890	36600	22530	26700	166.69%	149.43%	103.33%	19	21	30
2022年11月	30	738	730	755	46760	25030	24400	47.35%	87.50%	92.83%	63	34	32
2022年12月	31	878	659	749	31560	34260	22730	86.24%	59.63%	102.15%	36	52	30
合计	365	981	680	718	39166	24410	23100	913.92%	1017.13%	1134.87%	40	36	32

图 7-58　计算库存周转天数

步骤 07 选择 I3:K15 单元格区域，单击“开始”选项卡下的“条件格式”下拉按钮，选择“突出显示单元格规则”|“小于”选项，如图 7-59 所示。

步骤 08 弹出“小于”对话框，在“为小于以下值的单元格设置格式”文本框中输入 0.5，在“设置为”下拉列表框中选择“黄填充色深黄色文本”选项，然后单击“确定”按钮，如图 7-60 所示。

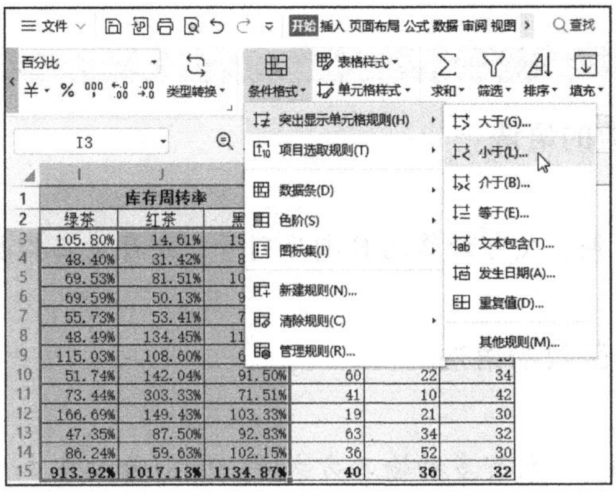

图 7-59 选择“小于”选项

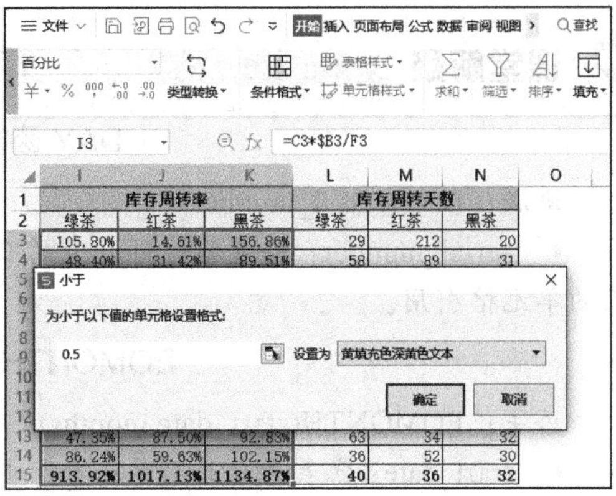

图 7-60 设置条件格式

步骤 09 选择 L3:N15 单元格区域，单击“条件格式”下拉按钮，选择“新建规则”选项，如图 7-61 所示。

步骤 10 弹出“新建格式规则”对话框，在“格式样式”下拉列表框中选择“图标集”选项，在下方分别设置各个图标的样式和相应的规则，然后单击“确定”按钮，如图 7-62 所示。

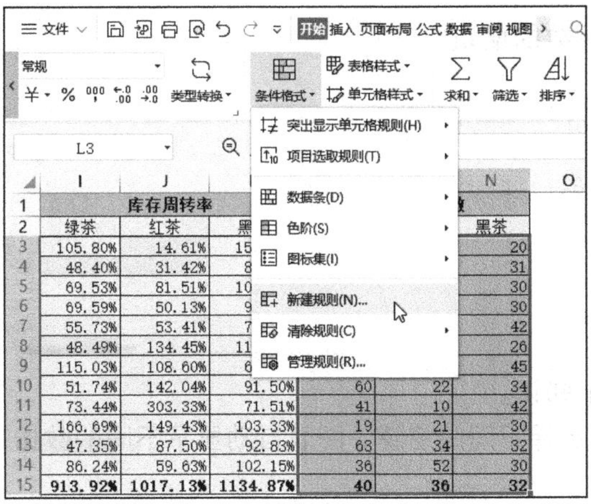

图 7-61 选择“新建规则”选项

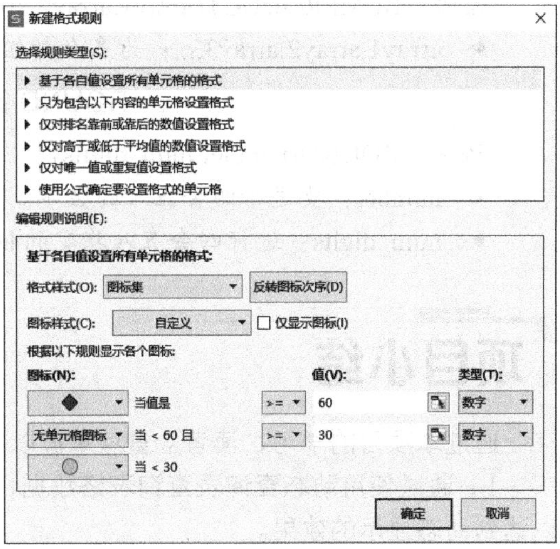

图 7-62 设置图标集规则

步骤 11 查看条件格式设置效果，如图 7-63 所示。此时，卖家即可更直观地看出商品库存周转率的高低及库存周转天数的长短，从而制订合理的库存管理策略，以防出现库存积压或缺货的情况。

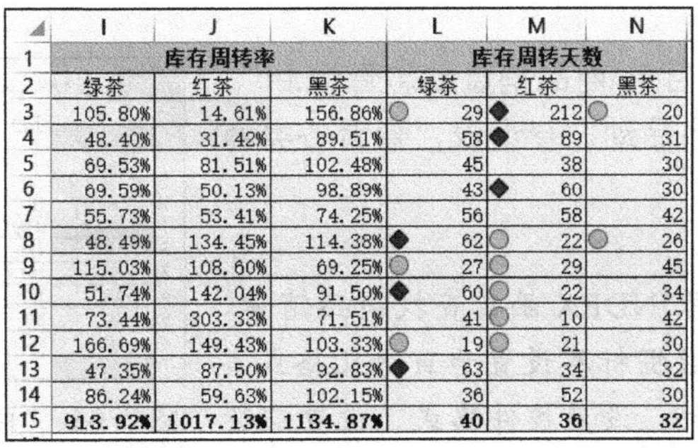

	I	J	K	L	M	N
1	库存周转率			库存周转天数		
2	绿茶	红茶	黑茶	绿茶	红茶	黑茶
3	105.80%	14.61%	156.86%	29	212	20
4	48.40%	31.42%	89.51%	58	89	31
5	69.53%	81.51%	102.48%	45	38	30
6	69.59%	50.13%	98.89%	43	60	30
7	55.73%	53.41%	74.25%	56	58	42
8	48.49%	134.45%	114.38%	62	22	26
9	115.03%	108.60%	69.25%	27	29	45
10	51.74%	142.04%	91.50%	60	22	34
11	73.44%	303.33%	71.51%	41	10	42
12	166.69%	149.43%	103.33%	19	21	30
13	47.35%	87.50%	92.83%	63	34	32
14	86.24%	59.63%	102.15%	36	52	30
15	913.92%	1017.13%	1134.87%	40	36	32

图 7-63 查看条件格式设置效果

课堂解疑

DAY 函数的语法

语法：DAY(serial_number)。

- serial_number：要查找的那一天的日期，或可计算的日期序列号，或存放日期数据的单元格引用。

EOMONTH 函数的语法

语法：EOMONTH(start_date,months)。

- start_date：代表开始日期的一个日期，日期有多种输入方式——带引号的文本串（如"2021/11/11"）、系列数（如果使用 1900 日期系统，则 44511 表示 2021 年 11 月 11 日）、其他公式或函数的结果【如 DATEVALUE("2021/11/11")】。
- months：start_date 之前或之后的月数，正数表示未来日期，负数表示过去日期；若 start_date 为非法日期值，返回错误值#NUM!；若 months 不是整数，将截尾取整。

SUMPRODUCT 函数的语法

语法：SUMPRODUCT(array1,array2,array3,...)。

- array1,array2,array3,...：为多个数组，其相应元素需要进行相乘并求和。

ROUND 函数的语法

语法：ROUND(number,num_digits)。

- number：要进行四舍五入的数字。
- num_digits：进行四舍五入指定的位数。

项目小结

通过本项目的学习，读者应重点掌握以下知识。

1．通过使用动态查询表查询表格数据，选择不同的店铺，图表自动显示不同的数据，以达到动态显示的效果。

2．在管理库存商品时，通过为单元格设置条件格式，直观地反映商品库存情况。

3．通过库存周转率分析商品销售情况和店铺经营水平。

项目习题

打开“素材文件\项目七\商品销量动态查询.et”，如图 7-64 所示。制作商品动态查询表，查看各类商品销量占比。

关键提示：

（1）输入月份，使用 INDEX 函数查找商品销量。

（2）插入饼图，将数据标签设置为百分比格式。

（3）插入组合框控件，设置控件格式，设置“数据源区域”为“月份”列数据。

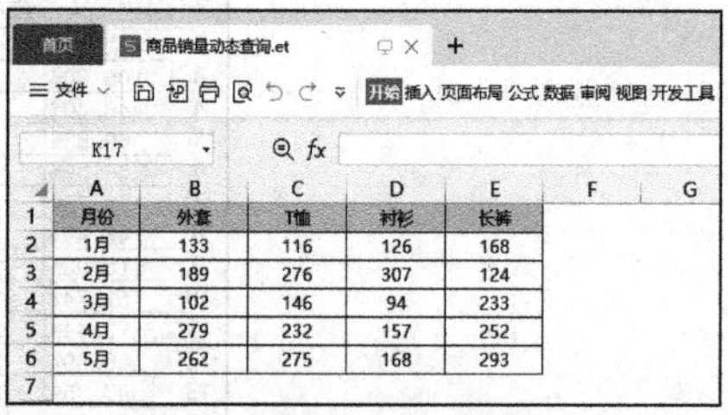

月份	外套	T恤	衬衫	长裤
1月	133	116	126	168
2月	189	276	307	124
3月	102	146	94	233
4月	279	232	157	252
5月	262	275	168	293

图 7-64 “商品销量动态查询”工作表

项目八

畅销商品统计与分析

在商品管理过程中，卖家要清楚当前畅销的商品有哪些，以便在上架、下架时选择合适的商品。卖家可以通过搜索商品关键词进行分析，选择最热门的关键词，以增大入选机会；也可以通过对商品定价的分析，制订出比较合理的价格；还可以通过了解流量的来源和占比，将免费流量和付费流量结合使用，以达到最佳效果。本项目将从商品搜索关键词、商品定价和流量与成交量占比 3 个方面介绍如何对畅销商品进行统计与分析。

项目重点

- 掌握商品搜索关键词分析的方法。
- 掌握商品定价分析的方法。
- 掌握流量与成交量占比分析的关系。

项目目标

- 学会分析商品搜索关键词。
- 学会分析商品定价。
- 学会分析流量与成交量的占比。

素养目标

- 通过数据分析，养成严谨的思维精神和认真的研究态度。
- 能够以真实数据为基础，以问题为导向，选择合适的数据分析技术。

任务一　商品搜索关键词统计与分析

任务概述

在电商购物过程中，买家通过输入关键词来寻找自己想要的商品，卖家则需要根据买家输入的关键词来帮助他快速找到想要的商品，从而帮助买家完成购买的动作。因此，卖家在商品标题中使用合适的商品搜索关键词，可以在买家搜索商品时使商品得到更多入选的机会。

任务重点与实施

一、商品搜索关键词统计

下面将介绍如何统计商品搜索关键词，具体操作方法如下。

步骤 01 打开“素材文件\项目八\搜索关键词.et”，在功能区中选择“插入”选项卡，单击“数据透视表”按钮，如图 8-1 所示。

步骤 02 弹出“创建数据透视表”对话框，系统自动选择数据区域，选中“新工作表”单选按钮，然后单击“确定”按钮，如图 8-2 所示。

图 8-1　单击“数据透视表”按钮

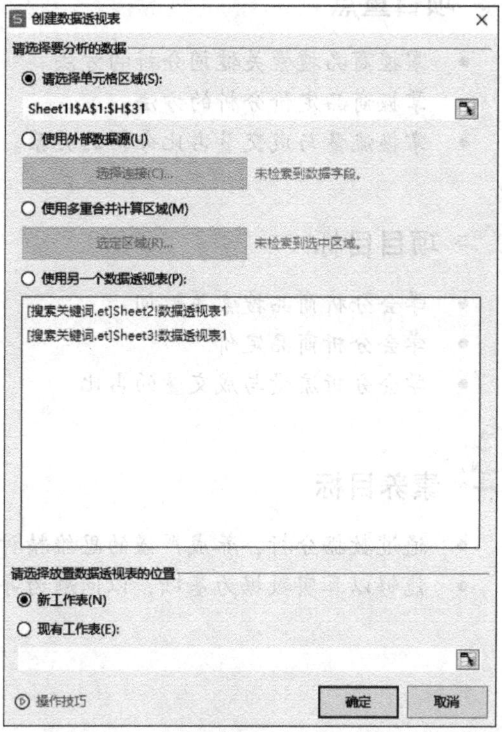

图 8-2　“创建数据透视表”对话框

步骤 03 此时即可创建一张空白数据透视表。在“数据透视表”窗格中将“关键词”字段拖至“行”区域，将“排名”和“展现指数”字段依次拖至“值”区域，如图 8-3 所示。

步骤 04 在数据透视表中双击值字段标题“求和项：排名”，如图 8-4 所示。

值
关键词
求和项:排名
求和项:展现指数
2021年女羽绒服新款 28 8297193
白 羽绒服鸭绒女 20 770974
儿童羽绒服 5 1821876
黑色羽绒服女 30 837166
亮面羽绒服女
妈妈羽绒服
男款 加厚羽绒服
男士服中长款羽绒
男士羽绒服中长款
男童羽绒服
女 短款 羽绒服
女 服 羽绒 轻薄
女童羽绒服
轻薄 羽绒 男 服
羽绒服
羽绒服 中长款 白鸭绒
羽绒服2021年新款男
羽绒服冬女
羽绒服短款
羽绒服男短款
羽绒服女
羽绒服女冬中长款
羽绒服女小个子
羽绒服女长款
数据透视表
字段列表
数据透视表区域
在下面区域中拖动字段
筛选器
列
∑值
行
值
关键词
求和项:排名
求和项:展现指数

图 8-3 添加数据透视表字段

值
关键词
求和项:排名
求和项:展现指数
2021年女羽绒服新款 28 8297193
白 羽绒服鸭绒女 20 770974
儿童羽绒服 5 1821876
黑色羽绒服女 30 837166
亮面羽绒服女 15 871982
妈妈羽绒服 6 1923005
男款 加厚羽绒服 26 704174
男士服中长款羽绒 19 1317338
男士羽绒服中长款 18 1317338
男童羽绒服 4 1952152
女 短款 羽绒服 23 2718360
女 服 羽绒 轻薄 13 1024943
女童羽绒服 7 2363534
轻薄 羽绒 男 服 21 599856
羽绒服 1 6524408
羽绒服 中长款 白鸭绒女士 29 736011
羽绒服2021年新款男 27 1840981
羽绒服冬女 10 1339288
羽绒服短款 9 907058
羽绒服男短款 11 1267652
羽绒服女 2 9870748
羽绒服女冬中长款 24 1609100
羽绒服女小个子 22 683700
羽绒服女长款 12 1815817

图 8-4 双击值字段标题

步骤 05 弹出“值字段设置”对话框，选择“值汇总方式”选项卡，在“选择用于汇总所选字段数据的计算类型”列表框中选择“最小值”选项，然后单击“确定”按钮，如图 8-5 所示。

步骤 06 在数据透视表中单击“关键词”字段下拉按钮，选择“其他排序选项”选项，如图 8-6 所示。

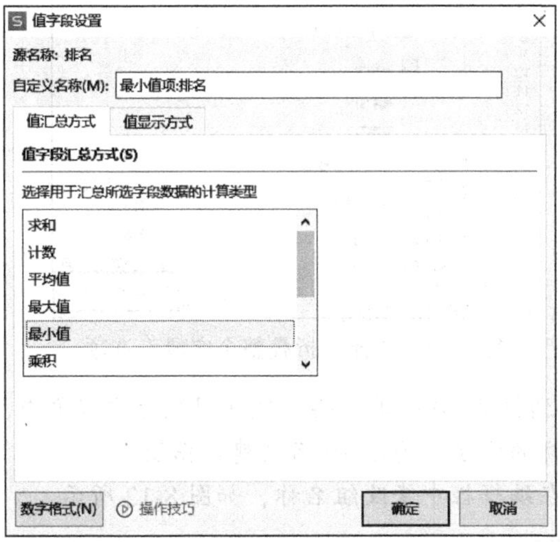

图 8-5 选择“最小值”汇总方式

图 8-6 选择“其他排序选项”选项

步骤 07 弹出“排序（关键词）”对话框，选中“升序排序（A 到 Z）依据”单选按钮，在其下拉列表框中选择“最小值项：排名”选项，然后单击左下方的“其他选项”按钮，如图 8-7 所示。

步骤 08 在弹出的对话框中取消选中“每次更新报表时自动排序”复选框，然后单击“确定”按钮，如图 8-8 所示。

步骤 09 在“关键词”字段中选中前 10 名的单元格区域并用鼠标右键单击，选择“组合”选项，如图 8-9 所示。

步骤 10 此时即可创建“数据组 1”组合，用鼠标右键单击该组合标题，选择“展开/折叠”|“折叠整个字段”选项，如图 8-10 所示。

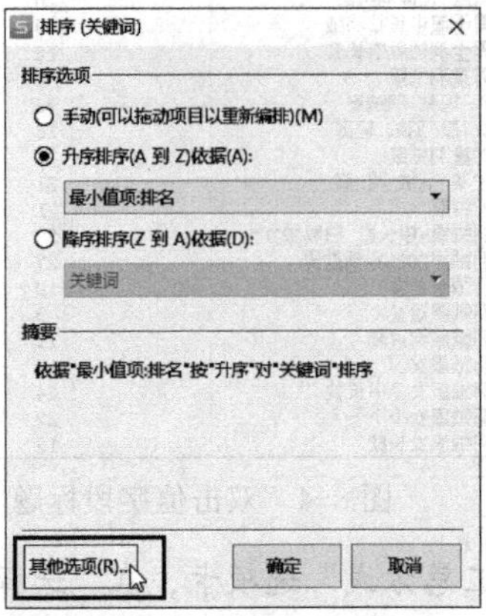

图 8-7　设置排序选项

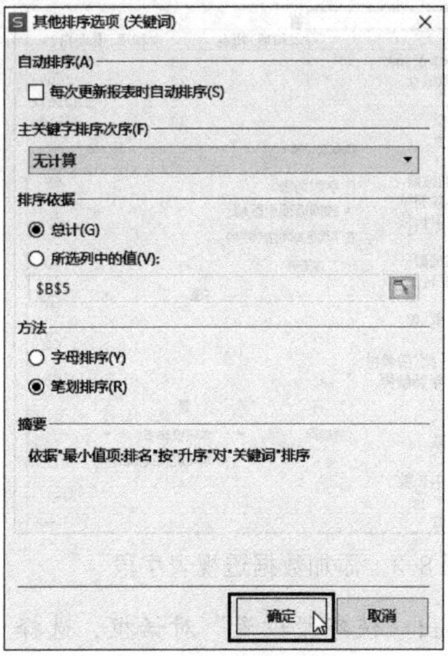

图 8-8　取消自动排序

图 8-9　选择“组合”选项

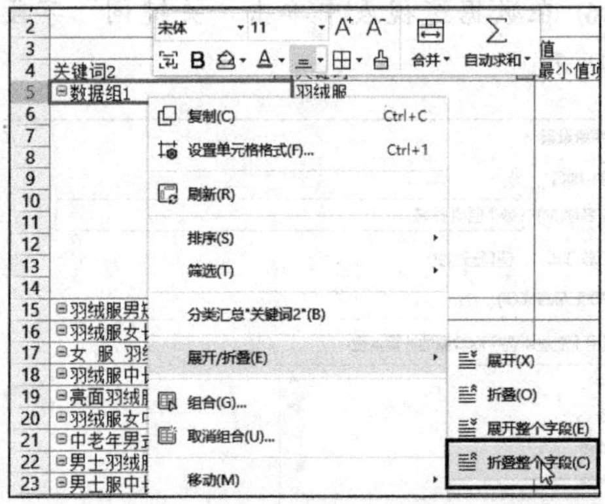

图 8-10　选择“折叠整个字段”选项

步骤 11 在“行标签”字段中选中排名 11 到排名 20 的单元格区域并用鼠标右键单击，选择“组合”选项，如图 8-11 所示。采用同样的方法，为后 10 名创建数据组。

步骤 12 选择数据组名称所在的单元格，在编辑栏中修改组名称，如图 8-12 所示。

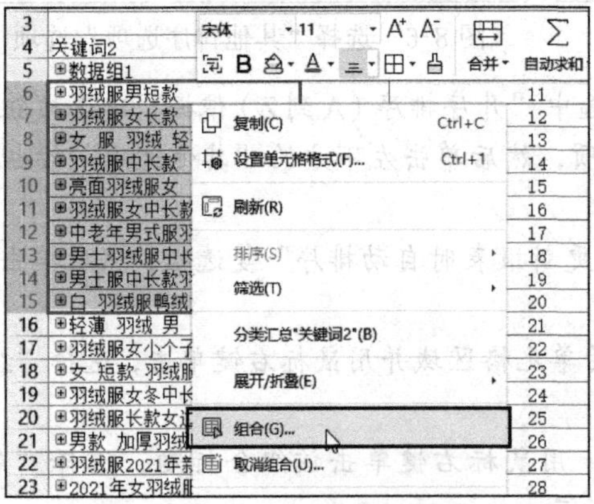

图 8-11　选择“组合”选项

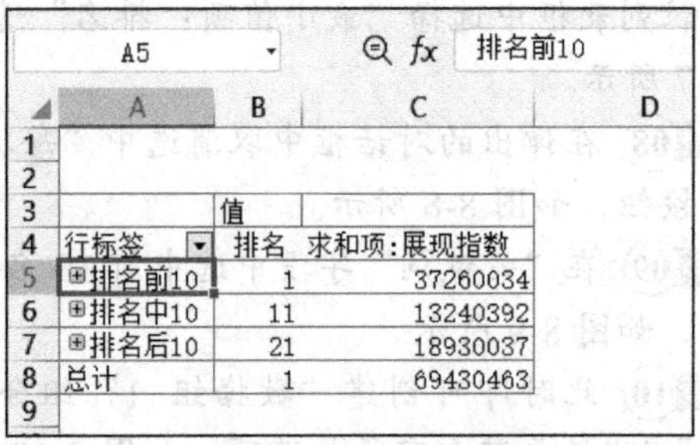

图 8-12　修改组名称

步骤 13 选择“设计”选项卡，单击“报表布局”下拉按钮，选择“以压缩形式显示”选项，如图 8-13 所示。

步骤 14 单击“分类汇总”下拉按钮，选择“在组的底部显示所有分类汇总”选项，如图 8-14 所示。

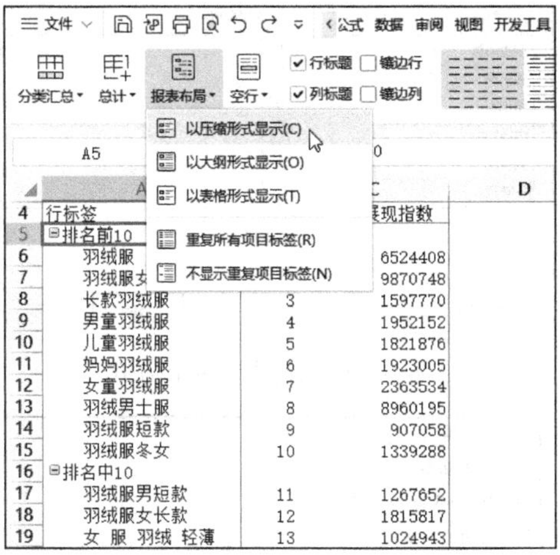

图 8-13　以压缩形式显示报表

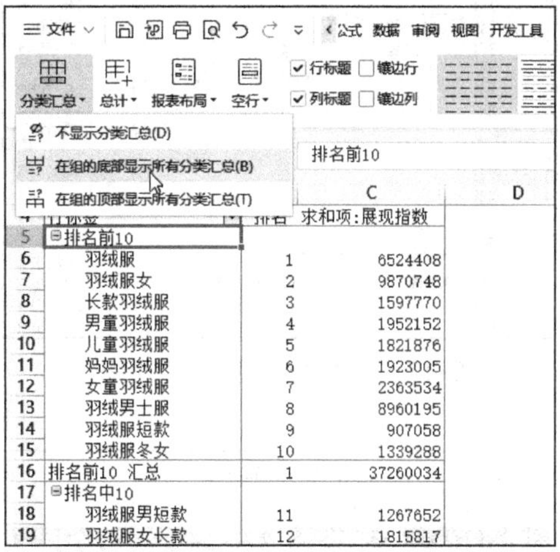

图 8-14　在组的底部显示所有分类汇总

步骤 15 单击“空行”下拉按钮，选择“在每个项目后插入空行”选项，如图 8-15 所示。

步骤 16 在数据透视表样式列表中选择所需的样式，如图 8-16 所示。

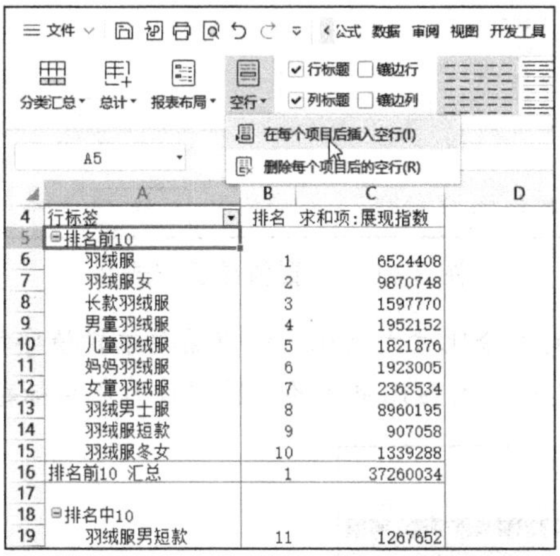

图 8-15　在每个项目后插入空行

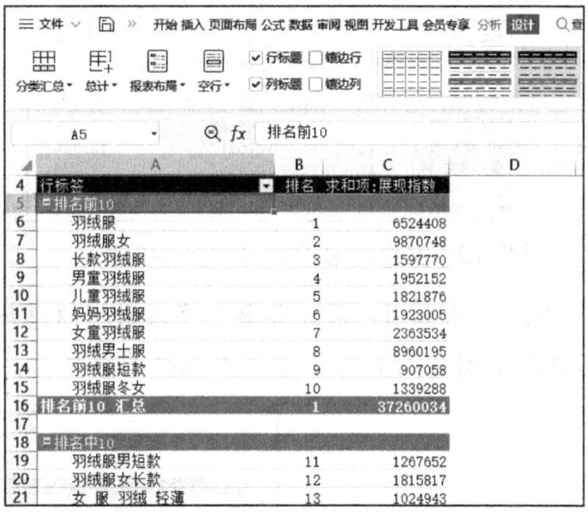

图 8-16　选择数据透视表样式

步骤 17 在“数据透视表”窗格中将“展现指数”字段再次拖至“值”区域，并将其置于最下方，即可在数据透视表中添加“求和项：展现指数 2”字段，如图 8-17 所示。

步骤 18 双击值字段标题“求和项：展现指数 2”，弹出“值字段设置”对话框，选择“值显示方式”选项卡，在“值显示方式”下拉列表框中选择“父级汇总的百分比”选项，在“基本字段”列表框中选择“关键词 2”选项，然后单击“确定”按钮，如图 8-18 所示。

步骤 19 “展现指数”字段数据以父级汇总的百分比方式显示，双击值字段标题“求和项：展现指数”，效果如图 8-19 所示。

步骤 20 弹出“值字段设置”对话框，在“值显示方式”下拉列表框中选择“总计的百分比”选项，然后单击“确定”按钮，如图 8-20 所示。

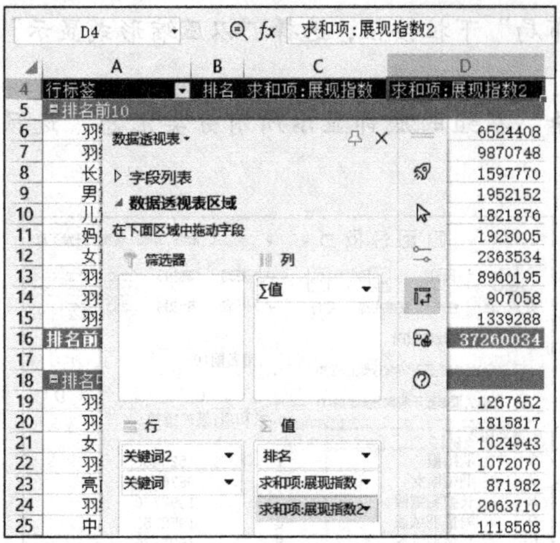

图 8-17 添加“展现指数”字段

图 8-18 设置值显示方式 1

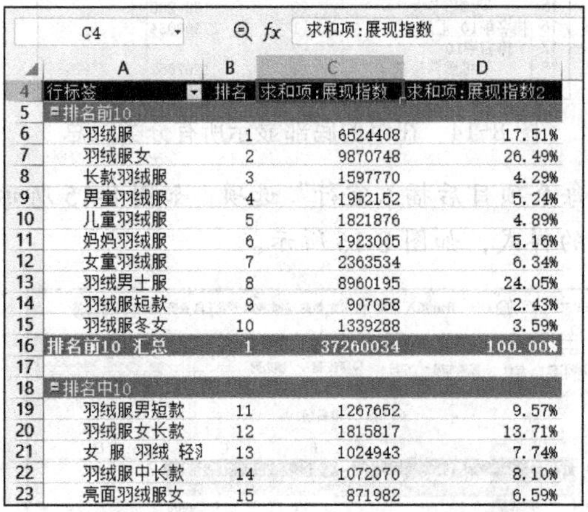

行标签	排名	求和项:展现指数	求和项:展现指数2
排名前10			
羽绒服	1	6524408	17.51%
羽绒服女	2	9870748	26.49%
长款羽绒服	3	1597770	4.29%
男童羽绒服	4	1952152	5.24%
儿童羽绒服	5	1821876	4.89%
妈妈羽绒服	6	1923005	5.16%
女童羽绒服	7	2363534	6.34%
羽绒男士服	8	8960195	24.05%
羽绒服短款	9	907058	2.43%
羽绒服冬女	10	1339288	3.59%
排名前10 汇总	1	37260034	100.00%
排名中10			
羽绒服男短款	11	1267652	9.57%
羽绒服女长款	12	1815817	13.71%
女 服 羽绒 轻蓮	13	1024943	7.74%
羽绒服中长款	14	1072070	8.10%
亮面羽绒服女	15	871982	6.59%

图 8-19 父级汇总的百分比显示效果

图 8-20 设置值显示方式 2

步骤 21 “求和项：展现指数”字段数据以总计的百分比方式显示，根据需要编辑值字段名称，效果如图 8-21 所示。卖家在选择关键词时，要选择所占比重大的关键词作为商品标题。

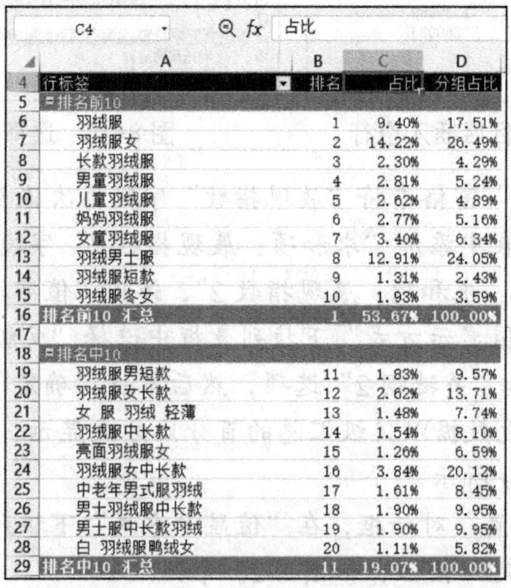

行标签	排名	占比	分组占比
排名前10			
羽绒服	1	9.40%	17.51%
羽绒服女	2	14.22%	26.49%
长款羽绒服	3	2.30%	4.29%
男童羽绒服	4	2.81%	5.24%
儿童羽绒服	5	2.62%	4.89%
妈妈羽绒服	6	2.77%	5.16%
女童羽绒服	7	3.40%	6.34%
羽绒男士服	8	12.91%	24.05%
羽绒服短款	9	1.31%	2.43%
羽绒服冬女	10	1.93%	3.59%
排名前10 汇总	1	53.67%	100.00%
排名中10			
羽绒服男短款	11	1.83%	9.57%
羽绒服女长款	12	2.62%	13.71%
女 服 羽绒 轻薄	13	1.48%	7.74%
羽绒服中长款	14	1.54%	8.10%
亮面羽绒服女	15	1.26%	6.59%
羽绒服女中长款	16	3.84%	20.12%
中老年男式服羽绒	17	1.61%	8.45%
男士羽绒服中长款	18	1.90%	9.95%
男士服中长款羽绒	19	1.90%	9.95%
白 羽绒服鸭绒女	20	1.11%	5.82%
排名中10 汇总	11	19.07%	100.00%

图 8-21 总计的百分比显示效果

二、商品搜索关键词分析

下面将介绍如何使用数据条和图标集对商品搜索关键词进行分析，具体操作方法如下。

步骤 01 打开“素材文件\项目八\搜索关键词分析.xlsx”，选择 A2 单元格，选择“公式”选项卡，单击“其他函数”下拉按钮，选择“统计”选项下的 RANK.EQ 函数，如图 8-22 所示。

步骤 02 弹出“函数参数”对话框，设置函数参数，然后单击“确定”按钮，如图 8-23 所示。使用填充柄将 A2 单元格中的公式向下填充至 A26 单元格，计算各关键词的排名。

图 8-22 选择 RANK.EQ 函数

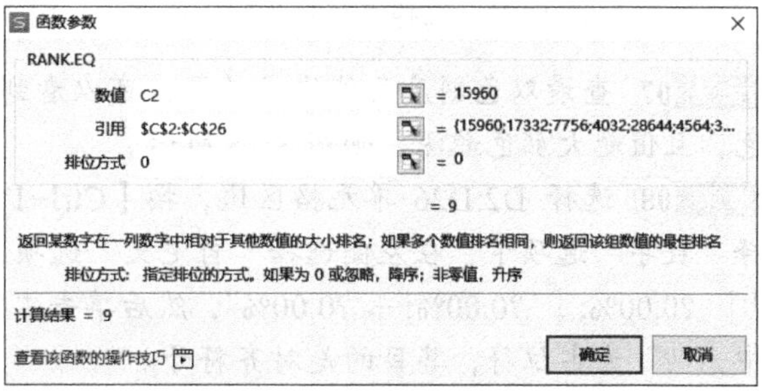

图 8-23 设置函数参数

步骤 03 选择 C2:C26 单元格区域，选择“开始”选项卡，单击“条件格式”下拉按钮，选择“数据条”选项，在其子菜单中选择所需的数据条样式，如图 8-24 所示。

步骤 04 选择 A2 单元格，选择“数据”选项卡，单击“排序”下拉按钮，选择“升序”选项，如图 8-25 所示。

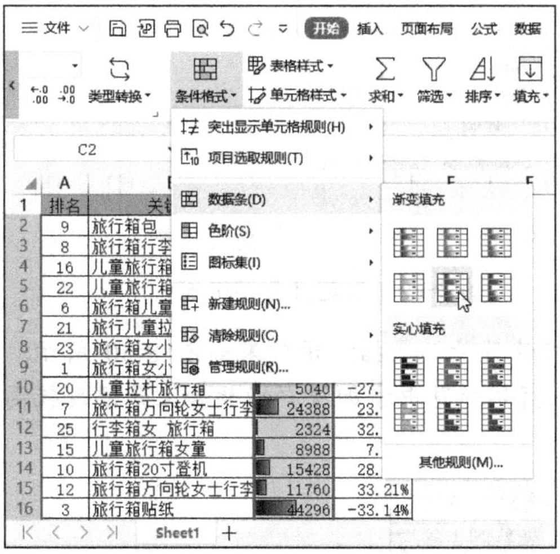

图 8-24 选择数据条样式

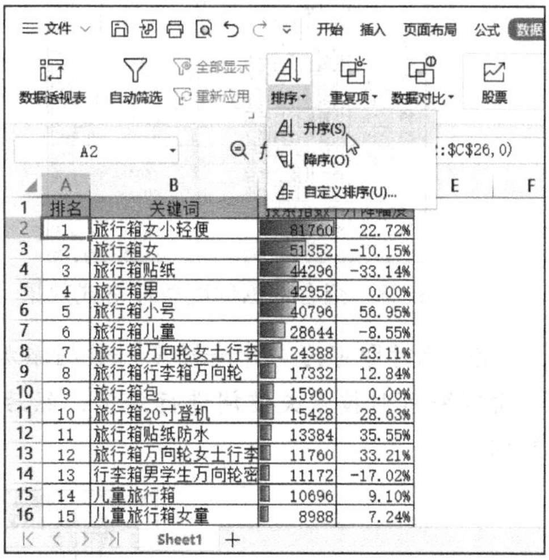

图 8-25 选择“升序”选项

步骤 05 选择 D2:D26 单元格区域，选择“开始”选项卡，单击“条件格式”下拉按钮，选择“新建规则”选项，如图 8-26 所示。

步骤 06 弹出“新建格式规则”对话框，在“格式样式”下拉列表框中选择“双色刻度”选项，在最小值“类型”下拉列表框中选择“数字”选项，在“值”文本框中输入 0，然后分别设置最小值和最大值的颜色，单击“确定”按钮，如图 8-27 所示。

图 8-26　选择“新建规则”选项

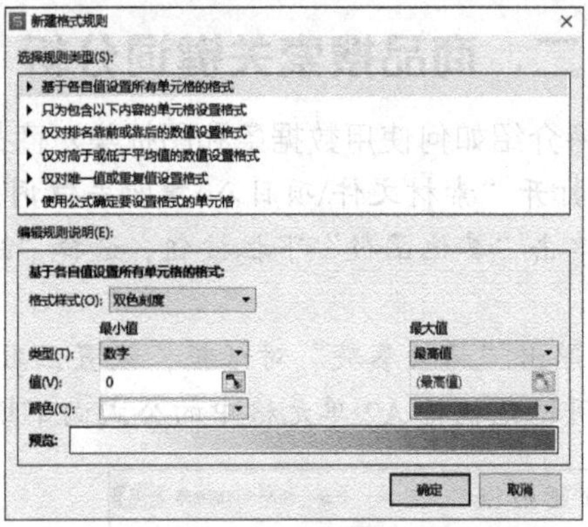

图 8-27　“新建格式规则”对话框

步骤 07 查看双色刻度条件格式效果，可以看到大于 0 的数值的单元格都应用了填充颜色，且值越大颜色越深，如图 8-28 所示。

步骤 08 选择 D2:D26 单元格区域，按【Ctrl+1】组合键打开“单元格格式”对话框，选择“数字”选项卡，在左侧选择“自定义”选项，在右侧“类型”文本框中输入格式代码“↑ ?0.00%;↓ ?0.00%;— ?0.00%”，然后单击“确定”按钮，如图 8-29 所示。在格式代码中，“?”为占位符，其目的是对齐符号。

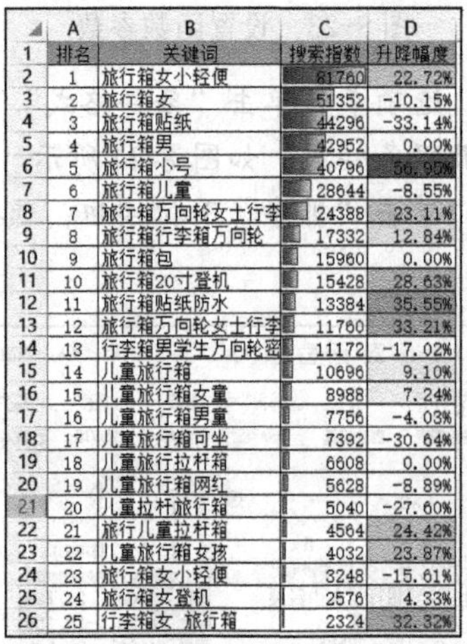

	A	B	C	D
1	排名	关键词	搜索指数	升降幅度
2	1	旅行箱女小轻便	81760	22.72%
3	2	旅行箱女	51352	-10.15%
4	3	旅行箱贴纸	44296	-33.14%
5	4	旅行箱男	42952	0.00%
6	5	旅行箱小号	40796	56.95%
7	6	旅行箱儿童	28644	-8.55%
8	7	旅行箱万向轮女士行李	24388	23.11%
9	8	旅行箱行李箱万向轮	17332	12.84%
10	9	旅行箱包	15960	0.00%
11	10	旅行箱20寸登机	15428	28.63%
12	11	旅行箱贴纸防水	13384	35.55%
13	12	旅行箱万向轮女士行李	11760	33.21%
14	13	行李箱男学生万向轮密	11172	-17.02%
15	14	儿童旅行箱	10696	9.10%
16	15	儿童旅行箱女童	8988	7.24%
17	16	儿童旅行箱男童	7756	-4.03%
18	17	儿童旅行箱可坐	7392	-30.64%
19	18	儿童旅行拉杆箱	6608	0.00%
20	19	儿童旅行箱网红	5628	-8.89%
21	20	儿童拉杆旅行箱	5040	-27.60%
22	21	旅行儿童拉杆箱	4564	24.42%
23	22	儿童旅行箱女孩	4032	23.87%
24	23	旅行箱女小轻便	3248	-15.61%
25	24	旅行箱女登机	2576	4.33%
26	25	行李箱女 旅行箱	2324	32.32%

图 8-28　查看双色刻度条件格式效果

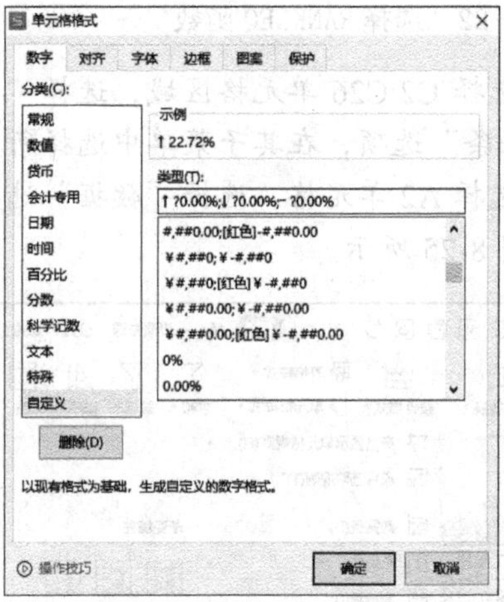

图 8-29　自定义数字格式

步骤 09 此时即可为“升降幅度”数据添加特殊符号，数据显示效果如图 8-30 所示。此时，卖家即可对搜索关键词进行分析，然后在商品标题中添加搜索指数和上升幅度较高的关键词。

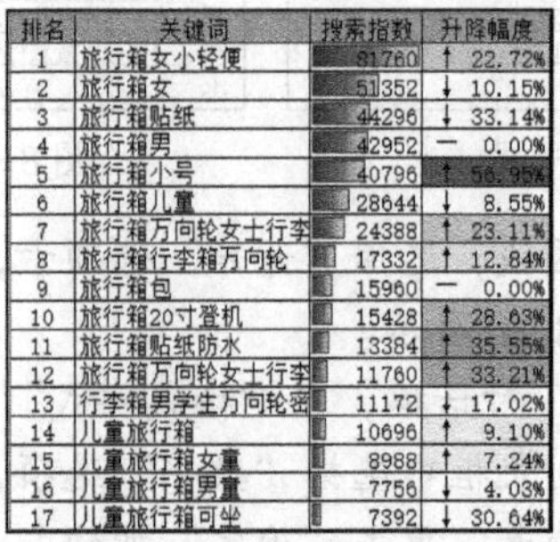

排名	关键词	搜索指数	升降幅度
1	旅行箱女小轻便	81760	↑ 22.72%
2	旅行箱女	51352	↓ 10.15%
3	旅行箱贴纸	44296	↓ 33.14%
4	旅行箱男	42952	— 0.00%
5	旅行箱小号	40796	↑ 56.95%
6	旅行箱儿童	28644	↓ 8.55%
7	旅行箱万向轮女士行李	24388	↑ 23.11%
8	旅行箱行李箱万向轮	17332	↑ 12.84%
9	旅行箱包	15960	— 0.00%
10	旅行箱20寸登机	15428	↑ 28.63%
11	旅行箱贴纸防水	13384	↑ 35.55%
12	旅行箱万向轮女士行李	11760	↑ 33.21%
13	行李箱男学生万向轮密	11172	↓ 17.02%
14	儿童旅行箱	10696	↑ 9.10%
15	儿童旅行箱女童	8988	↑ 7.24%
16	儿童旅行箱男童	7756	↓ 4.03%
17	儿童旅行箱可坐	7392	↓ 30.64%

图 8-30　查看数据显示效果

课堂解疑

自定义数字格式

数字格式最多可以包含 4 个代码部分，各个部分用分号分隔。这些代码部分按先后顺序定义正数、负数、零值和文本的格式：

<POSITIVE>;<NEGATIVE>;<ZERO>;<TEXT>

当输入正数时，显示设置的正数格式；当输入负数时，显示设置的负数格式；当输入“零”时，显示设置的零值格式；当输入文本时，显示设置的文本格式。

自定义数字格式中无须包含所有代码部分。如果仅为自定义数字格式指定了两个代码部分，则第一部分用于正数和零，第二部分用于负数；如果仅指定一个代码部分，则该部分将用于所有数字；如果要跳过某一代码部分，然后在其后面包含一个代码部分，则必须为要跳过的部分添加结束分号。

任务二　商品定价分析

任务概述

商品定价既是影响交易成败的重要因素，又是电商运营中最难以确定的因素。商品定价的目标是促进销售、获取利润，这要求卖家既要考虑成本，又要考虑买家对价格的接受能力，从而使商品定价具有买卖双方双向决策的特征。此外，价格还是市场营销组合中最灵活的因素，它可以对市场做出灵敏的反应。卖家通过对商品定价进行分析，能够确定出合理的价格，这对于卖家而言至关重要。本任务将介绍如何在 WPS 表格中对商品定价进行分析。

任务重点与实施

一、商品价格与成交量分析

下面将介绍如何分析商品价格与成交量之间的关系，具体操作方法如下。

步骤 01 打开“素材文件\项目八\商品定价分析.et”，选择“数据源”工作表，根据需要编辑表格数据，如图 8-31 所示（图中“近 15 天销量”即为商品成交量）。

A1　fx　序号

	A	B	C	D	E	F	G	H	I
1	序号	商品ID	商品标题	采购价	售价	近15天销量	成本	销售额	利润
2	1	52616873	人字拖女夏	¥48.0	¥69.0	518	¥24,864.0	¥35,742.0	¥10,878.0
3	2	58721483	木拖鞋男休	¥15.0	¥19.5	989	¥14,835.0	¥19,285.5	¥4,450.5
4	3	18238285	男凉鞋2021	¥42.0	¥54.0	273	¥11,466.0	¥14,742.0	¥3,276.0
5	4	20172827	拖鞋男夏季	¥24.0	¥29.8	104	¥2,496.0	¥3,099.2	¥603.2
6	5	59550551	洞洞鞋男士	¥7.0	¥12.9	51	¥357.0	¥657.9	¥300.9
7	6	59772420	人字拖女外	¥40.0	¥56.0	213	¥8,520.0	¥11,928.0	¥3,408.0
8	7	59054120	男士人字拖	¥19.0	¥29.8	254	¥4,826.0	¥7,569.2	¥2,743.2
9	8	57167675	凉拖鞋女夏	¥42.0	¥58.0	182	¥7,644.0	¥10,556.0	¥2,912.0
10	9	57772352	拖鞋女外穿	¥50.0	¥74.0	138	¥6,900.0	¥10,212.0	¥3,312.0
11	10	58841607	木屐女脚底	¥13.5	¥19.5	287	¥3,874.5	¥5,596.5	¥1,722.0
12	11	56573550	夏季人字拖	¥43.0	¥56.0	169	¥7,267.0	¥9,464.0	¥2,197.0
13	12	58308578	凉鞋男士20	¥22.5	¥29.9	92	¥2,070.0	¥2,750.8	¥680.8
14	13	58899296	人字拖女夏	¥37.0	¥48.0	154	¥5,698.0	¥7,392.0	¥1,694.0
15	14	59783238	洞洞鞋女士	¥9.9	¥15.9	88	¥871.2	¥1,399.2	¥528.0

图 8-31　编辑表格数据

步骤 02 在 K1:L5 单元格区域编辑价格区间与销量。选择 L2 单元格，选择“公式”选项卡，单击“数学和三角”下拉按钮，选择 SUMIFS 函数，如图 8-32 所示。

步骤 03 弹出“函数参数”对话框，设置各项参数，单击“确定”按钮，如图 8-33 所示。

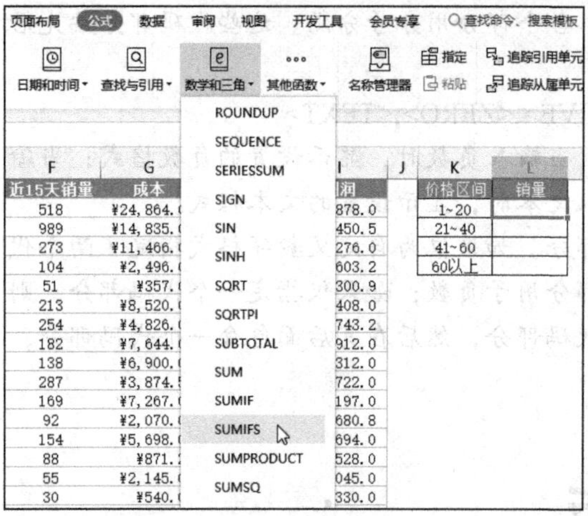

图 8-32　选择 SUMIFS 函数 1

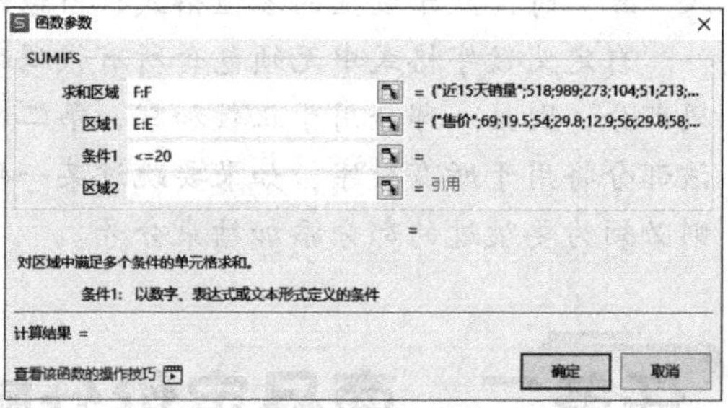

图 8-33　设置函数参数 1

步骤 04 此时即可得出价格为 1～20 元的商品的销量。选择 L3 单元格，单击“数学和三角”下拉按钮，选择 SUMIFS 函数，如图 8-34 所示。

步骤 05 弹出“函数参数”对话框，设置各项参数，单击“确定”按钮，如图 8-35 所示。

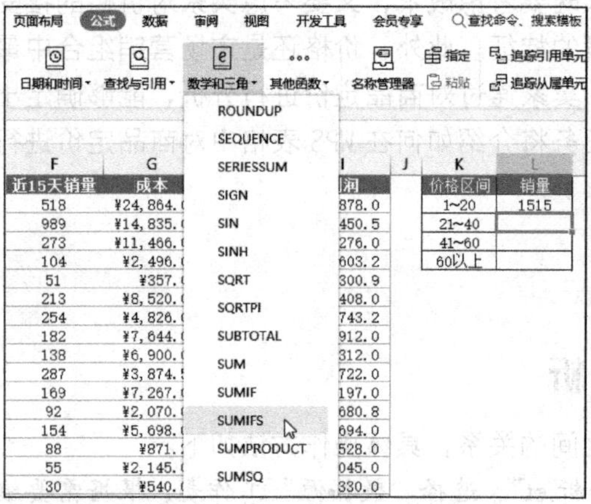

图 8-34　选择 SUMIFS 函数 2

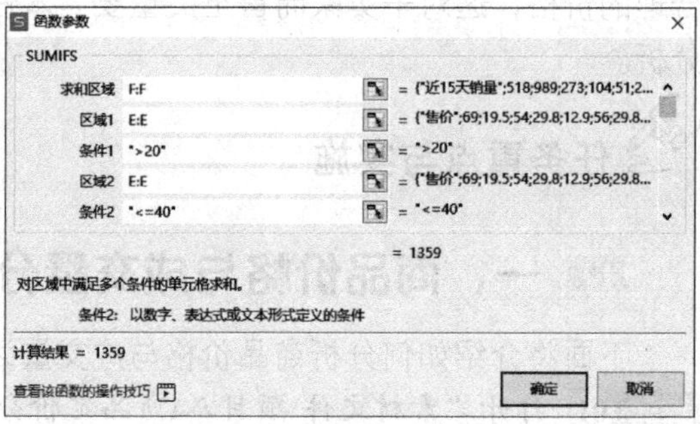

图 8-35　设置函数参数 2

步骤 06 采用同样的方法，计算出其他价格区间的商品的销量。选择 K1:L5 单元格区域，选择“插入”选项卡，单击“插入柱形图”下拉按钮，选择“堆积柱形图”选项，如图 8-36 所示。

步骤 07 在图表中输入图表标题，选择“图表工具”选项卡，单击“切换行列”按钮，如图 8-37 所示。

步骤 08 选中图表，单击浮动工具栏中的“图表元素”按钮，在弹出的面板中设置添加数据标签、图例等元素，然后调整绘图区的大小，如图 8-38 所示。

步骤 09 选中绘图区，在“属性”窗格中选择“填充与线条”选项卡，展开“线条”组，选中“实线”单选按钮，然后设置线条颜色和宽度，如图 8-39 所示。

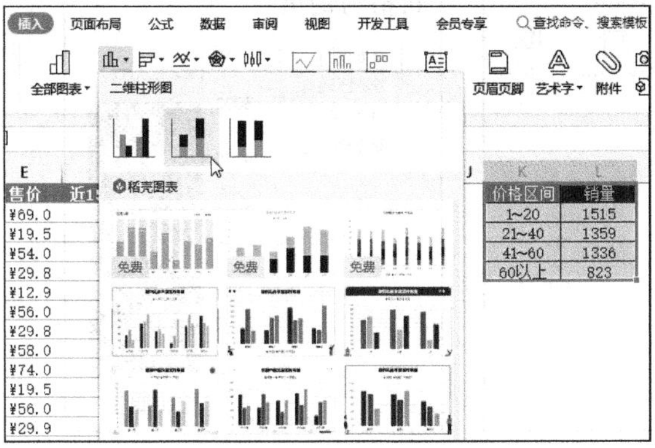

图 8-36　选择“堆积柱形图”选项

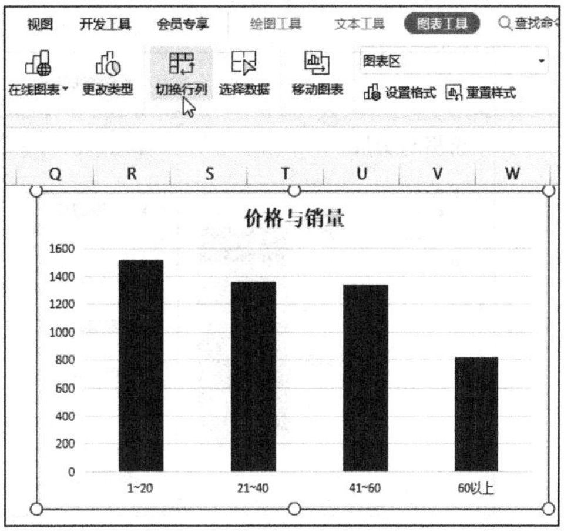

图 8-37　单击“切换行列”按钮

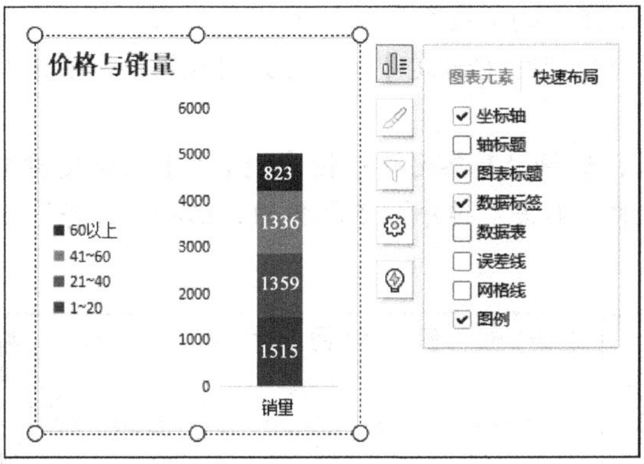

图 8-38　添加图表元素

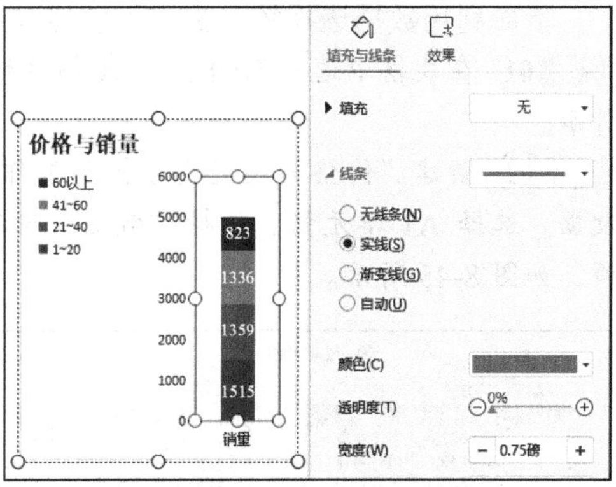

图 8-39　设置绘图区线条样式

步骤 10　在图表中选中数据系列，在“属性”窗格中选择“系列”选项卡，设置“系列重叠”和“分类间距”参数，如图 8-40 所示。

步骤 11　在图表中选中纵坐标轴，在“属性”窗格中选择“填充与线条”选项卡，在“线条”组中选中“实线”单选按钮，然后设置线条颜色，如图 8-41 所示。

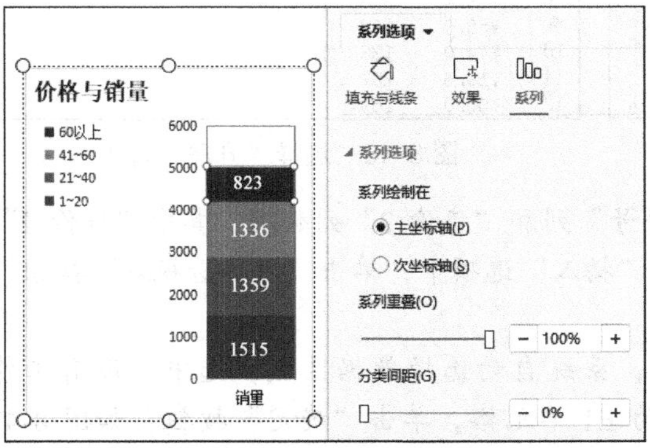

图 8-40　设置系列选项

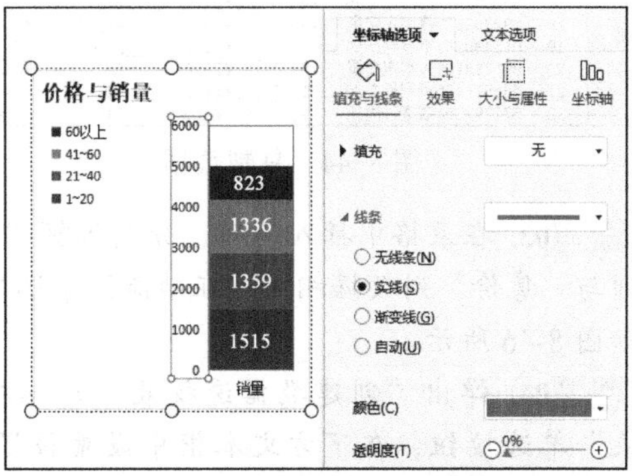

图 8-41　设置纵坐标轴线条颜色

步骤 12　选择“坐标轴”选项卡，展开“刻度线标记”组，在“主要类型”下拉列表框中选择“交叉”选项，在“次要类型”下拉列表框中选择“内部”选项，如图 8-42 所示。

步骤 13　设置数据标签颜色为白色，查看图表效果，如图 8-43 所示。

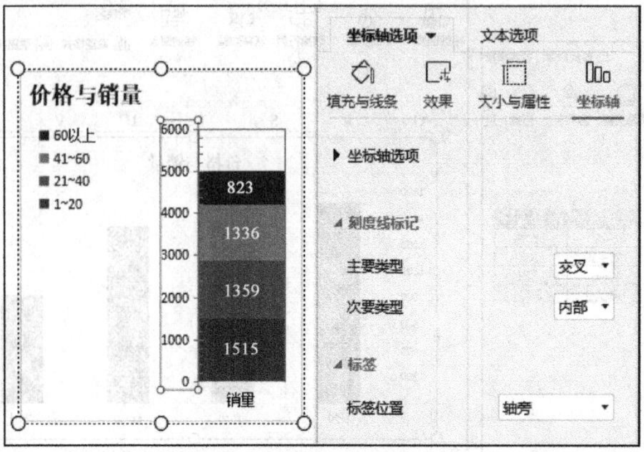

图 8-42 设置刻度线标记

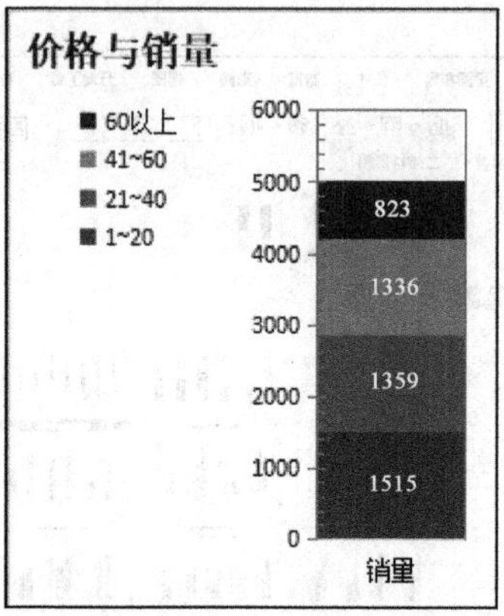

图 8-43 查看图表效果

下面利用数据透视图分析商品价格与成交量之间的关系，具体操作方法如下。

步骤 01 在表格中选中 E1:F31 单元格区域，然后按【Ctrl+C】组合键复制数据，如图 8-44 所示。

步骤 02 新建“价格与成交量分析”工作表，选择 A1 单元格，按【Ctrl+V】组合键粘贴数据。选择 A1 单元格，选择“数据”选项卡，单击“排序”下拉按钮，选择“升序”选项，如图 8-45 所示。

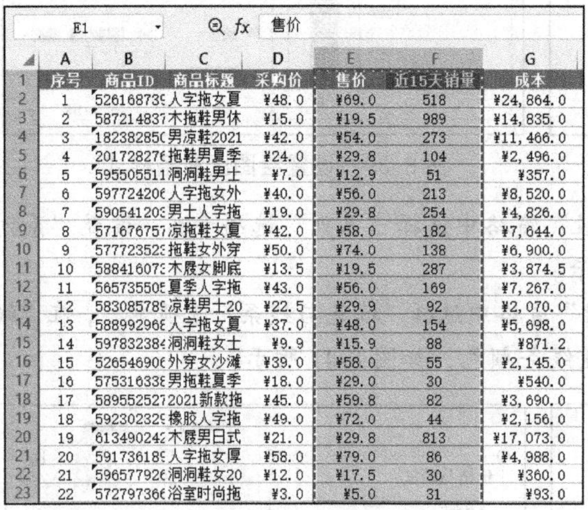

图 8-44 复制数据

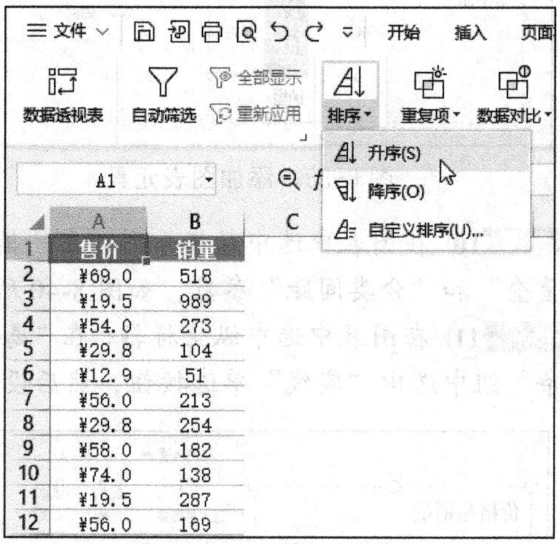

图 8-45 选择“升序”选项

步骤 03 在表格中插入两列，分别编辑“序号”列和“售价 2”列数据，其中“售价 2”列与“售价”列数据相同。在功能区中选择“插入”选项卡，单击“数据透视表”按钮，如图 8-46 所示。

步骤 04 弹出“创建数据透视表”对话框，系统自动选择数据区域，选中“现有工作表”单选按钮，在下方文本框中设置位置为 E1 单元格，单击“确定”按钮，如图 8-47 所示。

步骤 05 在“数据透视表”窗格中将“售价”字段拖至“行”区域，将“销量”字段拖入“值”区域两次，如图 8-48 所示。

步骤 06 用鼠标右键单击“售价”字段中的任意数据单元格，选择“组合”选项，如图 8-49 所示。

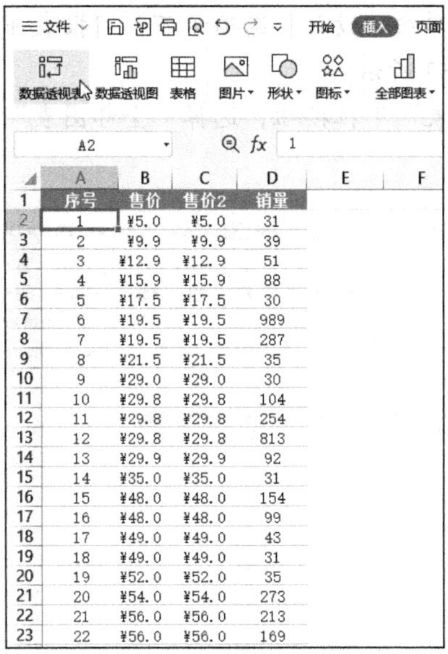

图 8-46　单击“数据透视表”按钮

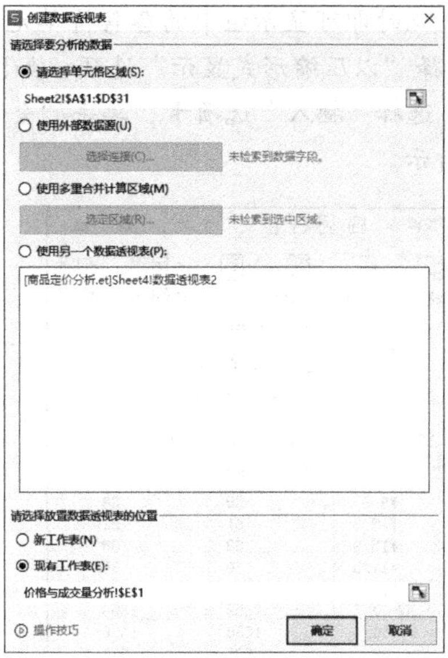

图 8-47　设置数据透视表位置

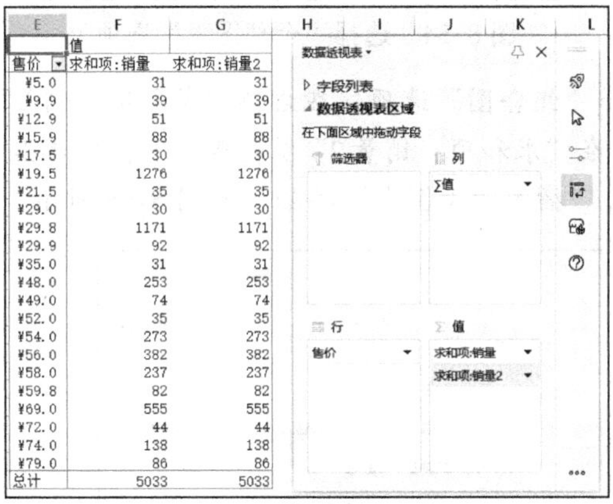

图 8-48　添加数据透视表字段

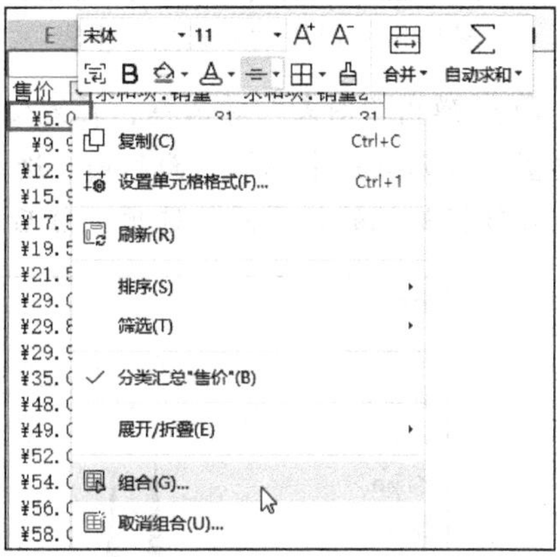

图 8-49　选择“组合”选项

步骤 07 弹出“组合”对话框，设置“起始于”“终止于”“步长”等参数（WPS Office 软件中，该项功能默认区间值“含左不含右”），然后单击“确定”按钮，如图 8-50 所示。

步骤 08 此时即可将“售价”按照设置的“步长”自动分组，双击“售价”字段中的任意组，如图 8-51 所示。

步骤 09 弹出“显示明细数据”对话框，选择“售价 2”选项，然后单击“确定”按钮，如图 8-52 所示。

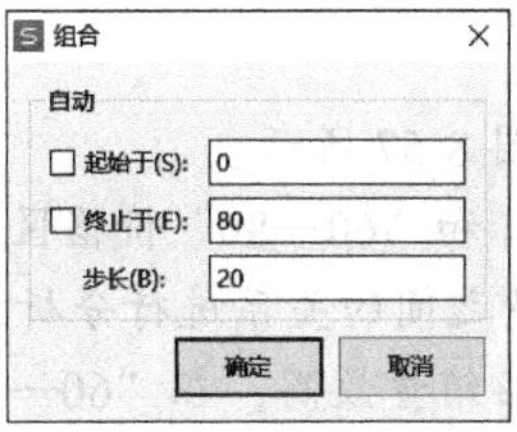

图 8-50　“组合”对话框

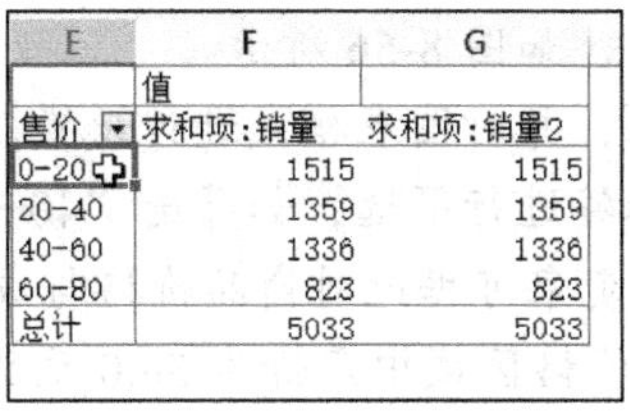

图 8-51　双击“售价”组

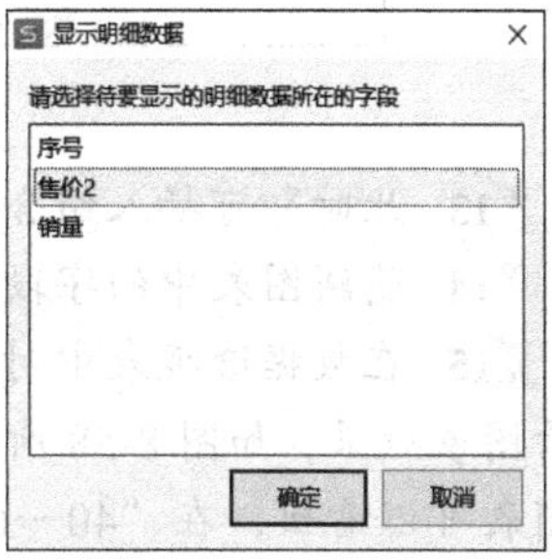

图 8-52　“显示明细数据”对话框

步骤 10 此时即可显示组中的各售价单元格，单击“设计”选项卡下的“报表布局”下拉按钮，选择“以压缩形式显示”选项，如图 8-53 所示。

步骤 11 选择“插入”选项卡，单击“全部图表”下拉按钮，选择“全部图表”选项，如图 8-54 所示。

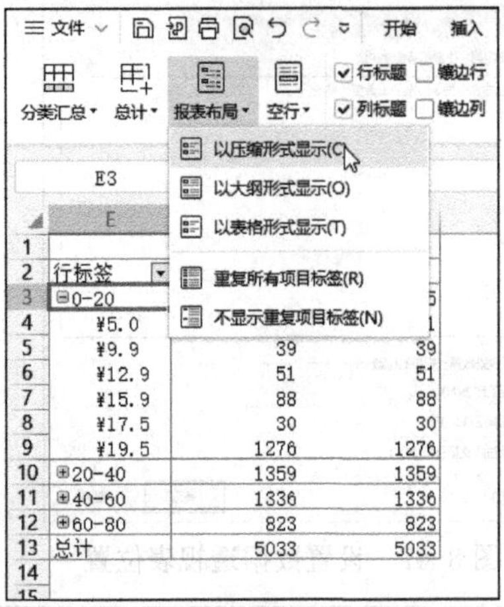

图 8-53　以压缩形式显示报表

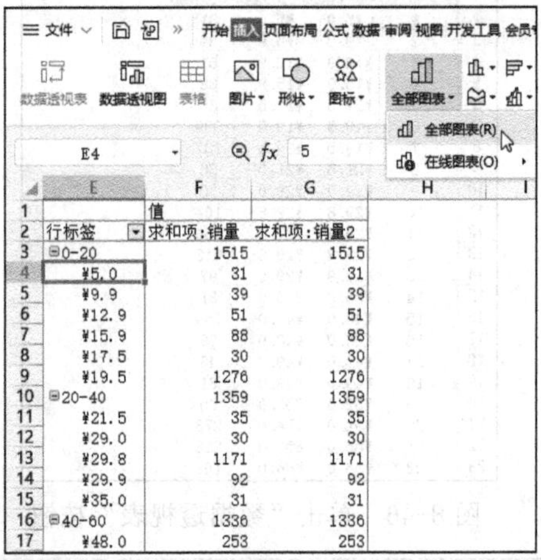

图 8-54　选择“全部图表”选项

步骤 12 弹出“图表”对话框，在左侧选择“组合图”选项，在右侧“求和项：销量”图表类型下拉列表框中选择“面积图”选项，在“求和项：销量2”图表类型下拉列表框中选择“带数据标记的折线图”选项，然后单击“插入预设图表”按钮，如图 8-55 所示。

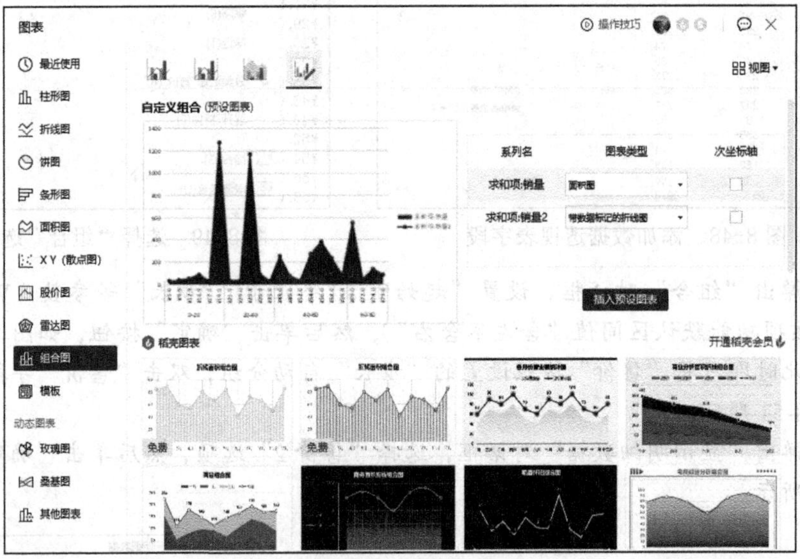

图 8-55　设置组合图

步骤 13 此时即可插入组合图表，如图 8-56 所示。

步骤 14 隐藏图表中的字段按钮，并对图表格式进行设置，如图 8-57 所示。

步骤 15 在数据透视表中对行标签进行筛选，如筛选“40—60”和“60—80”价格区域，查看图表效果，如图 8-58 所示。卖家可据此对商品价格与成交量之间的关系进行分析，通过图表可以看出，在“40—60”价格区域中定价为 56.0 元的商品销量最高，在“60—80”价格区域中定价为 69.0 元的商品销量最高。

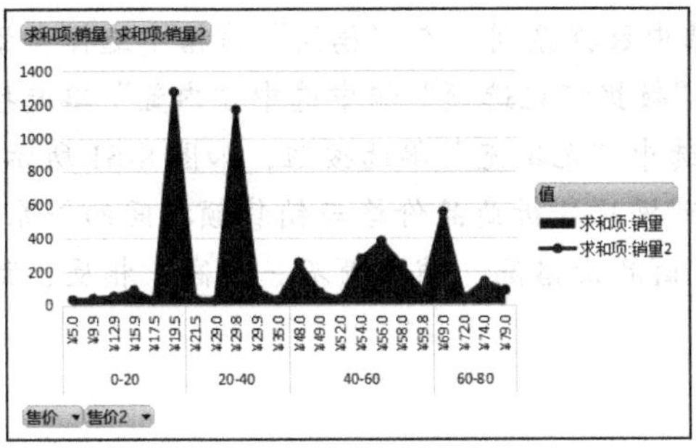

图 8-56 插入组合图表

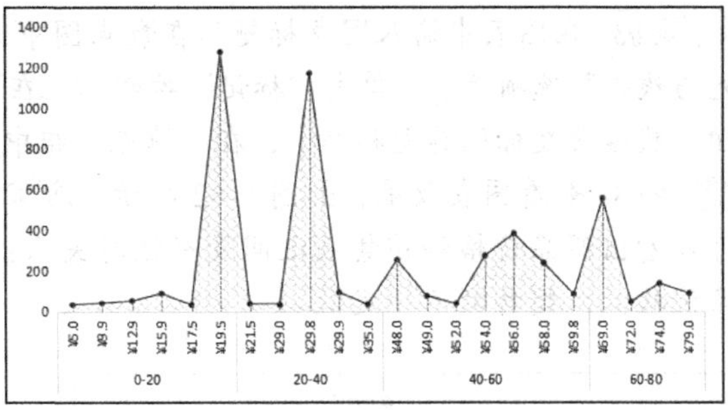

图 8-57 设置图表格式

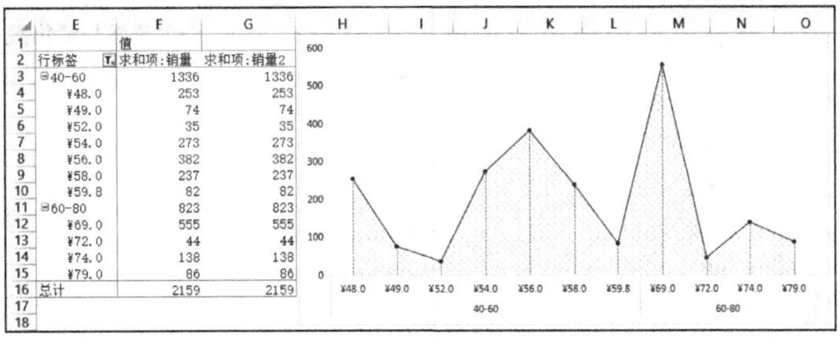

图 8-58 查看图表效果

二、商品价格与销售额分析

下面将介绍如何分析商品价格与销售额之间的关系，具体操作方法如下。

步骤 01 打开“素材文件\项目八\商品定价分析.et”，选择“价格与销售额分析”工作表，单击“销售额”筛选按钮，在弹出的面板中单击“升序”按钮，如图 8-59 所示。

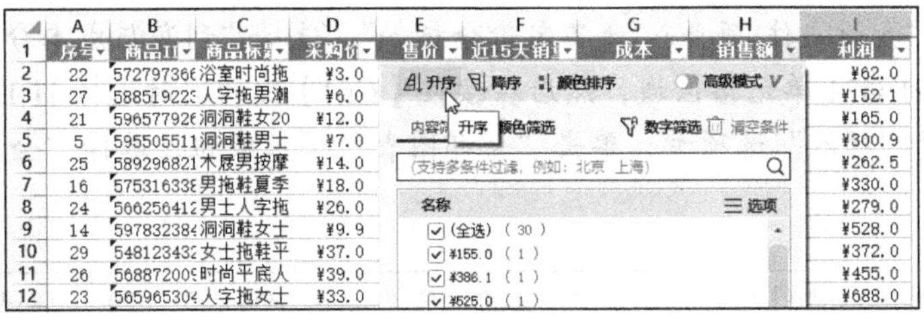

图 8-59 单击“升序”按钮

步骤 02 在工作表中选择 E2:E31 单元格区域，然后在按住【Ctrl】键的同时选择 H2:H31 单元格区域。在功能区中选择“插入”选项卡，单击“插入散点图”下拉按钮，选择“散点图”选项，如图 8-60 所示。

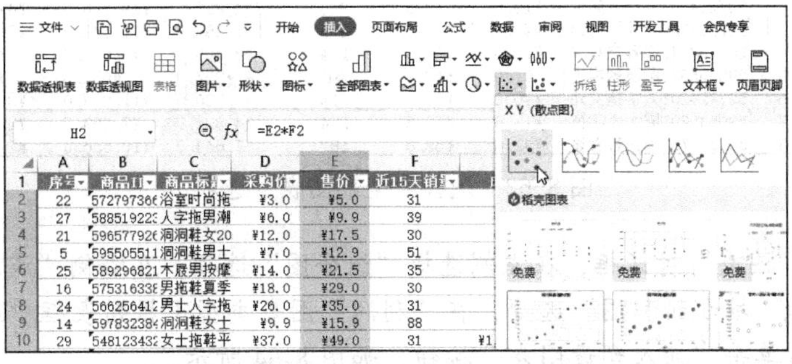

图 8-60 选择“散点图”选项

步骤 03 在图表中输入图表标题。在散点图中选中数据系列，在“属性”窗格中选择“填充与线条”选项卡，单击“标记”按钮。在“数据标记选项”组中选中“内置”单选按钮，然后设置标记类型和大小，在“填充”组中选中“无填充”单选按钮，如图 8-61 所示。

步骤 04 查看图表效果，如图 8-62 所示。卖家可据此分析商品价格与销售额之间的关系，可以看出商品价格和销售额之间没有绝对关系：商品价格高，销售额不一定高；相反，商品价格低，销售额不一定低。

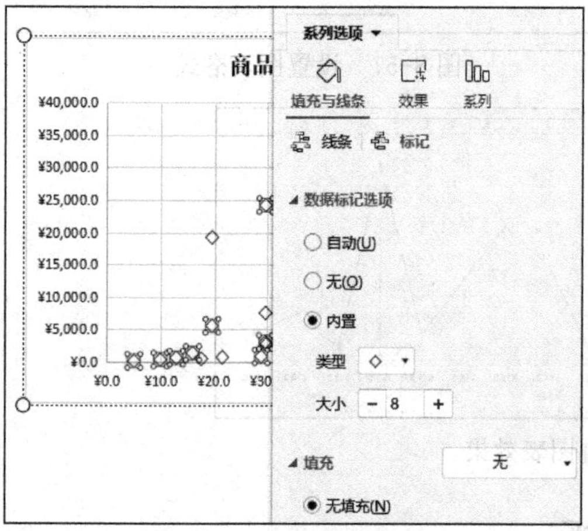

图 8-61 设置标记格式

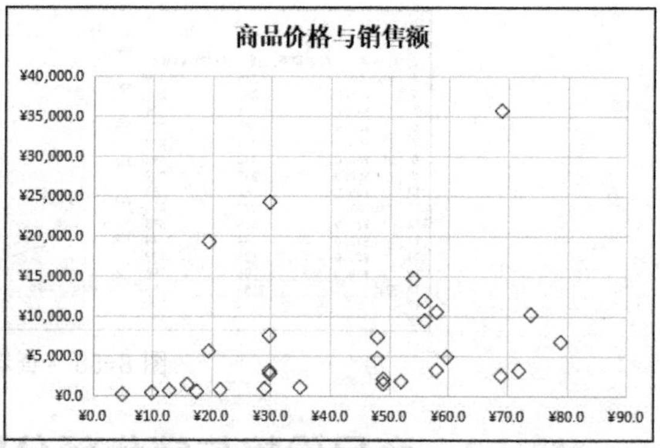

图 8-62 查看图表效果

三、利润与成本分析

下面将介绍如何分析利润与成本之间的关系，具体操作方法如下。

步骤 01 打开“素材文件\项目八\商品定价分析.et”，选择“利润与成本分析”工作表，在工作表中选择 G1:G31 单元格区域，然后在按住【Ctrl】键的同时选择 I1:I31 单元格区域。在功能区中选择“插入”选项卡，单击“全部图表”下拉按钮，选择“全部图表”选项，如图 8-63 所示。

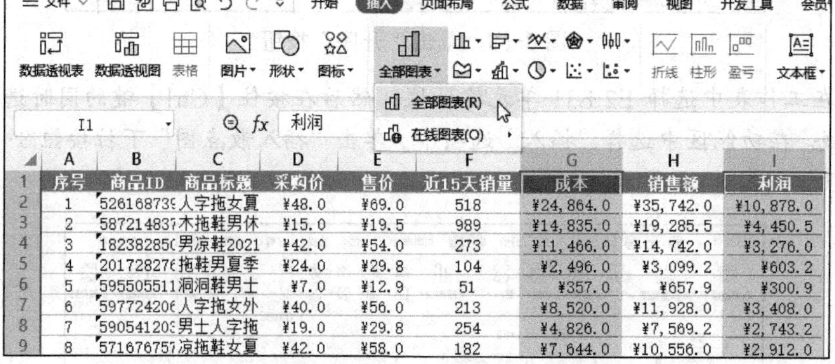

图 8-63 选择“全部图表”选项

步骤 02 弹出“图表”对话框，在左侧选择“组合图”选项，在右侧“成本”图表类型下拉列表框中选择“堆积面积图”选项，在“利润”图表类型下拉列表框中选择“堆积面积图”选项，然后单击“插入预设图表”按钮，如图 8-64 所示。

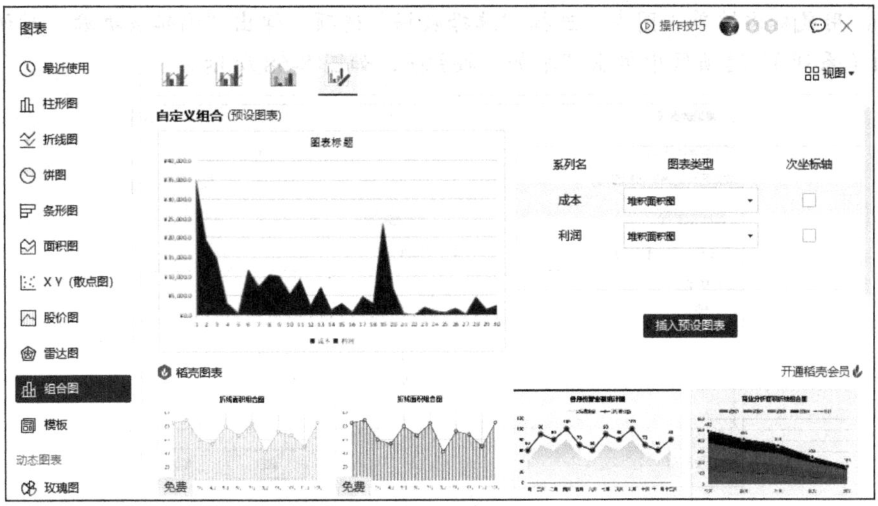

图 8-64　设置组合图

步骤 03 在图表中选中“成本”数据系列，在“属性”窗格中选择“填充与线条”选项卡，选中“纯色填充”单选按钮，并设置填充颜色，如图 8-65 所示。

步骤 04 输入图表标题，在图表中选中“利润”数据系列，在“属性”窗格中选择“填充与线条”选项卡，选中“图案填充”单选按钮，然后设置图案、前景、背景等参数，如图 8-66 所示。

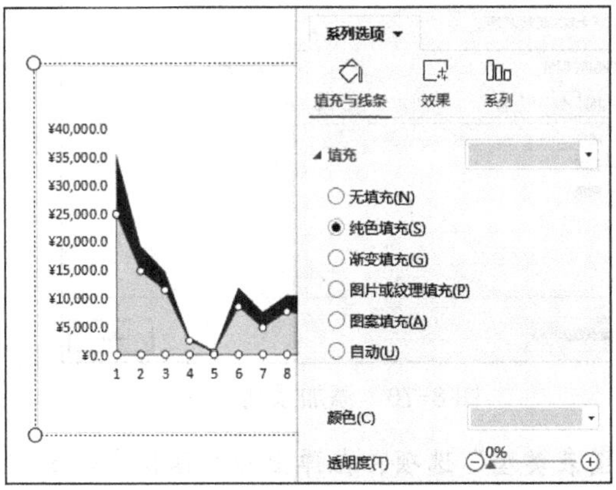

图 8-65　设置填充颜色

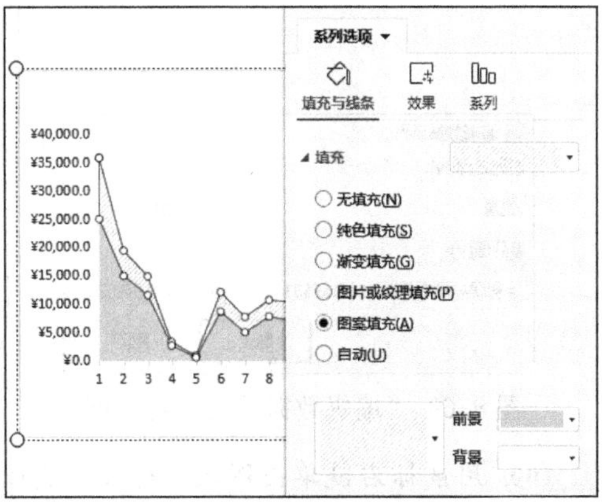

图 8-66　设置图案填充

步骤 05 查看图表效果，如图 8-67 所示。

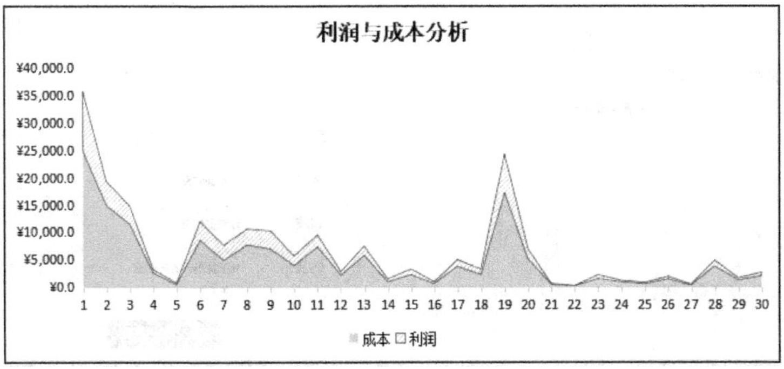

图 8-67　查看图表效果

步骤 06 用鼠标右键单击图表，选择“选择数据”选项，弹出“编辑数据源”对话框，在“图例项（系列）”选项区中单击“添加”按钮⊞，如图 8-68 所示。

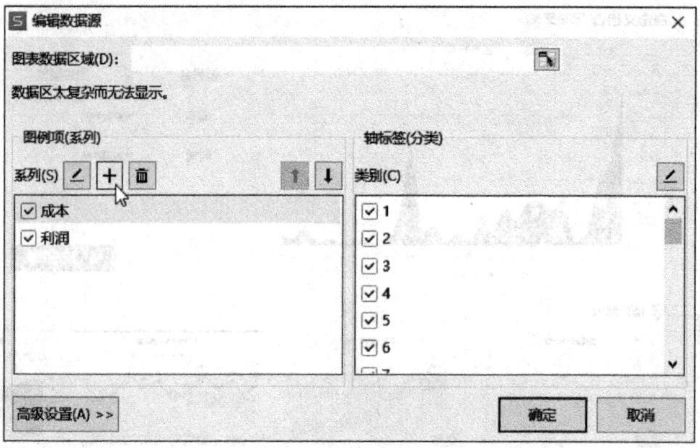

图 8-68　单击“添加”按钮

步骤 07 弹出“编辑数据系列”对话框，设置“系列名称”和“系列值”参数，然后单击“确定”按钮，如图 8-69 所示。

步骤 08 返回“编辑数据源”对话框，可以看到添加的系列，单击“确定”按钮，如图 8-70 所示。

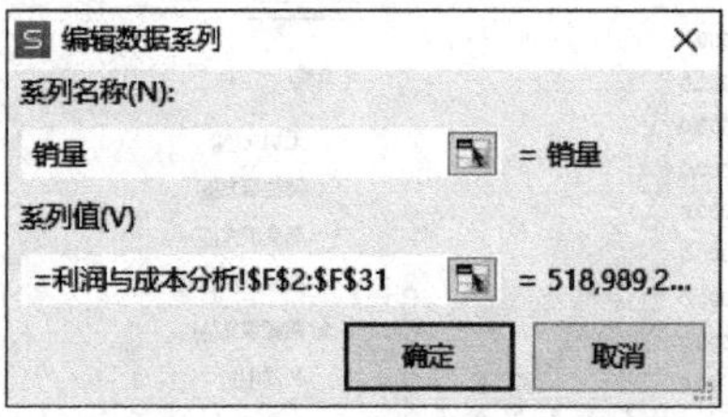

图 8-69　“编辑数据系列”对话框

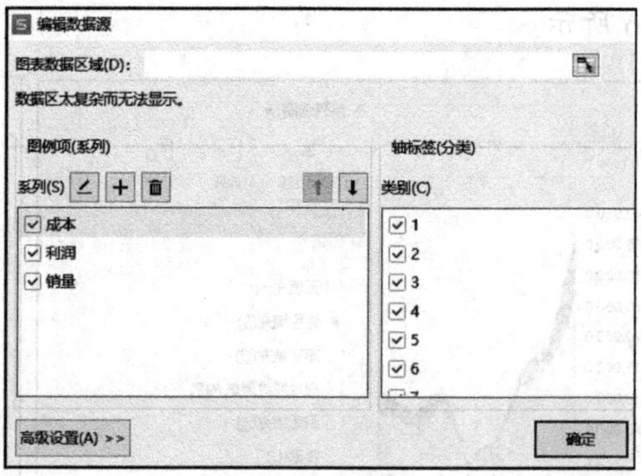

图 8-70　添加系列

步骤 09 用鼠标右键单击图表，选择“更改图表类型”选项，在弹出的对话框中设置“销量”图表类型为“带数据标记的折线图”，并选中“次坐标轴”复选框，然后单击“插入预设图表”按钮，如图 8-71 所示。

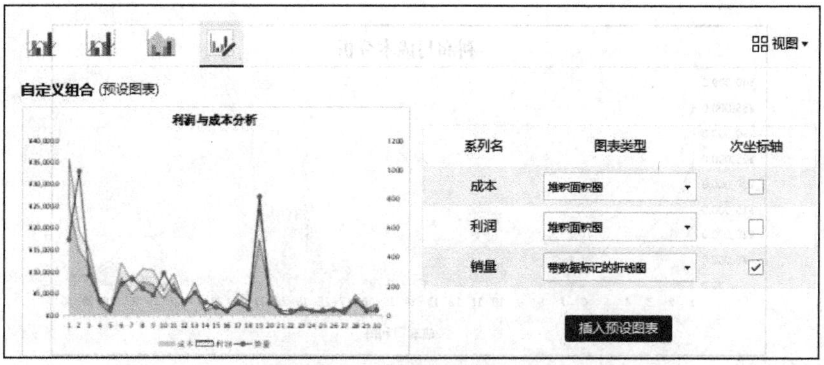

图 8-71　更改图表类型

步骤 10 在图表中选中“销量”系列，在“属性”窗格中选择“填充与线条”选项卡，选中“实线”单选按钮，然后设置线条颜色和宽度，如图 8-72 所示。

步骤 11 单击“标记”按钮，在“数据标记选项”组中选中“内置”单选按钮，然后设置标记类型和大小，在“填充”组中设置填充颜色，如图 8-73 所示。

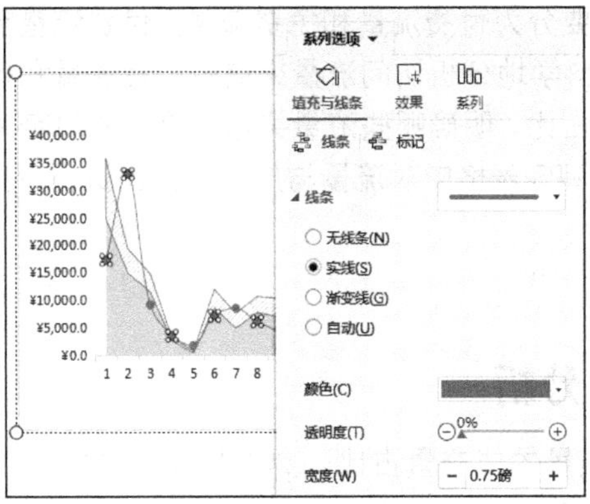

图 8-72 设置线条格式

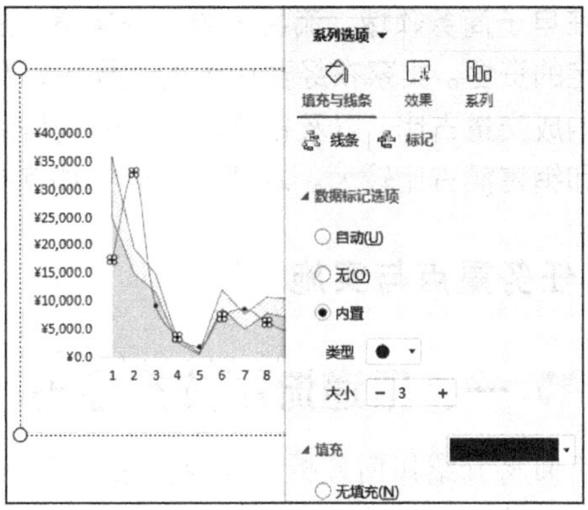

图 8-73 设置标记格式

步骤 12 在图表中选中次要纵坐标轴，选择“坐标轴”选项卡，展开“坐标轴选项”组，选中“对数刻度”复选框，使图表数据更直观地显示出来，如图 8-74 所示。

步骤 13 展开“标签”组，在“标签位置”下拉列表框中选择“无”选项，隐藏次要纵坐标轴，如图 8-75 所示。

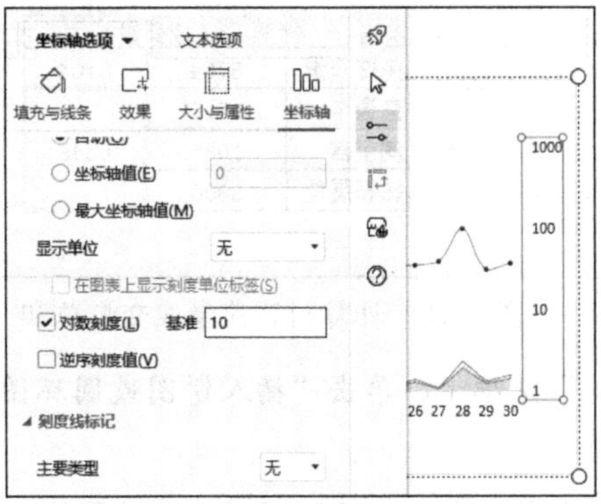

图 8-74 选中“对数刻度”复选框

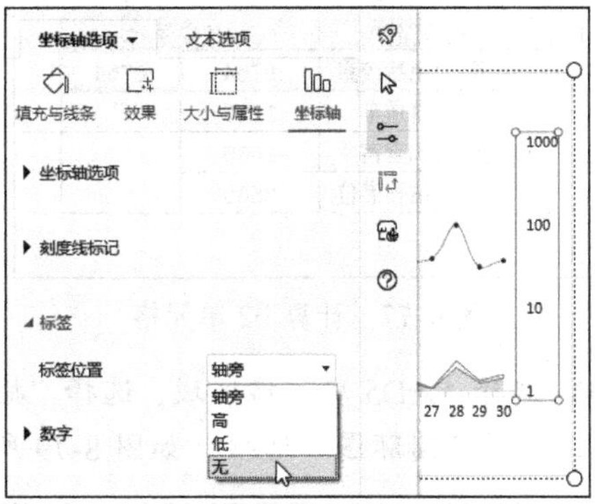

图 8-75 设置标签位置

步骤 14 为“销量”系列添加数据标签，查看图表效果，如图 8-76 所示。此时，卖家即可分析各商品销量、成本与利润之间的关系，及时调整店铺商品结构。

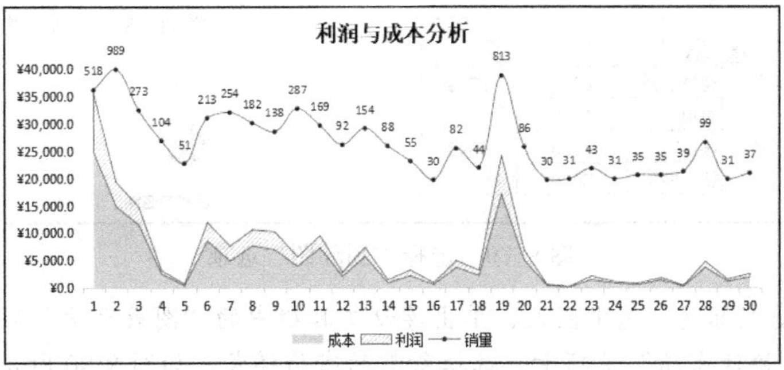

图 8-76 查看图表效果

任务三　流量与成交量占比分析

任务概述

在电子商务领域，流量来源于各渠道，主要分为付费流量和免费流量。付费流量需要投入一定的资金。卖家在经营店铺的过程中，要科学地分析访问流量渠道中免费流量和各付费流量的成交量占比，以及各流量入口的销售额占比，明确哪些流量渠道和流量入口带来的成交量和销售额占比较大。本任务将介绍如何在WPS表格中对流量与成交量占比进行分析。

任务重点与实施

一、渠道流量成交量占比分析

下面将介绍如何分析访问流量渠道中各流量的成交量占比，具体操作方法如下。

步骤 01 打开“素材文件\项目八\渠道流量成交量占比分析.xlsx”，选择D2单元格，在编辑栏中输入公式“=C2”并按【Enter】键确认，如图8-77所示。

步骤 02 选择D3单元格，在编辑栏中输入公式“=SUM(C3:C5)”并按【Enter】键确认，得出付费流量成交量总和，如图8-78所示。

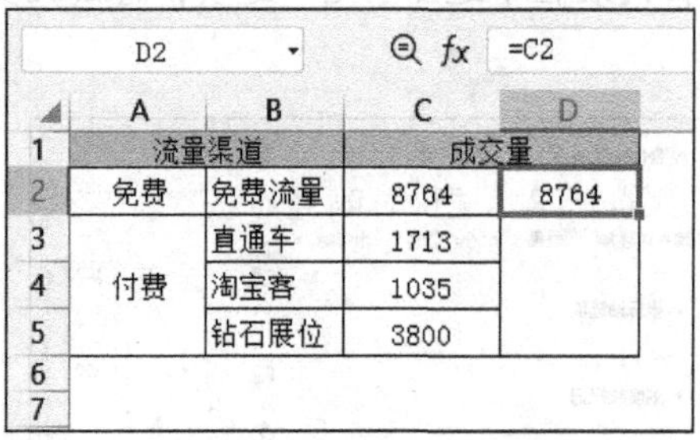

图8-77　计算D2单元格

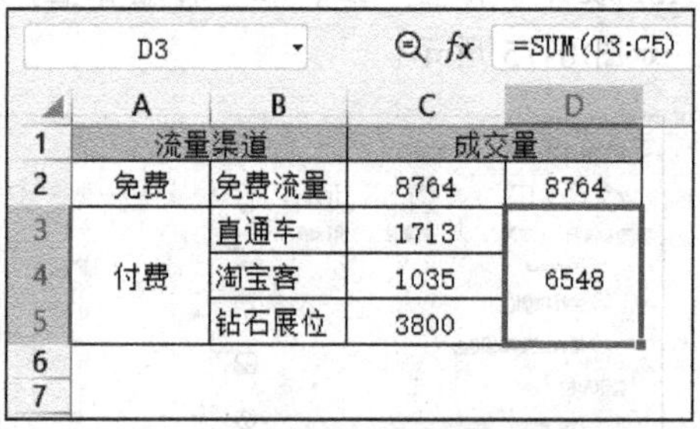

图8-78　计算付费流量成交量总和

步骤 03 选择A2:D5单元格区域，选择“插入”选项卡，单击“插入饼图或圆环图”下拉按钮，选择“圆环图”选项，如图8-79所示。

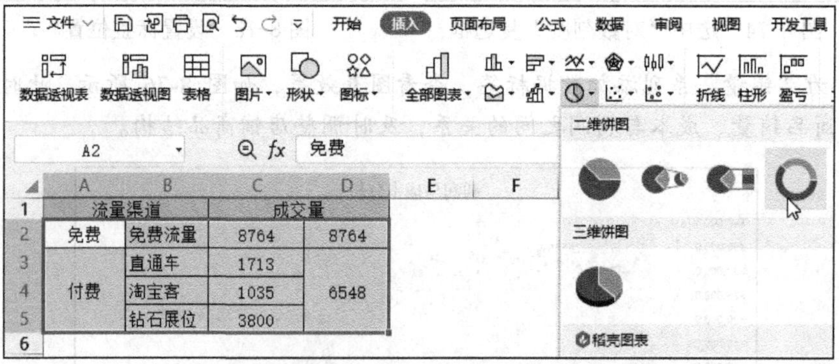

图8-79　选择“圆环图”选项

步骤 04 输入图表标题，选中图表，单击浮动工具栏中的“图表元素”按钮，在弹出的面板上方选择“快速布局”选项卡，选择所需的布局样式，如图8-80所示。

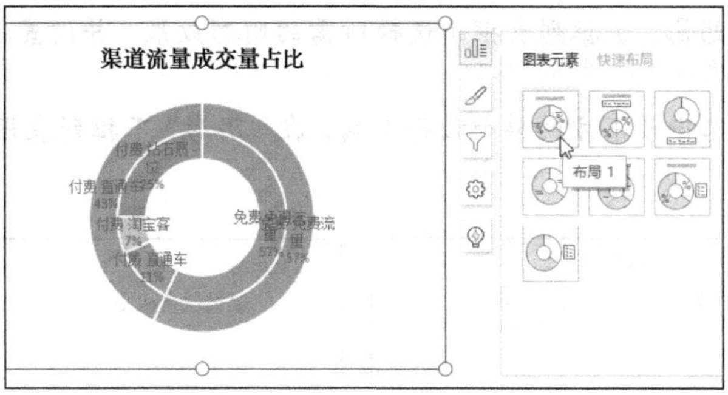

图 8-80　选择图表布局样式

步骤 05 在图表中选中数据标签，在“属性”窗格中选择“标签”选项卡，在“标签包括”选项区中选中“百分比”复选框，取消选择“系列名称”复选框，如图 8-81 所示。

步骤 06 在图表中选中数据系列，在“属性”窗格中选择“系列”选项卡，设置“第一扇区起始角度”和“圆环图内径大小”参数，如图 8-82 所示。

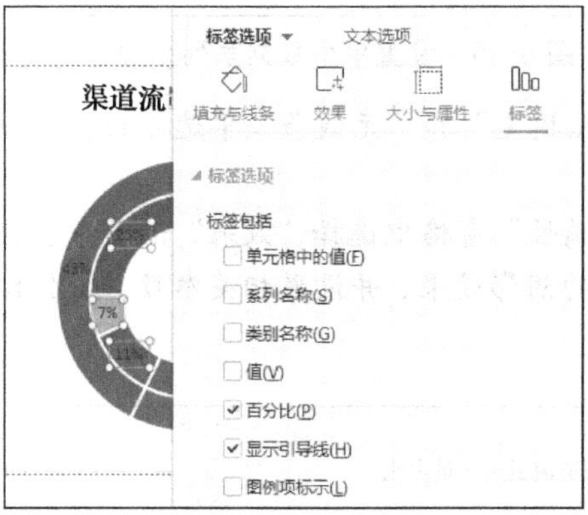

图 8-81　设置标签选项

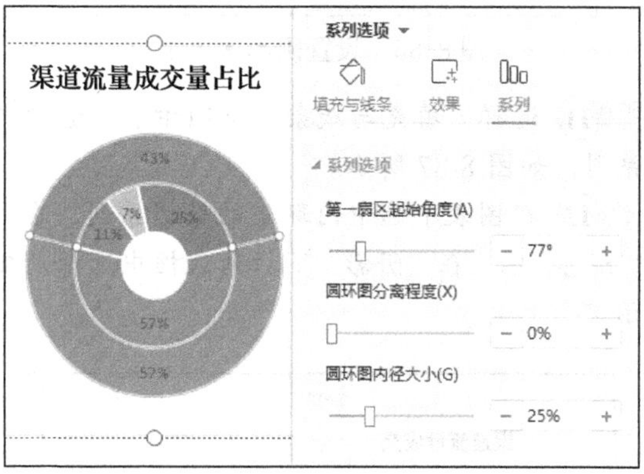

图 8-82　设置系列选项

步骤 07 用鼠标右键单击图表，选择“选择数据”选项，弹出“编辑数据源”对话框，选择“系列 1”选项，单击“下移”按钮调整系列顺序，然后单击“确定”按钮，如图 8-83 所示。

步骤 08 查看图表效果，如图 8-84 所示。

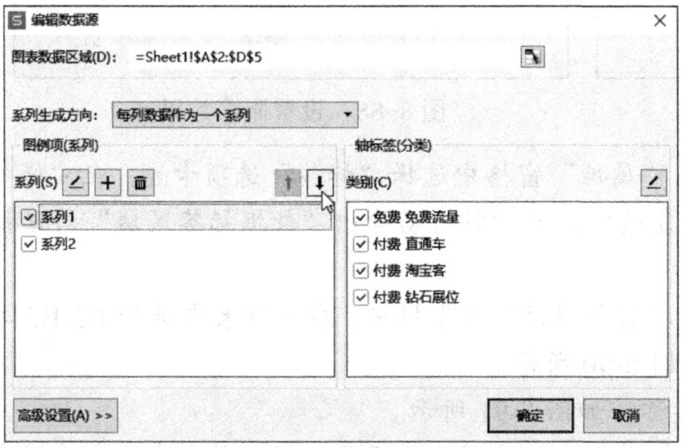

图 8-83　设置系列顺序

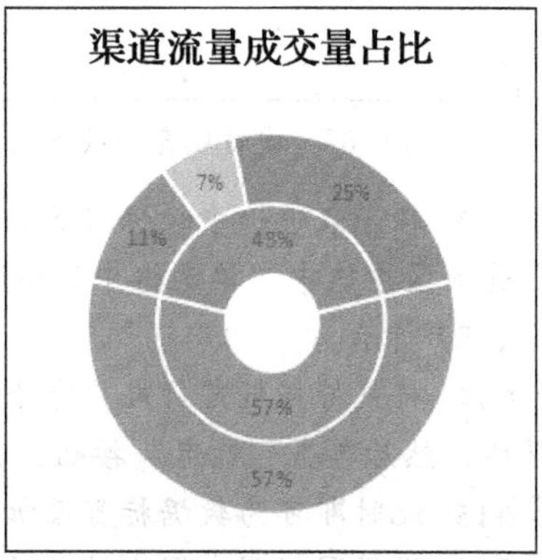

图 8-84　查看图表效果

步骤 09 在图表中选中外环中的数据系列，在“属性”窗格中选择“效果”选项卡，展开“阴影”组，在“阴影”下拉列表框中选择所需的阴影效果，并设置相关参数，如图 8-85 所示。

步骤 10 在图表中选中最下方的单个数据系列，在“阴影”下拉列表框中选择“无”选项，如图 8-86 所示。

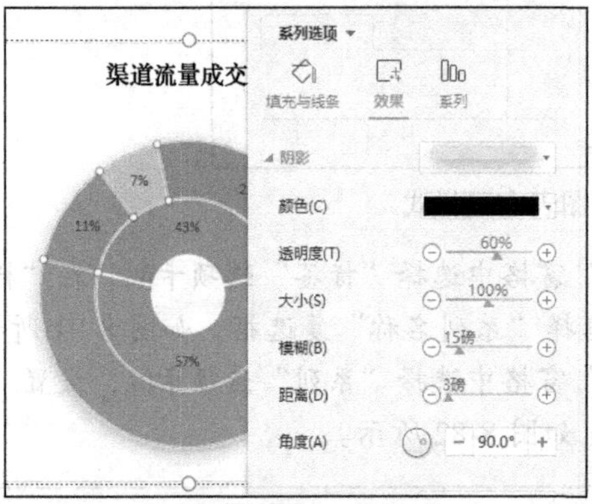

图 8-85　设置阴影效果 1

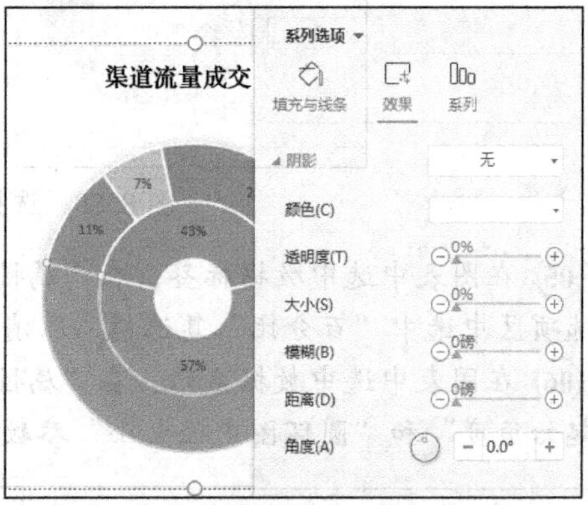

图 8-86　设置单个数据系列无阴影

步骤 11 选择“填充与线条”选项卡，选中“无填充”和“无线条”单选按钮，隐藏数据系列，如图 8-87 所示。

步骤 12 在图表中选中内环中的数据系列，在“属性”窗格中选择“效果”选项卡，展开“阴影”组，在“阴影”下拉列表框中选择所需的阴影效果，并设置相关参数，如图 8-88 所示。

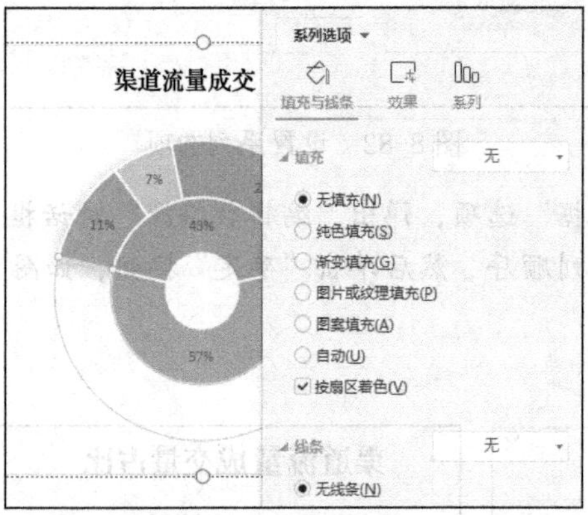

图 8-87　设置填充与线条格式

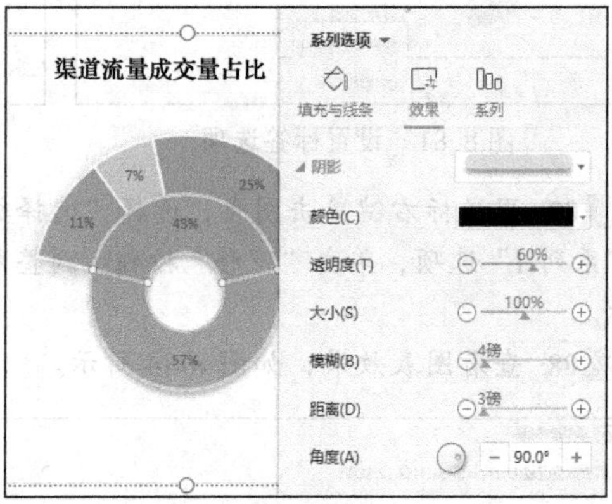

图 8-88　设置阴影效果 2

步骤 13 在图表中选中数据标签，在“属性”窗格中选择“标签”选项卡，在“标签包括”选项区中选中“单元格中的值”复选框，此时将自动弹出“数据标签区域”对话框，如图 8-89 所示。

步骤 14 将鼠标指针定位在“选择数据标签区域”文本框中，在工作表中选择 B2:B5 单元格区域，然后单击“确定”按钮，如图 8-90 所示。

步骤 15 此时即可为数据标签添加名称，如图 8-91 所示。

步骤 16 设置圆环图内圈中的“付费”系列为渐变填充，设置数据标签颜色，查看图表效果，如图 8-92 所示。此时，卖家即可对付费流量成交比进行分析，通过图表可以看出付费流量中“钻石展位”的成交量最大，可以持续投放。

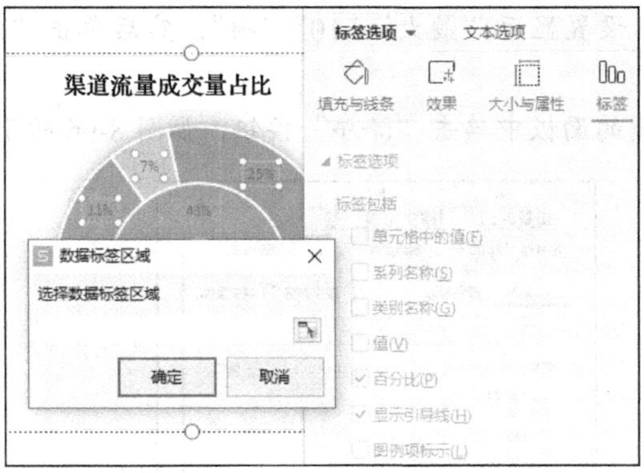

图 8-89 弹出“数据标签区域”对话框

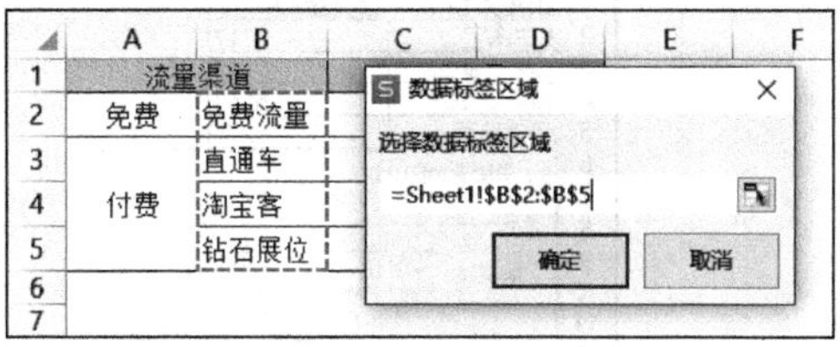

图 8-90 选择数据标签区域

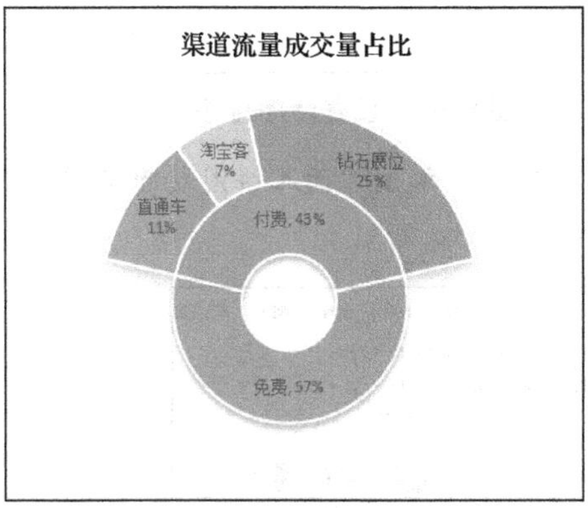

图 8-91 为数据标签添加名称

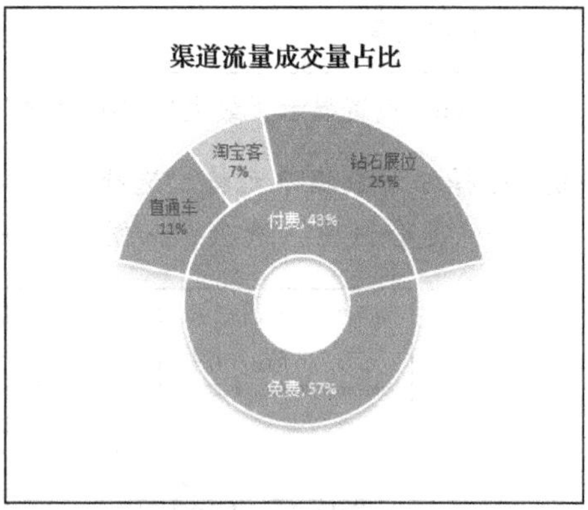

图 8-92 查看图表效果

二、各流量入口销售额占比分析

下面将介绍如何对商品各流量入口销售额前 10 位的占比情况进行分析，具体操作方法如下。

步骤 01 打开“素材文件\项目八\各流量入口销售额占比.et”，选择“数据”选项卡，单击“自动筛选”按钮，进入筛选状态，如图 8-93 所示。

步骤 02 单击“成交金额”筛选按钮，在弹出的面板中单击“数字筛选”按钮，在弹出的列表中选择“前十项”选项，如图 8-94 所示。

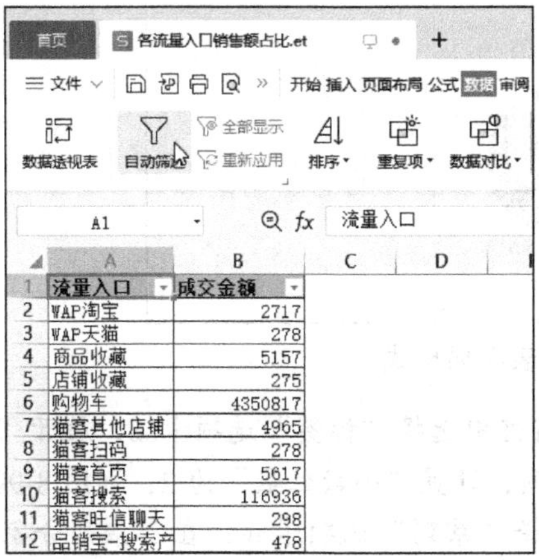

图 8-93 单击“自动筛选”按钮

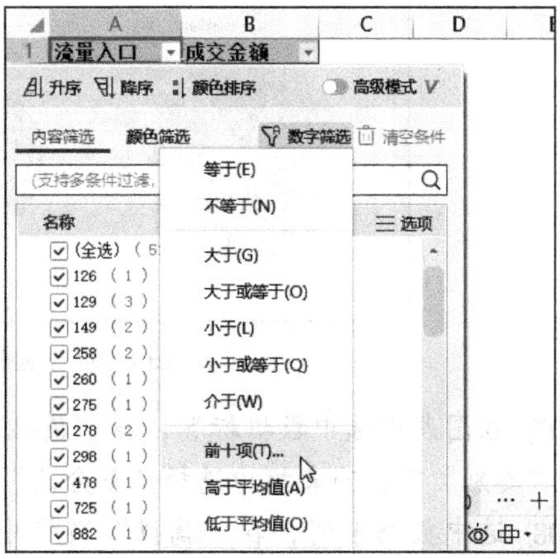

图 8-94 选择“前十项”选项

步骤 03 弹出“自动筛选前 10 个”对话框，设置显示“最大”“10”“项”，然后单击“确定”按钮，如图 8-95 所示。

步骤 04 单击“成交金额”筛选按钮，在弹出的面板中单击“降序”按钮，如图 8-96 所示。

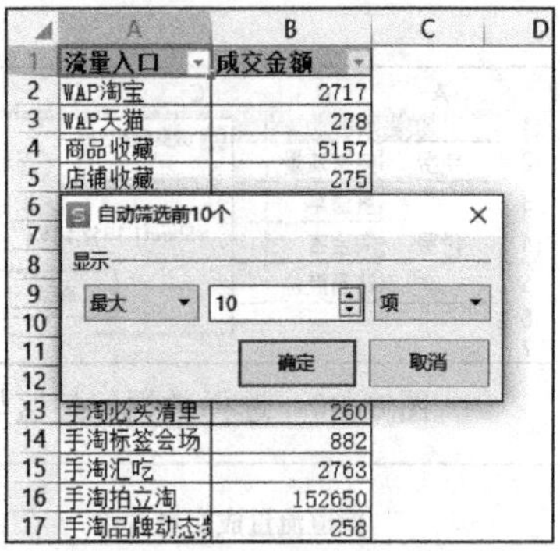

图 8-95　设置显示“最大”“10”“项”

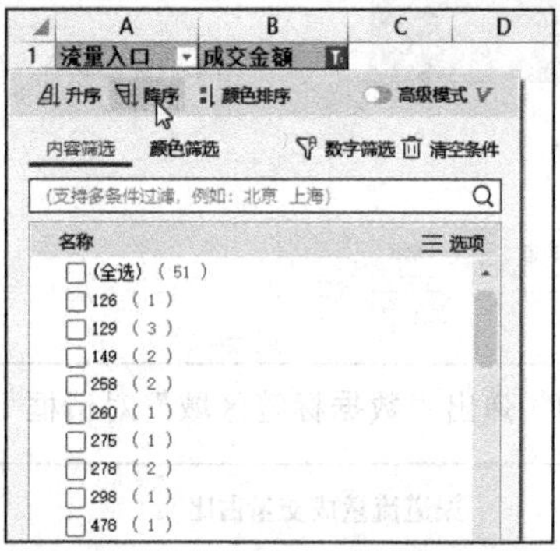

图 8-96　设置降序排序

步骤 05 选择任意数据单元格，选择“插入”选项卡，单击“插入饼图或圆环图”下拉按钮，选择“复合饼图”选项，如图 8-97 所示。

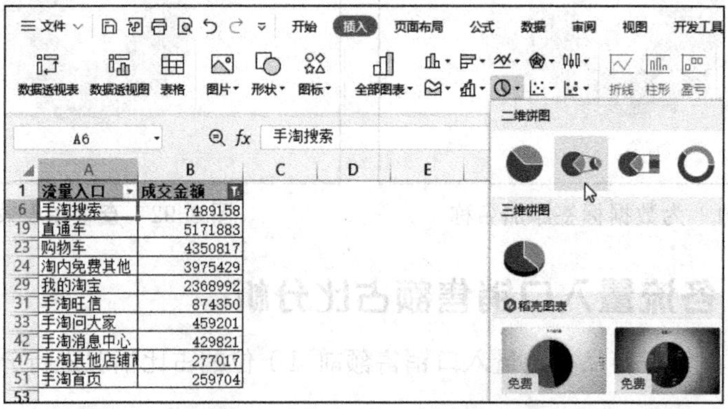

图 8-97　选择“复合饼图”选项

步骤 06 输入图表标题，选中图表，单击浮动工具栏中的“图表元素”按钮，在弹出的面板上方选择“快速布局”选项卡，选择所需的布局样式，如图 8-98 所示。

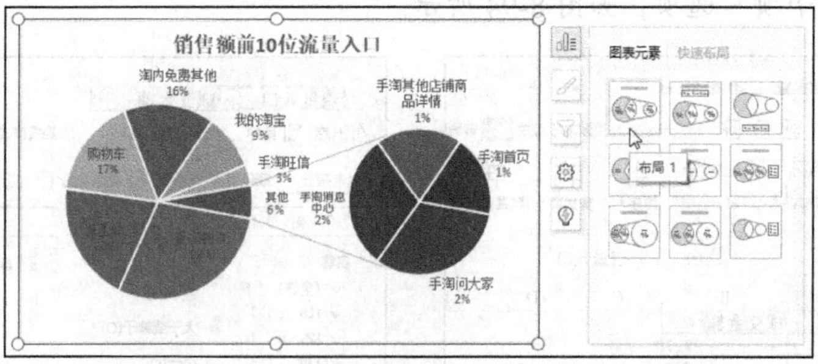

图 8-98　选择图表布局样式

步骤 07 在图表中选中数据标签，在“属性”窗格中选择“标签”选项卡，展开“数字”组，在“类别”下拉列表框中选择“百分比”选项，设置“小数位数”为 2，如图 8-99 所示。

步骤 08 选中数据系列，在“属性”窗格中选择“系列”选项卡，在“系列分割依据”下拉列表框中选择“百分比值”选项，设置“小于该值的值”为 10.00%，如图 8-100 所示。

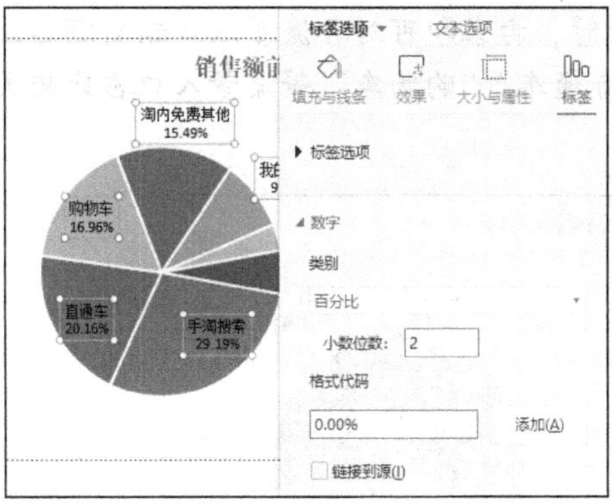

图 8-99　设置数字格式

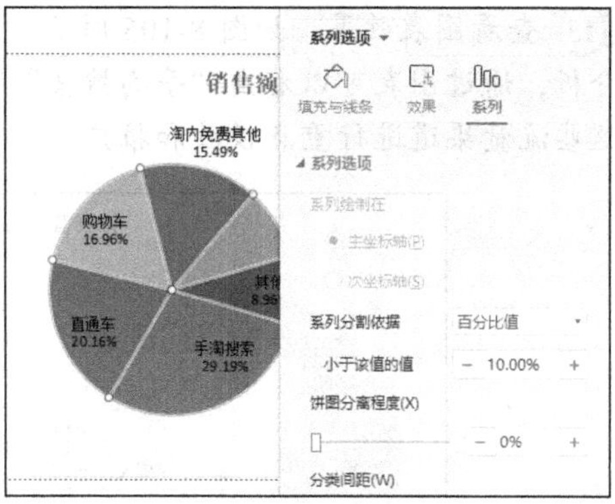

图 8-100　设置系列选项

步骤 09 选择“效果”选项卡，展开“阴影”组，在“阴影”下拉列表框中选择所需的阴影效果，并设置相关参数，如图 8-101 所示。

步骤 10 在图表中选中“其他”数据系列，在“属性”窗格中选择“系列”选项卡，设置“点爆炸型”参数为 20%，如图 8-102 所示。

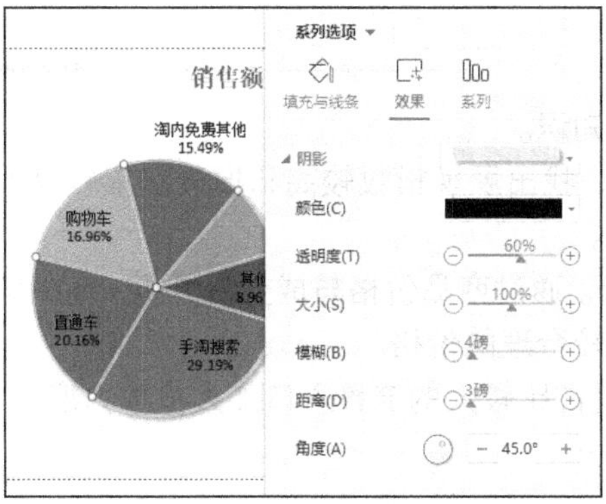

图 8-101　设置阴影效果

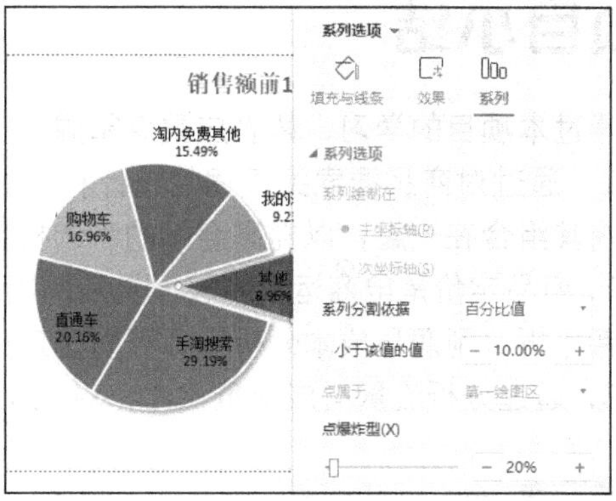

图 8-102　设置“点爆炸型”参数

步骤 11 选择“填充与线条”选项卡，展开“线条”组，选中“无线条”单选按钮，如图 8-103 所示。

步骤 12 选择“效果”选项卡，展开“阴影”组，在“阴影”下拉列表框中选择“无”选项，如图 8-104 所示。

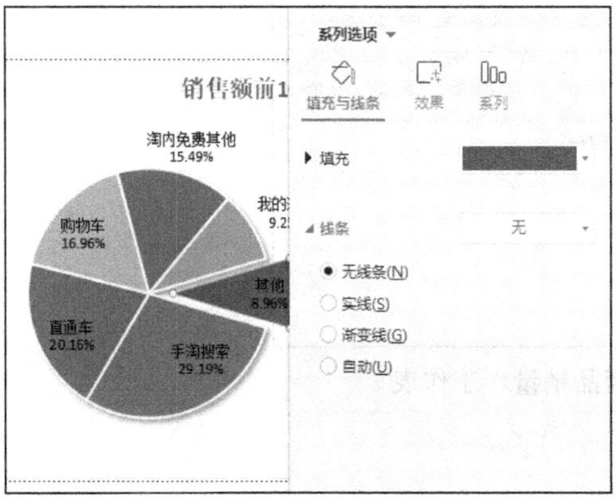

图 8-103　设置无线条

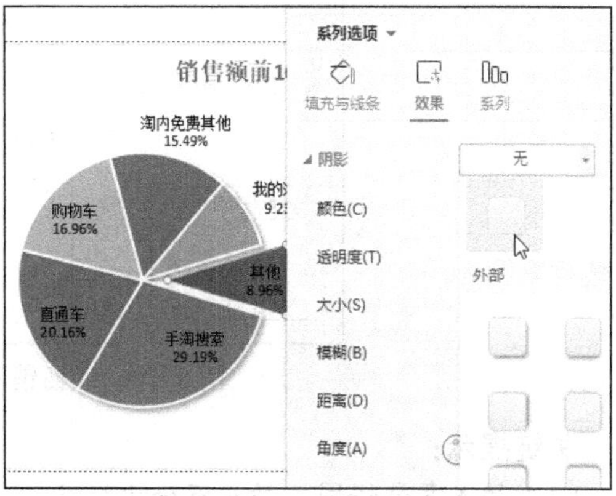

图 8-104　设置无阴影

步骤 13 查看图表效果，如图 8-105 所示。此时，卖家即可对各流量入口销售额占比情况进行分析，通过图表可以看出“手淘搜索”“直通车”“购物车”等流量入口占比较大，可以对这些流量渠道进行重点投放和推广。

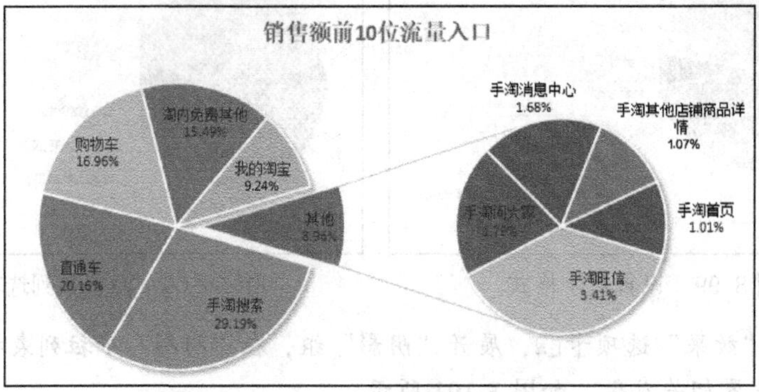

图 8-105　查看图表效果

项目小结

通过本项目的学习，读者应重点掌握以下知识。

1．通过对商品搜索关键词的统计和分析，找出展现指数较高和搜索涨幅较高的关键词，将其组合在一起，以提高商品的入选机会。

2．商品定价是电商运营中较为灵活的因素。通过商品价格与成交量分析、商品价格与销售额分析、利润与成本分析等，可以确定比较合理的价格。

3．通过分析流量与成交量占比，对成交量占比较大的流量入口加大投放力度。

项目习题

打开“素材文件\项目八\畅销商品销量.et”，如图 8-106 所示。使用“复合饼图”分析女装、男装的占比和各类女装的占比。

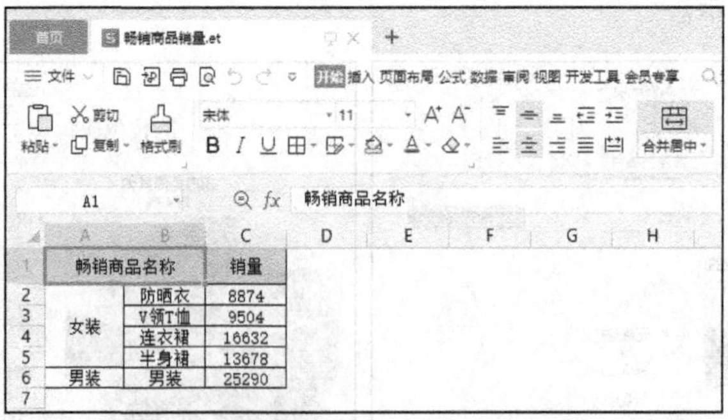

畅销商品名称		销量
女装	防晒衣	8874
	V领T恤	9504
	连衣裙	16632
	半身裙	13678
男装	男装	25290

图 8-106　“畅销商品销量”工作表

关键提示：

（1）插入复合饼图，插入百分比标签。

（2）设置各类女装项目显示在第二绘图区。

项目九

竞争对手与行业状况分析

在电子商务平台上，销售同一类商品或相似商品的卖家可能有很多，市场竞争很激烈。卖家要想使自己的店铺在竞争中生存和发展，就有必要对竞争对手进行分析，了解竞争对手的信息，获取竞争对手的营销策略等，以采取合适的应对措施。此外，卖家如果只对某个竞争对手进行分析，并不能全面地了解行业状况，只有对行业状况进行整体分析，才能保证店铺有更长远的发展。

项目重点

- 掌握竞争对手分析的方法。
- 掌握行业状况分析的方法。

项目目标

- 学会分析竞争对手。
- 学会分析行业状况。

素养目标

- 树立公平竞争意识，不可触碰法律红线。
- 培养团结协作、精益求精、求真务实的工作作风。

任务一　竞争对手分析

任务概述

古人云“知己知彼，百战不殆”，要想打败竞争对手，首先要了解竞争对手。在电子商务领域，卖家了解竞争对手最直接的方式就是分析其销售情况，如竞品销量、店铺销售数据、客户拥有量和下单转化率等。本任务将介绍如何通过 WPS 表格来分析竞争对手的销售情况。

任务重点与实施

一、竞品销量分析

卖家通过对竞品销量进行分析，可以从对比中找到自身店铺的优势和劣势。下面将介绍如何对竞品的销量进行分析，具体操作方法如下。

步骤 01 打开“素材文件\项目九\竞品销量分析.et”，选择任意数据单元格，选择“插入”选项卡，单击“全部图表”下拉按钮，选择“全部图表”选项，如图 9-1 所示。

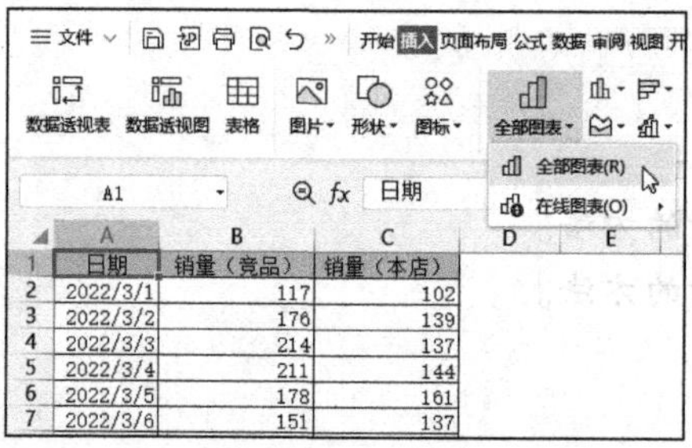

图 9-1　选择“全部图表”选项

步骤 02 弹出“图表”对话框，在左侧选择“组合图”选项，在右侧“销量（竞品）”图表类型下拉列表框中选择“簇状柱形图”选项，在“销量（本店）”图表类型下拉列表框中选择“带数据标记的折线图”选项，然后单击“插入预设图表”按钮，如图 9-2 所示。

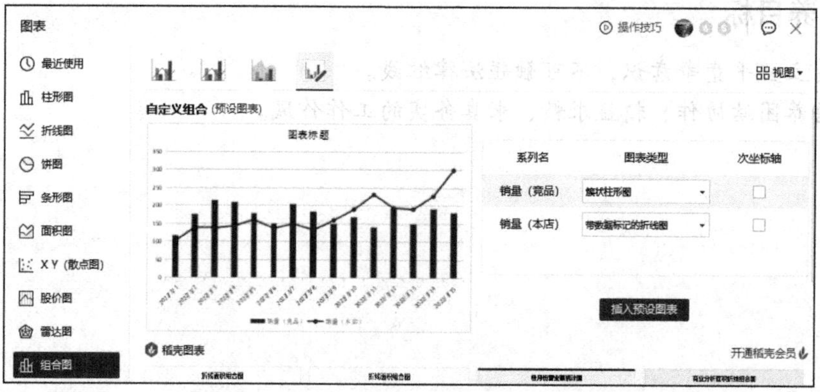

图 9-2　设置组合图表

步骤 03 输入图表标题，在图表中选中横坐标轴，在“属性”窗格中选择“坐标轴”选项卡，展开“数字”组，在“类别”下拉列表框中选择“日期”选项，在“类型”下拉列表框中选择所需的日期类型，如图 9-3 所示。

步骤 04 在图表中选中“销量（本店）”数据系列，在“属性”窗格中选择“系列”选项卡，选中“平滑线”复选框，如图 9-4 所示。

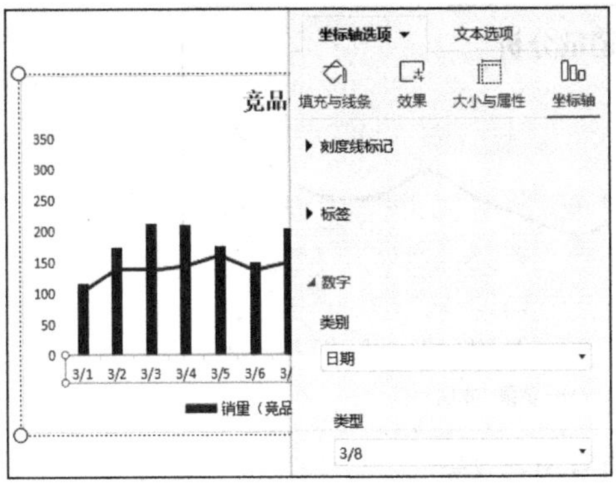

图 9-3　设置数字格式

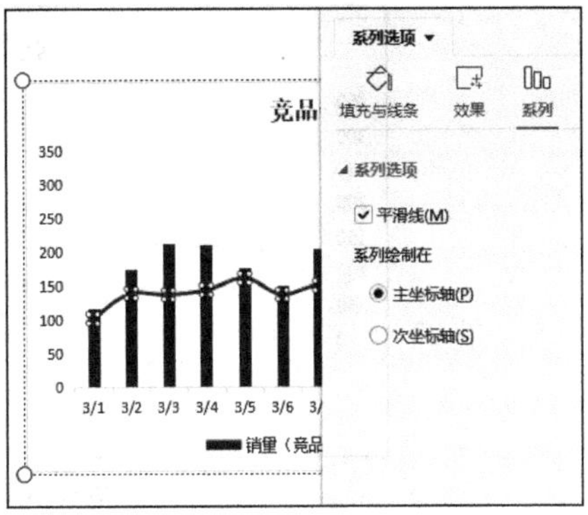

图 9-4　设置平滑线

步骤 05 选择“填充与线条”选项卡，设置线条颜色和宽度，如图 9-5 所示。

步骤 06 单击“标记”按钮，在“数据标记选项”组中选中“内置”单选按钮，然后设置标记类型和大小，在“填充”组中设置填充颜色，如图 9-6 所示。

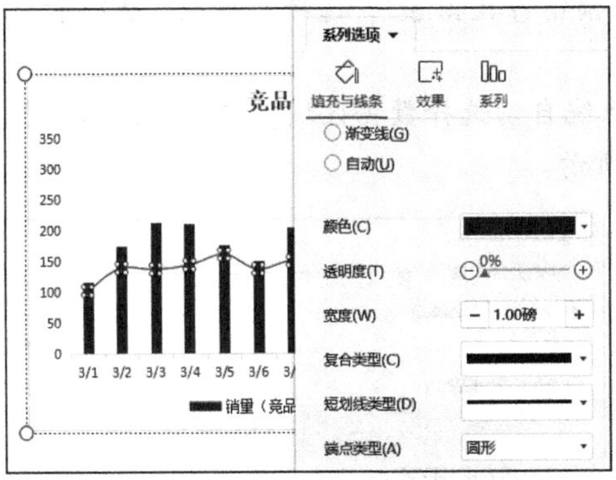

图 9-5　设置线条格式

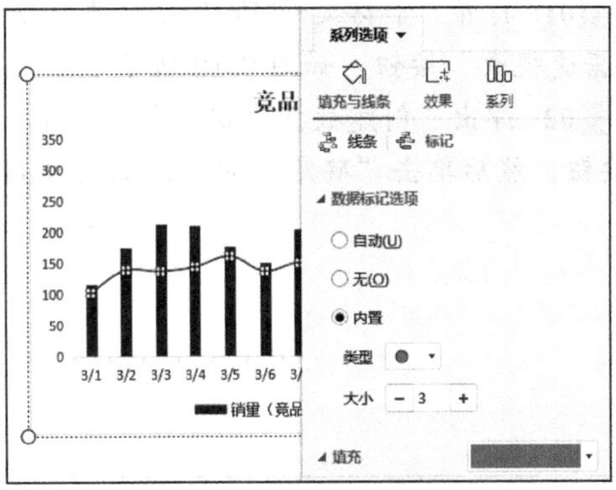

图 9-6　设置标记格式

步骤 07 在图表中选中“销量（竞品）”数据系列，在“属性”窗格中选择“系列”选项卡，设置“分类间距”参数为 15%，如图 9-7 所示。

步骤 08 选择“填充与线条”选项卡，选中“图案填充”单选按钮，然后设置图案、前景、背景等参数，如图 9-8 所示。

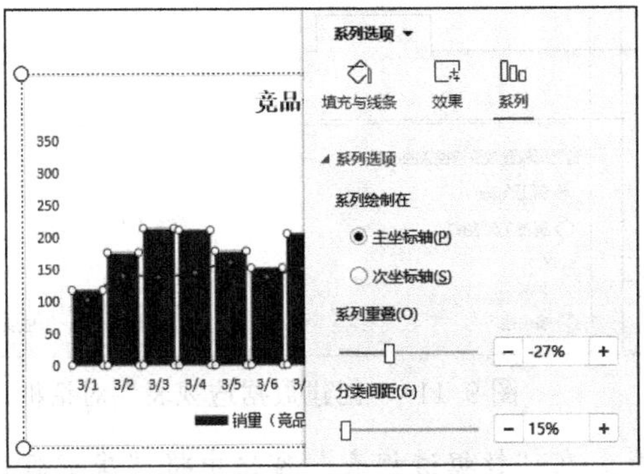

图 9-7　设置系列选项

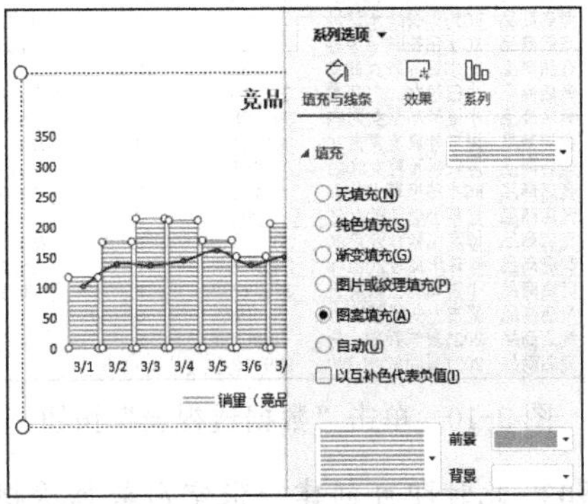

图 9-8　设置图案填充

步骤 09 查看图表效果，如图 9-9 所示。卖家可据此对竞品的销量进行分析，通过图表可以看出竞品的销量比较稳定，本店商品销量近期呈上升趋势。

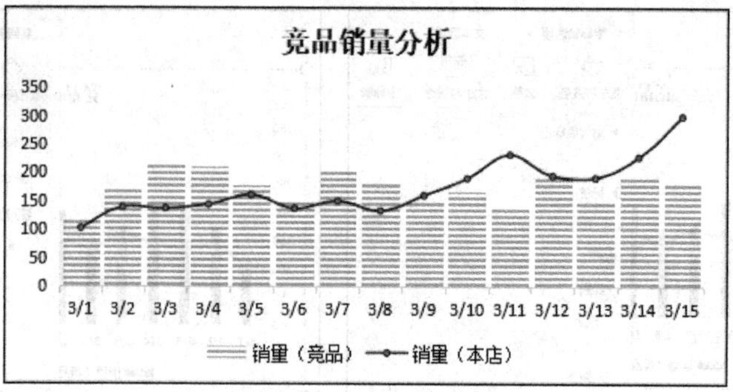

图 9-9　查看图表效果

二、竞争对手店铺销售数据分析

要想了解竞争对手，卖家还要清楚竞争对手店铺的商品类型，了解其经营规模和销售情况等。下面将介绍如何对竞争对手的店铺销售数据进行分析，具体操作方法如下。

步骤 01 打开“素材文件\项目九\竞争对手店铺销售数据.et”，选择“插入”选项卡，单击“数据透视表”按钮，如图 9-10 所示。

步骤 02 弹出“创建数据透视表”对话框，系统自动选择数据区域，选中“新工作表”单选按钮，然后单击“确定”按钮，如图 9-11 所示。

图 9-10　单击“数据透视表”按钮

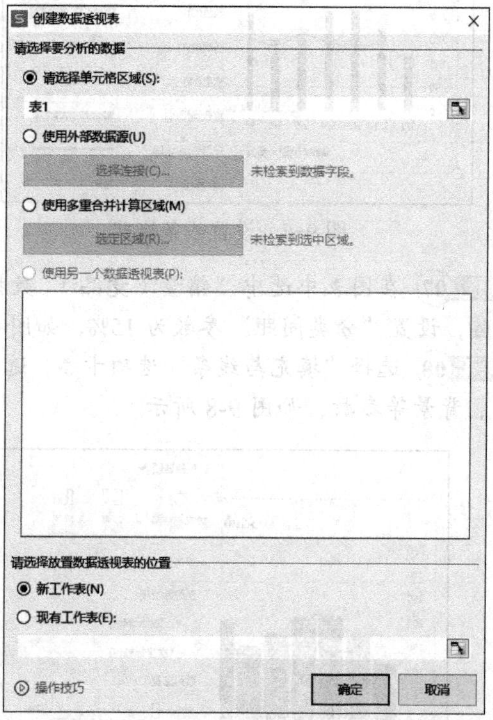

图 9-11　“创建数据透视表”对话框

步骤 03 此时即可创建一张空白数据透视表。在“数据透视表”窗格中将“店铺商品”字段拖至“行”区域，将“近 30 天销量”和“销售额”字段拖至“值”区域，如图 9-12 所示。

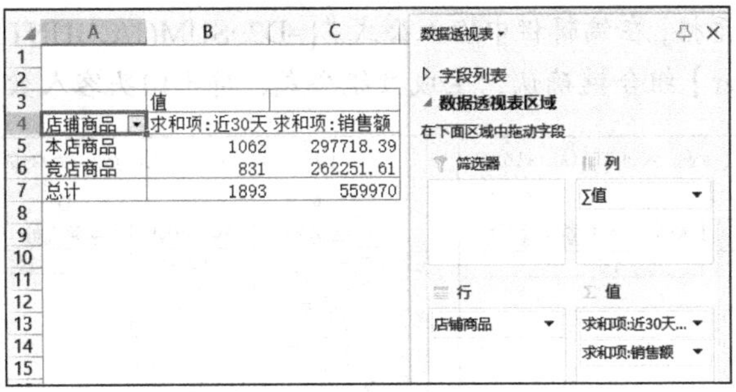

图 9-12　添加数据透视表字段

步骤 04 在数据透视表中修改值字段名称，然后选择“插入”选项卡，单击“全部图表”下拉按钮，选择“全部图表”选项，如图 9-13 所示。

步骤 05 在弹出的对话框中设置组合图表，在“销量”图表类型下拉列表框中选择“簇状柱形图”选项，选中“次坐标轴”复选框，在“销售额”图表类型下拉列表框中选择“折线图”选项，然后单击“插入预设图表”按钮，如图 9-14 所示。

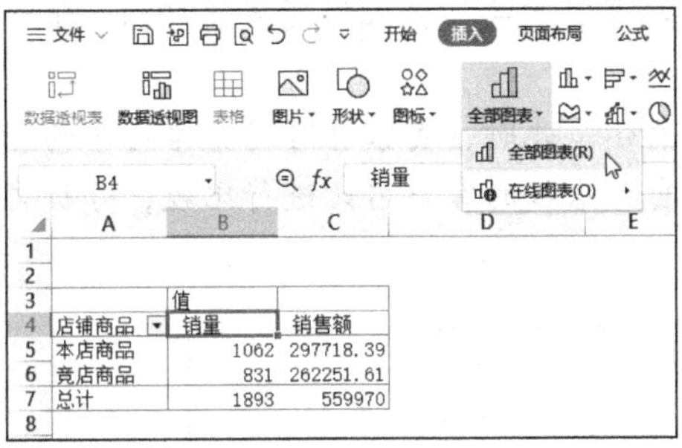

图 9-13　选择“全部图表”选项

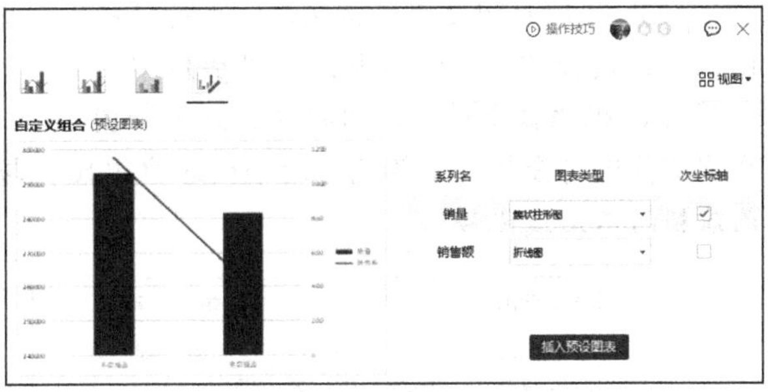

图 9-14　设置组合图表

步骤 06 此时即可插入组合图表，如图 9-15 所示。

步骤 07 输入图表标题，隐藏字段按钮，根据需要对图表进行格式设置，效果如图 9-16 所示。此时，卖家即可对竞争对手商品销售情况进行分析，通过图表可以看出本店销售情况占据的优势。

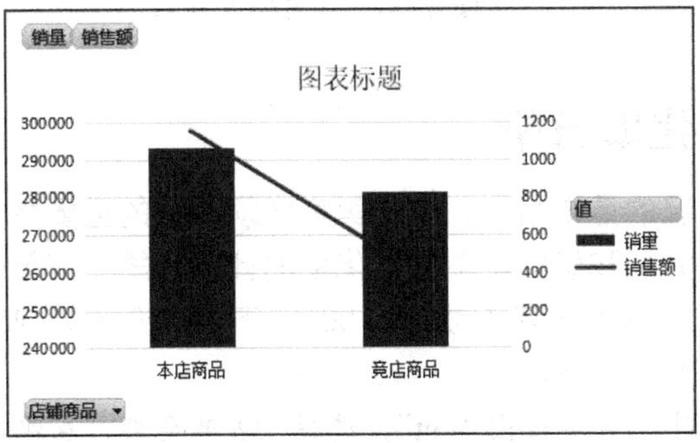

图 9-15　插入组合图表

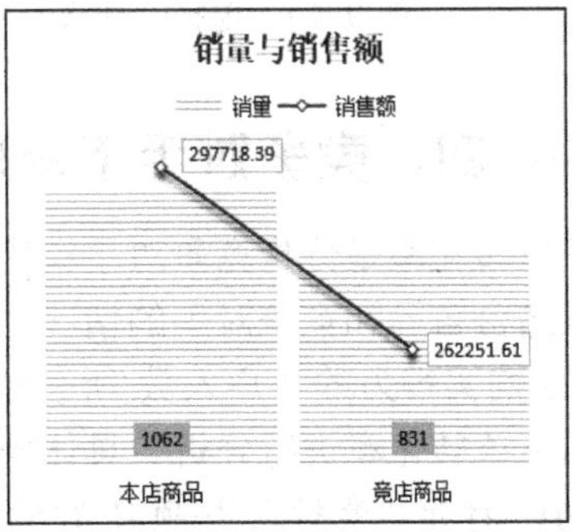

图 9-16　查看图表效果

三、竞争对手客户拥有量分析

下面将介绍如何对竞争对手的客户拥有量进行分析，具体操作方法如下。

步骤 01 打开“素材文件\项目九\竞争对手客户拥有量分析.et”，选择 D2 单元格，在编辑栏中输入公式“=COUNTA(A2:A16)”并按【Enter】键确认，得出购买人数，如图 9-17 所示。

步骤 02 选择 E2 单元格，在编辑栏中输入公式“{=D2-SUM(1/COUNTIF(A2:A16,A2:A16))}”并按【Ctrl+Shift+Enter】组合键确认，生成数组公式，得出回头客人数，如图 9-18 所示。

图 9-17　计算购买人数

图 9-18　计算回头客人数

步骤 03 选择 D1:E2 单元格区域，选择“插入”选项卡，单击“插入饼图或圆环图”下拉按钮，选择“饼图”选项，如图 9-19 所示。

步骤 04 根据需要设置饼图样式，效果如图 9-20 所示。此时，卖家即可对竞争对手的客户拥有量进行分析，了解竞争对手的客户占比，与自己店铺的客户占比进行比较，分析自己店铺的不足或优势。

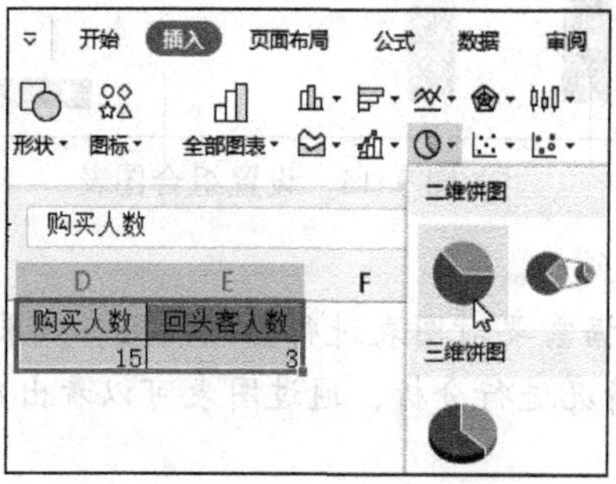

图 9-19　选择“饼图”选项

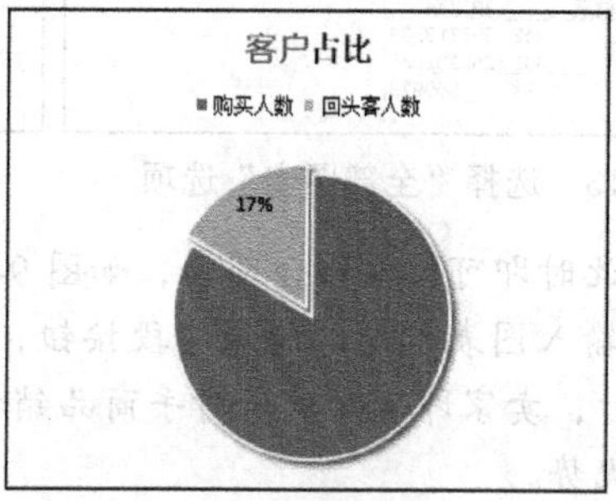

图 9-20　查看饼图效果

四、竞争对手下单转化率分析

下单转化率是分析竞争对手销售情况的重要指标，也是卖家必须重视的重要指标，卖家可以结合自己和竞争对手的情况进行分析和研究。下单转化率的计算公式：下单转化率 =（产生购买行为的客户人数/所有到达店铺的访客人数）×100%。下面将介绍如何对竞争对手的下单转化率进行分析，具体操作方法如下。

步骤 01 打开“素材文件\项目九\竞争对手下单转化率.et”，选择 D2 单元格，在编辑栏中输入公式“=C2/B2”并按【Enter】键确认，得出下单转化率。双击 D2 单元格右下角的填充柄，将公式填充到该列其他单元格中，如图 9-21 所示。

步骤 02 单击“插入”选项卡下的“插入条形图”下拉按钮，选择“百分比堆积条形图”选项，如图 9-22 所示。

步骤 03 输入图表标题，单击浮动工具栏中的“图表元素”按钮，在弹出的面板上方选择“快速布局”选项卡，选择所需的布局样式，如图 9-23 所示。

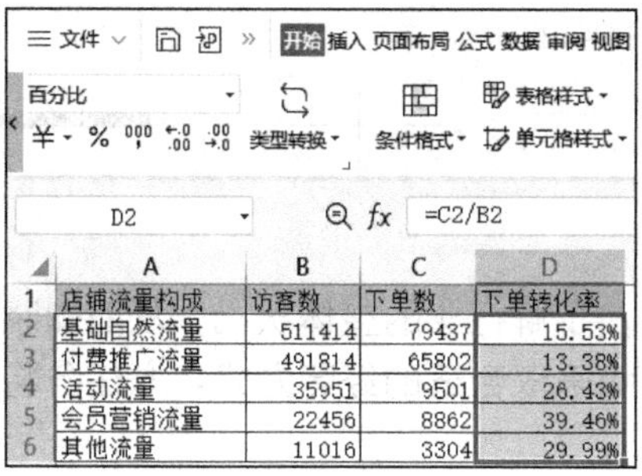

图 9-21 计算下单转化率

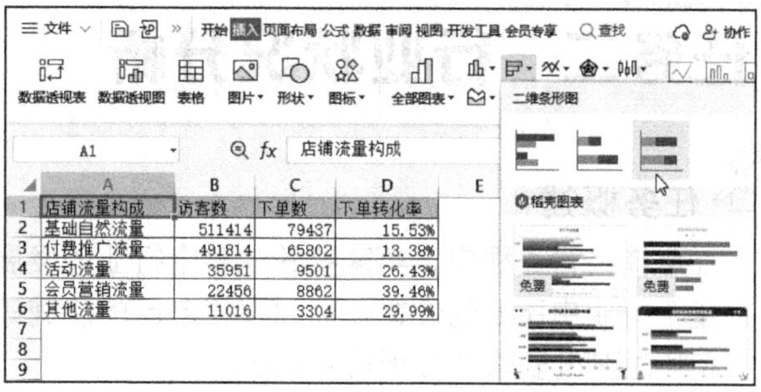

图 9-22 选择“百分比堆积条形图”选项

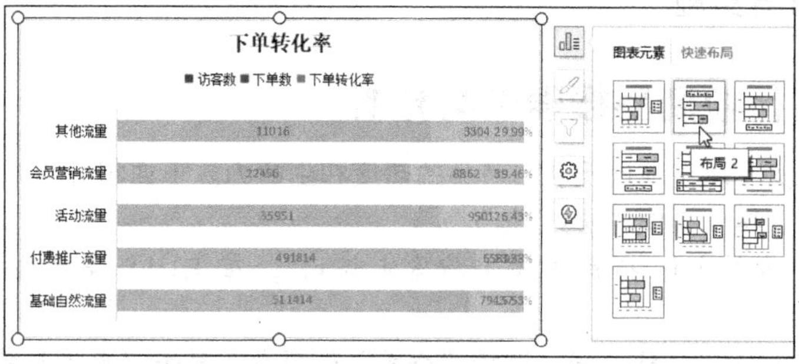

图 9-23 选择图表布局样式

步骤 04 在图表中选中“下单转化率”数据标签，在“属性”窗格中选择“标签”选项卡，展开“标签选项”组，在“标签位置”选项区中选中“数据标签内”单选按钮，如图 9-24 所示。

步骤 05 在图表中选中纵坐标轴，在“属性”窗格中选择“坐标轴”选项卡，选中“逆序类别”复选框，如图 9-25 所示。

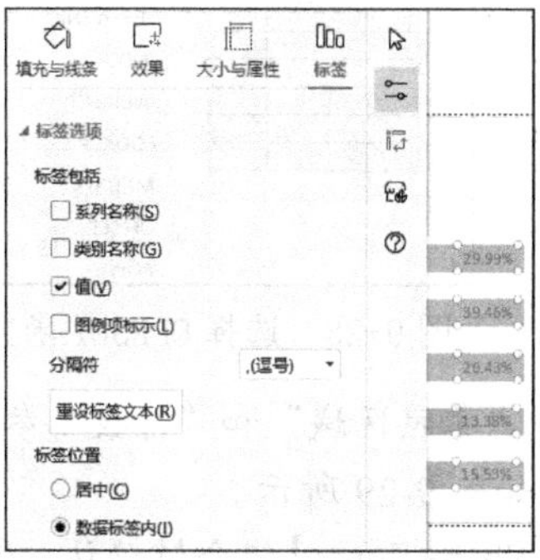

图 9-24 设置标签位置

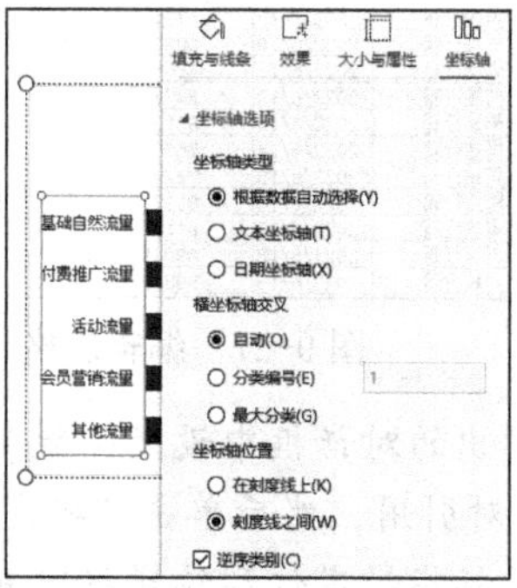

图 9-25 设置逆序类别

步骤 06 在图表中删除“访客数”和“下单数”数据标签，然后删除“下单转化率”图例项，添加网格线，效果如图 9-26 所示。此时，卖家即可对竞争对手的下单转化率进行分析，通过图表可以看出，“会员营销流量”和“活动流量”的下单转化率较高。

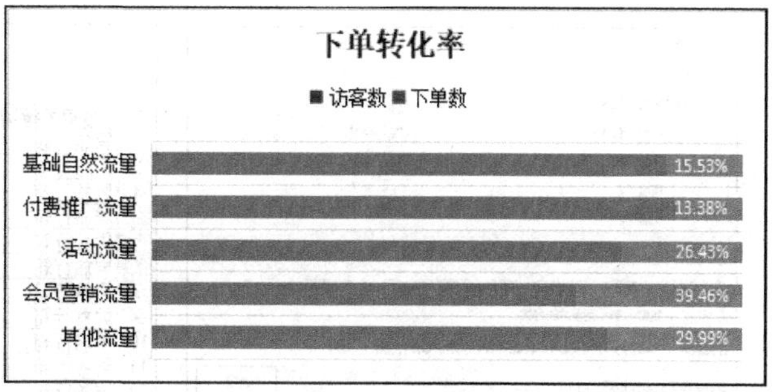

图 9-26 查看图表效果

任务二 行业状况分析

任务概述

在店铺经营过程中，卖家要关注整个行业的发展，了解行业的整体状况，从而知晓自己在整个行业中所处的位置，然后根据自己的店铺等级采取合适的经营方式。本任务将介绍如何通过 WPS 表格来分析行业状况。

任务重点与实施

一、行业商品搜索走势分析

商品搜索走势可以直观地反映出商品的热度和生命力。下面将介绍如何对行业商品搜索走势进行分析，具体操作方法如下。

步骤 01 打开“素材文件\项目九\商品搜索走势.et”，在 E1:F8 单元格区域编辑表格，如图 9-27 所示。

步骤 02 选择 E2:F8 单元格区域，选择“公式”选项卡，单击“查找与引用”下拉按钮，选择 OFFSET 函数，如图 9-28 所示。

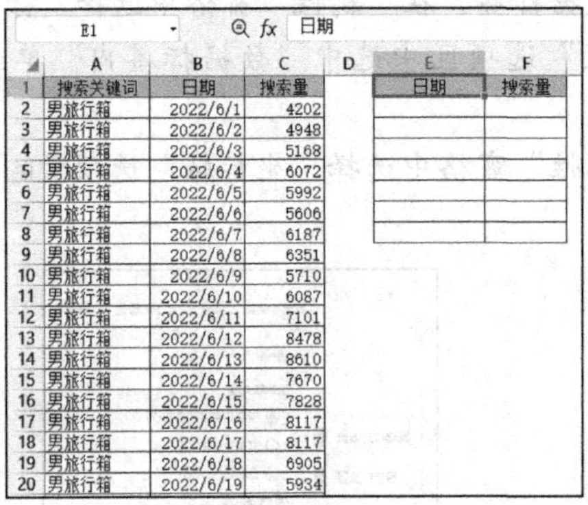

图 9-27 编辑表格

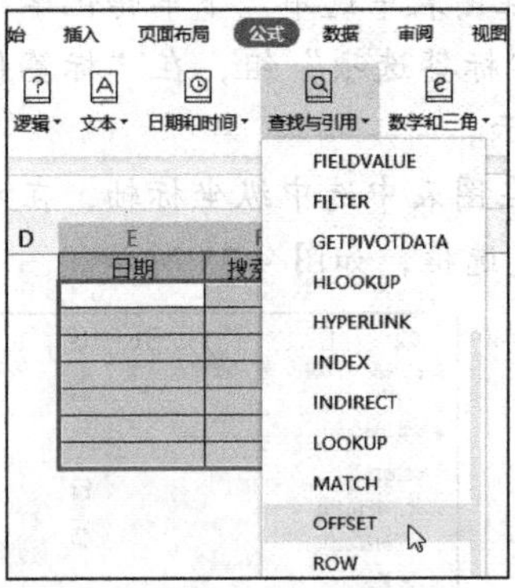

图 9-28 选择 OFFSET 函数

步骤 03 在弹出的对话框中设置函数参数，并将“参照区域”和“行数”参数中的单元格引用转换为绝对引用，然后单击“确定”按钮，如图 9-29 所示。

步骤 04 将鼠标指针定位到编辑栏中并按【Ctrl+Shift+Enter】组合键确认，生成数组公式，得出相应的结果，如图 9-30 所示。

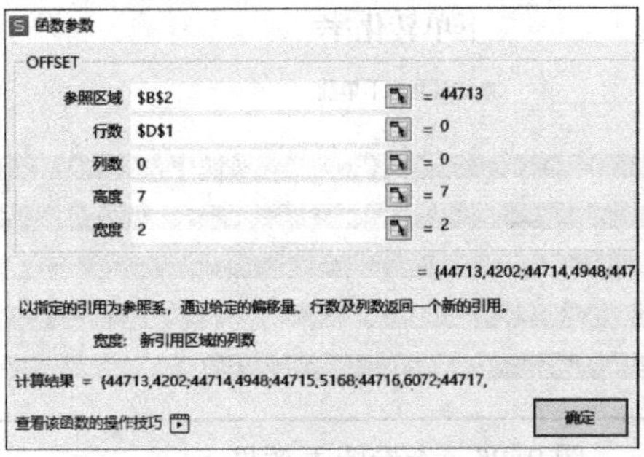

图 9-29 设置函数参数

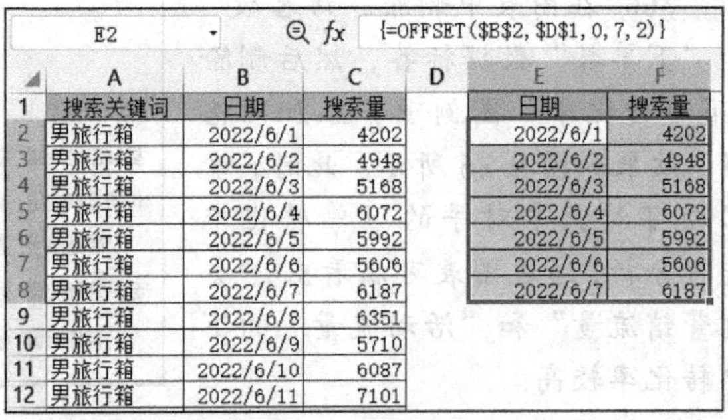

图 9-30 生成数组公式

步骤 05 选择 E1:F8 单元格区域，然后选择“插入”选项卡，单击“插入折线图”下拉按钮，选择“带数据标记的折线图”选项，如图 9-31 所示。

步骤 06 在图表中选中纵坐标轴，在“属性”窗格中选择“坐标轴”选项卡，展开“坐标轴选项”组，在“边界”选项区中设置“最小值”为 3 000，如图 9-32 所示。

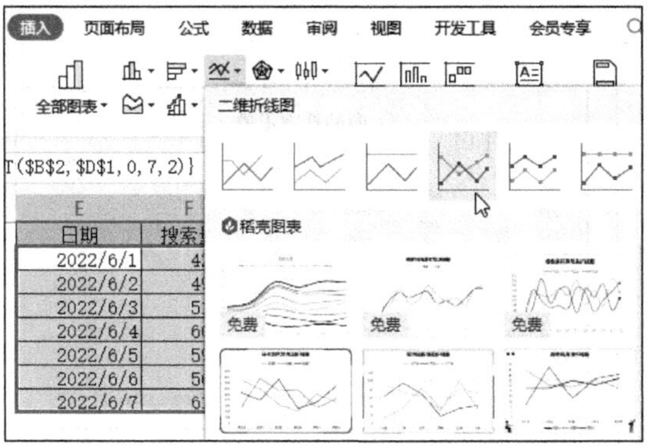

图 9-31　选择“带数据标记的折线图”选项

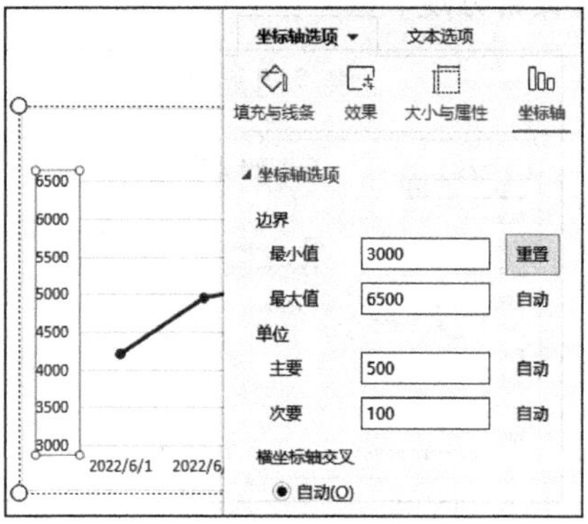

图 9-32　设置纵坐标轴“边界”值

步骤 07 输入图表标题，根据需要对图表格式进行设置，效果如图 9-33 所示。

步骤 08 在功能区中选择“插入”选项卡，单击“窗体”下拉按钮，选择“滚动条”选项，如图 9-34 所示。

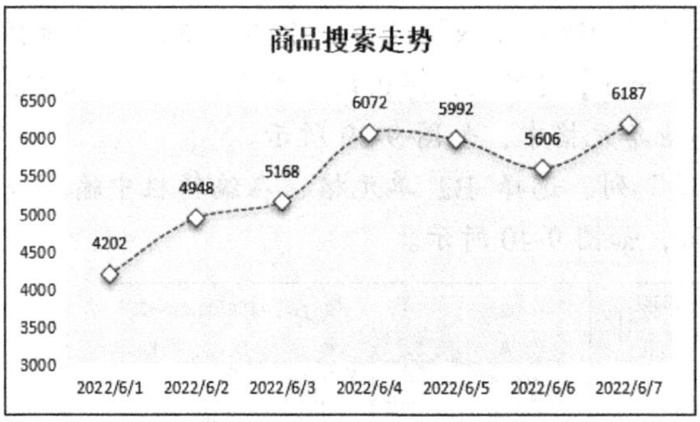

图 9-33　设置图表格式

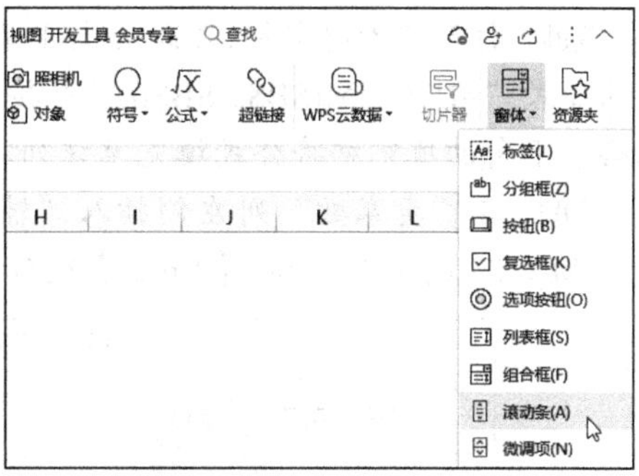

图 9-34　选择“滚动条”选项

步骤 09 在合适的位置拖动鼠标绘制滚动条控件，然后用鼠标右键单击滚动条控件，选择“设置对象格式”选项，如图 9-35 所示。

步骤 10 弹出“设置对象格式”对话框，选择“控制”选项卡，设置各项参数，然后单击“确定”按钮，如图 9-36 所示。

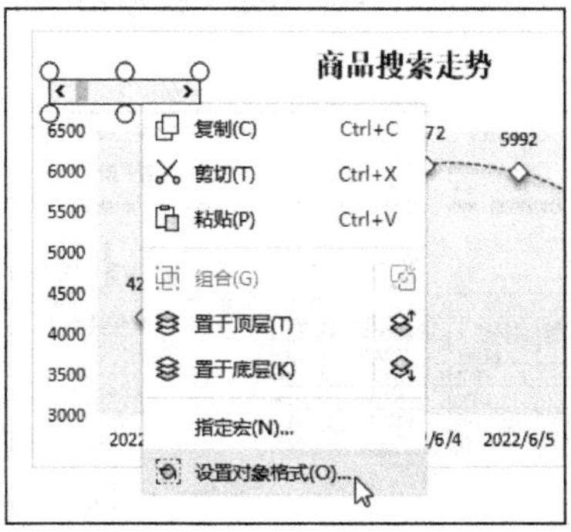

图 9-35　选择“设置对象格式”选项

图 9-36　“设置对象格式”对话框

步骤 11 用鼠标右键单击滚动条控件将其选中，按住【Shift】键并单击图表，然后在浮动工具栏中单击“组合”按钮，如图 9-37 所示，即可将图表和滚动条控件组合为一个对象。

步骤 12 拖动滚动条滑块，即可动态显示图表数据，如图 9-38 所示。卖家可据此对行业商品搜索走势进行分析，当商品搜索量保持较高状态且还有上升趋势时，可以采购备货并加大促销力度。

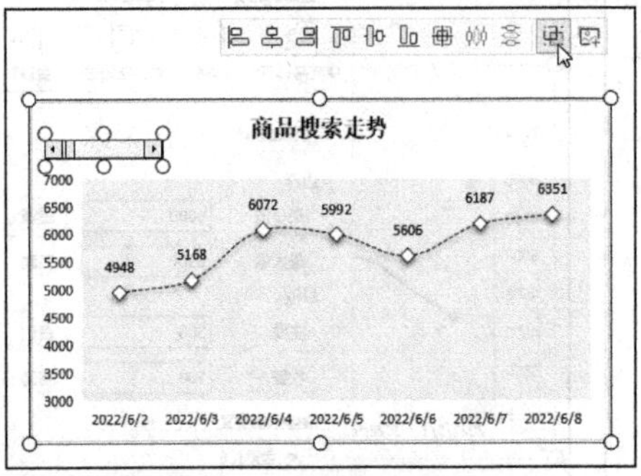

图 9-37　单击“组合”按钮

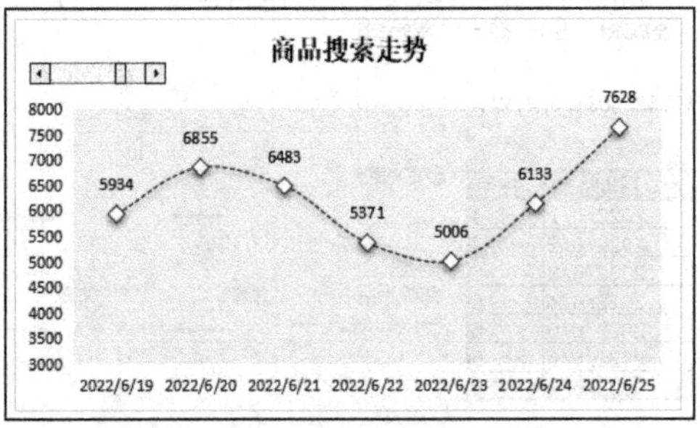

图 9-38　动态显示图表数据

二、行业卖家情况分析

卖家通过了解行业其他卖家所处的经营阶段，可以找准自己的定位并采取相应的经营策略。下面将介绍如何对行业卖家情况进行分析，具体操作方法如下。

步骤 01 打开“素材文件\项目九\行业卖家经营阶段.xlsx”，选择 C2 单元格，在编辑栏中输入公式“=B2/SUM($B$2:$B$6)”并按【Enter】键确认，得出比例数据，然后双击 C2 单元格右下角的填充柄将公式填充至该列其他单元格中，如图 9-39 所示。

步骤 02 在“卖家数”列左侧插入“辅助”列，选择 B2 单元格，在编辑栏中输入公式“=SUM(C2:C6)-C2”并按【Enter】键确认，如图 9-40 所示。

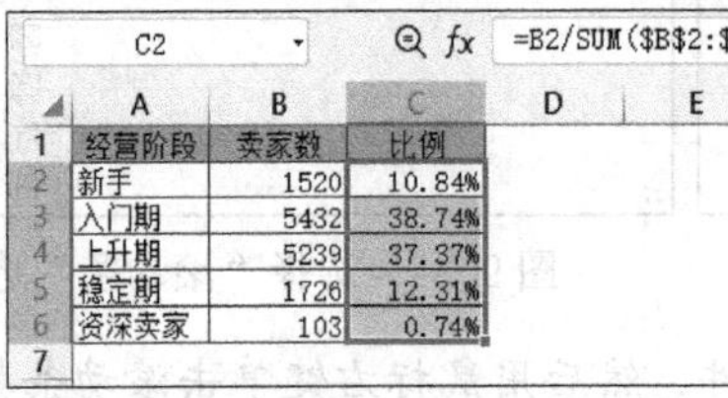

C2　=B2/SUM($B$2:$B$6)

经营阶段	卖家数	比例
新手	1520	10.84%
入门期	5432	38.74%
上升期	5239	37.37%
稳定期	1726	12.31%
资深卖家	103	0.74%

图 9-39　计算比例数据

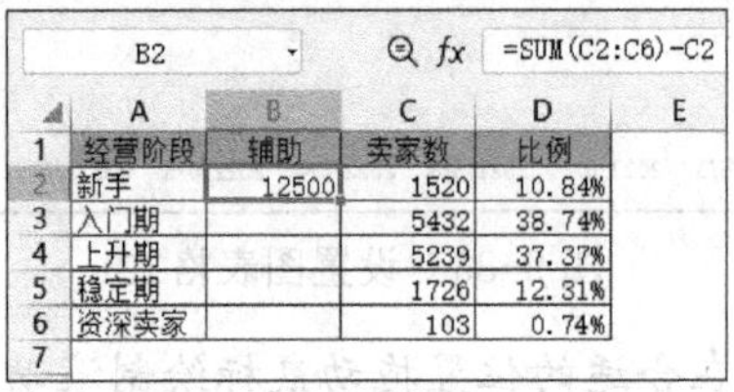

B2　=SUM(C2:C6)-C2

经营阶段	辅助	卖家数	比例
新手	12500	1520	10.84%
入门期		5432	38.74%
上升期		5239	37.37%
稳定期		1726	12.31%
资深卖家		103	0.74%

图 9-40　输入公式 1

步骤 03 选择 B3 单元格，在编辑栏中输入公式“=B2-C3”并按【Enter】键确认，然后双击 B3 单元格右下角的填充柄将公式填充到该列其他单元格中，如图 9-41 所示。

步骤 04 选择 A2:C6 单元格区域，选择“插入”选项卡，单击“插入柱形图”下拉按钮，选择“堆积柱形图”选项，如图 9-42 所示。

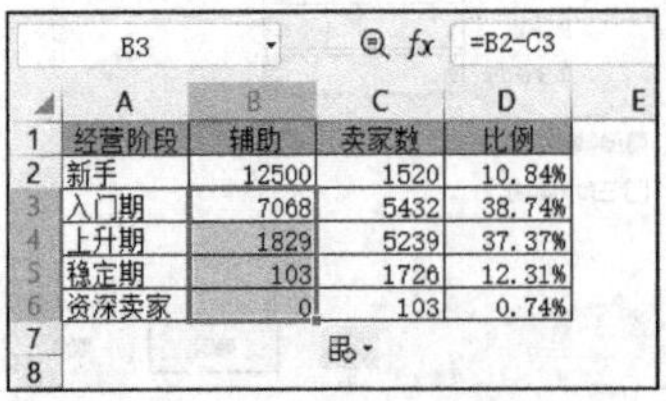

B3　=B2-C3

经营阶段	辅助	卖家数	比例
新手	12500	1520	10.84%
入门期	7068	5432	38.74%
上升期	1829	5239	37.37%
稳定期	103	1726	12.31%
资深卖家	0	103	0.74%

图 9-41　输入公式 2

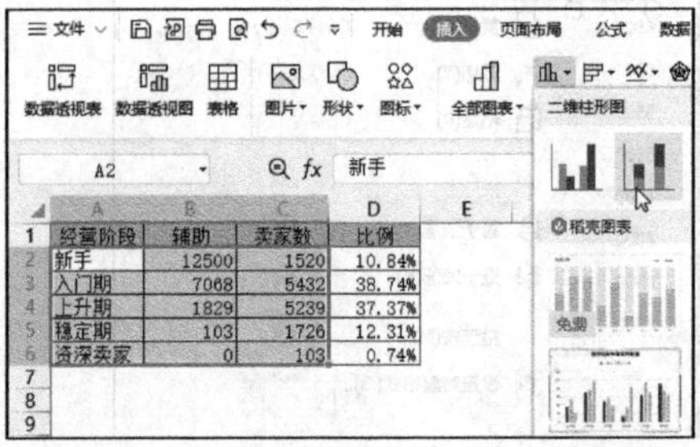

图 9-42　选择“堆积柱形图”选项

步骤 05 输入图表标题，根据需要设置图表格式，如删除网格线和图例等，如图 9-43 所示。

步骤 06 在图表中选中纵坐标轴，在“属性”窗格中选择“坐标轴”选项卡，展开“坐标轴选项”组，在“边界”选项区中设置“最小值”为 0，“最大值”为 14 020（即卖家数总和），如图 9-44 所示。

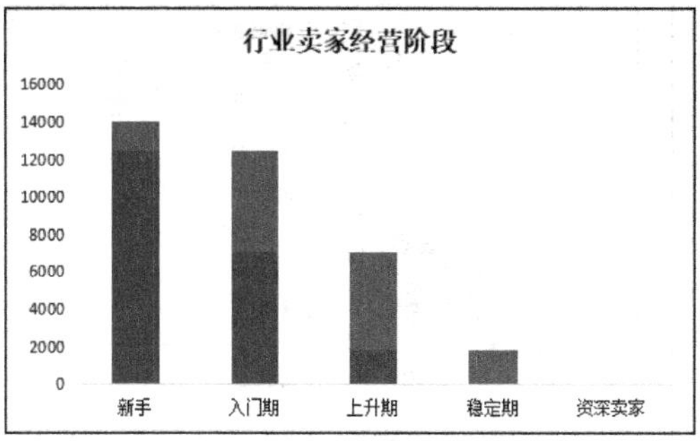

图 9-43 设置图表格式

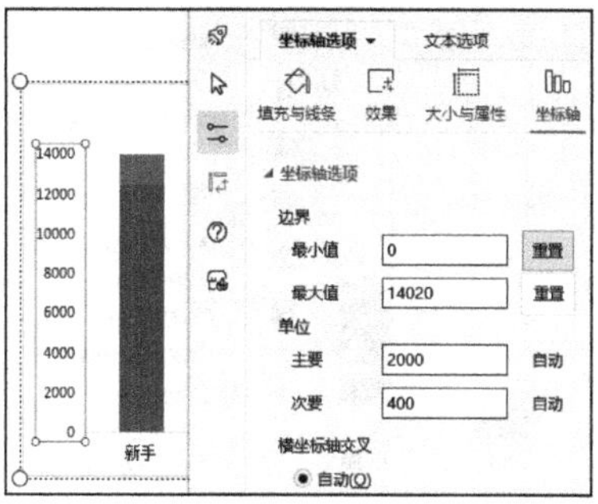

图 9-44 设置纵坐标轴边界值

步骤 07 选中“逆序刻度值”复选框，如图 9-45 所示。

步骤 08 在图表中选中横坐标轴，在“属性”窗格中选择“填充与线条”选项卡，展开“线条”组，选中“无线条”单选按钮，如图 9-46 所示。

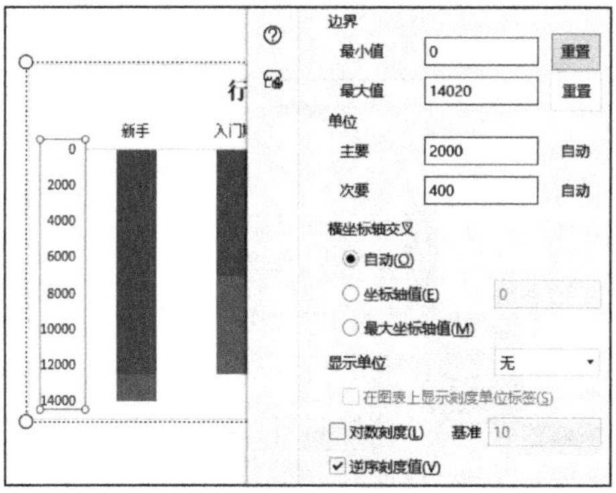

图 9-45 选中“逆序刻度值”复选框

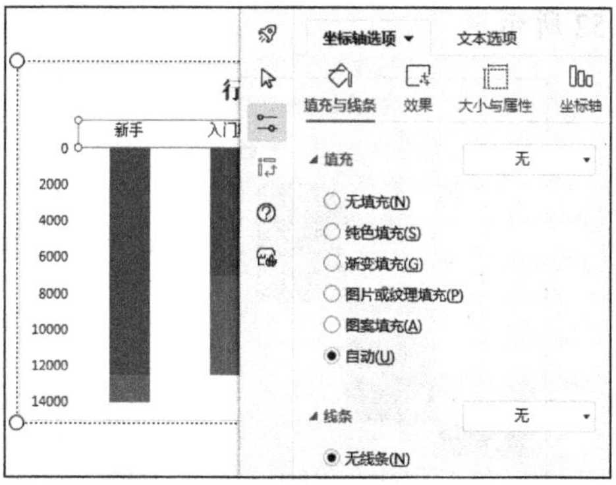

图 9-46 设置横坐标轴无线条

步骤 09 选择“坐标轴”选项卡，展开“标签”组，在“标签位置”下拉列表框中选择“高”选项，如图 9-47 所示。

步骤 10 查看图表效果，如图 9-48 所示。

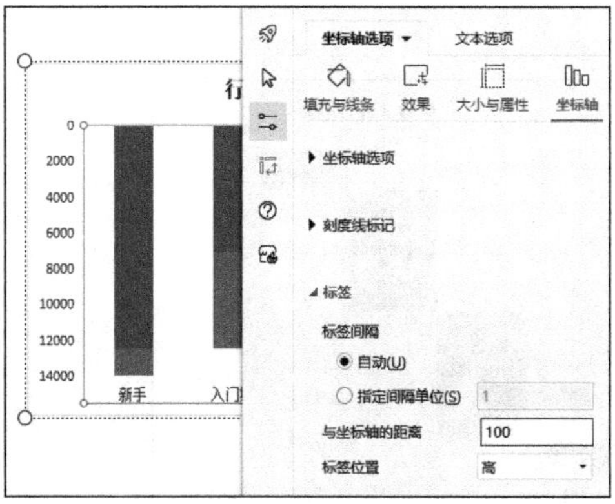

图 9-47 设置标签位置

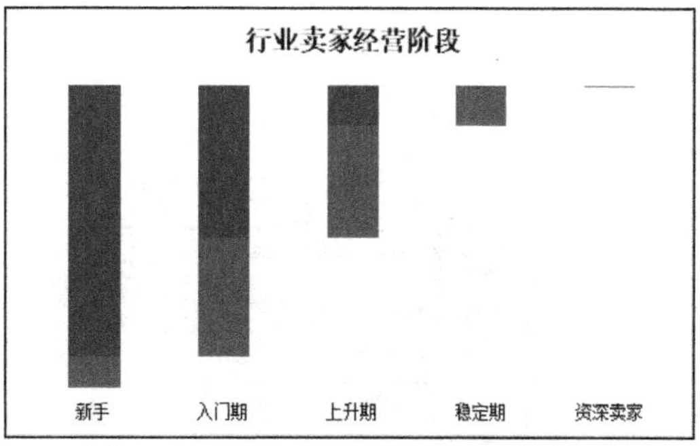

图 9-48 查看图表效果

步骤 11 在图表中选中“辅助”数据系列，在“属性”窗格中选择“填充与线条”选项卡，展开“填充”组，选中“无填充”单选按钮，如图 9-49 所示。

步骤 12 在图表中选中系列，在“属性”窗格中选择“系列”选项卡，设置“系列重叠”和“分类间距”参数，如图 9-50 所示。

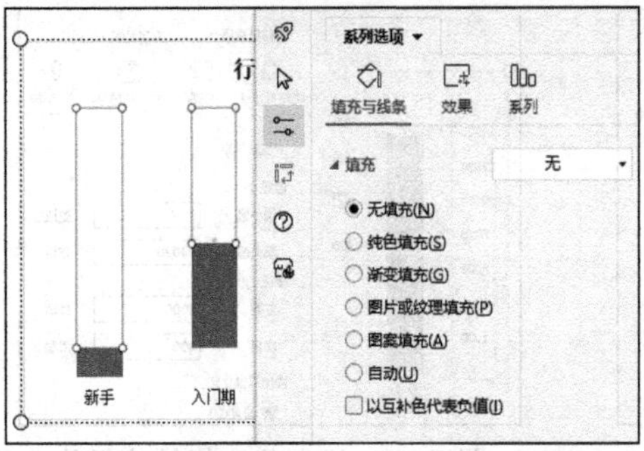

图 9-49　设置“辅助”数据系列无填充

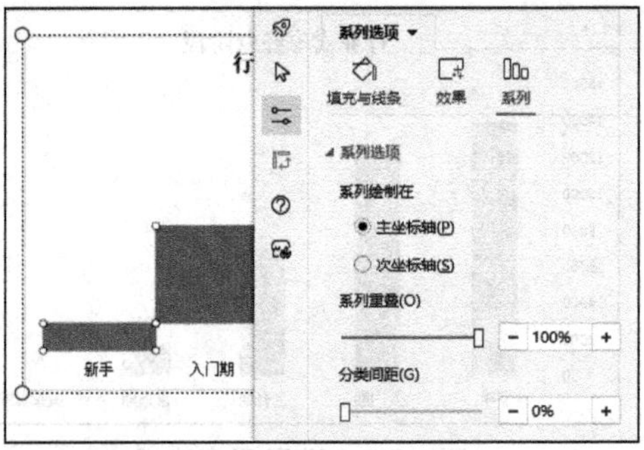

图 9-50　设置系列选项

步骤 13 在图表中添加垂直网格线和数据标签，效果如图 9-51 所示。

步骤 14 在图表中选中数据标签，在“属性”窗格中选择“标签”选项卡，在“标签包括”选项区中选中“单元格中的值”复选框，此时将弹出“数据标签区域”对话框，如图 9-52 所示。

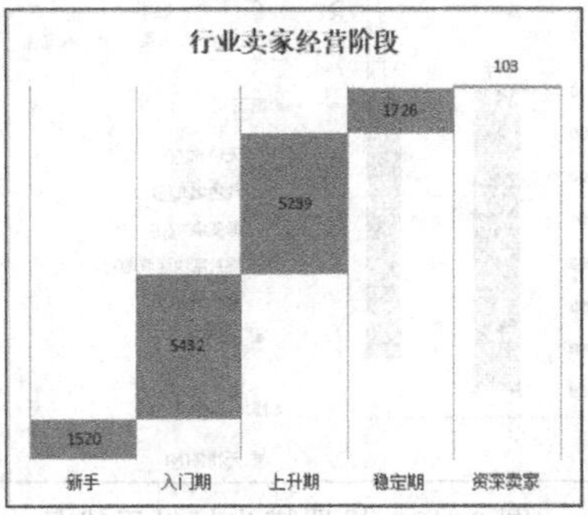

图 9-51　添加垂直网格线和数据标签

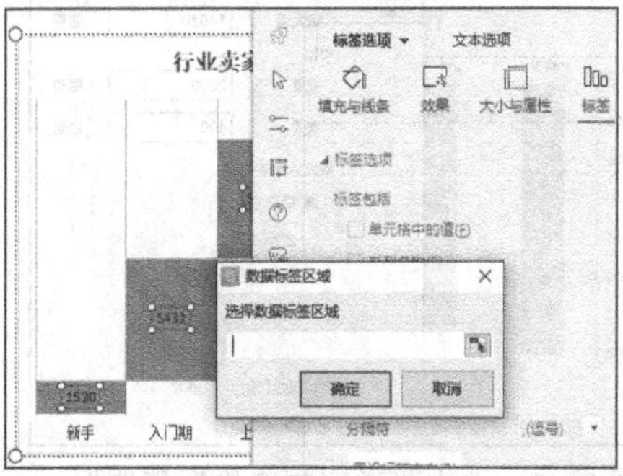

图 9-52　弹出“数据标签区域”对话框

步骤 15 将鼠标指针定位在“选择数据标签区域”文本框中，在工作表中选择 D2:D6 单元格区域，然后单击“确定”按钮，如图 9-53 所示。

步骤 16 此时即查看图表效果，如图 9-54 所示。卖家可据此对行业卖家情况进行分析，对各经营阶段的卖家数量有一个直观的认识。

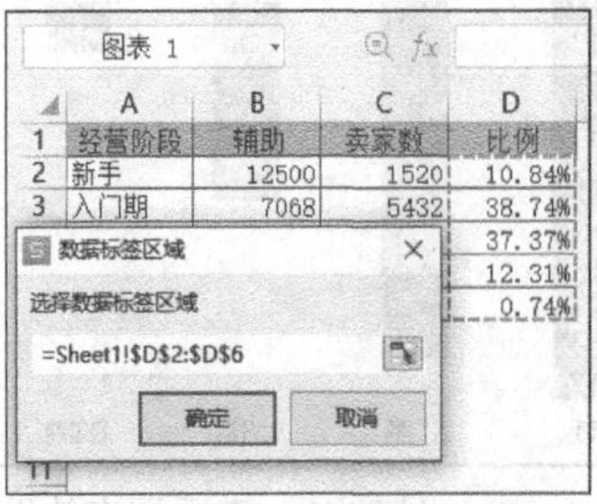

图 9-53　选择数据标签区域

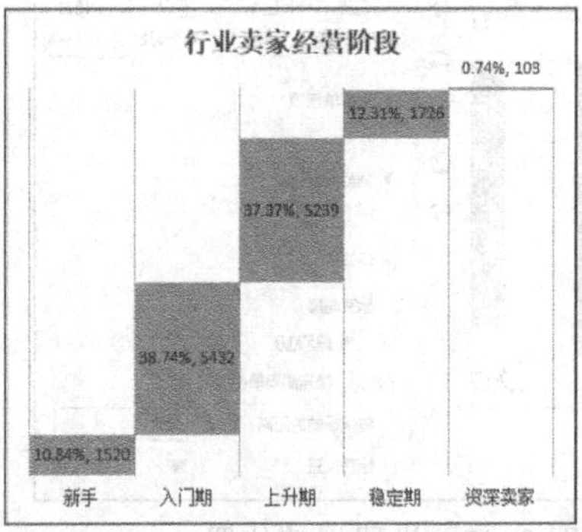

图 9-54　查看图表效果

三、行业商品价格分析

下面将介绍如何对行业商品的价格进行分析，以便找出比较合理的定价范围，具体操作方法如下。

步骤 01 打开“素材文件\项目九\行业商品价格分析.xlsx”，在 E1:G7 单元格区域编辑价格区间划分表格（WPS Office 软件中，该项功能默认区间值“含左不含右”），如图 9-55 所示。

步骤 02 选择 F2 单元格，选择“公式”选项卡，单击“其他函数”下拉按钮，选择“统计”选项下的 COUNTIF 函数，如图 9-56 所示。

	A	B	C	D	E	F	G
1	商品名称	成交价	销售量		价格区间	数量	占比
2	304不锈钢冷热水全铜家用	4.56	82699		0~1		
3	淋浴房防撞块 定位器 淋	0.45	20666		1~10		
4	拖把池加长洗衣机专用水	4.68	34372		10~50		
5	加厚防水四聚乙烯生料带	0.16	41333		50~100		
6	小个迷你生料带 水龙头	0.16	41333		大于100		
7	304不锈钢编织金属软管	3.12	29340		合计		
8	波纹管专用接头不锈钢螺	0.59	77500				
9	加厚不锈钢瓷砖挂码墙壁	0.66	26895				
10	304不锈钢波纹管/热水器	2.76	28400				
11	加厚不锈钢挂钩门后衣服	1.2	31000				
12	水胶布生料带 密封胶带	1	10333				
13	居家家马桶贴提盖器家用	3.8	9743				
14	净水器快接头2分直通3分	0.36	14213				
15	管道装饰盖卡扣式水管暖	1.02	8783				
16	不锈钢挂钩免打孔单钩门	1.2	8266				
17	4分密封垫片硅胶橡胶四氟	0.06	20425				

图 9-55　编辑价格区间划分表格

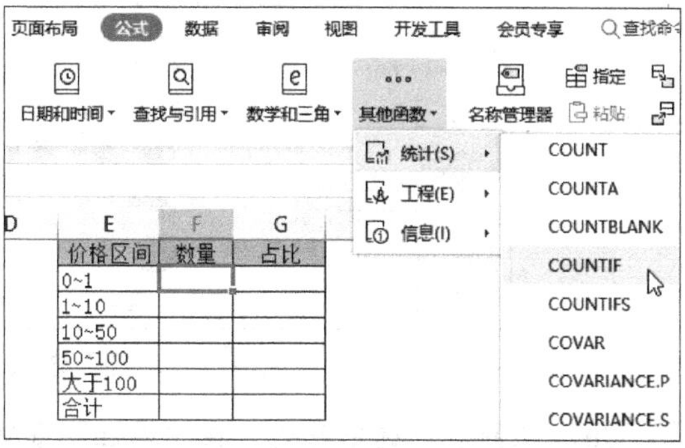

图 9-56　选择 COUNTIF 函数

步骤 03 弹出“函数参数”对话框，设置函数参数，然后单击“确定”按钮，如图 9-57 所示。

步骤 04 此时即可得出价格在 0～1 元的商品数。选择 F3 单元格，选择“公式”选项卡，单击“其他函数”下拉按钮，选择“统计”选项下的 COUNTIFS 函数，如图 9-58 所示。

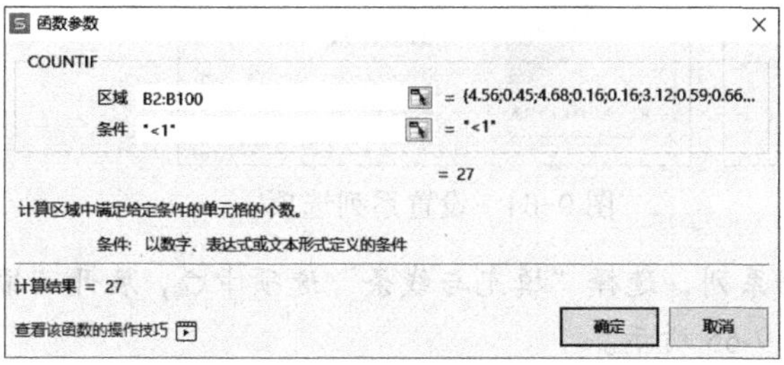

图 9-57　设置函数参数 1

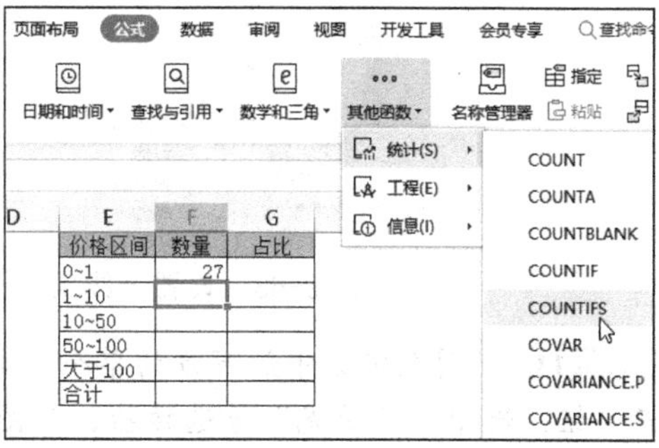

图 9-58　选择 COUNTIFS 函数

步骤 05 弹出“函数参数”对话框，设置函数参数，然后单击“确定”按钮，如图 9-59 所示。采用同样的方法，计算 F4：F6 单元格区域的数据，并使用求和公式计算 F7 单元格的数据。

步骤 06 选择 G2 单元格，在编辑栏中输入公式“=F2/$F$7”并按【Enter】键确认，得出占比数据，然后双击 G2 单元格右下角的填充柄，将公式填充到该列其他单元格中，如图 9-60 所示。

步骤 07 选择 E1:E7 单元格区域，然后在按住【Ctrl】键的同时选择 G1:G7 单元格区域。在功能区中选择“插入”选项卡，单击“插入饼图或圆环图”下拉按钮，选择“圆环图”选项，如图 9-61 所示。

步骤 08 插入圆环图，输入图表标题，如图 9-62 所示。

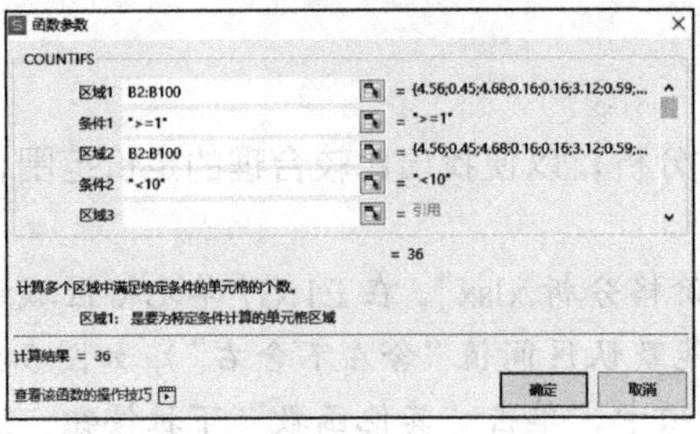

图 9-59　设置函数参数 2

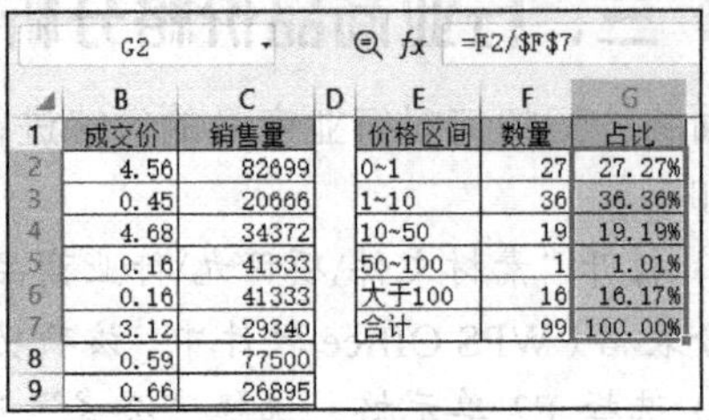

图 9-60　计算占比数据

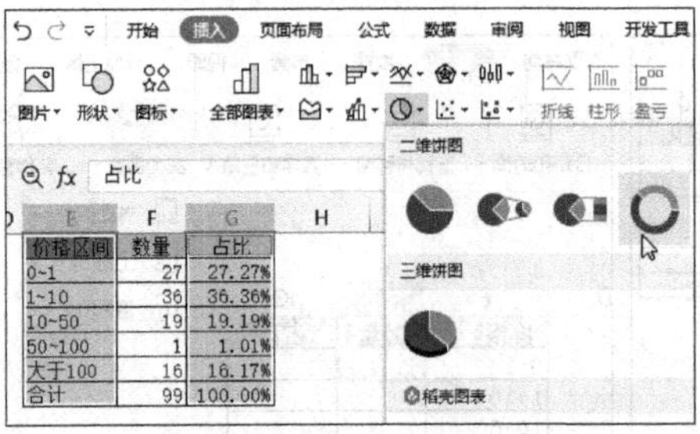

图 9-61　选择“圆环图”选项

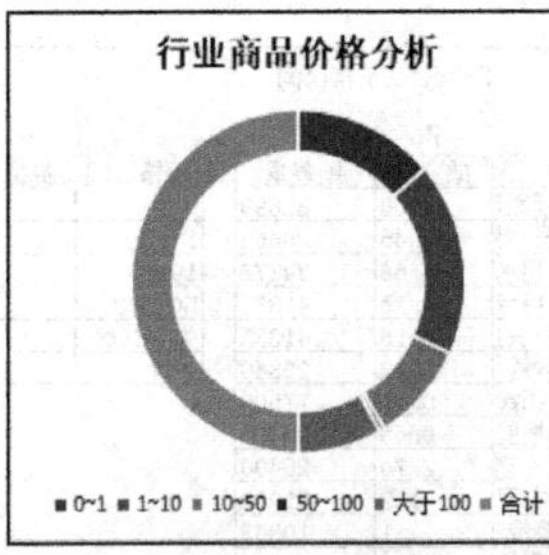

图 9-62　输入图表标题

步骤 09 在图表中选中系列，在“属性”窗格中选择“填充与线条”选项卡，展开“线条”组，选中“无线条”单选按钮，如图 9-63 所示。

步骤 10 选择“系列”选项卡，设置“第一扇区起始角度”“圆环图分离程度”“圆环图内径大小”等参数，如图 9-64 所示。

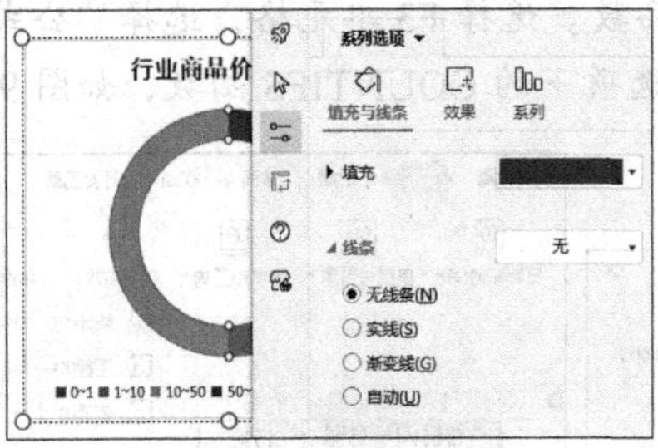

图 9-63　设置无线条

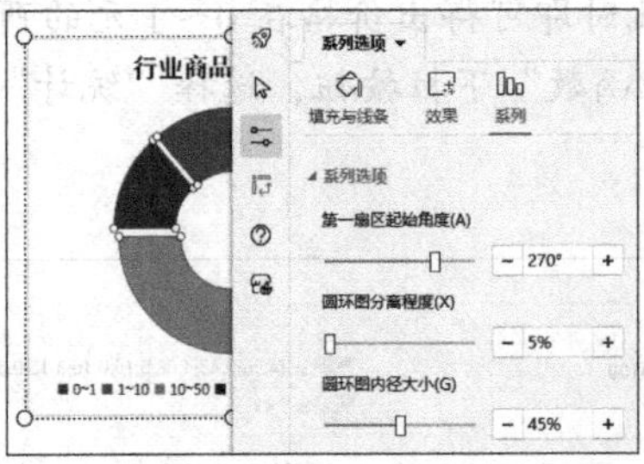

图 9-64　设置系列选项

步骤 11 在图表中选中最下方的单个数据系列，选择“填充与线条”选项卡，展开“填充”组，选中“无填充”单选按钮，如图 9-65 所示。

步骤 12 在图表中添加数据标签并调整图例的位置，效果如图 9-66 所示。卖家可据此对行业同类商品价格进行分析，在同类商品中，定价在 1～10 元的商品最多，在对店铺商品定价时可以参考此标准。

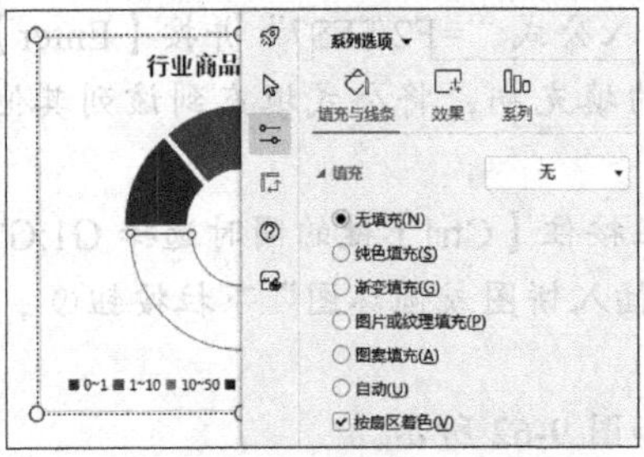

图 9-65　设置单个数据系列无填充

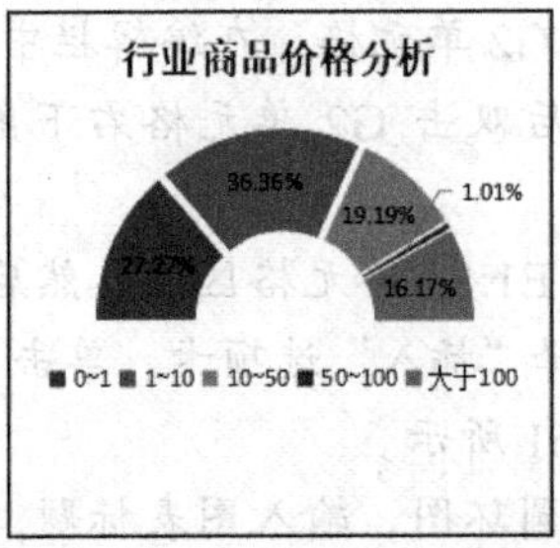

图 9-66　查看图表效果

四、行业商品销量分析

下面将介绍如何对行业商品销量进行分析，具体操作方法如下。

步骤 01 打开“素材文件\项目九\行业商品销量分析.et”，选择任意数据单元格，在功能区中选择“数据”选项卡，单击“高级”组右下角的“高级筛选”扩展按钮，如图 9-67 所示。

步骤 02 弹出“高级筛选”对话框，选中“将筛选结果复制到其他位置”单选按钮，将光标定位到“列表区域”文本框中，在工作表中选中 A 列，然后将鼠标指针定位到“复制到”文本框中，在工作表中选择 G1 单元格，单击“确定”按钮，如图 9-68 所示。

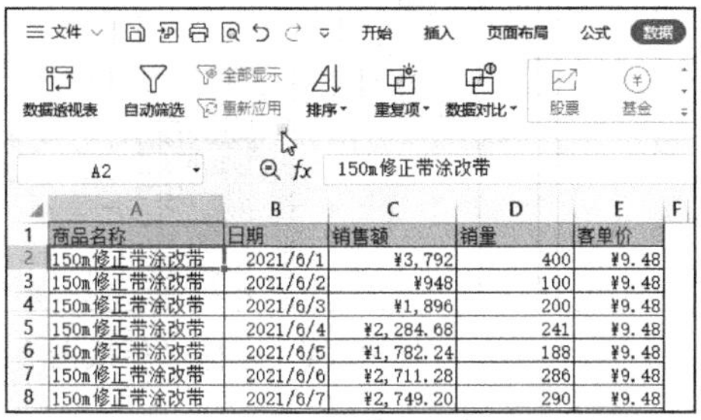

图 9-67　单击“高级筛选”扩展按钮

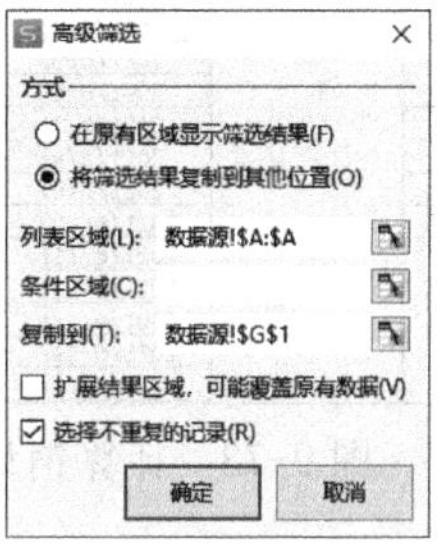

图 9-68　设置高级筛选

步骤 03 此时即可将商品名称筛选出来。选择 G2:G11 单元格区域，在名称框中输入“商品名称”并按【Enter】键确认，创建名称，如图 9-69 所示。

步骤 04 选择 H2 单元格，选择“数据”选项卡，单击“下拉列表”按钮，如图 9-70 所示。

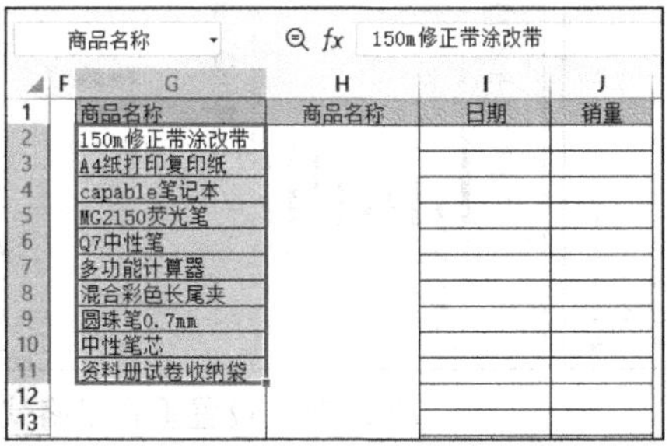

图 9-69　创建名称

图 9-70　单击“下拉列表”按钮

步骤 05 弹出“插入下拉列表”对话框，选中“从单元格选择下拉选项”单选按钮，然后在文本框中输入“=商品名称”，单击“确定”按钮，如图 9-71 所示。

步骤 06 单击 H2 单元格右侧的下拉按钮，选择商品名称，如图 9-72 所示。

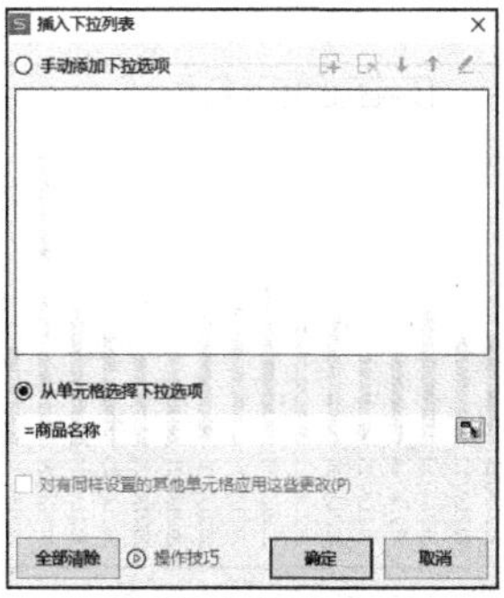

图 9-71　“插入下拉列表”对话框

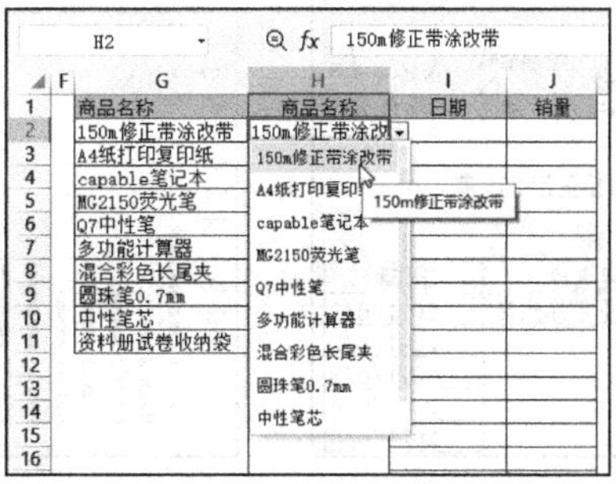

图 9-72　选择商品名称

步骤 07 在I列输入日期数据，选择J2单元格，在编辑栏中输入公式“=SUMPRODUCT(($A$2:$A$301=$H$2)*($B$2:$B$301=I2)*($D$2:$D$301))”并按【Enter】键确认，得出相应的销量。双击J2单元格右下角的填充柄，将公式填充到该列其他单元格中，如图9-73所示。

步骤 08 选择I1:J31单元格区域，然后选择“插入”选项卡，单击“插入折线图”下拉按钮，选择“折线图”选项，如图9-74所示。

图 9-73　计算销量

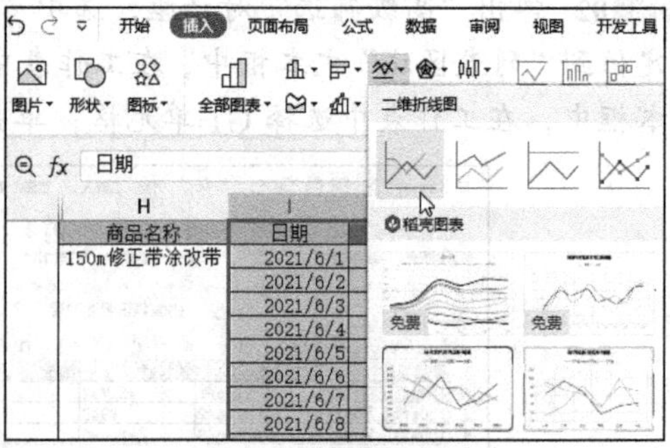

图 9-74　选择“折线图”选项

步骤 09 设置图表格式，如设置平滑线、添加垂直线等，如图9-75所示。

步骤 10 在图表中选中垂直线，在“属性”窗格中选择“填充与线条”选项卡，选中“实线”单选按钮，然后设置线条颜色和宽度，如图9-76所示。

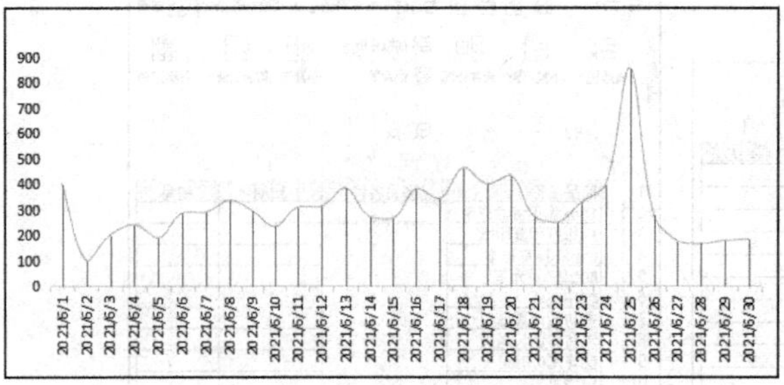

图 9-75　设置图表格式

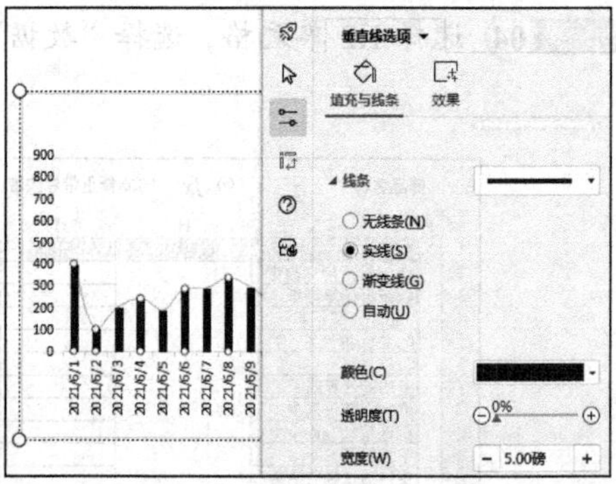

图 9-76　设置垂直线格式

步骤 11 选择H2单元格，在功能区中选择“插入”选项卡，单击“照相机”按钮，如图9-77所示。

步骤 12 在工作表中单击即可生成图片，在空白位置单击即可生成一张照相机图，将图片与图表进行组合，如图9-78所示。

图 9-77　单击“照相机”按钮

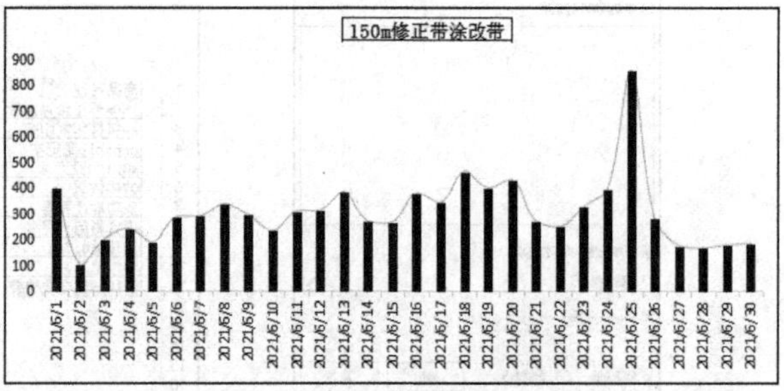

图 9-78　组合图片与图表

步骤 13 单击 H2 单元格右侧的下拉按钮，选择商品名称，即可查看该商品的销量图表，如图 9-79 所示。卖家可据此对行业商品销量进行分析，然后根据分析结果调整店铺的商品结构。

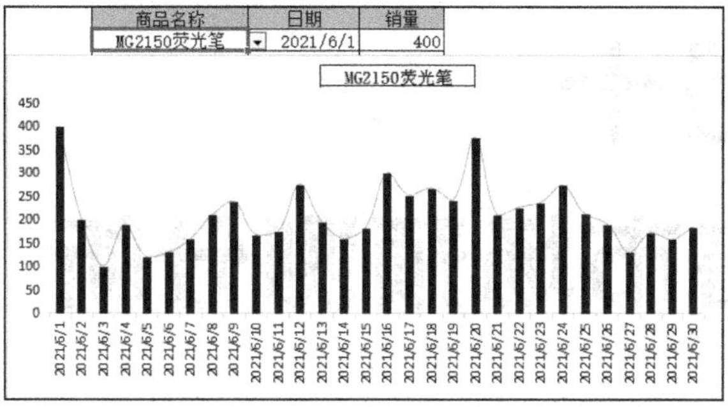

图 9-79　查看商品销量图表

项目小结

通过本项目的学习，读者应重点掌握以下知识。

1．在确定竞争对手后，通过竞品销量、竞争对手店铺销售数据、竞争对手客户拥有量、竞争对手下单转化率等方面进行分析，了解竞争对手的销售策略，制订相应的竞争策略。

2．行业是由许多同类公司构成的群体，通过行业分析可以发现行业运行的内在经济规律，进而预测行业发展的趋势。在进行行业状况分析时，可以对行业商品搜索走势、行业卖家情况、行业商品价格、行业商品销量等方面进行分析，为更好地进行竞争对手分析奠定基础。

项目习题

打开“素材文件\项目九\商品连续 4 周搜索量统计.et”，如图 9-80 所示，使用滚动条控件查看并分析每周商品搜索量。

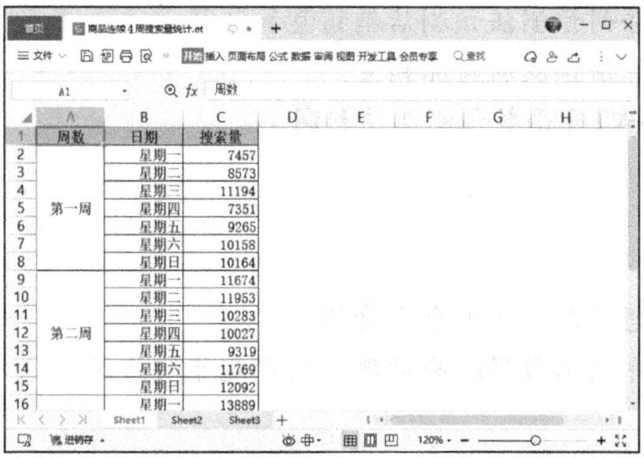

周数	日期	搜索量
第一周	星期一	7457
	星期二	8573
	星期三	11194
	星期四	7351
	星期五	9265
	星期六	10158
	星期日	10164
第二周	星期一	11674
	星期二	11953
	星期三	10283
	星期四	10027
	星期五	9319
	星期六	11769
	星期日	12092
	星期一	13889

图 9-80　“商品连续 4 周搜索量统计”工作表

关键提示：

（1）使用 OFFSET 函数以 7 天为单位查找数据。

（2）插入折线图，分析每周数据。

（3）插入滚动条控件，设置控件格式，拖动滚动条滑块，图表数据随之更改。

项目十

销售市场预测分析

销售市场预测分析是在市场调研的基础上，利用科学的方法和手段，对未来一定时期内的市场需求、发展趋势和营销影响因素的变化做出判断，进而为营销决策服务。WPS 表格可以很好地辅助销售市场预测分析，它提供了定量预测功能，如图表趋势预测法、时间序列预测法以及多个相关的预测函数等；同时，它还提供了一些定量的预测方法，如德尔菲法等。本项目将利用这些预测功能和方法进行销售市场预测分析。

项目重点

- 利用图表趋势预测法进行分析。
- 利用时间序列预测法进行分析。
- 利用德尔菲法预测新商品销量。
- 利用 GROWTH 函数预测店铺利润。

项目目标

- 学会利用图表趋势预测法预测销量和销售额。
- 学会利用时间序列预测法预测店铺销量和利润。
- 学会利用德尔菲法预测新商品销量。
- 学会利用 GROWTH 函数预测店铺利润。

素养目标

- 树立正确的理想信念，实现自身价值。
- 学以致用，培养利用数据缘事析理、明辨是非的意识。

任务一　利用图表趋势预测法分析

任务概述

在店铺经营过程中，卖家可以利用图表趋势预测法预测销量和销售额，然后根据预测值调整销售策略。图表趋势预测法的基本流程如下：首先，根据给出的数据制作散点图或折线图；其次，观察图表形状并添加适当类型的趋势线；最后，利用趋势线外推或利用回归方程计算预测值。本任务将介绍如何在 WPS 表格中利用图表趋势预测法预测销售额和销量。

任务重点与实施

一、利用线性趋势线预测店铺销售额

下面将介绍如何利用线性趋势线预测店铺销售额，具体操作方法如下。

步骤 01 打开“素材文件\项目十\店铺年销售额.et”，选择 A2:A12 单元格区域，在“开始”选项卡下单击“类型转换”下拉按钮，选择“数字转为文本型数字”选项，如图 10-1 所示。

步骤 02 选择 A1:B11 单元格区域，选择“插入”选项卡，单击“插入折线图”下拉按钮，选择“带数据标记的折线图”选项，如图 10-2 所示。

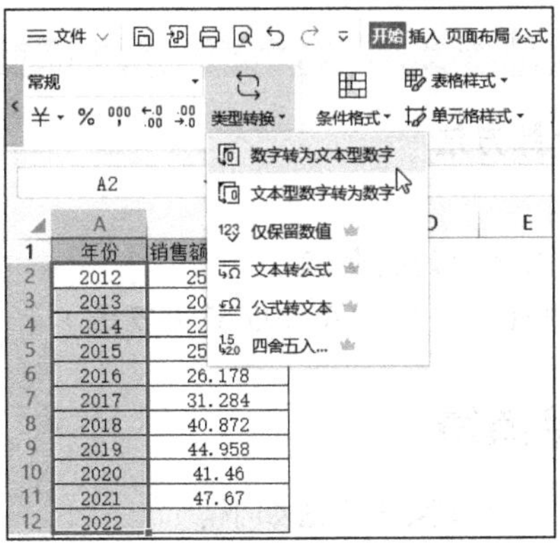

图 10-1　选择“数字转为文本型数字”选项

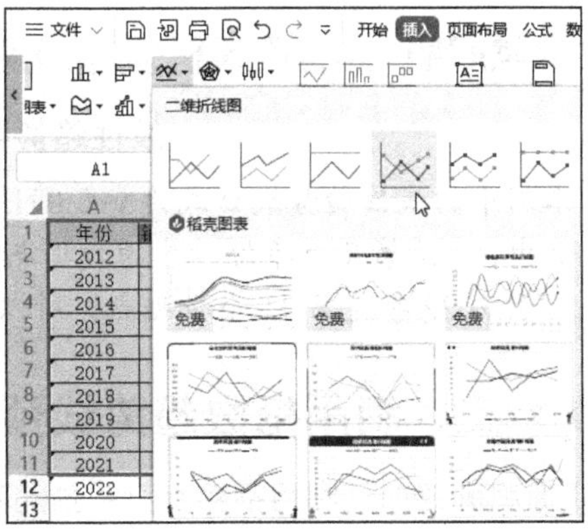

图 10-2　选择“带数据标记的折线图”选项

步骤 03 输入图表标题，根据需要设置图表格式，如图 10-3 所示。

步骤 04 在图表中选中数据系列并用鼠标右键单击，在弹出的快捷菜单中选择“添加趋势线”选项，如图 10-4 所示。

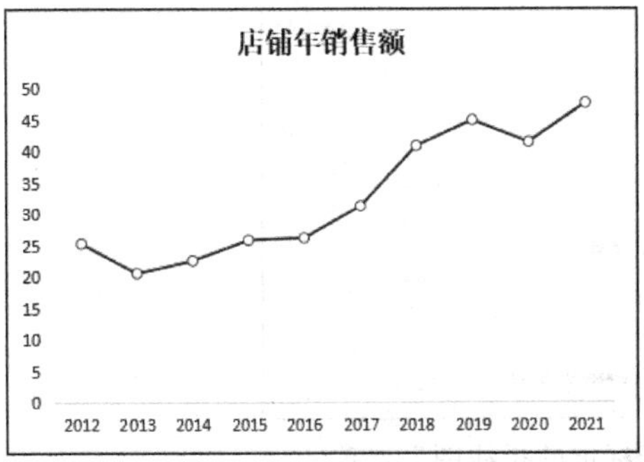

图 10-3　设置图表格式

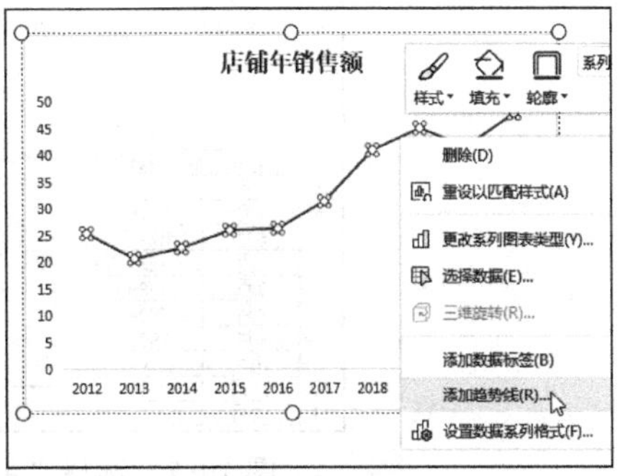

图 10-4　选择“添加趋势线”选项

步骤 05 在图表中选中趋势线，在“属性”窗格中选择“趋势线”选项卡，选中“线性”单选按钮，在“趋势线名称”选项区，选中“自动”单选按钮，在“趋势预测”选项区的“向前”文本框中输入 1，然后选中“显示公式”复选框，如图 10-5 所示。

步骤 06 选择 B12 单元格，根据线性趋势线公式在编辑栏中输入相应的公式并按【Enter】键确认，得出 2022 年的销售额预测值，如图 10-6 所示。

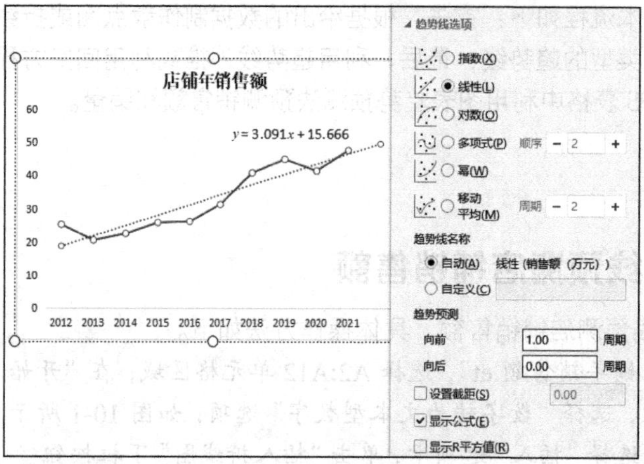

图 10-5　设置趋势线选项

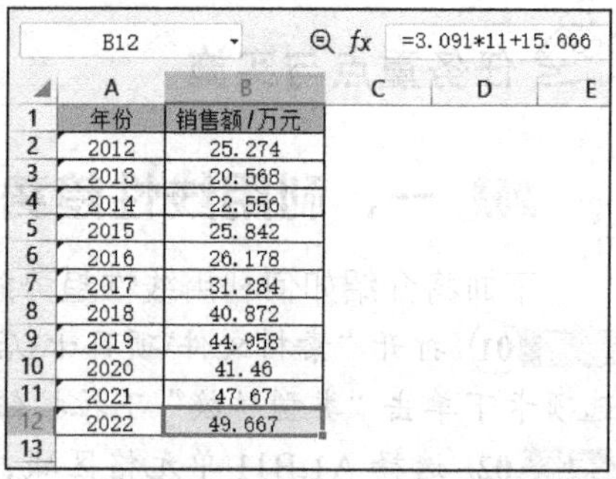

图 10-6　计算销售额预测值

课堂解疑

线性趋势线预测计算方法

本例中的线性趋势线公式为 $y=3.091x+15.666$。

其中，x 是第几个年份对应的数据点，y 是对应年份的销售额。

由于 2022 年是第 11 个数据点，所以 $y_{2022}=3.091\times11+15.666=49.667$（万元）。

二、利用指数趋势线预测商品销量

下面将介绍如何利用指数趋势线预测商品销量，具体操作方法如下。

步骤 01 打开“素材文件\项目十\商品近 8 个月销量.et”，选择 A1:B9 单元格区域，选择“插入”选项卡，单击“插入折线图”下拉按钮，选择“带数据标记的折线图”选项，如图 10-7 所示。

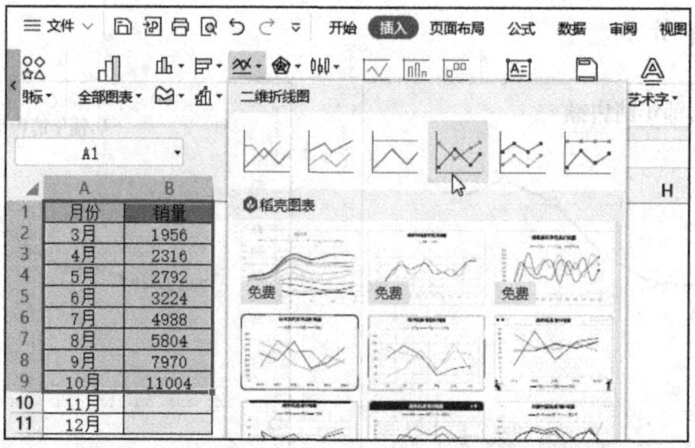

图 10-7　选择“带数据标记的折线图”选项

步骤 02 输入图表标题，根据需要设置图表格式，单击浮动工具栏中的“图表元素”按钮，在弹出的面板中选中“趋势线”复选框，添加趋势线，如图 10-8 所示。

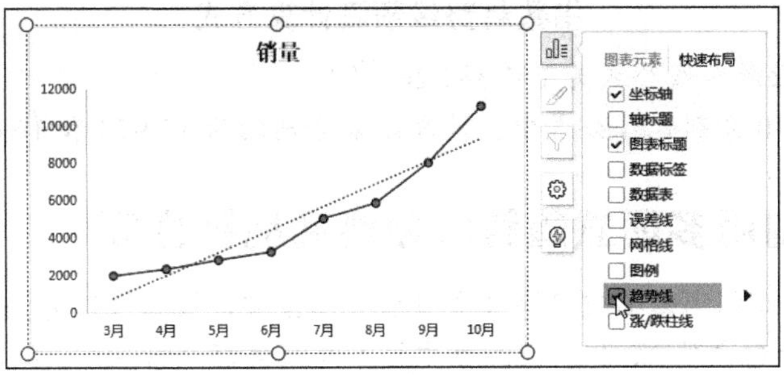

图 10-8　添加趋势线

步骤 03 在图表中选中趋势线，在“属性”窗格中选择“趋势线”选项卡，选中“指数”单选按钮，在“趋势预测”选项区的“向前”文本框中输入 2，并选中“显示公式”和“显示 R 平方值”复选框，如图 10-9 所示。

步骤 04 在图表中选中趋势线公式文本，在弹出的浮动工具栏中设置字号大小，如图 10-10 所示。在选择趋势线类型时，合适的标准是公式中“R^2”大于 0.9，且越接近 1 越好。

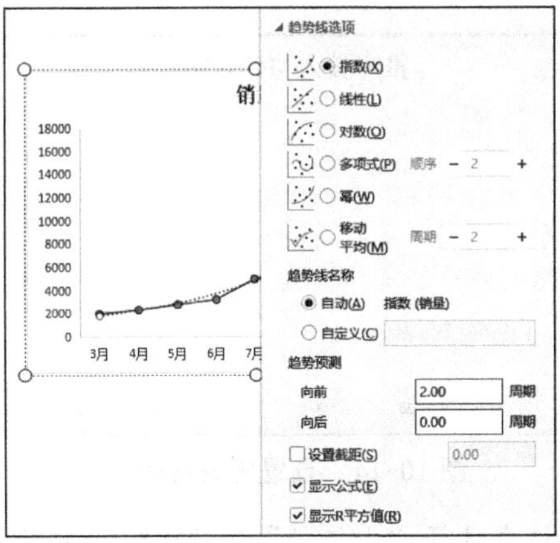

图 10-9　设置趋势线选项

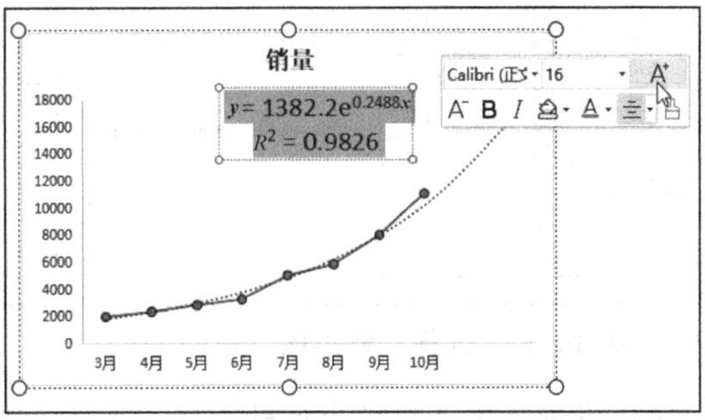

图 10-10　设置公式文本字号大小

步骤 05 选择 B10 单元格，根据指数趋势线公式在编辑栏中输入公式“=1 382.2*EXP(0.248 8*9)”并按【Enter】键确认，得出 11 月的销量预测值，然后设置小数位数为 0，如图 10-11 所示。

步骤 06 选择 B11 单元格，根据指数趋势线公式在编辑栏中输入公式“=1 382.2*EXP(0.248 8*10)”并按【Enter】键确认，得出 12 月的销量预测值，然后设置小数位数为 0，如图 10-12 所示。

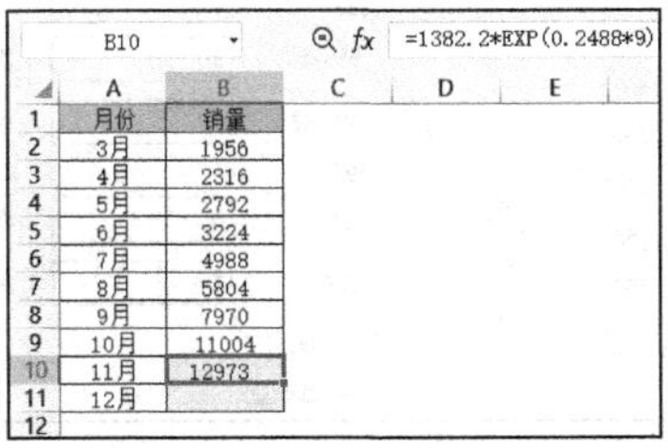

B10　fx　=1382.2*EXP(0.2488*9)

	A	B
1	月份	销量
2	3月	1956
3	4月	2316
4	5月	2792
5	6月	3224
6	7月	4988
7	8月	5804
8	9月	7970
9	10月	11004
10	11月	12973
11	12月	

图 10-11　计算 11 月销量预测值

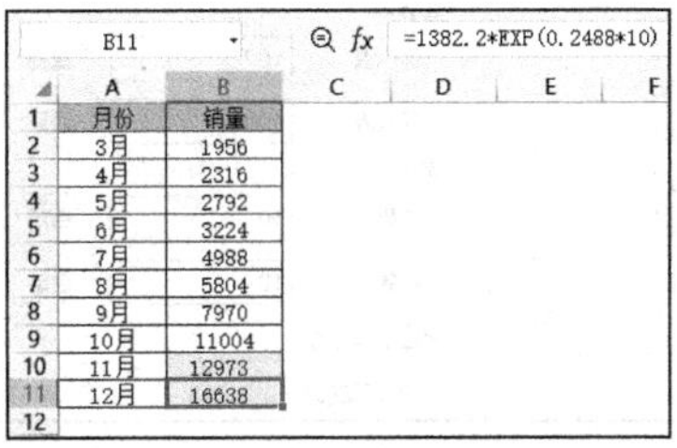

B11　fx　=1382.2*EXP(0.2488*10)

	A	B
1	月份	销量
2	3月	1956
3	4月	2316
4	5月	2792
5	6月	3224
6	7月	4988
7	8月	5804
8	9月	7970
9	10月	11004
10	11月	12973
11	12月	16638

图 10-12　计算 12 月销量预测值

课堂解疑

指数趋势线预测计算方式

本例中的指数趋势线公式为 $y=1\,382.2e^{0.248\,8x}$。

将 $x=9$ 和 $x=10$ 分别代入公式中，计算结果分别约为 12 973 和 16 638。

三、利用多项式趋势线预测商品销售额

下面将介绍如何利用多项式趋势线预测商品销售额，具体操作方法如下。

步骤 01 打开“素材文件\项目十\商品推广投入与销售额分析.et”，选择 B2:C13 单元格区域，选择“插入”选项卡，单击“插入散点图”下拉按钮，选择“散点图”选项，如图 10-13 所示。

步骤 02 输入图表标题，根据需要设置图表格式，如图 10-14 所示。

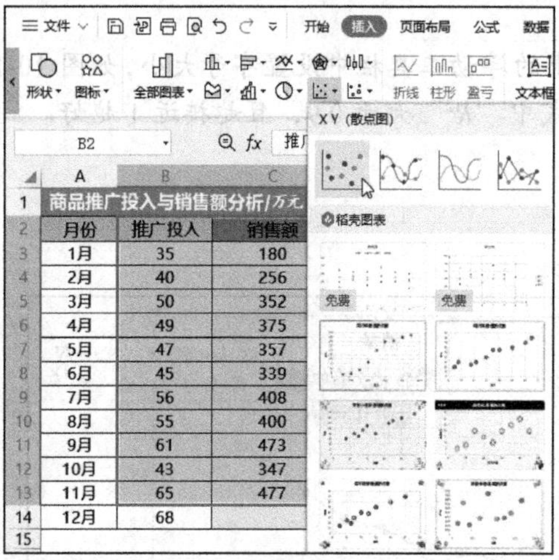

图 10-13　选择“散点图”选项

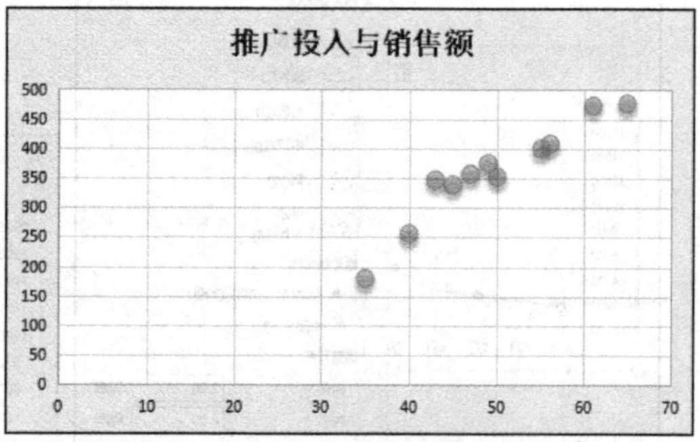

图 10-14　设置图表格式

步骤 03 在图表中选中纵坐标轴，在“属性”窗格中选择“坐标轴”选项卡，展开“坐标轴选项”组，在“边界”选项区中设置“最小值”为 100，如图 10-15 所示。

步骤 04 在图表中选中横坐标轴，在“边界”选项区中设置“最小值”为 30，如图 10-16 所示。

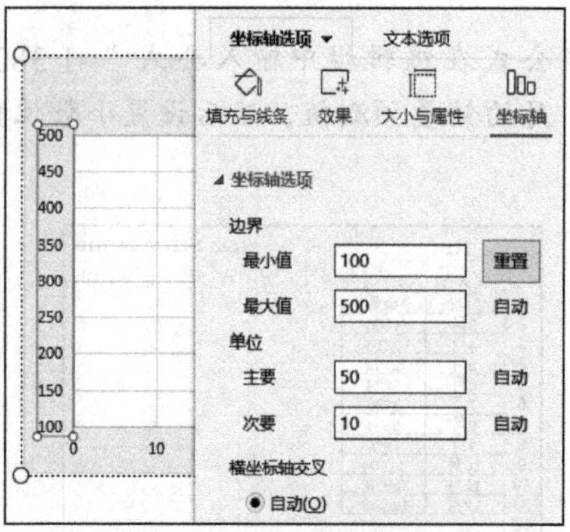

图 10-15　设置纵坐标轴边界值

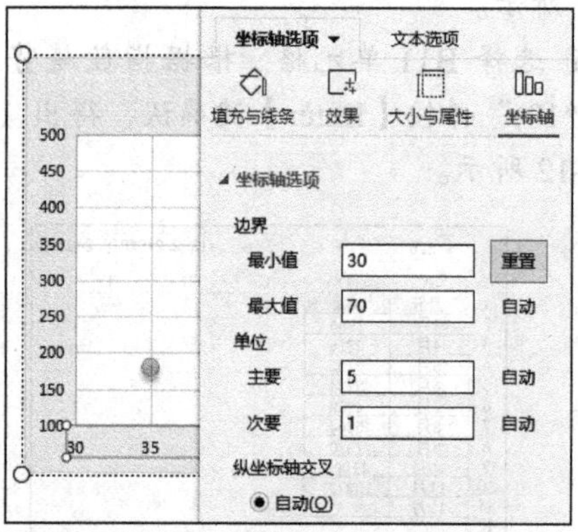

图 10-16　设置横坐标轴边界值

步骤 05 在图表中插入趋势线，在“属性”窗格中选择“趋势线”选项卡，选中“多项式”单选按钮，在“顺序”数值框中输入 3，在“趋势预测”选项区的“向前”文本框中输入 1，并选中“显示公式”和“显示 R 平方值”复选框，如图 10-17 所示。

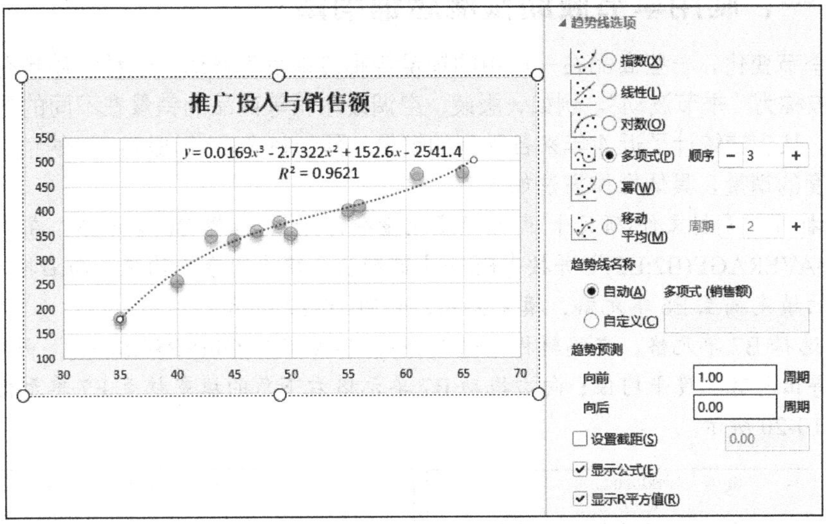

图 10-17　设置趋势线选项

步骤 06 根据多项式趋势线公式在 C14 单元格中输入公式并按【Enter】键确认，即可得出 12 月的销售额预测值，如图 10-18 所示。

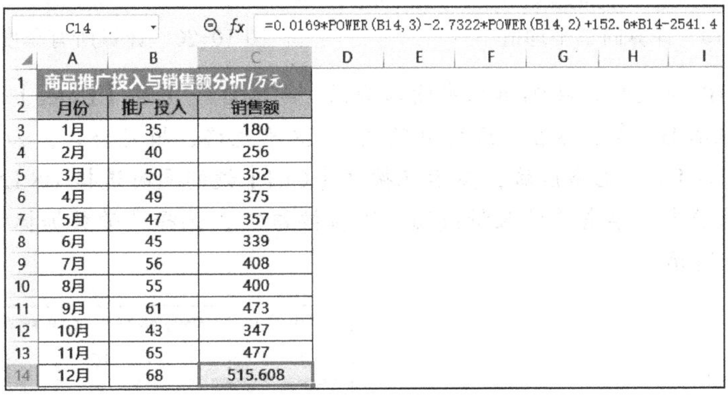

C14　=0.0169*POWER(B14,3)-2.7322*POWER(B14,2)+152.6*B14-2541.4

	A	B	C
1	商品推广投入与销售额分析/万元		
2	月份	推广投入	销售额
3	1月	35	180
4	2月	40	256
5	3月	50	352
6	4月	49	375
7	5月	47	357
8	6月	45	339
9	7月	56	408
10	8月	55	400
11	9月	61	473
12	10月	43	347
13	11月	65	477
14	12月	68	515.608

图 10-18　计算销售额预测值

任务二　利用时间序列预测法分析

任务概述

时间序列预测法是一种回归预测方法，其基本原理如下：一方面，承认事物发展的延续性，运用过去时间序列的数据进行统计分析，推测出事物的发展趋势；另一方面，充分考虑到因偶然因素影响而产生的随机性。为了尽量消除这种随机性，时间序列预测法利用历史数据进行统计分析，并对数据进行适当处理。本任务将介绍如何在 WPS 表格中利用时间序列预测法预测店铺销量和利润。

任务重点与实施

一、利用季节波动预测店铺销量

由于季节变化，一些商品在一年中的销量会相应地发生波动，这种波动是有规律可循的，通常被称为“季节波动”。例如，服装、空调或冰箱等商品的销量在不同的季节会有明显的区别。某店铺统计了近 4 年来各季度的销量，预计在 2022 年提高 20%的销量，并据此预测各季度的销量，具体操作方法如下。

步骤 01 打开“素材文件\项目十\商品季度销量统计.et”，选择 B6 单元格，在编辑栏中输入公式“=AVERAGE(B2:B5)”并按【Enter】键确认，得出同季平均值；向右拖动 B6 单元格右下角的填充柄至 E6 单元格，填充公式，如图 10-19 所示。

步骤 02 选择 B7 单元格，在编辑栏中输入公式“=AVERAGE($B$6:$E$6)”并按【Enter】键确认，得出所有季度平均值；向右拖动 B7 单元格右下角的填充柄至 E7 单元格，填充公式，如图 10-20 所示。

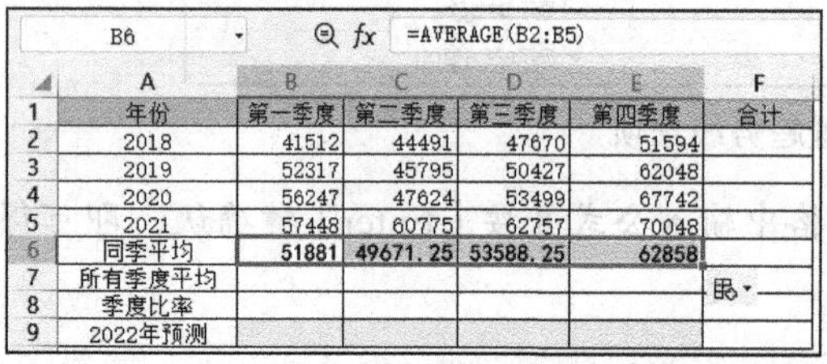
B6 =AVERAGE(B2:B5)

	A	B	C	D	E	F
1	年份	第一季度	第二季度	第三季度	第四季度	合计
2	2018	41512	44491	47670	51594	
3	2019	52317	45795	50427	62048	
4	2020	56247	47624	53499	67742	
5	2021	57448	60775	62757	70048	
6	同季平均	51881	49671.25	53588.25	62858	
7	所有季度平均					
8	季度比率					
9	2022年预测					

图 10-19 计算同季平均值

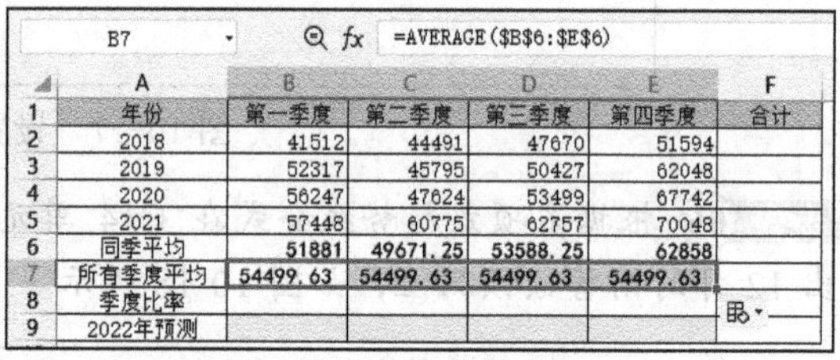
B7 =AVERAGE($B$6:$E$6)

	A	B	C	D	E	F
1	年份	第一季度	第二季度	第三季度	第四季度	合计
2	2018	41512	44491	47670	51594	
3	2019	52317	45795	50427	62048	
4	2020	56247	47624	53499	67742	
5	2021	57448	60775	62757	70048	
6	同季平均	51881	49671.25	53588.25	62858	
7	所有季度平均	54499.63	54499.63	54499.63	54499.63	
8	季度比率					
9	2022年预测					

图 10-20 计算所有季度平均值

步骤 03 选择 B8 单元格，在编辑栏中输入公式“=B6/B7”并按【Enter】键确认，得出季度比率。向右拖动 B8 单元格右下角的填充柄至 E8 单元格，填充公式，如图 10-21 所示。

步骤 04 选择 B1:E1 单元格区域，然后在按住【Ctrl】键的同时选择 B8:E8 单元格区域，选择“插入”选项卡，单击“插入折线图”下拉按钮，选择“带数据标记的折线图”选项，如图 10-22 所示。

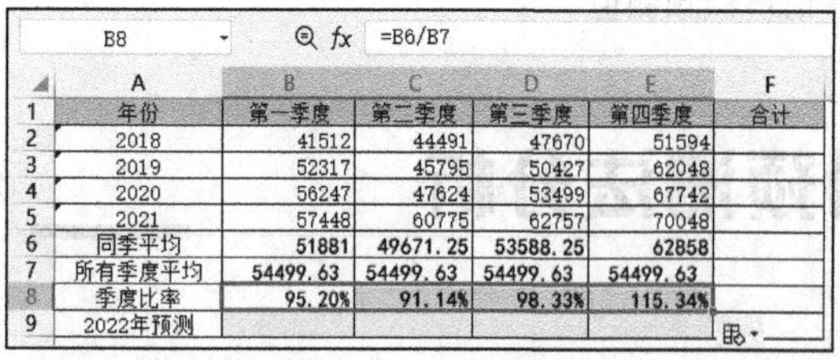
B8 =B6/B7

	A	B	C	D	E	F
1	年份	第一季度	第二季度	第三季度	第四季度	合计
2	2018	41512	44491	47670	51594	
3	2019	52317	45795	50427	62048	
4	2020	56247	47624	53499	67742	
5	2021	57448	60775	62757	70048	
6	同季平均	51881	49671.25	53588.25	62858	
7	所有季度平均	54499.63	54499.63	54499.63	54499.63	
8	季度比率	95.20%	91.14%	98.33%	115.34%	
9	2022年预测					

图 10-21 计算季度比率

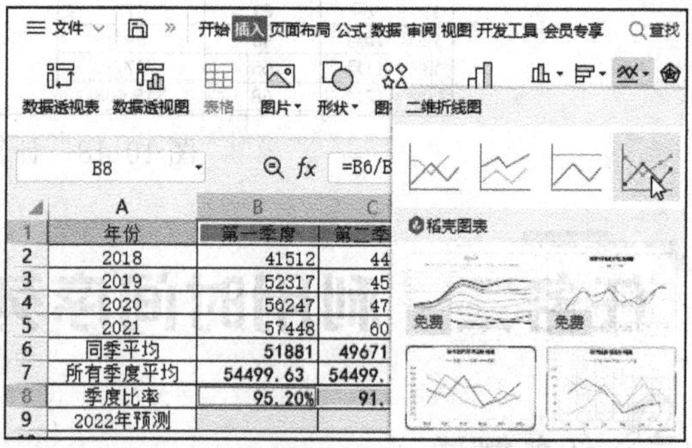

图 10-22 选择“带数据标记的折线图”选项

步骤 05 输入图表标题，根据需要设置图表格式，如图 10-23 所示。

步骤 06 选择 F2 单元格，在编辑栏中输入公式“=SUM(B2:E2)”并按【Enter】键确认，得出年度合计值。向下拖动 F2 单元格右下角的填充柄至 F5 单元格，填充公式，如图 10-24 所示。

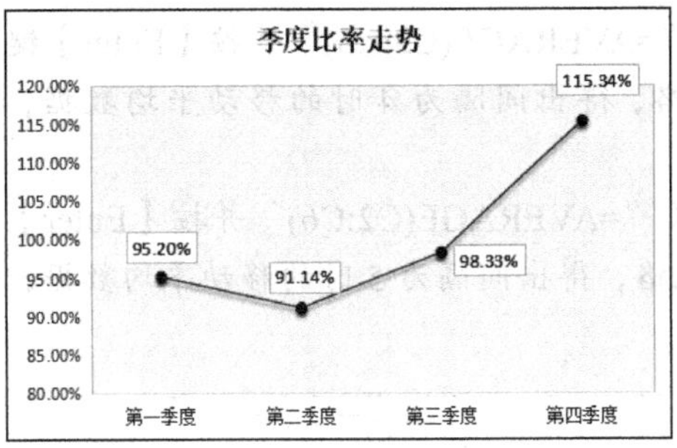

图 10-23 设置图表格式

F2 =SUM(B2:E2)

年份	第一季度	第二季度	第三季度	第四季度	合计
2018	41512	44491	47670	51594	185267
2019	52317	45795	50427	62048	210587
2020	56247	47624	53499	67742	225112
2021	57448	60775	62757	70048	251028
同季平均	51881	49671.25	53588.25	62858	
所有季度平均	54499.63	54499.63	54499.63	54499.63	
季度比率	95.20%	91.14%	98.33%	115.34%	
2022年预测					

图 10-24 计算年度合计值

步骤 07 选择 F9 单元格，在编辑栏中输入公式“=F5*1.2”并按【Enter】键确认，得出 2022 年预测合计值，如图 10-25 所示。

步骤 08 选择 B9 单元格，在编辑栏中输入公式“=$F$9/4*B8”并按【Enter】键确认，得出 2022 年第一季度的预测值。向右拖动 B9 单元格右下角的填充柄至 E9 单元格，填充公式，如图 10-26 所示。

F9 =F5*1.2

年份	第一季度	第二季度	第三季度	第四季度	合计
2018	41512	44491	47670	51594	185267
2019	52317	45795	50427	62048	210587
2020	56247	47624	53499	67742	225112
2021	57448	60775	62757	70048	251028
同季平均	51881	49671.25	53588.25	62858	
所有季度平均	54499.63	54499.63	54499.63	54499.63	
季度比率	95.20%	91.14%	98.33%	115.34%	
2022年预测					301233.6

图 10-25 计算预测合计值

B9 =$F$9/4*B8

年份	第一季度	第二季度	第三季度	第四季度	合计
2018	41512	44491	47670	51594	185267
2019	52317	45795	50427	62048	210587
2020	56247	47624	53499	67742	225112
2021	57448	60775	62757	70048	251028
同季平均	51881	49671.25	53588.25	62858	
所有季度平均	54499.63	54499.63	54499.63	54499.63	
季度比率	95.20%	91.14%	98.33%	115.34%	
2022年预测	71689.94	68636.48	74049.05	86858.13	301233.6

图 10-26 计算各季度预测值

二、使用移动平均法预测店铺利润

下面将介绍如何使用移动平均法预测店铺利润，具体操作方法如下。

步骤 01 打开“素材文件\项目十\移动平均法预测店铺利润.et”，选择 D3 单元格，在编辑栏中输入公式“=AVERAGE(C2:C3)”并按【Enter】键确认，然后使用填充柄向下填充公式至 D22 单元格，得出间隔为 2 时的移动平均数据，如图 10-27 所示。

步骤 02 选择 E4 单元格，在编辑栏中输入公式“=AVERAGE(C2:C4)”并按【Enter】键确认，然后使用填充柄向下填充公式至 E22 单元格，得出间隔为 3 时的移动平均数据，如图 10-28 所示。

D3 =AVERAGE(C2:C3)

年份	月份	利润	间隔2	间隔3	间隔4	间隔5
2021年	1月	13018				
	2月	1	13271			
	3月	13432	13478			
	4月	13846	13639			
	5月	14352	14099			
	6月	13524	13938			
	7月	13432	13478			
	8月	13317	13374.5			
	9月	13877	13597			
	10月	13524	13700.5			
	11月	13432	13478			
	12月	13432	13432			
2022年	1月	13524	13478			
	2月	13777	13650.5			
	3月	14007	13892			
	4月	13984	13995.5			
	5月	13432	13708			
	6月	13317	13374.5			
	7月	15019	14168			
	8月	13432	14225.5			
	9月	14317	13874.5			

图 10-27 计算间隔为 2 时的移动平均数据

E4 =AVERAGE(C2:C4)

年份	月份	利润	间隔2	间隔3	间隔4	间隔5
2021年	1月	13018				
	2月	13524	13271			
	3月	13432	1	13324.667		
	4月	13846	13639	13600.667		
	5月	14352	14099	13876.667		
	6月	13524	13938	13907.333		
	7月	13432	13478	13769.333		
	8月	13317	13374.5	13424.333		
	9月	13877	13597	13542		
	10月	13524	13700.5	13572.667		
	11月	13432	13478	13611		
	12月	13432	13432	13462.667		
2022年	1月	13524	13478	13462.667		
	2月	13777	13650.5	13577.667		
	3月	14007	13892	13769.333		
	4月	13984	13995.5	13922.667		
	5月	13432	13708	13807.667		
	6月	13317	13374.5	13577.667		
	7月	15019	14168	13922.667		
	8月	13432	14225.5	13922.667		
	9月	14317	13874.5	14256		

图 10-28 计算间隔为 3 时的移动平均数据

步骤 03 选择F5单元格，在编辑栏中输入公式“=AVERAGE(C2:C5)”并按【Enter】键确认，然后使用填充柄向下填充公式至F22单元格，得出间隔为4时的移动平均数据，如图10-29所示。

步骤 04 选择G6单元格，在编辑栏中输入公式“=AVERAGE(C2:C6)”并按【Enter】键确认，然后使用填充柄向下填充公式至G22单元格，得出间隔为5时的移动平均数据，如图10-30所示。

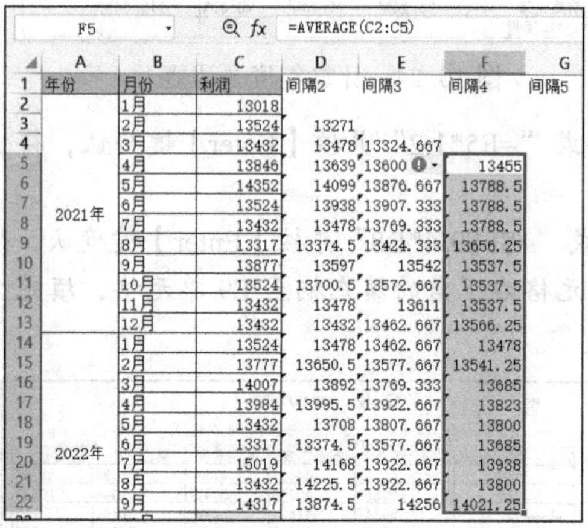

图10-29 计算间隔为4时的移动平均数据

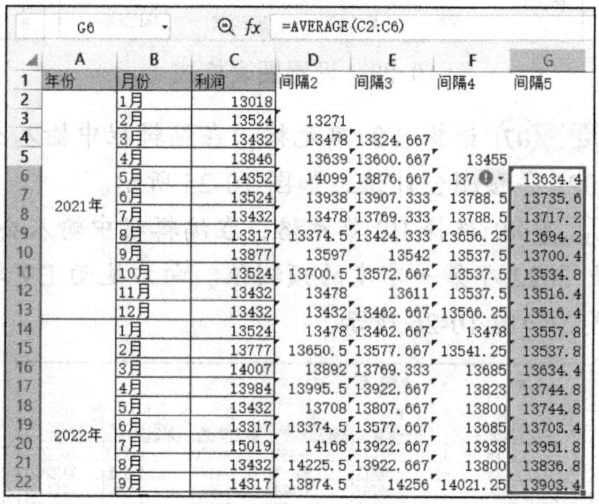

图10-30 计算间隔为5时的移动平均数据

步骤 05 在预测值中可以看到间隔为3时，预测值更接近实际值，因此采用间隔为3的移动平均数据。在E23单元格中输入公式“=AVERAGE(E20:E22)”，然后使用填充柄向下填充公式至E25单元格，得出利润预测值，如图10-31所示。

步骤 06 选择C2:C22单元格区域，在按住【Ctrl】键的同时选择E2:E25单元格区域，然后选择“插入”选项卡，单击“插入组合图”下拉按钮，选择“簇状柱形图-折线图”选项，如图10-32所示。

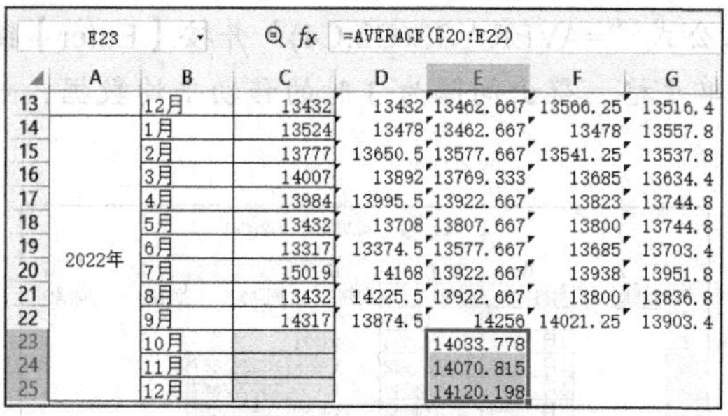

图10-31 计算利润预测值

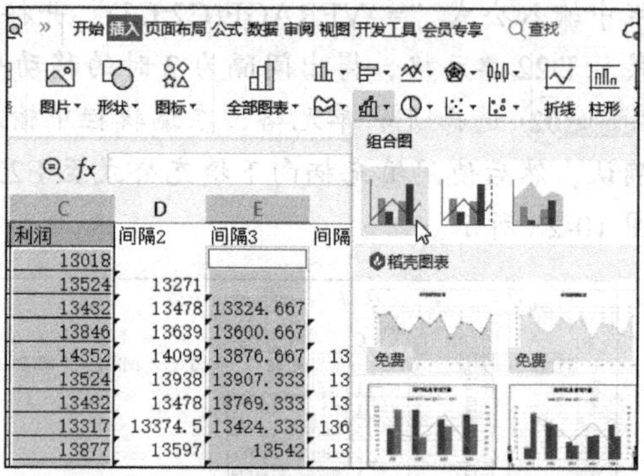

图10-32 选择“簇状柱形图-折线图”选项

步骤 07 输入图表标题，根据需要设置图表格式，如图10-33所示。

步骤 08 用鼠标右键单击图表，在弹出的快捷菜单中选择“选择数据”选项，弹出“编辑数据源”对话框。在“图例项（系列）”选项区中选中“系列1”复选框，然后单击“编辑”按钮，如图10-34所示。

步骤 09 弹出“编辑数据系列”对话框，在“系列名称”文本框中输入“实际值”，然后单击“确定”按钮，如图10-35所示，即可更改系列名称。

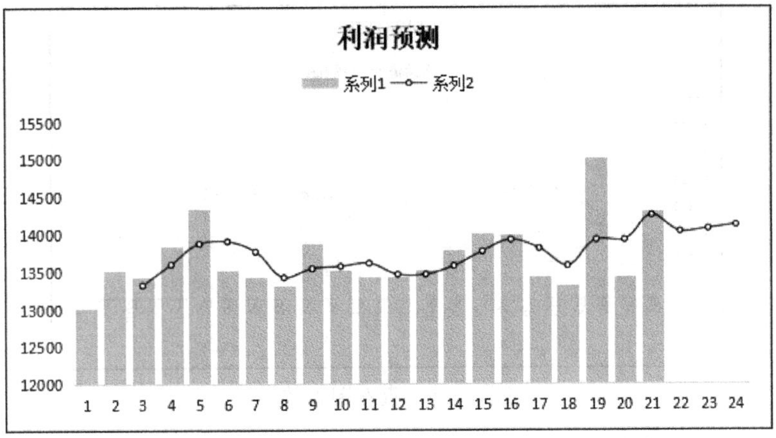

图 10-33 设置图表格式

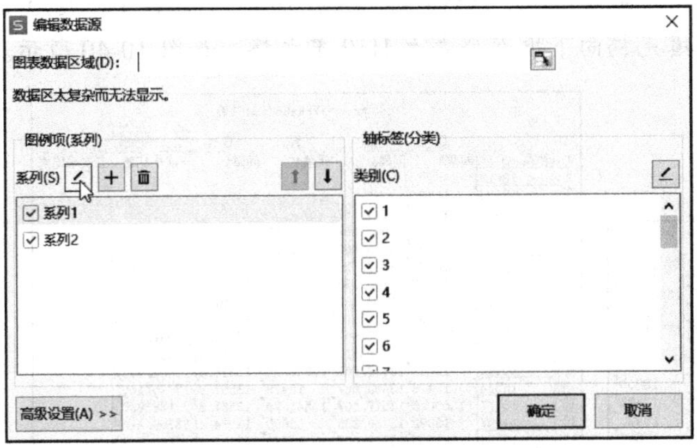

图 10-34 单击“编辑”按钮 1

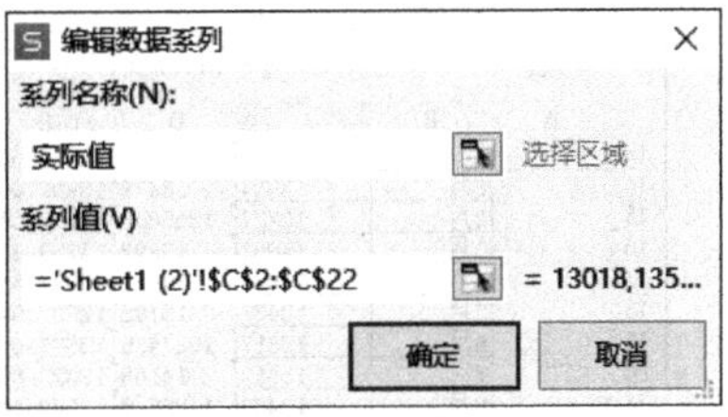

图 10-35 输入系列名称

步骤 10 采用同样的方法，设置“系列 2”名称为“预测值”，然后在“轴标签（分类）”选项区中单击“编辑”按钮，如图 10-36 所示。

步骤 11 弹出“轴标签”对话框，设置“轴标签区域”为 A2:B25 单元格区域，然后单击“确定”按钮，如图 10-37 所示。

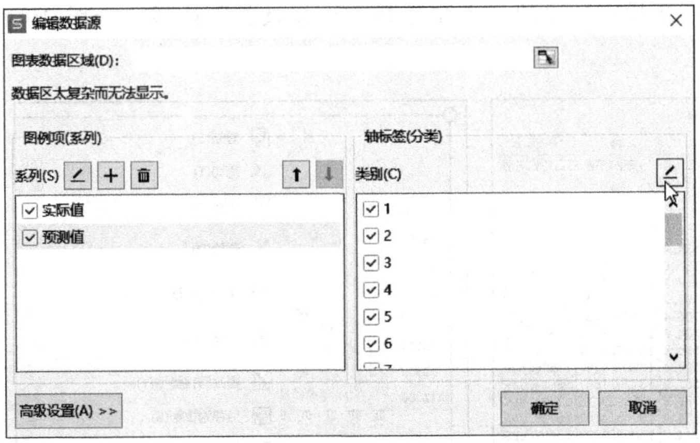

图 10-36 单击“编辑”按钮 2

图 10-37 设置轴标签区域

步骤 12 查看图表效果，如图 10-38 所示。

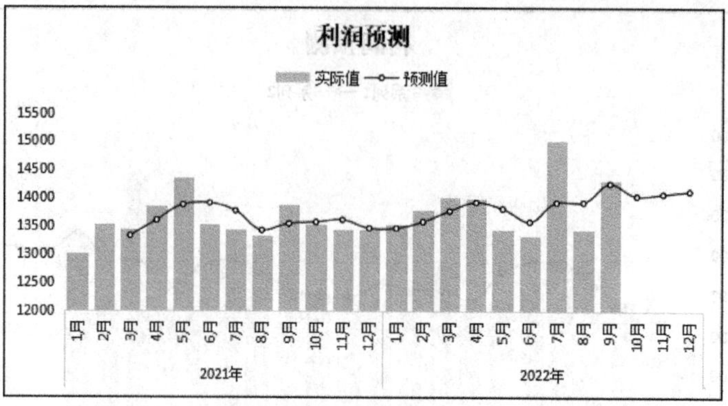

图 10-38　查看图表效果

步骤 13 将得出的预测值（只保留整数部分）输入 C23:C25 单元格区域中，如图 10-39 所示。

步骤 14 选择 H7 单元格，在编辑栏中输入公式“=AVERAGE(C2:C13)”并按【Enter】键确认，得出一次平均值，然后使用填充柄向下填充公式至 H19 单元格，如图 10-40 所示。

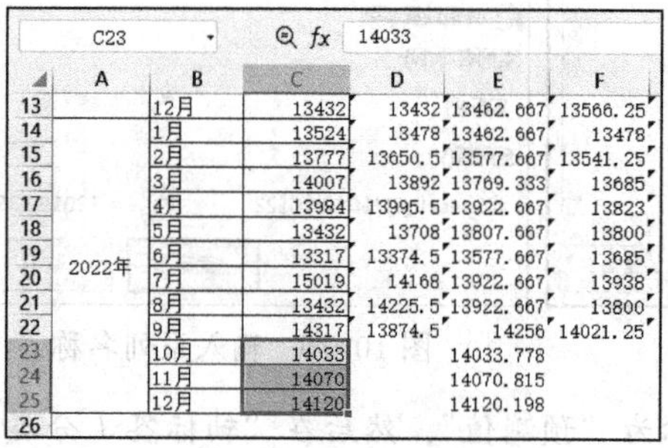
C23　fx 14033

	A	B	C	D	E	F
13		12月	13432	13432	13462.667	13566.25
14	2022年	1月	13524	13478	13462.667	13478
15		2月	13777	13650.5	13577.667	13541.25
16		3月	14007	13892	13769.333	13685
17		4月	13984	13995.5	13922.667	13823
18		5月	13432	13708	13807.667	13800
19		6月	13317	13374.5	13577.667	13685
20		7月	15019	14168	13922.667	13938
21		8月	13432	14225.5	13922.667	13800
22		9月	14317	13874.5	14256	14021.25
23		10月	14033		14033.778	
24		11月	14070		14070.815	
25		12月	14120		14120.198	
26						

图 10-39　输入预测值

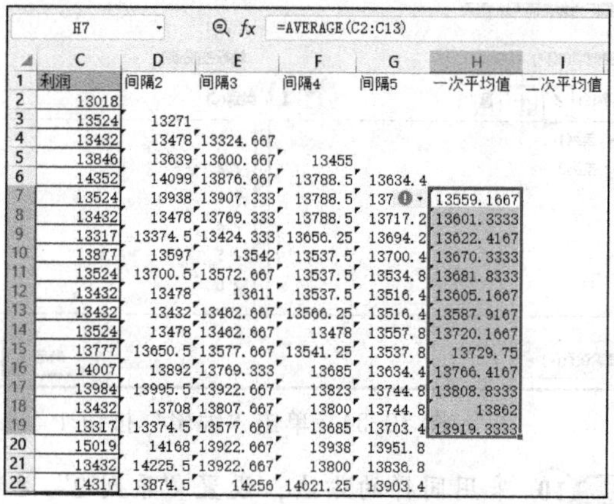
H7　fx =AVERAGE(C2:C13)

	C	D	E	F	G	H	I
1	利润	间隔2	间隔3	间隔4	间隔5	一次平均值	二次平均值
2	13018						
3	13524	13271					
4	13432	13478	13324.667				
5	13846	13639	13600.667	13455			
6	14352	14099	13876.667	13788.5	13634.4		
7	13524	13938	13907.333	13788.5	137	13559.1667	
8	13432	13478	13769.333	13788.5	13717.2	13601.3333	
9	13317	13374.5	13424.333	13656.25	13694.2	13622.4167	
10	13877	13597	13542	13537.5	13700.4	13670.3333	
11	13524	13700.5	13572.667	13537.5	13534.8	13681.8333	
12	13432	13478	13611	13537.5	13516.4	13605.1667	
13	13432	13432	13462.667	13566.25	13516.4	13587.9167	
14	13524	13478	13462.667	13478	13557.8	13720.1667	
15	13777	13650.5	13577.667	13541.25	13537.8	13729.75	
16	14007	13892	13769.333	13685	13634.4	13766.4167	
17	13984	13995.5	13922.667	13823	13744.8	13808.8333	
18	13432	13708	13807.667	13800	13744.8	13862	
19	13317	13374.5	13577.667	13685	13703.4	13919.3333	
20	15019	14168	13922.667	13938	13951.8		
21	13432	14225.5	13922.667	13800	13836.8		
22	14317	13874.5	14256	14021.25	13903.4		

图 10-40　计算一次平均值

步骤 15 选择 I8 单元格，在编辑栏中输入公式“=AVERAGE(H7:H8)”并按【Enter】键确认，得出二次平均值，然后使用填充柄向下填充公式至 I19 单元格，如图 10-41 所示。

步骤 16 用鼠标右键单击图表，在弹出的快捷菜单中选择“选择数据”选项，如图 10-42 所示。

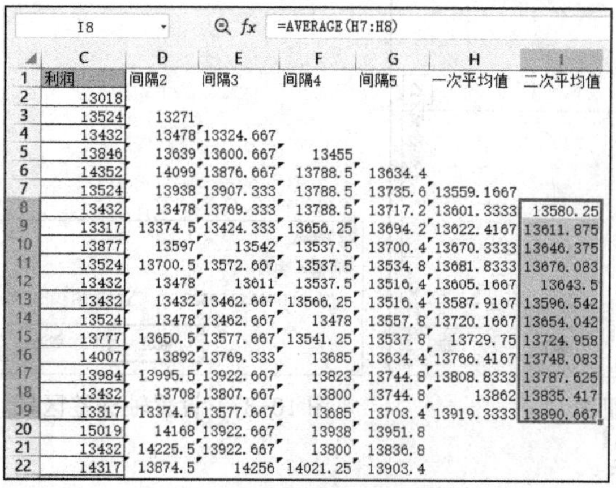
I8　fx =AVERAGE(H7:H8)

	C	D	E	F	G	H	I
1	利润	间隔2	间隔3	间隔4	间隔5	一次平均值	二次平均值
2	13018						
3	13524	13271					
4	13432	13478	13324.667				
5	13846	13639	13600.667	13455			
6	14352	14099	13876.667	13788.5	13634.4		
7	13524	13938	13907.333	13788.5	13735.6	13559.1667	
8	13432	13478	13769.333	13788.5	13717.2	13601.3333	13580.25
9	13317	13374.5	13424.333	13656.25	13694.2	13622.4167	13611.875
10	13877	13597	13542	13537.5	13700.4	13670.3333	13646.375
11	13524	13700.5	13572.667	13537.5	13534.8	13681.8333	13676.083
12	13432	13478	13611	13537.5	13516.4	13605.1667	13643.5
13	13432	13432	13462.667	13566.25	13516.4	13587.9167	13596.542
14	13524	13478	13462.667	13478	13557.8	13720.1667	13654.042
15	13777	13650.5	13577.667	13541.25	13537.8	13729.75	13724.958
16	14007	13892	13769.333	13685	13634.4	13766.4167	13748.083
17	13984	13995.5	13922.667	13823	13744.8	13808.8333	13787.625
18	13432	13708	13807.667	13800	13744.8	13862	13835.417
19	13317	13374.5	13577.667	13685	13703.4	13919.3333	13890.667
20	15019	14168	13922.667	13938	13951.8		
21	13432	14225.5	13922.667	13800	13836.8		
22	14317	13874.5	14256	14021.25	13903.4		

图 10-41　计算二次平均值

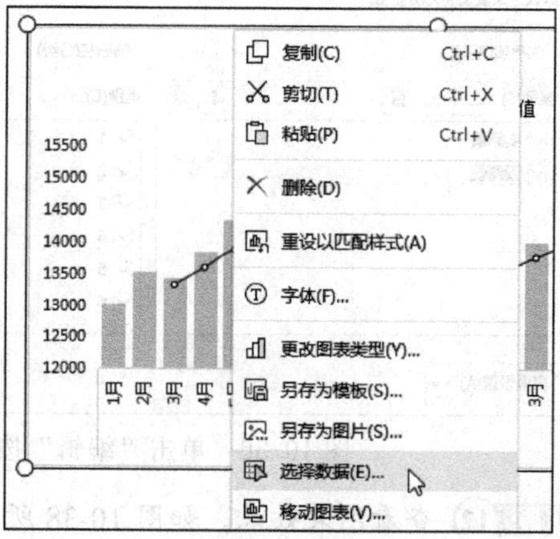

图 10-42　选择“选择数据”选项

步骤 17 弹出“编辑数据源”对话框，在“图例项（系列）”选项区中单击“添加”按钮+，如图 10-43 所示。

步骤 18 弹出“编辑数据系列”对话框，在“系列名称”文本框中输入“移动平均趋势”，设置“系列值”为 I2:I25 单元格区域，然后单击“确定”按钮，如图 10-44 所示。

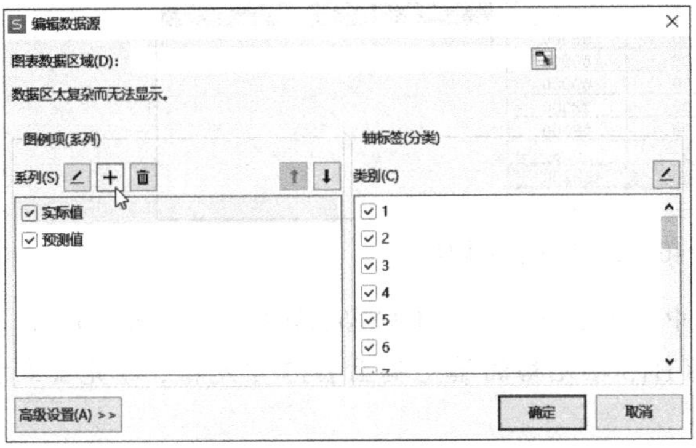

图 10-43　单击“添加”按钮

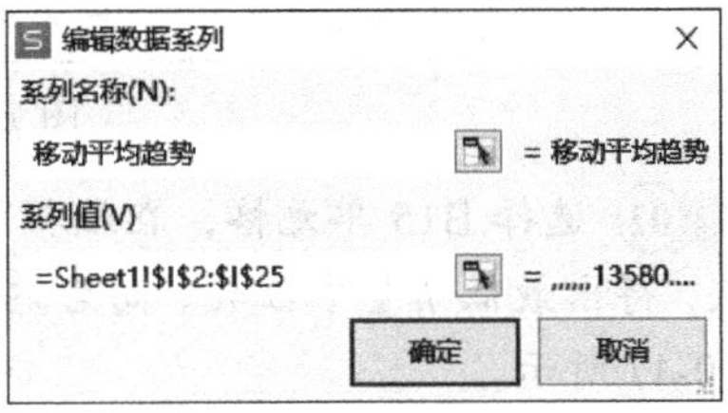

图 10-44　编辑数据系列

步骤 19 根据需要在图表中设置“移动平均趋势”系列格式，查看图表效果，如图 10-45 所示。

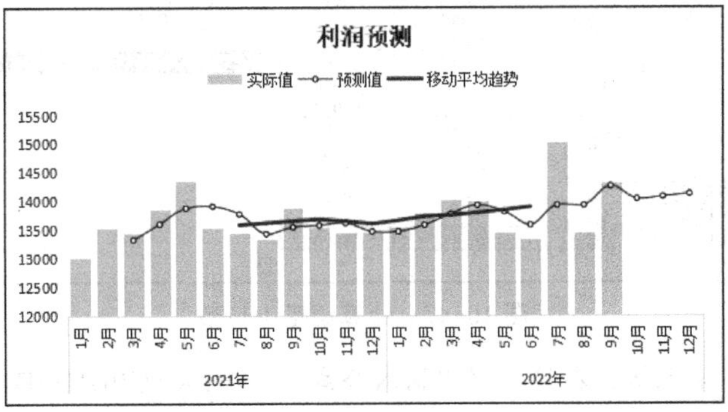

图 10-45　查看图表效果

任务三　利用德尔菲法预测新商品销量

任务概述

德尔菲法也称“专家调查法”，该方法是由企业组织一个专门的预测机构，其中包括若干专家和企业预测组织者，企业预测组织者按照规定的程序，背靠背地征询专家对未来市场的意见或判断，然后进行预测的方法。本任务将介绍如何在 WPS 表格中利用德尔菲法预测新商品销量。

任务重点与实施

步骤 01 打开“素材文件\项目十\预测新商品销量.et”，选择 B14 单元格，在编辑栏中输入公式“=AVERAGE(B3:B12)”并按【Enter】键确认，得出最低销量平均值。向右拖动 B14 单元格右下角的填充柄至 D14 单元格，填充公式，如图 10-46 所示。

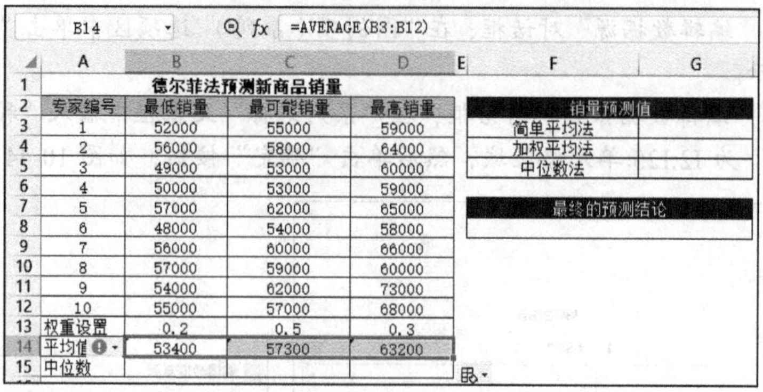

B14　=AVERAGE(B3:B12)

	A	B	C	D	E	F	G
1	德尔菲法预测新商品销量						
2	专家编号	最低销量	最可能销量	最高销量		销量预测值	
3	1	52000	55000	59000		简单平均法	
4	2	56000	58000	64000		加权平均法	
5	3	49000	53000	60000		中位数法	
6	4	50000	53000	59000			
7	5	57000	62000	65000		最终的预测结论	
8	6	48000	54000	58000			
9	7	56000	60000	66000			
10	8	57000	59000	60000			
11	9	54000	62000	73000			
12	10	55000	57000	68000			
13	权重设置	0.2	0.5	0.3			
14	平均值	53400	57300	63200			
15	中位数						

图 10-46　计算销量平均值

步骤 02 选择 B15 单元格，在编辑栏中输入公式“=MEDIAN(B3:B12)”并按【Enter】键确认，得出最低销量中位数。向右拖动 B15 单元格的填充柄至 D15 单元格，填充公式，如图 10-47 所示。

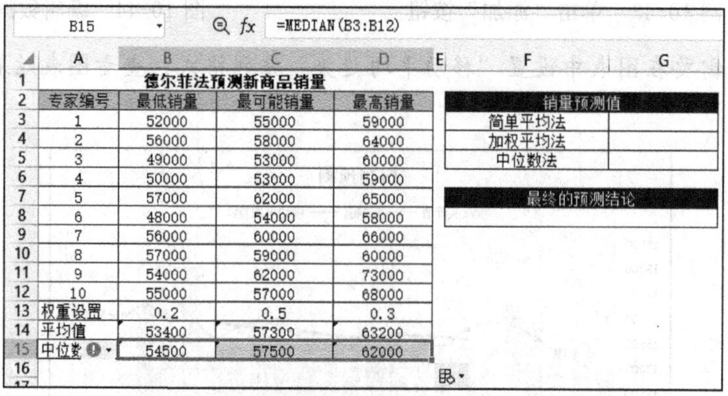

B15　=MEDIAN(B3:B12)

	A	B	C	D	E	F	G
1	德尔菲法预测新商品销量						
2	专家编号	最低销量	最可能销量	最高销量		销量预测值	
3	1	52000	55000	59000		简单平均法	
4	2	56000	58000	64000		加权平均法	
5	3	49000	53000	60000		中位数法	
6	4	50000	53000	59000			
7	5	57000	62000	65000		最终的预测结论	
8	6	48000	54000	58000			
9	7	56000	60000	66000			
10	8	57000	59000	60000			
11	9	54000	62000	73000			
12	10	55000	57000	68000			
13	权重设置	0.2	0.5	0.3			
14	平均值	53400	57300	63200			
15	中位数	54500	57500	62000			
16							

图 10-47　计算销量中位数

步骤 03 选择 G3 单元格，在编辑栏中输入公式“=AVERAGE(B14:D14)”并按【Enter】键确认，使用简单平均法预测销量，然后设置小数位数为 0，如图 10-48 所示。

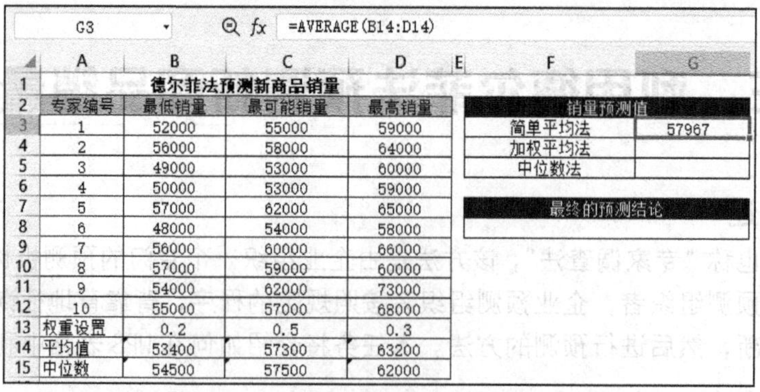

G3　=AVERAGE(B14:D14)

	A	B	C	D	E	F	G
1	德尔菲法预测新商品销量						
2	专家编号	最低销量	最可能销量	最高销量		销量预测值	
3	1	52000	55000	59000		简单平均法	57967
4	2	56000	58000	64000		加权平均法	
5	3	49000	53000	60000		中位数法	
6	4	50000	53000	59000			
7	5	57000	62000	65000		最终的预测结论	
8	6	48000	54000	58000			
9	7	56000	60000	66000			
10	8	57000	59000	60000			
11	9	54000	62000	73000			
12	10	55000	57000	68000			
13	权重设置	0.2	0.5	0.3			
14	平均值	53400	57300	63200			
15	中位数	54500	57500	62000			

图 10-48　使用简单平均法预测销量

步骤 04 选择 G4 单元格，在编辑栏中输入公式“=SUMPRODUCT(B13:D13,B14:D14)”并按【Enter】键确认，使用加权平均法预测销量，如图 10-49 所示。

步骤 05 选择 G5 单元格，在编辑栏中输入公式“=SUMPRODUCT(B13:D13,B15:D15)”并按【Enter】键确认，使用中位数法预测销量，如图 10-50 所示。

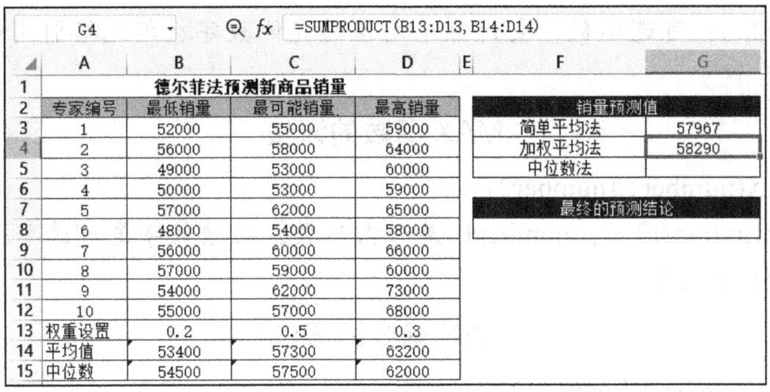

G4 | =SUMPRODUCT(B13:D13,B14:D14)

	A	B	C	D
1	德尔菲法预测新商品销量			
2	专家编号	最低销量	最可能销量	最高销量
3	1	52000	55000	59000
4	2	56000	58000	64000
5	3	49000	53000	60000
6	4	50000	53000	59000
7	5	57000	62000	65000
8	6	48000	54000	58000
9	7	56000	60000	66000
10	8	57000	59000	60000
11	9	54000	62000	73000
12	10	55000	57000	68000
13	权重设置	0.2	0.5	0.3
14	平均值	53400	57300	63200
15	中位数	54500	57500	62000

销量预测值	
简单平均法	57967
加权平均法	58290
中位数法	
最终的预测结论	

图 10-49　使用加权平均法预测销量

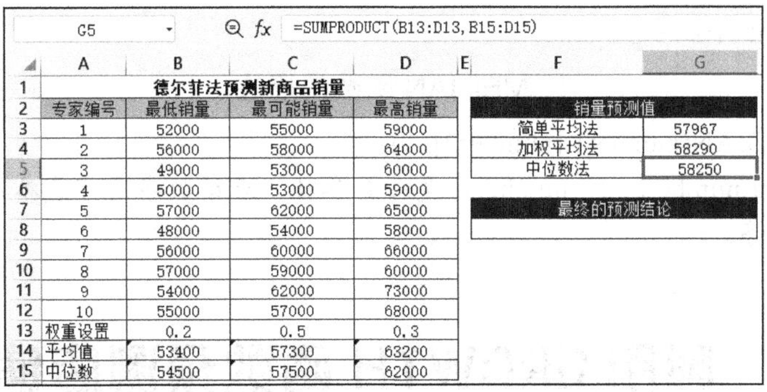

G5 | =SUMPRODUCT(B13:D13,B15:D15)

	A	B	C	D
1	德尔菲法预测新商品销量			
2	专家编号	最低销量	最可能销量	最高销量
3	1	52000	55000	59000
4	2	56000	58000	64000
5	3	49000	53000	60000
6	4	50000	53000	59000
7	5	57000	62000	65000
8	6	48000	54000	58000
9	7	56000	60000	66000
10	8	57000	59000	60000
11	9	54000	62000	73000
12	10	55000	57000	68000
13	权重设置	0.2	0.5	0.3
14	平均值	53400	57300	63200
15	中位数	54500	57500	62000

销量预测值	
简单平均法	57967
加权平均法	58290
中位数法	58250
最终的预测结论	

图 10-50　使用中位数法预测销量

步骤 06 选择 F8 单元格，在编辑栏中输入公式“="销量在"&ROUND(MIN(G3:G5),0)&"到"&ROUND(MAX(G3:G5),0)&"之间"”并按【Enter】键确认，得出最终的预测结论，如图 10-51 所示。

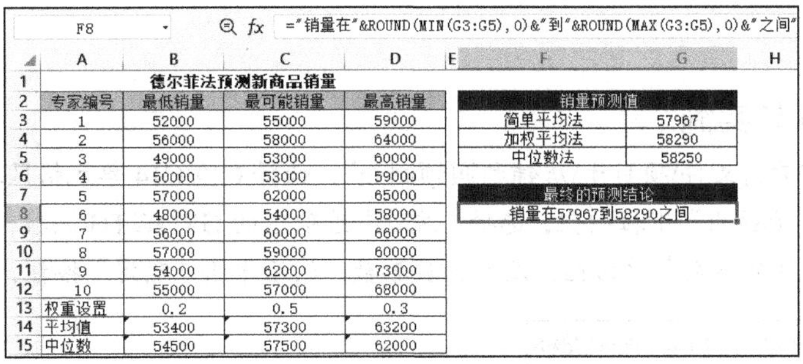

F8 | ="销量在"&ROUND(MIN(G3:G5),0)&"到"&ROUND(MAX(G3:G5),0)&"之间"

	A	B	C	D
1	德尔菲法预测新商品销量			
2	专家编号	最低销量	最可能销量	最高销量
3	1	52000	55000	59000
4	2	56000	58000	64000
5	3	49000	53000	60000
6	4	50000	53000	59000
7	5	57000	62000	65000
8	6	48000	54000	58000
9	7	56000	60000	66000
10	8	57000	59000	60000
11	9	54000	62000	73000
12	10	55000	57000	68000
13	权重设置	0.2	0.5	0.3
14	平均值	53400	57300	63200
15	中位数	54500	57500	62000

销量预测值	
简单平均法	57967
加权平均法	58290
中位数法	58250
最终的预测结论	
销量在57967到58290之间	

图 10-51　得出最终的预测结论

课堂解疑

ROUND 函数的语法

语法：ROUND(number,num_digits)。

- number：必需参数，要四舍五入的数字。
- num_digits：必需参数，要进行四舍五入运算的位数。

AVERAGE 函数的语法

语法：AVERAGE(number1,[number2],...)。

- number1：必需参数，要计算平均值的第一个数字、单元格引用或单元格区域。

- number2,...：可选参数，要计算平均值的其他数字、单元格引用或单元格区域，最多可包含 255 个。

MAX 函数的语法

语法：MAX(number1,[number2],...)。

- number1,number2,...：number1 是必需参数，后续数字是可选参数，要从中查找最大值的 1～255 个数字。

MIN 函数的语法

语法：MIN(number1,[number2],...)。

- number1,number2,...：number1 是必需参数，后续数字是可选参数，要从中查找最小值的 1～255 个数字。

MEDIAN 函数的语法

语法：MEDIAN(number1,[number2],...)。

- number1,number2,...：number1 是必需参数，后续数字是可选参数，要计算中值的 1～255 个数字。

任务四　利用 GROWTH 函数预测店铺利润

任务概述

GROWTH 函数的用法为使用现有数据计算预测的指数等比，通过使用现有的 x 值和 y 值，返回指定的一系列的新 x 值和 y 值。本任务将介绍如何在 WPS 表格中利用 GROWTH 函数来预测店铺利润。

任务重点与实施

步骤 01 打开“素材文件\项目十\店铺利润预测.et”，选择 C12:C14 单元格区域，选择“公式”选项卡，单击“其他函数”下拉按钮，选择“统计”选项下的 GROWTH 函数，如图 10-52 所示。

步骤 02 弹出“函数参数”对话框，设置函数参数，然后单击“确定”按钮，如图 10-53 所示。

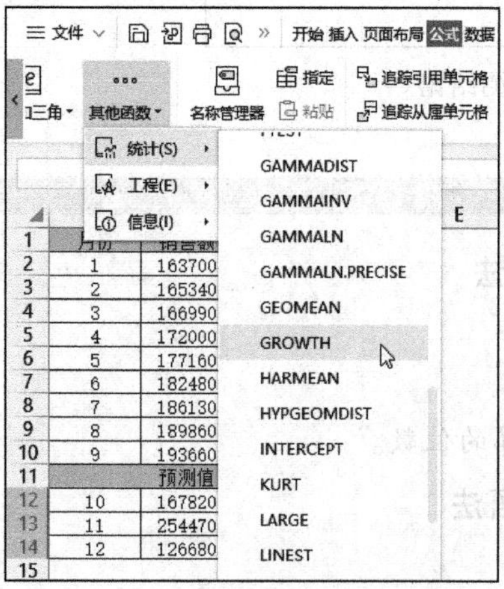

图 10-52　选择 GROWTH 函数

图 10-53　设置函数参数

步骤 03 选择 C12:C14 单元格区域，单击编辑栏中的公式，然后按【Ctrl+Shift+Enter】组合键确认，生成数组公式，得出利润预测值，如图 10-54 所示。

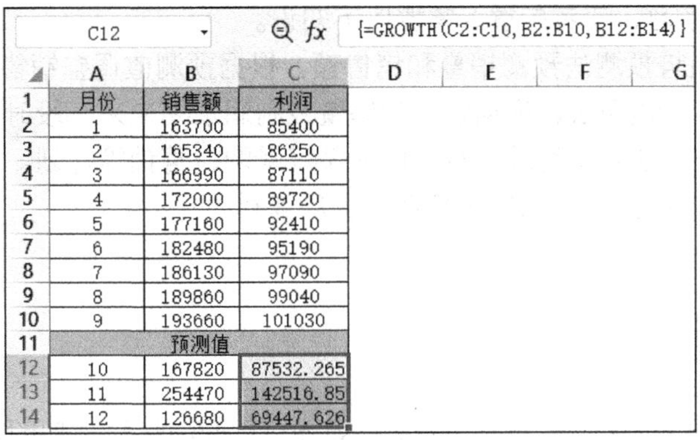
C12 | {=GROWTH(C2:C10,B2:B10,B12:B14)}

	A	B	C
1	月份	销售额	利润
2	1	163700	85400
3	2	165340	86250
4	3	166990	87110
5	4	172000	89720
6	5	177160	92410
7	6	182480	95190
8	7	186130	97090
9	8	189860	99040
10	9	193660	101030
11	预测值		
12	10	167820	87532.265
13	11	254470	142516.85
14	12	126680	69447.626

图 10-54 计算利润预测值

课堂解疑

GROWTH 函数的语法

语法：GROWTH(known_y's,[known_x's],[new_x's],[const])。

- known_y's：必需参数，关系表达式 $y=b*m^x$ 中已知的 y 值集合。

如果数组 known_y's 在单独一列中，则 known_x's 的每一列被视为一个独立的变量。

如果数组 known_y's 在单独一行中，则 known_x's 的每一行被视为一个独立的变量。

如果 known_y's 中的任何数为零或为负数，则 GROWTH 函数返回错误值#NUM!。

- known_x's：可选参数，关系表达式 $y=b*m^x$ 中已知的 x 值集合。

数组 known_x's 可以包含一组或多组变量。如果仅使用一个变量，那么只要 known_x's 和 known_y's 具有相同的维数，则它们可以是任何形状的区域。如果用到多个变量，则 known_y's 必须为向量（即必须为一行或一列）。

如果省略 known_x's，则假设该数组为{1,2,3,…}，其大小与 known_y's 相同。

- new_x's：可选参数，需要 GROWTH 函数返回对应 y 值的新 x 值。

new_x's 与 known_x's 一样，对每个自变量必须包括单独的一列或一行。因此，如果 known_y's 是单列的，known_x's 和 new_x's 应该有同样的列数；如果 known_y's 是单行的，known_x's 和 new_x's 应该有同样的行数。

如果省略 new_x's，则假设它和 known_x's 相同。

如果 known_x's 与 new_x's 都被省略，则假设它们为数组{1,2,3,…}，其大小与 known_y's 相同。

- const：可选参数，一个逻辑值，用于指定是否将常量 b 强制设为 1。

如果 const 为 TRUE 或省略，b 将按正常计算；如果 const 为 FALSE，b 将设为 1，m 值将被调整以满足 $y=m^x$。

对于返回结果为数组的公式，在选定正确的单元格个数后，必须以数组公式的形式输入。

当为参数（如 known_x's）输入数组常量时，应使用逗号分隔同一行中的数据，使用分号分隔不同行中的数据。

项目小结

通过本项目的学习，读者应重点掌握以下知识。

1．利用图表趋势预测法预测销量和销售额，根据预测值调整销售策略。

2．利用时间序列预测法，根据以往的销量或利润预测未来一段时间内的销量或利润。

3．利用德尔菲法预测新商品销量，以便做好采购、营销等计划。

4．利用 GROWTH 函数根据店铺销售额预测店铺利润。

项目习题

打开“素材文件\项目十\销量预测.et”，如图 10-55 所示，使用移动平均法预测店铺 2022 年最后 3 个月的销量。

A1 fx 年份

	A	B	C	D	E	F	G
1	年份	月份	销量	间隔2	间隔3	间隔4	间隔5
2		1月	564				
3		2月	456				
4		3月	503				
5		4月	569				
6		5月	558				
7	2021年	6月	489				
8		7月	464				
9		8月	470				
10		9月	686				
11		10月	580				
12		11月	543				
13		12月	477				
14		1月	493				
15		2月	679				
16		3月	523				
17		4月	487				
18		5月	594				
19	2022年	6月	470				
20		7月	590				
21		8月	550				
22		9月	695				
23		10月					
24		11月					
25		12月					

图 10-55 “销量预测”工作表

关键提示：

（1）使用移动平均法分别计算不同间隔的预测数据。

（2）找出最接近实际值的预测数据，然后采用相应的间隔方法进行销量预测。

（3）使用实际值和预测值制作“销量预测”图表。